Essentials of Accounting, 11th Edition
Robert N. Anthony + Leslie K. Breitner

テキスト

アンソニー会計学

ロバート・アンソニー＋レスリー・ブライトナー
著

西山 茂
監訳

東洋経済新報社

記憶の中の亡きロバート・N・アンソニー教授へ

我々の何年にもわたるパートナーシップの中での
あなたの知見とアドバイスに、永遠の感謝をこめて

レスリー・L・ブライトナー

Authorized translation from the English language edition, entitled ESSENTIALS OF ACCOUNTING, 11th Edition, ISBN: 0132744376 by BREITNER, LESLIE K.; ANTHONY, ROBERT N., published by Pearson Education, Inc, Copyright © 2013, 2010, 2006, 2003, 2000 by Pearson Education, Inc., publishing as Prentice Hall.

All rights reserved. No part of this book may be reproduced or transmitted in any form or by any means, electronic or mechanical, including photocopying, recording or by any information storage retrieval system, without permission from Pearson Education, Inc.

JAPANESE language edition published by TOYO KEIZAI INC., Copyright © 2016.

JAPANESE translation rights arranged with PEARSON EDUCATION, INC. through JAPAN UNI AGENCY, INC., TOKYO JAPAN

はじめに

　本書は、会計の基礎的な考え方を独りで学ぶことができるように書かれています。この本で学ぶことによって、会計情報が企業についてどのようなことを語り、また語れないかを理解することができるでしょう。

　会計は財務情報をまとめ、報告する主要な方法です。細かい点で違いはあっても、一般的な構造や規則は多くの国々、またほとんどの種類の組織でかなり類似しています。

　会計はビジネスの言語と呼ばれてきました。会計で使われる言葉の多くが、日常生活で使われる意味と必ずしも同じ意味で使われているわけではないので、この言語を学ぶことは難しい面があります。会計の言葉を使う時には、その会計上の意味を理解することが重要です。

　あらゆる言語と同じように、いくつかの会計上の規則や用語にはひとつの正しい意味があり、それ以外のものは使う人によって意味が異なる方言のようです。次第にこれらの違いがわかり、受け入れられるようになるでしょう。

本書の学び方

　このプログラムは、"問題"から成り立っています。問題を読んだあと、何かをするように求められます。例えば、質問に答えたり、計算をしたり、空欄をうめていくのです。しかしこれらの問題はテストではありません。他の多くの学習と同じように、やってみながら学ぶのです。スムーズにほとんどの問題ができるようにならなければいけません。

具体的な進め方

・この日本語訳は各ページの外側に問題の答えが記されています。原則的に奇数ページでは右側、偶数ページでは左側です（訳注：例外もあります）。そこを覆い、答えを隠しながら、問題文を読んで下さい。

・空欄のところにあなたの答えを書き込んで下さい。今までの経験からすると、

答えを書き込まない場合には、あまり多くの内容を身につけられません。
- 正しい答えの欄を隠していたカバーをはずして、あなたの答えをチェックして下さい。

その際に、次の問題の答えを見ないように注意して下さい。
- あなたの答えが合っていたら、次の問題へ進んで下さい。間違っていたら、その問題をもう1度学習し、なぜ間違ったのかを理解するようにして下さい。
- 問題のなかには資料を参照するものもあります。それらの資料はこの本の巻末にあります。
- 巻末の資料の後ろに、各章のテストがあります。各章の内容を終えたら、そのテストに挑戦してみて下さい。その上で、あなたの答えと正解とをチェックしてみて下さい。テストが難しいようでしたら、それに関係する問題を読み直してみて下さい。更なる学習と学んだ内容の再確認のために、各章のテストの終わりにあるケーススタディをやってみることもいいでしょう。ケーススタディについてもあなたの答えと正解と比較しチェックすることができます。
- 問題は飛ばさないこと。難しいところがあったら、それを最初に説明している問題に戻って、そこからもう一度やり直して下さい。

答えの書き方

- ＿＿＿＿＿＿＿＿＝1つの日本語あるいは英語の単語、アルファベット文字、数字を入れて下さい。
- □□□□□＝アルファベット文字か、数字を、それぞれのマスごとに1つずつ入れて下さい。
- [はい／いいえ] ＝どちらか正しいほうに下線を引くか、○でかこんでください。

訳注
- 翻訳にあたっては、実務で使えるように、勘定科目の単語はすべて、またそれ以外でも必要と思われるものは英語での表示を原則としました。
- 英単語はすべて大文字で書き出し、単数、複数については、英文法、慣例により、原著にしたがって適宜選択しました。

訳者まえがき

　会計に対する関心が高まっている。その理由は、会計ルールの世界的なデファクトスタンダードであるIFRSを導入する企業が徐々に増える中で、会計ルールの話題が新聞や雑誌などで取り上げられることが多いこと、株式などへの投資を行う人が増えるにしたがって会計データを見る人が増える傾向があるといわれていること、また、粉飾決算などが問題になるなかで会計ルールや監査の重要性が改めて認識されていることなど、いくつか考えられる。

　そのような動きのなかで、企業の業績や状況を数字で表したある意味での通信簿ともいえる財務諸表は、企業がその関係者に対する報告書として、また投資家が企業を評価するための判断資料として、その重要性を高めている。さらに会計は、そのしくみの原型が13世紀頃のイタリアの商人たちによって作られた時から、ビジネスを行うための基本言語（ビジネスランゲージ）のように位置付けられてきており、ビジネスに携わる人にとって、その基礎をマスターしておくことは必須の条件と考えられる。

　本書は、会計を基礎から学ぶ人にとって最適な本である。この本の原書は、ハーバード大学の教授であったRobert N. Anthony氏が書かれたものであり、ハーバード大学ビジネススクールをはじめ数多くの米国のMBAコース等で、会計の基礎コースの教科書、あるいは事前準備教材として使われてきたものである。会計に接点がない人でもわかりやすく、短時間で会計のエッセンスを知るという意味で最良の1冊であり、米国の大ベストセラーの1つでもある。ただ、米国の本であるため、基本的に米国の会計ルールをもとに解説している。しかし会計ルールは世界的に統一の方向に進んでおり、また会計の基礎的な考え方は世界的にほぼ共通のものとなっている。したがって、本書で学ぶことによって、世界の会計の基礎をマスターすることができる。

　本書は翻訳としての第3版であるが、初版と同じ翻訳メンバー、つまりAnthony氏にコンタクトを取り、翻訳への道を切り開いてくれた宮坂さん、会計のプロフェッショナルである高島さんと松下さん、それに私が加わった4名が

分担して翻訳作業を行った。4名はそれぞれ会計との接点に違いがあるが、その違った経験や知識をもとに相互にレビューすることによって、少しでも適切かつわかりやすい本となるよう努力したつもりである。ただ、もし気になる点があれば、今後の版にできるだけ反映したいと考えているので、出版社にご連絡をいただけると幸いである。

　今回の翻訳にあたり、東洋経済新報社の黒坂浩一氏には大変お世話になった。翻訳チームを代表して、この場をお借りして心より感謝申し上げる。本書を通して、一人でも多くの人が会計について楽しく理解を深めていただくことができたなら望外の喜びである。

　　2016年1月　訳者を代表して

西山　茂

謝辞

　マシュー・イスラエル博士には、初版のプログラム開発を担当してもらいました。ボストン大学のフィリップ・E・マイヤー博士は、単語リストの原案を作成してくれました。キャメロン・E・H・ブライトナー氏は第8章の作成にあたって大きな貢献をしてくれました。コリー・スババロー氏は、企業改革法（Sarbanes-Oxley法）と、その非営利組織との関係について手伝ってくれました。エミリー・マッケイ氏は、国際財務報告基準（IFRS）の一部を書くことを手伝ってくれました。アリス・ローソン氏とロリー・リーマンガレットソン氏は、いくつかのミニケースの作成を手伝ってくれました。私は、このようなすべての人にとても感謝しており、彼らもその理由をわかっていると思います。

　ピアソンのニコル・サム氏、クリスティーナ・ランボー氏、レイシー・ビテッタ氏、アリソン・ユースデン氏の各氏と、S4カーリスル出版サービスのシャヤム・ラマスブラモニー氏は、第11版の改訂作業の全般にわたり、本当によく支援し、また支えてくれました。

　素晴らしい師でありパートナーである、ロバート・N・アンソニー教授に永遠の感謝を捧げます。

　素晴らしい夫であり友人でもあるジョン・C・S・ブライトナー氏の知見と励まし、またここに記載させていただいた皆様の助言と協力に深く感謝します。

目次◎アンソニー会計学

はじめに…iii
訳者まえがき…v
謝辞…vii

第1章
基本原則 ……………………………………………………………… 1

ELEMENTS OF BALANCE SHEET（貸借対照表の構成要素）…2
ASSETS（資産）…3
LIABILITIES（負債）とEQUITY（純資産）…4
DUAL-ASPECT CONCEPT（貸借一致の原則）…5
MONEY-MEASUREMENT CONCEPT（貨幣価値測定の原則）…8
ENTITY CONCEPT（企業実体の原則）…10
GOING-CONCERN CONCEPT（継続企業の原則）…12
ASSET-MEASUREMENT CONCEPT（資産価値測定の原則）…13
REVIEW OF ACCOUNTING CONCEPTS（これまで学んだ会計原則の復習）…16
BALANCE SHEET ITEMS（貸借対照表項目）…17
ASSETS（資産）…18
LIABILITIES（負債）…21
CURRENT RATIO（流動比率）…22
EQUITY（純資産）…22
キーポイント…24

第2章
貸借対照表の変化：損益の測定 …………………………… 27

CURRENT ASSET（流動資産）…28
NONCURRENT ASSETS（固定資産）…30
CURRENT LIABILITIES（流動負債）…32
NONCURRENT LIABILITIES（固定負債）…34
EQUITY（純資産）…34
BALANCE SHEET CHANGES（貸借対照表の変化）…35

viii

INCOME MEASUREMENT（損益の測定）…51
キーポイント…58

第3章
会計記録と会計システム … 61

ACCOUNT（勘定）…62
増加と減少のルール…64
DEBIT（借方）とCREDIT（貸方）…68
INCOME STATEMENT ACCOUNTS（損益項目）…73
LEDGER（元帳）とJOURNAL（仕訳帳）…75
CLOSING PROCESS（締切手続）…77
コンピューターについて…81
キーポイント…83

第4章
収益と貨幣性資産 … 85

FISCAL YEAR（事業年度）…86
ACCRUAL ACCOUNTING（発生主義会計）…87
CONSERVATISM CONCEPT（保守主義の原則）…89
MATERIALITY CONCEPT（重要性の原則）…90
REALIZATION CONCEPT（実現主義の原則）…92
SERVICE REVENUE（サービスからの収益）…98
REVENUE（収益）の金額…100
MONETARY ASSETS（貨幣性資産）…103
DAYS' SALES UNCOLLECTED RATIO（売上債権回転期間）…104
キーポイント…105

第5章
費用の測定：損益計算書 … 107

EXPENSE（費用）とEXPENDITURE（支出）…108
費消COST（原価）と未費消COST（原価）…111
MATCHING CONCEPT（費用収益対応の原則）…113
EXPENSEになるその他のASSET…114

LIABILITYを発生させるEXPENSE…117
FRINGE BENEFITS（福利厚生）…119
RENT EXPENSE（賃借料）…120
LOSS（損失）…121
MATCHING CONCEPT（費用収益対応の原則）の要約…122
MATCHING（費用収益対応）の例…123
INCOME STATEMENT（損益計算書）…126
ACCOUNTING REPORT PACKAGE（財務諸表）…128
INCOME STATEMENT PERCENTAGE（損益計算書の比率）…130
BASIC CONCEPT（基本原則）の復習…131
キーポイント…132

第6章 棚卸資産と売上原価 ……135

COST OF SALES（売上原価）の計算…136
差引計算によるCOST OF SALESの計算方法…138
INVENTORY VALUATION（棚卸資産評価：ASSUMPTIONS（仮定）…142
FIRST-IN、FIRST-OUT（FIFO）METHOD（先入先出法）…143
LAST-IN、FIRST-OUT（LIFO）METHOD（後入先出法）…144
AVERAGE COST METHOD（平均法）…145
3つの方法の比較…146
INVENTORY VALUATION（棚卸資産の評価：ADJUSTMENT TO MARKET（時価への修正）…147
MANUFACTURING COMPANY（製造業）におけるINVENTORY…148
PRODUCT COST（製品原価）とPERIOD COST（期間原価）…150
OVERHEAD RATE（製造間接費配賦率）…152
INVENTORY TURNOVER（棚卸資産の回転率）…153
キーポイント…154

第7章 固定資産と減価償却 ……157

NONCURRENT ASSETS（固定資産）…158
ACCOUNTING FOR ACQUISITIONS（取得時の会計処理）…159
CAPITAL LEASE（キャピタル・リース）…160
DEPRECIATION（減価償却）…161
UNITS-OF-PRODUCTION DEPRECIATION（生産高比例法）…165

STRAIGHT-LINE-DEPRECIATION（定額法）…166
ACCELERATED DEPRECIATON（加速度償却法）…167
ACCOUNTING FOR DEPRECIATION（減価償却費の会計処理）…168
SALE OF A PPE ASSET（有形固定資産の売却）…173
DEPRECIATION（減価償却）の重要性…173
DEPLETION（減耗償却）…174
INTANGIBLE ASSETS（無形固定資産）…175
キーポイント…177

第8章
負債および純資産の部 —————179

WORKING CAPITAL（運転資本）…180
SOURCES OF CAPITAL（資本の源泉）…181
DEBT CAPITAL（長期債務）…182
EQUITY CAPITAL（株主資本）のタイプ…184
COMMON STOCK（普通株式）…186
PREFERRED STOCK（優先株式）…190
RETAINED EARNINGS（剰余金）およびDIVIDENDS（配当）…191
DISTRIBUTIONS TO SHAREHOLDERS（株主への分配）…192
DEBT CAPITAL（長期債務）とEQUITY CAPITAL（株主資本）のバランス…194
DEBT RATIO（長期債務比率）…197
CONSOLIDATED FINANCIAL STATEMETNS（連結財務諸表）…198
キーポイント…201

第9章
キャッシュフロー計算書 —————203

CASH FLOW FROM OPERATING ACTIVITIES（営業活動によるキャッシュフロー）―間接法…206
DEPRECIATION EXPENSE（減価償却費）の調整…207
WORKING CAPITAL（運転資本）勘定の増減の調整…209
CURRENT ASSETS（流動資産）の増減の調整…210
CURRENT LIABILITIES（流動負債）の増減の調整…214
WORKING CAPITAL（運転資本）の増減の影響…215
OPERATING ADJUSTMENTS（営業活動の調整）…216
CASH FLOW FROM INVESTING AND FINANCING ACTIVITIES（投資活動および財務活動によるキャッシュフロー）…217

STATEMENT OF CASH FLOWS（キャッシュフロー計算書）の完成…220
STATEMENT OF CASH FLOWS（キャッシュフロー計算書）の用途…221
キーポイント…222

第10章
財務諸表の分析 … 225

LIMITATIONS OF FINANCIAL STATEMENT ANALYSIS（財務諸表分析の限界）…226
AUDITING（監査）…227
OVERALL FINANCIAL MEASURES OF PERFORMANCE（全体的な業績の財務指標）…228
自己資本利益率（RETURN ON EQUITY）に影響を及ぼす要素…231
CAPITAL UTILIZATION（資本の効率性）…233
OTHER MEASURES OF PERFORMANCE（その他の業績指標）…238
COMMENTS ON PROFITABILITY MEASUREMENT（収益性の測定に関するコメント）…242
財務状況の検証…243
デュポン分析…244
QUALITY OF EARNINGS（利益の質）…250
2002年のTHE SARBANES-OXLEY ACT（サーベンス・オクスリー法：企業改革法）…256
キーポイント…259

第11章
非営利組織体の財務諸表 … 263

NONPROFIT ORGANIZATIONS（非営利組織体）…264
MISSIONS AND GOALS（使命及び目標）…266
NET ASSETS（純資産）…267
REVENUES（収益）、EXPENSES（費用）及びINVESTMENTS（投資）…270
TRANSFER（区分変更）…274
企業のFINANCIAL STATEMENTSとの類似点…277
LIMITATIONS OF RATIO ANALYSIS（比率分析の限界）…277
キーポイント…278

第12章
国際財務報告基準 … 281

GAAP AND IFRS : SIMILARITIES AND DIFFERENCES（GAAPとIFRSの間の類似点と相違

点）…286
　　REVENUE RECOGNITION（収益認識）…289
　　INVENTORY（棚卸資産）…290
　　NON-CURRENT ASSETS AND DEPRECIATION（PROPERTY, PLANT, AND EQUIPMENT）
　　　（固定資産と減価償却（有形固定資産））…291
　　FINANCIAL STATEMENT PRESENTATION（財務諸表の表示）…292
　　CONSOLIDATED FINANCIAL STATEMENTS（連結財務諸表）…292
　　キーポイント…293

資料 …297

テスト＆ケーススタディ …314

テスト＆ケーススタディの解答 …409

用語集 …471

第1章
基本原則
Basic Concepts

テーマ

貸借対照表の性質
Nature of the balance sheet.

資産、負債、純資産の会計上の意味
Accounting meaning of assets, liabilities, and equity.

全ての会計に適用される9つの基本会計原則のうちの最初の5つの原則
The first five of the nine concepts that govern all accounting：

- 貸借一致の原則
  Dual-aspect concept.

- 貨幣価値測定の原則
  Money-measurement concept.

- 企業実体の原則
  Entity concept.

- 継続企業の原則
  Going-concern concept.

- 資産価値測定の原則
  Asset-measurement concept.

貸借対照表に記載されている主要項目の意味
Meaning of the principal items reported on a balance sheet.

1-1 会計は言語の1つです。どんな言語も情報を伝達することを目的としています。会計情報は**Financial Statements**（**財務諸表**）と呼ばれる報告書によって提供されます。このプログラムは、あなたが、Financial Statementsの数字が何を意味し、それらがどのように使われるのかを理解できるようになることを目的としています。実際のFinancial Statementsの事例を見てみるために巻末の資料1を見て下さい。そのページの一番上のタイトルにあるように、この報告書はB□□□□□□ Sheet（＿＿＿＿＿＿＿表）と呼ばれています。

Balance （貸借対照）

> この項目のように、□のところには1つのアルファベット文字か、数字を、下線のところには日本語か、英語の単語、アルファベット文字、数字を入れて下さい。その後この左欄あるいは右欄にある正解と比べて下さい。

ELEMENTS OF BALANCE SHEET（貸借対照表の構成要素）

1-2 Balance Sheetは**Entity**（**会計主体/企業**）についての財務情報を提供します。資料1の企業の名前は＿＿＿＿＿＿＿＿＿＿です。

ガーズデン社

> この項目のように線の上に適切な答えを記入してから、記載されている正解と比べて下さい。

1-3 EntityはFinancial Statementsの作成対象となるすべての組織のことです。企業はE□□□□□です。大学、政府、キリスト教会、ユダヤ教の教会等も同じようにE□□□□□□□□です。

Entity

Entities

1-4 Balance Sheetは、ある時点でのEntityの財政状態を写真にとったようなものです。資料1の冒頭にあるようにこのガーズ

デン社のBalance Sheetは□□□□年12月31日のその財政状態を報告したものです。

2012

1-5 2012年12月31日の日付の意味するところは：(AかBに○をつけて下さい)

　A. この表は2012年12月31日に作成されたものです。
　B. この表は2012年12月31日現在のEntityの財政状態について報告しているものです。

B
(おそらくこれは2013年の早い時期に作成されたものです)

1-6 ガーズデン社のBalance Sheetは右側、左側に分かれています。左側のタイトルにはA□□□□□とあり、右側のタイトルにはL□□□□□□□□□□とE□□□□□とあります。それぞれの意味を説明していきましょう。

Assets

Liabilities　Equity

ASSETS（資産）

1-7 AssetはEntityによって所有されている価値ある資源のことです。Entityは事業活動のために現金、設備、あるいはその他の資源を必要とします。これらの資源がA□□□□です。Balance Sheetは、ある時点でのそれらのAssetの金額を表します。

Asset

1-8 Assetはガーズデン社に**Owned（所有されて）**いる資源です。同社の従業員は、常に最も価値ある資源ですが会計上はAsset［です／ではありません］。

ではありません
(奴隷解放以来誰も人間を所有するということはありません)

> このように［/］の場合は選んだ答えを○で囲むか下線を引いて下さい。

第1章　基本原則　3

LIABILITIES（負債）と EQUITY（純資産）

1-9 Balance Sheetの右側はEntityが保有するAssetの資金源を表しています。見出しのタイトルが示すように、資金源には大きく分けると2つの種類があります。L□□□□□□□とE□□□□□です。

1-10 Liabilities（負債）は資金をもたらしてくれた外部の関係者に対する企業の債務のことです。これらの関係者は企業にCredit（債権、この場合はお金）を貸してくれていることになるので**Creditors（債権者）**と呼ばれます。資料1にあるように、債権者はA□□□□□□□ P□□□□□□という項目で示される総額5,602,000ドルの債権を持っています。

> 後3桁のゼロ（000）は、この貸借対照表では省かれています。

1-11 債権者は、Liabilityの欄に書かれている金額に見合うだけのAssetに対する**Claim（債権）**を持っています。たとえば銀行はガーズデン社に対してB□□□ L□□□ P□□□□□□□の項目で示される1,000,000ドルの貸し付けをしているので、この金額に見合う債権を持っています。

1-12 企業は、そのAssetを債務の支払いに使うことになるので、その債務はA□□□□と対応していることになります。ただ、その債務は、特定のAssetに対する権利ではなく、Assetすべてに対する権利となります。

1-13 企業がそのAssetを所有するために依存するもうひとつの資金源が**Equity（純資産）**です。ガーズデン社の場合、株主は

資金を提供し、それと引き換えに、Common Stock（普通株式）を受け取ります。株主から出資された金額は **Total Paid-in Capital（総払込資本）** と呼ばれます。ガーズデン社の場合、それは、□□,□□□,000 ドルです（これについては後で詳しく説明します）。

12,256,000 ドル

> Equity（純資産）という単語は複数の資金源であっても常に単数のEquityを使い、複数のEquitiesを使うことはありません。

1-14 純資産の資金源はもうひとつあります。企業によって稼ぎ出された Profits（利益）あるいは **Earnings（利益）** です。株主に Dividends（配当）の形で支払われなかったこれらの Earnings の金額は企業に Retained（留保）されるので、これらは R□□□ □□□ Earnings と呼ばれます。ガーズデン社の場合、その額は□□,□□□,000 ドルです。

Retained

13,640,000 ドル

1-15 債権者は、もし当然支払われるべき額が支払われない場合には企業を告訴することができます。株主には **Residual Claim（残余財産請求権）** という権利しかありませんので、もし企業が解散する場合には、株主は Liability が支払われた後に残ったもの（何も残らないかもしれませんし、また残ったとしてもどのようなものが残るかわかりませんが）しか入手することができません。このように、Liability は Asset に対して、[より強い／より弱い] 権利があり、Equity は [より強い／より弱い] 権利しかありません。

より強い
より弱い

DUAL-ASPECT CONCEPT（貸借一致の原則）

1-16 Liability を差し引いた後の残った Asset は、何であれ、株

第1章 基本原則　5

主の将来的な権利の対象となります。たとえば、ある企業のAssetの合計が10,000ドルの場合、Liabilityの合計が4,000ドルなら、そのEquityは_____ドルです。

6,000ドル
（＝10,000ドル−4,000ドル）

> このように下線のところの答えは1語で、後ろにドルとあれば金額を入れて下さい。

1-17 （1）債権者の債権ではないAssetはどれも株主の取り分です。そして（2）取り分の総額（Liability + Equity）は、請求できる金額以上にはなり得ないため、Assetの総合計は常にLiability + Equityの総合計［より多く／と同じに／より少なく］なります。

と同じに

1-18 以下は、重要なポイントに焦点を合わせるために、大幅に要約した、ガーズデン社のBalance Sheetです。

ガーズデン社
2012年12月31日現在のBalance Sheet（1000ドル未満切り捨て）

Assets（資産）		Liabilities & Equity（負債と純資産）	
Cash（現金）	1,449ドル	Liabilities（負債）	12,343ドル
Other Assets（その他資産）	36,790	Equity（純資産）	25,896
Total（合計）	38,239ドル	Total（合計）	38,239ドル

左側の合計は□□,□□□,000ドルで、右側の合計は□□,□□□,000ドルです。

38,239,000
38,239,000

1-19 つまりTotal AssetsはL□□□□□□□□□とE□□□□□の合計に常に一致しているといえます。

Liabilities　Equity

1-20 Total AssetsがTotal LiabilitiesとEquityを足したものと同じであり、**Balance（一致）**しなければならないという事実か

ら、この表はB□□□□□□ S□□□□と呼ばれています。この一致するということは、Entityの財務状態とは関係ありません。会計担当者が間違わない限り、その合計はいつも一致します。

Balance Sheet

1-21 この一致するということから、**Dual-Aspect Concept（貸借一致の原則）**が導かれます。この原則の一致する2つとは、(1) A□□□□□と (2) L□□□□□□□□□□+E□□□□□□で、この原則はこれら2つは常に＿＿＿＿＿（お互いの関係は？）するということを意味しています。

Assets　Liabilities
Equity
一致

1-22 Dual-Aspect Conceptは、これから本書で説明する9つの原則の最初のものです。この原則は、あるものとあるものが一致しているという等式で書くことができます。*Assets, Liabilities, Equity* という3つの言葉を使って、この等式を書いてみましょう。

A□□□□□ = L□□□□□□□□□□+E□□□□□□

Assets＝Liabilities
＋Equity

1-23 Assetの合計が20,000ドルのビジネスを想定して下さい。Liabilities合計が18,000ドルなら、Equityは＿＿＿＿＿ドルとなります。

2,000ドル＝
(20,000ドル−18,000ドル)

左右両側は一致しています。
常に一致します！

1-24 2011年12月31日の営業終了時点で、ダウリング社は、銀行口座に2,000ドルの預金があります。その他のAssetsの合計は24,000ドルです。債権者には10,000ドルの支払義務があります。そのEquityは16,000ドルです。以下のダウリング社のBalance Sheetを完成させて下さい。

ダウリング社
_____現在のBalance Sheet

Assets		Liabilities and Equity	
Cash	ドル	Liabilities	ドル
Other Assets		Equity	
Total	ドル	Total	ドル

2011年12月31日

2,000ドル	10,000ドル
24,000	16,000
26,000ドル	26,000ドル

1-25 もし、ダウリング社のBalance Sheetを2012年1月1日の営業開始の時点で作成すると、上記1-24のBalance Sheetと違ってくるでしょうか？［はい／いいえ］

いいえ
（ある日の終了時とその翌日の始業時との間には何の変化もないので）

1-26 "Net Assets"（純資産）という用語は時々"Equity"という用語の代わりに使われることがありますが、これは、EquityはA□□□□□からL□□□□□□□□□を引いた正味の残額であるという事実に関連しています（このことについては後で詳しく説明します）。

Assets　Liabilities

> あるBalance SheetにはEquityの代わりにNet Assetsが使われているのを見ることがあると思います。非営利益組織の会計については第11章で説明します。

MONEY-MEASUREMENT CONCEPT（貨幣価値測定の原則）

1-27 ある果物屋さんが200ドルのCashと100ダースのオレンジと200個のリンゴを持っていたとします。この数字からそのTotal Assetsを計算することができますか？［はい／いいえ］

いいえ
（リンゴとオレンジを足し上げることができませんので）

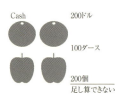

Cash　200ドル
　　　100ダース
　　　200個
　　　足し算できない

1-28 リンゴ、オレンジ、自動車、靴、Cash、などのように異なる物をいっしょに足し上げるには、[異なる/同じ]単位で集計しなければなりません。

同じ

1-29 もし、リンゴとオレンジの量が、お金に換算して集計されていれば足し上げることができますか？ [はい/いいえ]

はい
(果物の数がわかればその数量を合計することもできますが、それは会計目的には役に立つ数字ではありません)

1-30 会計の報告書に記載される事柄は貨幣の単位、米国やカナダではドルとセントで示されます。これが **Money-Measurement Concept (貨幣価値測定の原則)** です。異なる事柄を貨幣価値に換算することで、それらを[言葉で/数字で]扱うことができます。すなわち、それらのうちのひとつをもうひとつに足したり、あるいは逆に_____できるのです。

数字で

引いたり

1-31 Money-Measurement Conceptは、会計の報告書は_____で表すことができる事柄のみを記載するものであることを意味しています。

貨幣価値

1-32 もし事柄が貨幣単位で表現できないなら、それはBalance Sheetの上で報告できません。エイブル社のBalance Sheetを読んで分かることは、以下のどれでしょうか？
  A. エイブル社はCashをいくらもっているか
  B. エイブル社の社長の健康状態
  C. エイブル社はいくらお金を借りているか
  D. エイブル社でストライキが始まりそうだ
  E. エイブル社は自動車を何台保有しているか

AとC
(自動車の台数は貨幣価値ではないので、Eは違っています)

1-33 会計の報告書は貨幣価値で表すことのできる事柄のみを記載するので、会計は必然的にある企業のある状態の[完全な/不完全な]記録となってしまいます。したがって、会計は必ず

不完全な

くれる

Entity

得をしたことにも損をしたことにもなりません（もしスミスさんが単独所有するグリーン社から100ドルを引き出しても、引き出し前と後では変わりません）

100ドル少なく

しも企業に関する最も重要な事実を伝えて［くれる／くれない］とは限らないのです。

ENTITY CONCEPT（企業実体の原則）

1-34 会計記録は、あるEntityの所有者、経営者、その他Entityと関係のある人々、あるいは個人について作成されるものではなく、Entityについて作成されるものです。グリーン社というスー・スミスさんが所有者であるEntityの例を考えてみましょう。スミスさんがグリーン社から100ドルを引き出したとします。グリーン社の会計報告を作成する際には、その引き出しの影響を［スミスさん／Entity］の勘定に記録しなければいけません。

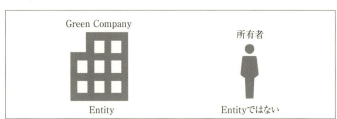

1-35 グリーン社の所有者がスー・スミスさんだけで、彼女がグリーン社から100ドルを引き出した場合、彼女は、現金100ドルを所有したことにはなりますが、彼女の所有するグリーン社のEquityは100ドル少なくなってしまいます。この場合スミスさんは引き出す前にくらべて［得をしました／損をしました／得をしたことにも損をしたことにもなりません］。

1-36 グリーン社の方はどうでしょうか？　この場合、グリーン社のAssetは［100ドル多く／同じ／100ドル少なく］なります。

1-37 会計記録が、Entityと関係のある人々とは切り離されて、Entityのためだけに記録されるということを、E□□□□□ Concept（企業実体の原則）といいます。

Entity

1-38 （「パパママ・ストアー」と呼ばれるような）小さな小売店などの所有者のなかには、個人的な用途のために店の商品を使ったり、個人的な用事のために店の電話を使ったりして、公私の区別がつきにくいケースがあります。そのような場合、E□□□□□ Conceptが適用されていません。そういうお店のFinancial Statementsは不正確なものです。

Entity

> 企業は法的に以下のいずれかの形で組織化されています。米国法上ではそれらは、Corporation（株式会社）、Partnership（所有者が2人以上のパートナーシップ）、Proprietorship（所有者が1人の個人事業）です。企業実体の原則は法律上の形態に関係なく適用されます。

1-39 ジョンとエレンはパートナーシップのジョン＆エレンランドリー社を所有しています。2人はそれぞれ会社から1,000ドルずつ引き出し、それぞれの銀行の個人口座に預金しました。ジョン＆エレンランドリー社の財政状態の会計報告はA～Dのどれを表しているでしょうか（複数回答可）。

  A. EntityのEquityの変化はなく0ということ
  B. Entityでは2,000ドルのCashが減ったということ
  C. Entityでは2,000ドルのEquityが減ったということ
  D. ジョンとエレンはそれぞれ1,000ドルのCashが増えたということ

BとC
（ジョンさんとエレンさんのそれぞれの個人的なFinancial Statementsはそれぞれ現金1,000ドルが増えたことを表しているでしょう）

> 自治体、病院、宗教団体、大学あるいはその他の非営利組織

等も、すべて同様に会計上のEntityとなります。本書では企業に焦点を合わせていますが、非営利組織のEntityの会計もほぼ同じです（これについては後で説明します）。

GOING-CONCERN CONCEPT（継続企業の原則）

1-40 毎年、さまざまな理由で倒産したり、事業を停止する企業があります。しかし、ほとんどの企業は、毎年事業を継続していきます。会計は(a)企業が今まさに事業を停止しようとしているか、あるいは(b)継続しようとしているか、のどちらかを前提としなければなりません。実際にはほとんどの企業は、上記の［(a)／(b)］の前提に立っています。

(b)

1-41 会計では、通常、EntityあるいはConcern（企業）は毎年事業をGoing（継続）し続けるという前提に立っています。この前提を、G□□□□-Concern Concept（継続企業の原則）と呼びます。

Going

1-42 より明確にいえば、G□□□□-C□□□□□□の原則とは、会計ではEntityはそうでないという証拠がない限り、半永久的に事業を継続していくことを前提としているという原則です。

Going-Concern

もしEntityが事業を継続しない場合には、特別の会計基準が適用されますが、この入門書のなかではそれについては触れません。

1-43 Going-Concern Conceptがあるため、会計は、もし企業が事業を停止するとしたら、そのAssetはどの程度で売れるのだ

ろうか、といったことについては報告［します／しません］。　　　　　しません

> 次に、Balance SheetのAssetの総額の測定を決定する原則について説明しましょう。大抵のMonetary Asset（貨幣性資産）は、その**Fair Value（公正価値）**で記載されています。そしてNonmonetary Asset（非貨幣性資産）の多くはその**Cost（取得原価）**に基づいた額で記載されています。これらの原則とその背後にある論拠についてこのセクションで説明します。

ASSET-MEASUREMENT CONCEPT（資産価値測定の原則）

1-44　Balance Sheetを読む人は、記載されたAssetにはどの位の価値があるのかを知りたいのです。会計では、Assetの価値を表すのに**Fair Value（公正価値）**（Market Value（市場価値）とも言います）を使います。ガーズデン社のBalance Sheet（資料1）には2012年12月31日現在の会社の現金は1,449,000ドルと記載されていました。これはAssetであるCashのF□□□ V□□□□です。Cashの預けられている銀行にその金額の記録がありますので、実際にその金額が1,449,000ドルであることは間違いないでしょう。　　　　　Fair Value

1-45　同様に市場性のあるSecurities（有価証券）のF□□□ V□□□□が246,000ドルであるということも、証券取引所がどの証券についても2012年12月31日時点の売買価格の正確な記録を提供するので、間違いないでしょう。　　　　　Fair Value

1-46　一般にAssetは、そのMarket Valueについての正確な情報さえ得られるならば、そのFair Valueで記載されます。通常こういう情報は、外部関係者から得られるものです。このように、この原則は、**信頼に足る情報が得られるなら、そのAsset**

第1章　基本原則　　13

Fair Value　　　　　　はF□□□ V□□□□で計上することを意味しています。

1-47　大部分のAssetのFair Valueは、売り手と買い手がその価格に合意したということで、そのAssetが取得された日付でわかります。もし、ガーズデン社が土地を2002年に100,000ドルで購入したとすると、この土地は、2002年12月31日現在のBalance Sheetには100,000ドルと記載されるでしょう。ではその土地の2012年12月31日時点のFair Valueはどうなりますか？

C
(さまざまな理由でFair Valueは変わっていくと考えられるからです)

A. 100,000ドル
B. 100,000ドル以上
C. わからない

Cost（取得原価）

1-48　その土地の2012年12月31日時点のFair Valueがわからないため、ガーズデン社はそのC□□□である100,000ドルという金額を記載するでしょう。

1-49　もし、2012年12月31日にガーズデン社が50,000ドルで見積耐用年数10年の機械を耐用年数5年を残して所有していたならば、そのAssetの金額は、まだ使い切っていないCostの金額を表す（この金額の計算は、第7章で述べる減価償却に関連しています）、[50,000ドル/50,000ドル以下]で記載されるでしょう。

50,000ドル以下

Fair Value

Cost

1-50　一般にLand（土地）、Buildings（建物）、Inventories（棚卸資産）には、そのF□□□ V□□□□をそれらが取得された時以外に測定することができないという特徴があります。したがってそれらは、□□□□かCostに基づいた金額で記載されるのです。

1-51　Asset-Measurement Conceptは、上記に説明されている2つの種類のAssetに対してそれぞれの意味を併せ持っていま

す。信頼に足る情報が得られるならそのAssetの総額はF□□ □ V□□□□で計上し、それが無理な場合には、C□□□によって計上するというものです。

Fair Value
Cost

1-52 あるAssetをCostで測定する理由は2つあります。第1に、1つひとつのAssetをFair Valueで見積もることには費用がかかり、かつ、信頼性に欠ける可能性があるからです。もしあなたが靴を2011年に100ドルで買って、2012年に2人の友人にその価値を尋ねてみたら、多分2人とも異なる回答をするでしょう。またたとえ専門家に見積りを委ねたとしても、会社の各Assetの評価額は［主観的／客観的］で、かつ、その計算には［費用がかかる／費用はかからない］でしょう。

主観的（これは事実よりも個人的な感覚に影響されます）
費用がかかる

1-53 第2に、大部分のAssetはすぐには売却される予定がなく、継続中の事業のために使用されていくからです。したがって、そのAssetのFair Valueを知ることは必要［です／ではありません］。この第2の理由はG□□□□-C□□□□□□ Conceptによるものです。

ではありません
Going-Concern

1-54 まとめると、会計がある種のAssetについて、Fair Valueではなく主にCostに焦点を合わせる理由は、以下の2つになります。

1. Fair Valueは、見積もることが困難です。Fair Valueは［客観的／主観的］で、Costは［客観的／主観的］です。
2. 多くのAssetのFair Valueを知る必要がないのは、G□□ □□-C□□□□□□ Conceptがあるからです。Assetはすぐに売却されず、将来の事業のために使われると考えられるからです。

主観的　客観的

Going-Concern

1-55 あるAssetがFair ValueとCostのどちらで計上されるか

Cost

1,000ドル（1,000ドル以上の金額は主観的な意見です）

の決定は、通常そのAssetが取得された時点で行われます。たとえば、靴の小売店が商品としての靴を1,000ドルで仕入れたとすると、それらは、そのC□□□である1,000ドルで計上（あるいは記載）されます。たとえ、小売店がそれらを1,500ドル以上で販売するつもりでも、Balance Sheetには［1,000ドル／1,500ドル／1,000ドルと1,500ドルの間のどこか］で記載されます。

Monetary

Nonmonetary

1-56 Monetary Assetはある明記された金額を請求する権利を持つものといえます。Cash、Securities、Bond（債券）は［Monetary/Nonmonetary］Assetです。Land、Building、Equipment、Inventoryは［Monetary/Nonmonetary］Assetです。後述するいくつかの例外もありますが、総じて**Monetary Asset**は**Fair Value**で記載され、**Nonmonetary Asset**は**Cost**か**Cost**に基づいた金額で記載されます。

Fair Value

ではありません

1-57 会計は、個々の資産に現在どの位の価値があるか、つまりF□□□ V□□□□を知らせるものではありません。したがって、会計は、Entity全体の価値がいくらであるのかを知らせるもの［です／ではありません］。会計が企業の価値を報告していない点を問題だと批判する人は、そうすることが困難で、客観的でなく、一般的に不必要であるということを十分認識していないのです。

REVIEW OF ACCOUNTING CONCEPTS
（これまで学んだ会計原則の復習）

1-58 資産価値測定の原則は9つの基本的な会計原則の5番目です。今まで学んだものは以下の5つの原則です。

1. 貸借一致の原則
2. 貨幣価値測定の原則

3. 企業実体の原則
4. 継続企業の原則
5. 資産価値測定の原則

貸借一致の原則は：
   A□□□□□ = L□□□□□□□□□□ + E□□□□□   Assets＝Liabilities＋Equity

貨幣価値測定の原則は：
   会計は＿＿＿＿＿で表すことができる事実だけを報告します。   貨幣価値

企業実体の原則は：
   会計記録は、そのEntityを所有する＿＿＿＿と切り離して、   人々（個人）
   E□□□□□について作成されます。   Entity

継続企業の原則は：
   会計は、E□□□□□は＿＿＿＿＿に事業を継続していく   Entity　半永久的
   という前提に立っています。

資産価値測定の原則は：
   会計はMonetary AssetのF□□□ V□□□□とNonmone-   Fair Value
   tary AssetのC□□□に焦点を合わせています。   Cost

BALANCE SHEET ITEMS（貸借対照表項目）

1-59 資料1に戻りましょう。この章の始めで学んだBalance   2012年12月31日
Sheetです。これはガーズデン社の＿＿＿＿＿＿＿＿現在の、   Asset　Liability　Equity
A□□□□、L□□□□□□□□□、E□□□□□の金額を報告し
ています。

1-60 「単位：1,000ドル」とあるように、1,000ドル未満は切り捨

第1章　基本原則　　17

1,449,000ドル	てられて記載されています。たとえば、Cash, 1,449ドルとあるのは、Cashの総額が＿＿＿＿＿＿ドルであるという意味です。これは、数字を読みやすくするために一般に行われている慣例です。読む人は、1,000ドル未満の細かいところはあまり気にしないものです。
38,239,000ドル 38,239,000ドル	**1-61** Assetの総合計はLiabilityとEquityの総合計と同じだということを思い出して下さい。Assetの総合計は＿＿＿＿＿＿ドルで、LiabilityとEquityの総合計も＿＿＿＿＿＿ドルです。
1,449,000ドル （1,449ドルではありません）	**1-62** Balance Sheet上のほとんどの項目は、より詳細な勘定を要約したものです。たとえば、Cashはいくつかの銀行口座や、レジスター、小口現金の金庫などに分けて保管されていますが、Cash全部の総合計金額をドル単位で表すと、＿＿＿＿＿＿ドルとなります。

> 資料1に戻って下さい。これはガーズデン社のBalance Sheetですが、この章のこれから先の部分では、このBalance Sheet上のいくつかの項目の意味を説明します。この章で説明しない項目は後の章で説明します。

ASSETS（資産）

Asset	**1-63** Assetは価値ある資源です。この意味を明確にしていきましょう。ある品物が会計上 A□□□□とみなされるためには、3つの必要条件を満たさなければなりません。
	1-64 最初の要件は、その品物が企業によって *Controlled*（支配）されていなければならないということです。通常、これは企業がその品物を所有していなければいけないことを意味します。

エイブル社がベーカー社の所有する Building（建物）を借りている場合、この Building はエイブル社の Asset［です／ではありません］。この Building はベーカー社の Asset［です／ではありません］。

ではありません

です

Owned
asset

Rented
assetではない

> *Capital Leases*（キャピタルリース）というリースの場合、リースの対象となっているものは Asset として扱われます。それらはこの原則の例外です。これについては第7章で説明します。

1-65 会計では、企業の従業員は Asset ではありません。企業はその従業員を_____していないからです。しかし、たとえば、ある野球チームがある選手と選手契約を締結している場合、その契約は Asset となり［ます／ません］。

所有

ます
（Assetは契約で、選手ではありません。1-67にある第3の要件を満たして初めてAssetとなります）

1-66 2番目の要件は、その品物が企業にとって**価値あるもの**でなければならないということです。ある洋服販売会社が所有している以下のようなものの中で Asset として認められるものはどれでしょうか？
　A．顧客から Account Receivable（売掛金）を回収する権利
　B．販売のためにとってある通常の服
　C．流行遅れでもう誰も買いたがらない洋服
　D．使用できる状態のレジスター
　E．動かず、修理もできないレジスター

AとBとD

1-67 第3の要件は、その品物が Measurable Cost（測定可能な原価）で取得されたものでなければならないということです。ジョーンズ社は、別の企業からある Trademark（商標権）を100万ドルで買いました。この Trademark は、ジョーンズ社の Asset［です／ではありません］。

です

1-68 一方、同じジョーンズ社が高品質の商品を安定して提供することによって高い評価を築き上げてきており、その評判はたとえ何百万ドルの値打ちがあったとしても、会計上は、Assetとしては計上され［ます／ません］（*Goodwill*（営業権、のれん）の概念については後ほど学びましょう）。

ません

1-69 要約すると、ある品物がAssetとして記載されるには、以下の3つの要件を満たさなければならないことになります。

1. それは、企業によって＿＿＿＿されるか＿＿＿＿されていなければならない

所有　支配

2. それは、企業にとって＿＿＿＿＿＿＿＿＿＿でなければならない

金銭的に価値がある有用なもの

3. それは、＿＿＿＿＿＿＿＿＿で取得されたものでなければならない

測定可能な原価

> Assetは大きくCurrent（流動）とNoncurrent（固定）の2つに区分され、負債もこの2つに区分されます。以下のセクションでこれらについて触れますが、第2章でより詳しく説明します。

1-70 **Current Asset**とは、Cashと通常1年以内の近い将来に換金されたり使われると推定されるAssetのことです。食料品店の棚にある食料品は、Current Asset［です／ではありません］。このお店が入っている、自ら所有している建物は、C□□□□□□ A□□□□□［です／ではありません］。Balance Sheet上では、Current Assetは通常、Noncurrent Assetと区分して記載されます。

です

Current Asset

ではありません

> 正解をすぐ見ないように！　自分の答えを書く前に正解を見てしまうと学習の効果が少なくなります。

1-71 Current Assetは、C□□□と、通常_____（どの位の期間ですか？）以内の近い将来にC□□□に変化したり使われると推定されるAssetから成り立っています。

Cash　1年
Cash

1-72 その名称が示すように、将来、1年を超えて有用と思われるAssetは [Current/Noncurrent] Assetsと呼ばれます。

Noncurrent

LIABILITIES（負債）

1-73 ガーズデン社のBalance Sheetの右側には、企業のLiabilityとEquityが記載されています。ここまでに説明したように、それらは、Assetに対する_____か、あるいはそのAssetを取得するための_____かのどちらかを意味しています。債権者とその他の外部利害関係者が保有する債権のことをL□□□□□□□□と呼びます。

債権
資金源
Liability

1-74 資料1では、Liabilityの最初の区分はC□□□□□□□ Liabilityです。Current Assetの説明から推測されるように、Current Liability（流動負債）も通常_____以内の [短期/長期] 間に支払期限の来る債務です。

Current
1年　短期

1-75 すでに見てきたようにガーズデン社は、その資金をBorrowing（借入金）で賄っています。この債務のうち、_____ドルは、_____年12月31日を過ぎないと支払い期限がこないものですから、この金額は [Current/Noncurrent] Liabilityになっています。

2,000,000ドル
2013
Noncurrent

1-76 Liabilityは全てのAssetに対する債務です。ガーズデン社のBalance Sheetの、Account Payable（買掛金）の5,602,000ドルは [Current Assetの22,651,000ドル/Total Assetの38,239,000ド

Total Asset（資産合計）の38,239,000ドル

ル] に対する債務です。

CURRENT RATIO（流動比率）

1-77 Current Asset と Current Liability の関係は、企業の短期支払能力の指標となります。この支払能力を評価する尺度が、**Current Ratio（流動比率）**です。これは、*Current* Asset の *Current* Liability に対する比率として計算されます。ガーズデン社の Current Ratio は以下のようになります。

$$\frac{22,651,000\text{ドル}}{9,519,000\text{ドル}} = 2.4\text{対}1$$

$$\frac{\text{Current Asset}}{\text{Current Liability}} = \frac{\boxed{}\text{ドル}}{\boxed{}\text{ドル}} = \boxed{}^*\text{対}1$$

＊この数字は小数点以下第2位四捨五入で記入して下さい。

1-78 ガーズデン社の属する業界では、調査の推定により Current Ratio は少なくとも2対1以上が望ましいとすると、ガーズデン社はその基準を満たして［います／いません］。

EQUITY（純資産）

1-79 Equity（純資産）は Liability 以外の資金源から得られた Capital（資金）から構成されています。資料1にあるように、Equity Capital（株主資本）には2つの資金源があります。それらは、(1) Total P□□□-I□ C□□□□□□と記載されている 12,256,000 ドル、と (2) R□□□□□□□ E□□□□□□□と記載されている 13,640,000 ドルです。

Paid-In Capital（払込資本）
Retained Earnings（剰余金）

1-80 Paid-in Capital（払込資本）は、株主から提供されたEquity の金額です。株主は、企業の所有者です。この項目の記載方法の詳細は、組織の形態によって異なります。ガーズデン社は株式会社なので、その所有者は所有権の証拠として Common S

□□□□のShares（普通株式）を受け取っています。そのため、彼らはS□□□□holdersと呼びます。その他の所有権の形態については第8章で説明します。

Stock

Share（あるいはStock）（株主）

1-81 Paid-in Capitalは2つの金額に分けて記載されます。すなわち、C□□□□□ S□□□□と記載されている1,000,000ドルと、Additional P□□□-i□ C□□□□□□（払込剰余金）とある11,256,000ドルです。この区別の理由については第8章で説明します。数字として重要なのは、株主から払い込まれた総額の_____ドルです。

Common Stock

Paid-in Capital

12,256,000ドル

1-82 各株主は、それぞれが持つ株式を他人に売却するかもしれませんが、これは企業のBalance Sheetには何の影響も与えません。また、アップル社の株式の市場価格は、現実には毎日変わっていますが、アップル社のBalance SheetのPaid-in Capitalの総額はこの変化を反映［しています／していません］。これは、各Shareholders（株主）間での取引はEntityに影響を及ぼさないという_____原則とも関連するものです。

していません

企業実体の

1-83 もう1つのEquityの科目である13,640,000ドルは、企業の収益性のある事業によって、獲得されて（Earned）、企業に留保された（Retained）Equityの金額を示しています。そこで、これをR□□□□□□□ E□□□□□□□□と呼びます。

Retained Earnings（剰余金）

1-84 Retained Earnings（剰余金）は、企業の利益のうち、一部をDividends（配当）としてShareholderに支払った上で、残った金額であり、企業が留保した金額を表しています。以下の式を完成させて下さい。

　　Retained Earnings = E□□□□□□□ − D□□□□□□□□

Earnings (Profits) − Dividends

その年まで過去何年にもわたる	**1-85** Retained Earningsは、企業が創業されてから累積されてきたEquityの増加分であり、1年だけのものではありません。したがって、もしガーズデン社が創業して1年以上経過しているとすると、2012年12月31日現在のRetained Earningsと記載されている13,640,000ドルは［その年の／その年まで過去何年にもわたる］事業の結果を反映したものです。
1,449,000ドル 13,640,000ドル	**1-86** Retained Earningsの金額は事業活動によって生み出され、企業に留保された金額を示しています。これはCashではありません。CashはAssetです。2012年12月31日現在のCashの額は＿＿＿＿ドルです。Retained Earningsの額は＿＿＿＿ドルです。
Asset＝Liabilities＋Equity Asset	**1-87** 常に以下の基本的な会計の等式を忘れないで下さい。 　A□□□□＝L□□□□□□□□□□＋E□□□□□ 　Balance Sheetの右側はCapitalの資金源を表しています。Capital自体は左側に記載されているA□□□□の形で存在します。

■ キーポイント

- Entity（会計主体／企業）のAssetは、Entityが所有している価値ある資源のことです。
- Assetを取得するために使われる資金源は、(1) Liabilityと (2) Equityです。
- Liabilityは、債権者からの資金源です。
- Equityは、(1) 所有者である株主から出資された資金と、(2) Entityの事業から稼ぎ出されたRetained Earningsとから構成されています。
- 債権者は、Assetに対して強い権利を持っています。債権者はもし当然支払わ

れるべき額が支払われない場合には、（これを支払わせるために）告訴することができます。株主には残余財産請求権という権利しかありません。

- Total Assetsは、LiabilitiesとEquityの合計と同じになります。これがDual-Aspect Conceptです。
- ある時点でのAssets、Liabilities、Equityの額が、EntityのBalance Sheetに記載されます。
- 会計報告書には、貨幣価値で表示される事柄のみを記載します。これがMoney-Measurement Conceptです。
- 企業会計の記録は、そのEntityについて作成されるもので、そのEntityの所有者や経営者、あるいは関係者について作成されているものではありません。これがEntity Conceptです。
- 会計は、Entityが半永久的に事業を継続していくことを前提としています。これがGoing-Concern Conceptです。
- Monetary Assetは、そのFair Valueで記載されます。それ以外のAssetはCostに基づいた額で記載されます。これがAsset-Measurement Conceptです。
- Assetは、Entityによって保有され、あるいは支配されている価値あるもので、測定可能なCostで取得されたものです。Goodwillは、それが購入されたものでないとAssetにはなりません。
- Current Assetは、Cash及び通常1年以内の近い将来にCashに換金されたり、使われたりすると予測されるAssetです。
- Current Liabilityは、通常1年以内の近い将来に支払期限のくるものです。
- Current Ratioとは、Current AssetのCurrent Liabilityに対する比率です。
- Equityは、Paid-in-Capital（企業の場合は株式として表される）に企業の創業以来留保されたEarningsを加えて構成されています。株式の市場価格を知らせるものではありません。Retained EarningsはCashと同じではありません。それは、株主がAssetに対して持っている債権の一部です。

これで、このプログラムの第1章は終わりです。もしこの章のポイントが理解できたと思うなら、テスト1に挑戦してみましょう。巻末のケーススタディーも

終えて下さい。もし自分の理解に不安があるならば、もう一度第1章を見直して下さい。

　テスト等を通じて、理解度をチェックするとともに第1章の重要部分の復習を行えます。
　テストやケーススタディーを行った結果、いくつかのポイントに不安があることがわかるかもしれません。第2章にとりかかる前に、これらのポイントを復習しておいて下さい。巻末のテスト1とケーススタディの解答を見直して下さい。

第2章
貸借対照表の変化：損益の測定
Balance Sheet Changes: Income Measurement

テーマ

- **貸借対照表に記載されている主要な勘定科目の意味**
  Meaning of the principal items reported on a balance sheet.

- **さまざまな取引が、貸借対照表に記載された額をどのように変化させるか**
  How several types of transactions change the amounts reported on the balance sheet.

- **損益の性質と損益計算書**
  Nature of income and the income statement.

> Assetは、大きくCurrentとNoncurrentの2つに区分され、Liabilityもこの2つに区分されます。

CURRENT ASSET（流動資産）

2-1 Current Asset（流動資産）とは、Cashと通常＿＿＿＿以内の近い将来に換金されたり使われると予測されるAssetのことです。

1年

2-2 Securities（有価証券）とは、Stocks（株式）とBonds（債券）のことです。有価証券は、これを保有する企業に金銭的な価値のある権利を与えます。米国財務省は、米国財務省証券を保有する企業に、表示されている金額を支払うことを約束しています。したがって、ガーズデン社が保有する米国財務省証券はガーズデン社のAsset［です／ではありません］。

です

2-3 Marketable Securities（市場性のある有価証券）は、1年以内に現金化されると予測されるSecuritiesのことです。企業は、資金を遊ばせておかずに、少しでも利益を得ようとこれらのSecuritiesを保有しています。Marketable Securitiesは［Current/Noncurrent］Assetです。

Current

> Money Market Funds（MMF）（短期金融市場投資信託）のようなリスクの少ないきわめて短期の金融商品への投資は、しばしばMarketable SecuritiesでなくCashに含められます。このようなこともあるため、この科目はCash and Cash Equivalents（現金及び現金同等物）と呼ばれます。

2-4 Account Receivable（売掛金）は、通常の与信延長の結果

として、顧客がその企業にたいして支払義務を負っている金額をいいます。電力会社の、ある顧客に対する毎月の請求額は、その顧客がその請求額を支払うまでは、電力会社のA□□□□□□ R□□□□□□□□□になります。 　　　　　Account Receivable

2-5 Inventories（棚卸資産）は、将来販売するために所有しているFinished Products（製品）、Supplies（貯蔵品）、Raw Materials（原材料）、完成後に販売する予定のWork-in-Process（仕掛品）などです。たとえば、あるトラックの販売ディーラーが顧客に販売するために保有しているトラックはInventory［です／ではありません］が、ある企業が商品の輸送のために使っているトラックはInventory［です／ではありません］。

です

ではありません

2-6 資料1でガーズデン社のInventoryは_____ドルと記載されています。

10,623,000ドル

2-7 企業に設置されている盗難警報装置は盗難から守ってくれるので価値あるものです。その警報装置はAssetです。では、火災損失から企業を守ってくれる火災保険証券はAssetでしょうか？［はい／いいえ］

はい

2-8 企業は、火災保険の補償期間が始まる前に保険に加入（つまり、保険証券を購入）します。保険に加入した時点で、A□□□□を取得したことになります。保険はきわめて短い期間を対象としているため、そのAssetは［Current/Noncurrent］Assetです。保険は触ることはできません。これは**Intangible Asset**（無形資産）です。

Asset

Current

2-9 **Prepaid Expenses（前払費用）**は、近い将来に使われる予定のIntangible Assetです。それは無形［Current/Noncurrent］

Current

Assetです（ここでExpenseという言葉を使っている理由は第5章で説明します）。資料1によると、ガーズデン社には2012年12月31日現在＿＿＿＿ドルのPrepaid Expensesがあります。

389,000ドル

NONCURRENT ASSETS（固定資産）

2-10 Tangible Assets（有形資産）は触ることのできる資産であり、物理的実体のあるものです。Buildings（建物）、Trucks（トラック）、Machines（機械）などはT□□□□□□ Assetです。またそれらは [Current/Noncurrent] Assetです。

Tangible

Noncurrent

2-11 資料1のNoncurrent Assetのすぐ下に記載されている勘定科目のように、有形のNoncurrent Assetは、P□□□□□□、P□□□□ & E□□□□□□□□□と呼ばれます。それらのAssetはNoncurrentと呼ばれることから、＿＿＿＿以上にわたって企業が使用すると予測されているものであることがわかります。

Property, Plant & Equipment

1年

2-12 資料1によると、Property、Plant & Equipmentの [Cost/市場価格] は26,946,000ドルとなっています。また、そのAssetのCostの一部分はすでに使用済みの部分として、その取得原価から差し引かれています。この使用済みの部分をA□□□□□□□□□□ D□□□□□□□□□□□と呼び、その合計額は＿＿＿＿＿＿ドルです。

Cost

Accumulated Depreciation
（減価償却累計額）

13,534,000ドル

2-13 この金額の差し引かれた後のAssetの金額は＿＿＿＿＿ドルとなっています。これは [使用された/使用されなかった] Costの金額です（この金額について第7章でさらに詳しく説明します）。

13,412,000ドル

使用されなかった

2–14 その他のNoncurrent Assetの項目として、**Intangible Assets（無形固定資産）**があります。それは、証書などのように、紙切れであることを除いては形があるものではありません。所有物を表すというよりは所有権を表しています。Investments（投資）の項目にはBonds（債券）のようなSecurities（有価証券）が含まれています。見るところ、ガーズデン社はそのInvestmentsを＿＿＿＿以内に現金化する予定はありません。これは、もしその期間内にそのSecuritiesを現金化する予定なら、Current AssetのM□□□□□□□ S□□□□□□□□のところに記載されているはずだからです。

　　1年

　　Marketable Securities

2–15 つぎに記載されているNoncurrent Assetは**Patents and Trademarks（特許権および商標権）**とあります。これらは、（"アドビル*"のような）価値あるブランドやロゴに関する特許や権利の使用権です。これらはAssetですから以下のことがわかります。

1. それらは＿＿＿＿＿＿＿で、
2. ガーズデン社によって＿＿＿＿されているもので、
3. 測定可能なC□□□で取得されたもの

（＊（訳注）固有の商標名）

　　価値あるもの

　　所有

　　Cost

2–16 Assetの部の最後にある項目の**Goodwill（営業権、のれん）**は、会計上特別な意味があるものです。これはある企業が他の企業を買収する時に、識別可能Net Asset以上の買収額を支払った際に生じます。グラディー社が1,400,000ドルのCashでベーカー社を買収しました。ベーカー社の識別可能Assetは、1,500,000ドルだと評価されました。また、グラディー社はベーカー社のLiabilityも引き受け、それは総額500,000ドルです。以下の計算を行って下さい。

ベーカー社の識別可能Asset　　　　　＿＿＿＿＿ドル

　　1,500,000ドル

500,000ドル	Liability	_____ドル
1,000,000ドル	識別可能Net Asset	_____ドル
	グラディー社がベーカー社に支払った額	1,400,000ドル
400,000ドル	よって、Goodwill（のれん）は	_____ドル

CURRENT LIABILITIES（流動負債）

Current

1年　短期

2-17　資料1で、Liabilityの最初の区分はC□□□□□ Liabilityです。Current Assetでの説明から推測されるように、Current Liability（流動負債）は通常_____以内の［短期/長期］に支払期限のくる債務です。

Accounts Payable

ある企業が仕入先に支払わなければならない

2-18　資料1で、最初に記載されているCurrent LiabilityはA□□□□□□ P□□□□□□（買掛金）です。これはAccounts Receivable（売掛金）と対になるもので、これは、［ある企業が仕入先に支払わなければならない/ある企業が顧客先から受け取る予定の］金額のことです。

Receivable

Payable

2-19　2011年12月に、グリーン社はブラウン社にパソコンを3,000ドルで販売しました。ブラウン社は支払いを60日以内にすることを承諾しました。それぞれの企業の2011年12月31日現在の貸借対照表には、グリーン社は3,000ドルのAccounts［Receivable/Payable］を記載し、ブラウン社は3,000ドルのAccounts［Receivable/Payable］を記載します。

Note

2-20　次のBank Loan Payable（銀行借入金）の項目は、Promissory N□□□（約束手形）として明確にされたLiabilityなので、Account Payableとは区別して記載されます。以下のうちどれが正しいでしょうか？

A. ガーズデン社は銀行に1,000,000ドルの借り入れがあります
B. ガーズデン社は将来銀行に1,000,000ドルを支払うでしょう
C. AもBも正しい

A（Liabilityの多くは当然将来支払われるものですが、Balance Sheetはそのことを約束するものではありません）

> 従業員やその他の関係者が提供したサービスに対して支払われる金額で、未だ支払われていないものは、Accrued Liabilities（未払費用）として記載されます。これについては、第5章で説明します。

2-21 Estimated Tax Liability（未払税金）は、政府に税金として支払う金額です。これは他のLiabilityとは区別して記載されます。その理由は、金額が大きく、またBalance Sheetの作成時点ではまだ正確な額がわからないためです。資料1では、この金額は、＿＿＿＿ドルとなっています。これは、＿＿＿＿以内（期間は？）に支払われなければならないのでCurrent Liabilityです。

1,541,000ドル

1年

2-22 Long-Term Debt（長期負債）は2つに区別して記載されています。1つは"Current Portion（流動部分）"と記載されている＿＿＿＿ドルで、もう1つはNoncurrent Liabilityと記載されている＿＿＿＿ドルです。見て明らかなように、Long-Term Debtの合計は＿＿＿＿ドルです。

500,000ドル
2,000,000ドル
2,500,000ドル

2-23 500,000ドルがCurrent Liabilityとして区分されて記載されているのは、これが＿＿＿＿以内に、つまり＿＿＿＿年12月31日以前に支払期限がくるからです。残りの2,000,000ドルは、＿＿＿＿年12年31日を過ぎないと支払期限がきません。

1年　2013

2013

NONCURRENT LIABILITIES（固定負債）

2-24 もし流動部分のうち、500,000ドルが2013年中に支払われ、またさらに長期債務のうちの600,000ドルは2014年中に支払期限がくるとすると、2013年12月31日現在のBalance Sheetには、Long-Term Debtの流動部分に＿＿＿＿＿ドルが記載され、Noncurrent Liabilityは＿＿＿＿＿ドルに減ることになります。

600,000ドル
1,400,000ドル

> 1つのLiabilityは流動部分と固定部分とに分けられることがありますが、1つのAssetが必ずしもそのように分けられるとは限りません。補償期間が向こう2年間にわたる2,000ドルのPrepaid Insurance（前払保険）でも、しばしばCurrent Assetとして記載されることがあります。

> もうひとつのNoncurrent LiabilityであるDeferred Income Taxes（繰延税金）については第7章で説明します。

EQUITY（純資産）

2-25 EquityはLiability以外の資金源から得られた資金から構成されていることを思い出して下さい。ガーズデン社の株主資本にはTotal P□□□-i□ C□□□□□□□とR□□□□□□□ E□□□□□□□の2つの資金源があります。

Paid-in Capital
Retained Earnings

2-26 Equityの金額は企業の収益性のある事業によって獲得されたもので、企業内に留保された額は、R□□□□□□□ E□□□□□□□と呼ばれることも思い出して下さい。

Retained Earnings

BALANCE SHEET CHANGES（貸借対照表の変化）

2-27 企業のAsset，Liability，Equityの金額は［変化せずそのままです／日々変化しています］。そしてBalance Sheet上に記載されている金額もまた同じように［変化せずそのままです／日々変化しています］。

日々変化しています

日々変化しています

2-28 Balance Sheetは毎年の年度末時点で作成されなければなりませんが、もっと短い期間毎に作成することもできます。本章では、日々Balance Sheetを作成していきます。それではヘンリー・バーグ氏の所有する"エバーグリーンマーケット"という企業を例にして考えていきましょう。この**Entity**（会計主体）は、［ヘンリー・バーグ氏／エバーグリーンマーケット］です。

エバーグリーンマーケット

> エバーグリーンマーケットは一人の所有者によって運営されている**Proprietorship**（個人企業）です。一事業主個人企業と呼べます。**Proprietorship**（個人企業）は剰余金を有しません。純資産はただ**Capital**（資本）と表記されます。

2-29 1月2日に、バーグ氏はエバーグリーンマーケットの名義で銀行に口座を開き、自分のCash10,000ドルを預けることから、エバーグリーンマーケットの事業を始めました。下記のBalance SheetのAssetの空欄に、1月2日現在エバーグリーンマーケットが所有しているCashの額を記入して下さい。

エバーグリーンマーケット
Balance Sheet（1月2日現在）

Assets		Liabilities & Equity
Cash	ドル	10,000ドル

第2章　貸借対照表の変化：損益の測定　35

10,000ドル	**2-30** Cashは手許にあるかすぐ下ろせるお金のことです。もし1月2日にヘンリー・バーグ氏が10,000ドルの代わりに8,500ドルを銀行に預け、レジスターには1,500ドルがあったとすると1月2日現在のCashは_____ドルとなります。
	2-31 払込資本は株式会社では"Paid-In Capital"と呼ぶのを思い出して下さい。エバーグリーンマーケットは一事業主個人企業ですので、1月2日現在で、以下の空欄に記入をして下さい。
Berg, Capital 10,000ドル	エバーグリーンマーケット Balance Sheet（1月2日現在） **Assets**　　　　　　　　　　**Liabilities & Equity** Cash　　　　　　10,000ドル　Berg, C□□□□□　　____ドル
エバーグリーンマーケット 企業実体	**2-32** このBalance Sheetから、1月2日に［エバーグリーンマーケット／ヘンリー・バーグ氏］がいくらCashを持っているかがわかります。個人としてのヘンリー・バーグ氏からエバーグリーンマーケットを分離することは、_____の原則の表れです。

> エバーグリーンマーケットのように、一個人によって所有されている企業をProprietorship（個人企業）と呼びます。個人企業の中には、資本の項目を"Henry Berg, Capital"のように、所有者の名前で記載している場合があります。これは単に株式会社の場合の用語の使い方との違いであり、考え方は同じです。

2-33 1月2日に、エバーグリーンマーケットはヘンリー・バーグ氏から10,000ドルのCashを受け取りました。この事象が企業の財務状態に与える影響を記録するために、Balance Sheet上に

は＿＿＿＿カ所の変更が行われました。それらの変更を行った後、Balance Sheetの貸借（左右）の残高は一致［しました／しません］。これは＿＿＿＿の原則の実例です。

2
しました
貸借一致

2-34 Balance Sheetの左右それぞれの合計額は必ず計算されなければなりません。以下のBalance Sheetを完成させて下さい。

ブラウン社
Balance Sheet（2011年6月30日現在）

Assets		Liabilities & Equity	
Cash	50,000ドル	Account Payable	10,000ドル
		Brown, Capital	40,000ドル
T□□□	ドル	T□□□	ドル

Total 50,000ドル
Total 50,000ドル

2-35 上記のBalance Sheetの合計額は［偶然一致しました／必ず一致します］。

必ず一致します

2-36 Balance Sheetの各項目は一般的に流動性の高いものから順に並べられています。それにならって以下の科目を並べ変えて下さい。

Liabilities（2011年12月31日現在）
　　Bank Loan Payable（銀行借入金）（来年10月支払期限）
　　Accounts Payable（買掛金）（60日後支払期限）
　　Long-Term Debt（長期負債）

Accounts Payable
Bank Loan Payable
Long-Term Debt

2-37 企業が金銭を借り入れる際、返済を約束した書面に署名します。そのような返済を約束した書面をNote（手形）と呼びます。たとえば、A社がNoteを発行してB社から借金すると、A社はBalance Sheetに［Note Receivable／Note Payable］と記

Note Payable

第2章　貸借対照表の変化：損益の測定　37

Note Receivable

載し、B社はBalance Sheetに [Note Receivable/Note Payable] と記載します。

2-38 1月3日に、エバーグリーンマーケットがNoteを発行して銀行から5,000ドルを借り入れたとします。

以下の1月2日現在のBalance Sheetを1月3日の財政状態を記録するように変更して下さい。変更は、変更個所を斜め線で消し、訂正内容を以下のように記入して下さい。

15,000
~~10,000~~

エバーグリーンマーケット
Balance Sheet（1月2日現在）

Assets		Liabilities & Equity	
		N___P_____	ドル
Cash	10,000ドル	Berg, Capital	10,000ドル
Total	10,000ドル	Total	10,000ドル

（解答は39ページ下部に）

2-39 1月3日の事象の影響を記録するには、Balance Sheet上で＿＿＿＿カ所の変更を行う必要があります（合計額の計算し直しと日付けの変更は除きます）。なおこの変更は、AssetsとLiabilities + Equityが一致しているという関係に影響を及ぼし [ます／ません]。

2

ません

2-40 1月4日に、エバーグリーンマーケットはCashでCost 2,000ドルのInventoryを仕入れました。

以下の1月3日現在のBalance Sheetを1月4日の財政状態を記録するように変更して下さい。変更は、変更するところを線で消し、訂正内容をその上か下に記入して下さい。

エバーグリーンマーケット
Balance Sheet（1月3日現在）

Assets		Liabilities & Equity	
Cash	15,000ドル	Note Payable	5,000ドル
I_____	___ドル	Berg, Capital	10,000ドル
Total	___ドル	Total	15,000ドル

（解答は下部に）

2-41 1月4日の事象は、Balance Sheet 上の［片側だけ／両側に］変更を及ぼしたのですが、Balance Sheet 上に2カ所の変更が必要でした。

片側だけ

2-42 会計上記録されるそれぞれの事象は、**Transaction（取引）**と呼ばれます。エバーグリーンマーケットがヘンリー・バーグ氏から 10,000 ドルを受け取り、それを Bank Account（銀行口座）に預けた時、その事象は前出の定義から_____と呼ばれます。それは、このことが、_____上、_____された事象だからです。

取引

会計　記録

2-43 記録をするどの取引も、たとえ、Balance Sheet 上の片側だけに変更を及ぼすものであっても、Balance Sheet 上に最低_____カ所の変更をもたらします（合計額と日付けの変更は除きます）。これはすべての取引にあてはまります。そしてこれが、会計が［Single/Double/Triple］-Entry System と呼ばれる理由です。

2

Double

2-38

エバーグリーンマーケット 3
Balance Sheet（1月2日現在）

Assets		Liabilities & Equity	
		Note Payable	5,000ドル
Cash	15,000ドル	Berg, Capital	10,000ドル
	10,000ドル		
Total	10,000ドル	Total	10,000ドル
	15,000		15,000

2-40

エバーグリーンマーケット 4
Balance Sheet（1月3日現在）

Assets		Liabilities & Equity	
Cash	13,000 15,000ドル	Note Payable	5,000ドル
Inventory	2,000ドル	Berg, Capital	10,000ドル
Total	15,000ドル	Total	15,000ドル

第2章　貸借対照表の変化：損益の測定　39

ないでしょう

2-44 本書の始めのほうで、Assets = Liabilities + Equity という基本的な会計の等式について説明しました。取引の一方の側面だけを記録したとすると、この等式は成り立ってい[るでしょう/ないでしょう]。

貸借一致
Assets　Liabilities　Equity

2-45 この基本的な会計の等式は、第1章で_____の原則として説明したもので、A□□□□□ = L□□□□□□□□□ + E□□□□□です。

> ある企業が、Cost200ドルで仕入れたMerchandise（商品）を300ドルで販売すると、100ドルのProfitが出ますが、これはAssetが100ドル増加することにつながります。第1章で見たように、Retained Earningsの項目は事業経営から生じるEquityの変化を記録するために使われます。これらのことは以下の取引を分析するのに役立つでしょう。

15,100ドル=15,100ドル

2-46 1月5日に、エバーグリーンマーケットはMerchandiseをCash300ドルで販売しました。そのMerchandiseのCostは200ドルでした。

以下の1月4日現在のBalance Sheetを1月5日の財政状態を記録するように変更して下さい（この問題がわからない人は、この問題の答えを見ないで次へ進んで下さい）。

（解答は41ページ下部）

エバーグリーンマーケット
Balance Sheet（1月4日現在）

Assets		Liabilities & Equity	
Cash	13,000ドル	Note Payable	5,000ドル
Inventory	2,000ドル	Berg. Capital	10,000ドル
		R____ E____	____ドル
Total	15,000ドル	Total	15,000ドル

Chapter 2　Balance Sheet Changes: Income Measurement

2-47 1月5日に、エバーグリーンマーケットはCost200ドルのMerchandiseをCash300ドルで販売しました。

この取引を記録するために、細かく1つひとつ考えていきましょう。まず日付けを変えて下さい。次に、Cash300ドルを受け取った後のCashの金額を記録して下さい（当面、合計額の変更も含め他の変更は無視して下さい）。

エバーグリーンマーケット
Balance Sheet（1月4日現在）

Assets		Liabilities & Equity	
Cash	13,000ドル	Note Payable	5,000ドル
Inventory	2,000ドル	Berg, Capital	10,000ドル
Total	15,000ドル	Total	15,000ドル

（解答は下部に）

 2-48 1月5日に、エバーグリーンマーケットはCost200ドルのMerchandiseをCash300ドルで販売しました。

Cost200ドルのMerchandiseは、Inventoryから差し引かれました。

この取引後のInventoryの金額を記録しましょう。

2-46

エバーグリーンマーケット
5
Balance Sheet（1月4日現在）

Assets	13,300	Liabilities & Equity	
Cash	13,000ドル 1,800	Note Payable	5,000ドル
Inventory	2,000ドル	Berg, Capital	10,000ドル
		Retained Earnings	100ドル
Total	15,000ドル 15,100	Total	15,000ドル 15,100

（この問題を正しく答えられた人は2-53へ進んで下さい）

2-47

エバーグリーンマーケット
5
Balance Sheet（1月4日現在）

Assets	13,300	Liabilities & Equity	
Cash	13,000ドル	Note Payable	5,000ドル
Inventory	2,000ドル	Berg, capital	10,000ドル
Total	15,000ドル	Total	15,000ドル

第2章　貸借対照表の変化：損益の測定　41

エバーグリーンマーケット
Balance Sheet（1月5日現在）

Assets		Liabilities & Equity	
Cash	13,300ドル	Note Payable	5,000ドル
Inventory	2,000ドル	Berg, Capital	10,000ドル
Total	15,000ドル	Total	15,000ドル

（解答は下部に）

2-49 1月5日に、エバーグリーンマーケットはCost200ドルのMerchandiseをCash300ドルで販売しました。

では、1月5日の営業終了時のAssetを合計して、新しい合計額を出して下さい。

エバーグリーンマーケット
Balance Sheet（1月5日現在）

Assets		Liabilities & Equity	
Cash	13,300ドル	Note Payable	5,000ドル
Inventory	1,800ドル	Berg, Capital	10,000ドル
Total	15,000ドル	Total	15,000ドル

（解答は下部に）

2-48

エバーグリーンマーケット
Balance Sheet（1月5日現在）

Assets		Liabilities & Equity	
Cash	13,300ドル	Note Payable	5,000ドル
Inventory	1,800ドル	Berg, Capital	10,000ドル
Total	15,000ドル	Total	15,000ドル

2-49

エバーグリーンマーケット
Balance Sheet（1月5日現在）

Assets		Liabilities & Equity	
Cash	13,300ドル	Note Payable	5,000ドル
Inventory	1,800ドル	Berg, Capital	10,000ドル
Total	15,100ドル	Total	15,000ドル

2-50 1月5日に、エバーグリーンマーケットはCost200ドルのMerchandiseをCash300ドルで売りました。

エバーグリーンマーケット
Balance Sheet（1月5日現在）

Assets		Liabilities & Equity	
Cash	13,300	Note Payable	5,000ドル
Inventory	1,800	Berg, Capital	10,000ドル
Total	15,100	Total	15,000ドル

明らかに、1月5日の取引によりエバーグリーンマーケットが1月4日の営業終了時に保有していたAssetは_____ドル［減少/増加］しました。

100ドル
増加

2-51 1月5日に、エバーグリーンマーケットはCost200ドルのMerchandiseをCash300ドルで販売しました。

会社のAssetは100ドル増加しました。この増加は、商品を販売し利益が出たことによるものです。第1章で学んだように、収益性のある事業は結果としてEquityの増加、特にR□□□□□□ E□□□□□□□の増加となります。

Retained Earnings（剰余金）

> 多くの個人企業では、剰余金の科目は資本の科目に含めますが、ここでは学習の目的上、分けて示します。

2-52 1月5日に、エバーグリーンマーケットはCost200ドルのMerchandiseをCash300ドルで販売しました。Retained Earningsの100ドルを加えて、Balance Sheetの右側の合計を計算して下さい。

エバーグリーンマーケット
Balance Sheet（1月5日現在）

Assets		Liabilities & Equity	
Cash	13,300	Note Payable	5,000ドル
Inventory	1,800ドル	Berg, Capital	10,000ドル
	2,000ドル	R	ドル
Total	15,000ドル 15,100	Total	15,000ドル

（解答は下部に）

2-53 1月6日に、エバーグリーンマーケットは2,000ドルでMerchandiseを仕入れ、Inventoryに加えました。代金は、30日以内に仕入先に支払うことにしました。

　以下の1月5日現在のBalance Sheetを1月6日の財政状態を記録するように変更して下さい。仕入先への支払義務は、**Account Payable**だということを思い出して下さい。合計を変更するのを忘れずに。

エバーグリーンマーケット
Balance Sheet（1月5日現在）

Assets		Liabilities & Equity	
Cash	13,300ドル	A　　P	ドル
Inventory	1,800ドル	Note Payable	5,000ドル
		Berg, Capital	10,000ドル
		Retained Earnings	100ドル
Total	15,100ドル	Total	15,100ドル

（解答は45ページ下部に）

2-52

エバーグリーンマーケット
Balance Sheet（1月5日現在）

Assets		Liabilities & Equity	
Cash	13,000ドル	Note Payable	5,000ドル
Inventory	1,800ドル 2,000ドル	Berg, Capital	10,000ドル
		Retained Earnings	100ドル
Total	15,000ドル 15,100	Total	15,000ドル 15,100

2-54 1月7日に、Cost500ドルのMerchandiseをCash800ドルで販売しました。

以下の1月6日現在のBalance Sheetを1月7日の財政状態を記録するように変更して下さい。

エバーグリーンマーケット
Balance Sheet（1月6日現在）

Assets		Liabilities & Equity	
Cash	13,300ドル	Accounts Payable	2,000ドル
Inventory	3,800ドル	Note Payable	5,000ドル
		Berg, Capital	10,000ドル
		Retained Earnings	100ドル
Total	17,100ドル	Total	17,100ドル

（解答は下部に）

2-55 1月8日に、Cost600ドルのMerchandiseを900ドルで販売しました。顧客は、30日以内に代金を支払うことを約束しました（このように顧客に掛売りをした時、企業は **Accounts Receivable** というAssetを保有することになることを思い出して下さい）。

次ページの1月7日現在のBalance Sheetを1月8日の財政状態を記録するように変更して下さい。

2-53

エバーグリーンマーケット
Balance Sheet（1月~~5~~6日現在）

Assets		Liabilities & Equity	
Cash	13,300ドル	Accounts Payable	2,000ドル
Inventory	~~1,800~~ 3,800ドル	Note Payable	5,000ドル
		Berg, Capital	10,000ドル
		Retained Earnings	100ドル
Total	~~15,100~~ 17,100ドル	Total	~~15,100~~ 17,100ドル

2-54

エバーグリーンマーケット
Balance Sheet（1月~~6~~7日現在）

Assets		Liabilities & Equity	
Cash	~~13,300~~ 14,100ドル	Accounts Payable	2,000ドル
Inventory	~~3,800~~ 3,300ドル	Note Payable	5,000ドル
		Berg, Capital	10,000ドル
		Retained Earnings	~~100~~ 400ドル
Total	~~17,100~~ 17,400ドル	Total	~~17,100~~ 17,400ドル

エバーグリーンマーケット
Balance Sheet（1月7日現在）

Assets		Liabilities & Equity	
Cash	14,100ドル	Accounts Payable	2,000ドル
A	ドル	Note Payable	5,000ドル
Inventory	3,300ドル	Berg, Capital	10,000ドル
		Retained Earnings	400ドル
Total	17,400ドル	Total	17,400ドル

（解答は47ページ下部に）

2-56 1月9日に、エバーグリーンマーケットは1年間補償の保険に加入し、Cashで200ドルを支払いをしました（保険の権利はAssetだということを思い出して下さい。このAssetは"Prepaid Insurance（前払保険料）"と呼ばれます）。

以下の1月8日現在のBalance sheetを1月9日の財政状態を記録するように変更して下さい。

エバーグリーンマーケット
Balance Sheet（1月8日現在）

Assets		Liabilities & Equity	
Cash	14,100ドル	Accounts Payable	2,000ドル
Accounts Receivable	900ドル	Note Payable	5,000ドル
Inventory	2,700ドル	Berg, Capital	10,000ドル
P	ドル	Retained Earnings	700ドル
Total	17,700ドル	Total	17,700ドル

（解答は47ページ下部に）

2-57 1月10日に、エバーグリーンマーケットは同じ面積のLand（土地）2カ所を合計10,000ドルで購入しました。それにより、LandというAssetを取得しました。支払いは、2,000ドルをCashで、残り8,000ドルをこの不動産を担保とした10年間のMortgage（土地担保の借入金）としました（このLiabilityを

Mortgage Payable（不動産担保付借入金）と呼びます）。

　以下の1月9日現在のBalance Sheetを1月10日の財政状態を記録するように変更して下さい。

エバーグリーンマーケット
Balance Sheet（1月9日現在）

Assets		Liabilities & Equity	
Cash	13,900ドル	Accounts Payable	2,000ドル
Accounts Receivable	900ドル	Note Payable	5,000ドル
Inventory	2,700ドル	M	ドル
Prepaid Insurance	200ドル	Berg, Capital	10,000ドル
L	ドル	Retained Earnings	700ドル
Total	17,700ドル	Total	17,700ドル

（解答は下部に）

2-55

エバーグリーンマーケット
8
Balance Sheet（1月7日現在）

Assets		Liabilities & Equity	
Cash	14,100ドル	Accounts Payable	2,000ドル
Accounts Receivable	900ドル	Note Payable	5,000ドル
Inventory	~~2,700~~ 3,300ドル	Berg, Capital	10,000ドル
		Retained Earnings	~~700~~ ~~400~~ドル
Total	~~17,400~~ 17,700ドル	Total	~~17,400~~ 17,700ドル

2-56

エバーグリーンマーケット
9
Balance Sheet（1月8日現在）

Assets		Liabilities & Equity	
Cash	~~13,900~~ 14,100ドル	Accounts Payable	2,000ドル
Accounts Receivable	900ドル	Note Payable	5,000ドル
Inventory	2,700ドル	Berg, Capital	10,000ドル
Prepaid Insurance	200ドル	Retained Earnings	700ドル
Total	17,700ドル	Total	17,700ドル

2-57

エバーグリーンマーケット
10
Balance Sheet（1月9日現在）

Assets		Liabilities & Equity	
Cash	~~11,900~~ 13,900ドル	Accounts Payable	2,000ドル
Accounts Receivable	900ドル	Note Payable	5,000ドル
Inventory	2,700ドル	Mortgage Payable	8,000ドル
Prepaid Insurance	200ドル	Berg, Capital	10,000ドル
Land	10,000ドル	Retained Earnings	700ドル
Total	~~17,700~~ 25,700ドル	Total	~~17,700~~ 25,700ドル

第2章　貸借対照表の変化：損益の測定

2-58 1月11日に、エバーグリーンマーケットは購入した2カ所のLandのうち1カ所を5,000ドルで売却しました。買い手は1,000ドルをCashで、残りの4,000ドルはMortgageを4,000ドルで引き受けることで支払いました。エバーグリーンマーケットは、そのMortgage Payableの半分については支払義務がなくなりました。

以下の1月10日現在のBalance Sheetを1月11日の財政状態を記録するように変更して下さい。

エバーグリーンマーケット
Balance Sheet（1月10日現在）

Assets		Liabilities & Equity	
Cash	11,900ドル	Accounts Payable	2,000ドル
Accounts Receivable	900ドル	Note Payable	5,000ドル
Inventory	2,700ドル	Mortgage Payable	8,000ドル
Prepaid Insurance	200ドル	Berg, Capital	10,000ドル
Land	10,000ドル	Retained Earnings	700ドル
Total	25,700ドル	Total	25,700ドル

（解答は49ページ下部に）

2-59 1月12日に、ヘンリー・バーグ氏はエバーグリーンマーケットに対する持分を15,000ドルで買収したいという申し入れを受けました。彼の持分は10,700ドルに過ぎなかったのですが、彼はその申し入れを断りました。この結果、この企業がすでに市場価格4,300ドルのGoodwill（のれん）を保有していることが明らかになりました。

1月12日の財政状態を記録するのに1月11日現在のBalance Sheetをどのように変更する必要があるでしょうか？

Balance Sheetには1月11日の日付を除いて何の変化ももたらしません。Asset Measurement Conceptにより、Goodwillは、それが買収された時にのみ、初めてAssetとなります。Balance SheetはEntityのFair Valueをかならずしも表してはいません。

2-60 1月13日に、バーグ氏は私用のためにエバーグリーンマーケットの銀行口座から200ドルを引き出しました。また、Cost400ドルのMerchandiseも持ち出しました。

以下の1月12日現在のBalance Sheetを1月13日の財政状態を記録するように変更して下さい。

エバーグリーンマーケット
Balance Sheet（1月12日現在）

Assets		Liabilities & Equity	
Cash	12,900ドル	Accounts Payable	2,000ドル
Accounts Receivable	900ドル	Note Payable	5,000ドル
Inventory	2,700ドル	Mortgage Payable	4,000ドル
Prepaid Insurance	200ドル	Berg, Capital	10,000ドル
Land	5,000ドル	Retained Earnings	700ドル
Total	21,700ドル	Total	21,700ドル

（解答は下部に）

2-61 1月14日に、バーグ氏は1月11日にエバーグリーンマーケットからLandを5,000ドルで購入した人が、それを8,000ドルで転売したことを知りました。その結果、エバーグリーンマーケットがまだ所有するLandも売却されたLandと同じ価値があ

2-58

エバーグリーンマーケット
11
Balance Sheet（1月10日現在）

Assets		Liabilities & Equity	
Cash	12,900 ~~11,900~~ドル	Accounts Payable	2,000ドル
Accounts Receivable	900ドル	Note Payable	5,000ドル ~~4,000~~
Inventory	2,700ドル	Mortgage Payable	~~8,000~~ドル
Prepaid Insurance	200ドル	Berg, Capital	10,000ドル
Land	5,000 ~~10,000~~ドル	Retained Earnings	700ドル
Total	~~25,700~~ドル 21,700	Total	~~25,700~~ドル 21,700

2-60

エバーグリーンマーケット
13
Balance Sheet（1月12日現在）

Assets		Liabilities & Equity	
Cash	12,700 ~~12,900~~ドル	Accounts Payable	2,000ドル
Accounts Receivable	900ドル	Note Payable	5,000ドル
Inventory	2,300 ~~2,700~~ドル	Mortgage Payable	4,000ドル
Prepaid Insurance	200ドル	Berg, Capital	10,000ドル
Land	5,000ドル	Retained Earnings	100 ~~700~~ドル
Total	~~21,700~~ドル 21,100	Total	~~21,700~~ドル 21,100

変更なし。Balance Sheetは日付を除いては1月13日と同じです。Asset Measurement Conceptにより、LandはNonmonetary Assetであるため、取得原価で記載されたままです。

1月14日の財政状態を記録するのに1月13日現在のBalance Sheetをどのように変更する必要があるでしょうか？

2-62 1月15日に、エバーグリーンマーケットはBank Loan（銀行借入金）のうち、2,000ドルをCashで返済しました。（Interest（金利）は無視します）。

以下の1月14日現在のBalance Sheetを1月15日の財政状態を記録するように変更して下さい。

エバーグリーンマーケット
Balance Sheet（1月14日現在）

Assets		Liabilities & Equity	
Cash	12,700ドル	Accounts Payable	2,000ドル
Accounts Receivable	900ドル	Note Payable	5,000ドル
Inventory	2,300ドル	Mortgage Payable	4,000ドル
Prepaid Insurance	200ドル	Berg, Capital	10,000ドル
Land	5,000ドル	Retained Earnings	100ドル
Total	21,100ドル	Total	21,100ドル

（解答は下部に）

2-62

エバーグリーンマーケット
Balance Sheet（1月~~14~~15日現在）

Assets		Liabilities & Equity	
Cash	~~12,700~~ 10,700ドル	Accounts Payable	2,000ドル ~~5,000~~ 3,000
Accounts Receivable	900ドル	Note Payable	~~5,000~~ドル
Inventory	2,300ドル	Mortgage Payable	4,000ドル
Prepaid Insurance	200ドル	Berg, Capital	10,000ドル
Land	5,000ドル	Retained Earnings	100ドル
Total	~~21,100~~ 19,100ドル	Total	~~21,100~~ 19,100ドル

2-63 1月16日に、エバーグリーンマーケットは法人となりました。ヘンリー・バーグ氏は、10,100ドルのEquityと引き換えにCommon Stock（普通株式）を100株受け取りました。彼はすぐにそのCommon Stockのうち25株をCash4,000ドルで売却しました。

　1月16日の財政状態を記録するのに1月15日現在のBalance Sheetをどのように変更する必要がありますか？

> この節で見てきたように、どのような取引でも、貸借対照表に及ぼす影響という見地から記録することができます。後の章で、具体的処理法、調整の仕方、簡便な方法について説明しますが、これらのいずれもこの基本的事実を変えるものではありません。

"Berg, Capital"の科目名が"Paid-In-Capital"に変わり、日付が変わります。法人に改組されたことはBalance Sheet上の金額に何の影響も及ぼしません（企業の名前はたしかにエバーグリーンマーケット社と変わりましたが、数字には何の影響も及ぼしません）。ヘンリー・バーグ氏の株の売却も、Entityであるエバーグリーンマーケットには何の影響も及ぼしません。今や、エバーグリーンマーケットは株主1人の法人です。

INCOME MEASUREMENT（損益の測定）

> 巻末の資料2を開いて下さい。これは2-33から2-55までの問題で検討してきたエバーグリーンマーケットの取引の要約です。これからEquityに影響を及ぼす取引に焦点を合わせてみます。

2-64 第1章で説明したように、企業のEquityは2つの理由で増加します。1つは、ShareholderからEquityを受け入れることです。1月2日にエバーグリーンマーケットは、Shareholderであるヘンリー・バーグ氏から10,000ドルを受け入れました。これは、C□□□の増加およびEquityの項目のBerg,C□□□□□の増加として記載されました。

Cash　Berg, Capital

Retained Earnings

2-65 Equityの増加のもう1つの原因は、企業の事業からの利益です。利益を増加させる取引は、Equityの項目であるR□□ □□□□ E□□□□□□□も増加させます。1月3日から8日までの取引を見て下さい。以下の表で、それぞれの取引でRetained Earningsに変化があればその金額を記載して下さい。もし、取引がRetained Earningsに何の影響も及ぼさない場合は、"影響なし"の欄に○印をつけて下さい。

> 剰余金は資本の科目と同じではないことを覚えて下さい。

Retained Earnings

日付	種類	増加額	影響なし
3	Borrowing（借入れ）	ドル	
4	Purchase（仕入れ）		
5	Sale（販売）		
6	Purchase（仕入れ）		
7	Sale（販売）		
8	Sale（販売）		
	Total	ドル	

（解答は下部に）

2-66 上記2-65の表にあるように、取引のうち3件は、Retained Earningsに影響を及ぼしません。BorrowingはRetained Earn-

---

2-65

Retained Earnings

日付	種類	増加額	影響なし
3	Borrowing（借入れ）	ドル	○
4	Purchase（仕入れ）		○
5	Sale（販売）	100	
6	Purchase（仕入れ）		○
7	Sale（販売）	300	
8	Sale（販売）	300	
	Total	700ドル	

ingsに影響を及ぼし［ます／ません］。Purchase（仕入れ）はRetained Earningsに影響を及ぼし［ます／ません］。しかし、Sale（商品の販売）はRetained Earningsに影響を及ぼし［ます／ません］。

ません
ません
ます

2-67 ある期間の事業の結果として、Equityが増加した場合、その増加額をその期間のIncome（利益）あるいはProfit（利益）と呼びます。前述のように1月2日から8日までの期間の増加額は、＿＿＿＿ドルと計算されました。したがって、エバーグリーンマーケットのこの期間のI□□□□□は＿＿＿＿ドルとなります。

700ドル
Income　700ドル

2-68 通常、企業に関する財務情報で最も重要なのは、Incomeの額と、それがどのようにして生み出されたのかということです。ある期間のIncomeは、**Income Statement（損益計算書）**と呼ぶ会計報告書が明らかにしてくれます。つまり、Income Statementは［ある期間／ある時点］に対するものであるのに対し、もう一方のB□□□□□□ S□□□□は［ある期間／ある時点］に対するものであることに留意してください。

ある期間
Balance Sheet　ある時点

2-69 ある期間でのRetained Earningsの700ドル増加はI□□□□□ S□□□□□□□□に記録されます。その計算書は増加した理由について教えてくれます。

Income Statement

2-70 この点について、Income Statementでどのように報告されるのかを理解するために、1月5日のエバーグリーンマーケットの取引を見てみましょう。1月5日、エバーグリーンマーケットは、Cost200ドルのMerchandiseをCash300ドルで販売しました。この取引は、Equity（Retained Earnings）に＿＿＿＿ドルの［増加／減少］という影響を及ぼしました。

100ドル
増加

> 個人企業では剰余金は所有者の資本の科目に含まれることを思い起こして下さい。

2-71 1月5日に、エバーグリーンマーケットはCost200ドルのMerchandiseをCash300ドルで販売しました。この取引は2つの別々の事象で成り立っています。(1) SaleによるRetained Earnings300ドルの［増加/減少］です。(2) Inventoryの減少によるRetained Earnings200ドルの［増加/減少］です。

増加

減少

2-72 事業によって生じたRetained Earningsの増加を**Revenue（収益）**と呼びます。エバーグリーンマーケットは、Merchandiseを300ドルで販売し、この取引から300ドルのR□□□□□□を獲得しました。

Revenue

2-73 そして、この販売に付随して生じたRetained Earningsの減少を、**Expense（費用）**といいます。エバーグリーンマーケットがMerchandiseを顧客に引き渡し、この取引によってInventoryは減少し、200ドルのE□□□□□□が発生しました。

Expense

2-74 以上のように、エバーグリーンマーケットがCost200ドルのMerchandiseを300ドルで販売した時、この取引がRetained Earningsに及ぼす影響は、以下の2つの部分に分けることができます。＿＿＿＿ドルのR□□□□□□と、＿＿＿＿ドルのE□□□□□□です。

300ドル　Revenue

200ドル　Expense

2-75 会計では、RevenueとExpenseを別々に記録します。資料2から、1月2日から8日までの期間のRevenueとExpenseを、以下の表を完成させながら、計算して下さい。

日付	Revenue	Expense
5	ドル	ドル
7		
8		
Total	ドル	ドル

	300ドル	200ドル
	800	500
	900	600
	2,000ドル	1,300ドル

2-76 これで、Income Statementを作成することができます。その標題には、企業の名前、計算書の名称、対象期間を記載します。以下の1月2日から8日までのエバーグリーンマーケットのIncome Statementの標題を完成させてみましょう。

エバーグリーンマーケット

I	Statement
for the period	J

Income
January 2-8
（自1月2日至1月8日）

2-77 Income Statementは、ある期間のRevenueとExpense及びその差額、つまりIncomeを表すものです。以下のエバーグリーンマーケットのIncome Statementの金額に該当する名前を記載して下さい。

エバーグリーンマーケット
Income Statements（自1月2日至1月8日）

R	2,000ドル
E	1,300ドル
I	700ドル

Revenues
Expenses
Income

Revenues 2,000ドル
＝
Expenses 1,300ドル
＋
Income 700ドル

2-78 その名称が示すように、**Retained Earnings（剰余金）**は企業にR□□□□□□されたIncomeの金額を意味しています。1月13日に、バーグ氏は、私用のために600ドルをAssetから引

Retained

第2章 貸借対照表の変化：損益の測定　55

Retained Earnings
600ドル

き出しました。この取引により、R□□□□□□□ E□□□□□□□は、_____ドル減少しました。

2-79 Retained Earningsにその他の変化はありませんでした。以下の表を完成させて下さい。

Retained Earnings、1月2日（1月2日の剰余金）		0ドル
700	Income（利益）	+_____
600	Withdrawal（引き出し）	−_____
100	Retained Earnings、1月13日（1月13日の剰余金）	_____ドル

計算したRetained Earningsの合計額は1月13日のBalance Sheetに表示された金額と同じ［です／ではありません］。

です

2-80 1月の残りの期間に、エバーグリーンマーケットはさらに800ドルのIncomeを上げ、しかも引き出しはなかったと仮定して下さい。1月13日時点でRetained Earningsは100ドルでしたから、1月31日のRetained Earningsは_____ドルとなるはずです。このように、Balance SheetのRetained Earningsの金額は、次のものを表しています。

900ドル

B

A. 最近上げられた収益の金額の合計
B. 企業が事業を開始してからの留保された金額の合計

2-81 Profit（利益）、Earnings（利益）、Income（利益）の用語が表す意味はすべて同じです。これらはある会計期間のR□□□□□□と、E□□□□□□□の差額です。非営利企業ではこれはSurplus（利益）という言葉で呼ばれます。

Revenue
Expense

Revenue（収益）を表現するのにIncome（利益）を使う人

> がいますが、これは誤解を生む可能性があります。
> 後の章で、Sales Revenue（売上高）、Interest Revenue（受取利息）、Salary Expense（給与）、Rent Expense（賃借費用）といった、いろいろなRevenueとExpenseについて説明しますが、その際に、ある期間にRetained Earningsが変化する理由についてより詳細に解説します。

2-82 Balance SheetのEquityの部は、企業が得る2つの資金源を記録しているということを思い起こして下さい。すなわち、

1. P□□□-□□-C□□□□□□、あるいは単にC□□□□□□と呼ぶ所有者によって振り込まれた額 —— Paid-in-Capital、Capital
2. R□□□□□□□ E□□□□□□□□と呼ぶ、企業内に留保された額 —— Retained Earnings

2-83 2つのFinancial Statements（財務諸表）は、貯水池に関する2種類の報告書にたとえられるでしょう。1つの報告書は、ある期間内にどのくらいの水の量が流れ込み流れ出たかを示し、もう1つの報告書は、ある期間の終わりにどれだけの水の量が貯水池に残っていたかを示すものです。つまり、［Balance Sheet/Income Statement］はある期間のFlow（流れ）を報告し、 —— Income Statement
一方、［Balance Sheet/Income Statement］はある時点でのStatus（状態）を報告するものです。そこで、Income Statementは —— Balance Sheet
［Flow/Status］報告書と、Balance Sheetは［Flow/Status］報告書と呼ばれます。 —— Flow　Status

2-84 また、所有者による引き出し（企業の場合にはDividends（配当）と呼びます）は、Expenseに［なる/ならない］ことに注 —— ならない
意して下さい。これは、Income Statementには出てき［ます/ —— ません
ません］し、Incomeも減少し［ます/ません］。ただ、Retained —— ません

第2章　貸借対照表の変化：損益の測定　57

ます | Earningsは減少［ます/ません］。

キーポイント

以下の図表は、どのようにAssetが報告されているかを要約したものです。

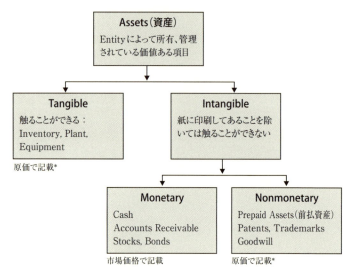

＊減価償却累計額や償却累計額を差し引いた取得原価で記載する。

- Current Assetは、Cash及び通常1年以内の近い将来に現金化されたり、使われたりすると予測されるAssetです。
- Current Liabilityは、通常1年以内の近い将来に支払期限がくるものです。
- Marketable Securities（市場性のある有価証券）はCurrent Assetですが、Investments（投資有価証券）はNoncurrent Assetです。
- 1つのLiabilityがCurrent Portion（流動部分）とNoncurrent Portion（固定部分）とに分かれる場合があります。
- Equity（純資産）はCapital（企業の場合は払込資本を加算した株式として表される）に企業の創業以来留保された利益を加えて構成されています。Equityは株式の市場価値を知らせるものではありません。Retained Earnings（剰余

金）はCash（現金）ではありません。それは、Shareholder（株主）がAssetに対して持っている債権の一部です。

- すべての会計取引は、少なくとも2つの項目に変化をもたらします。基本等式：Assets = Liabilities + Equityは、常に成り立ちます。会計は、複式簿記システム（Double-Entry System）によっています。

- 取引とならない事象もあります。これらは、会計上の金額に変化をもたらしません。本書では例として、Land（土地）の評価額の変化、購入されたものではないGoodwill（のれん）、個人企業から法人への組織変更等を取り上げました。

- Asset及びLiability、あるいはそのいずれか一方に変化をもたらすものの、Equityには変化をもたらさないような事象もあります。本書ではその例として、金銭の借り入れ、Inventory（商品）の仕入れ、保険の購入、Assetの取得、Mortgage（抵当権）の設定、Land（土地）の購入、CostでのLandの売却、銀行借入金の返済を上げました。

- さらに、Asset及びLiability、あるいはそのいずれか一方にだけでなく、Equityにも変化をもたらす事象もあります。Revenue（収益）とはある期間の事業によるEquityの増加です。Expense（費用）は減少です。その最終的な結果は、Retained EarningsというEquityの項目に表れてきます。一方、EquityはShareholder（資本家）がEquityとして出資した時に増加し、Equityを引き出す時に減少します。しかしこれらの取引はIncomeに変化をもたらしません。

- 販売を、Revenue（収益）とExpense（費用）という2つの側面から見ることができます。RevenueはCash取引であるかどうかを問わず、販売が成立した時に生じます。また、それに付随するExpenseは販売されたMerchandiseのCostです。ある期間のIncomeとはある期間のRevenueとExpenseとの差額のことです。

これで、このプログラムの第2章は終わりです。もしこの章のポイントが理解できたと思うなら、巻末のテスト2に挑戦してみましょう。巻末のケーススタディーも終えて下さい。もし自分の理解に不安があるならば、もう一度第2章を

見直して下さい。

　テスト等を通じて、理解度をチェックするとともに第2章の重要部分の復習を行えます。

　テストやケーススタディーを行った結果、いくつかのポイントに不安があることがわかるかもしれません。第3章にとりかかる前に、これらのポイントを復習しておいて下さい。巻末のテスト2とケーススタディーの解答を見直して下さい。

第3章 会計記録と会計システム
Accounting Records and Systems

テーマ

- **勘定の性質と勘定への仕訳の記入方法**
  Nature of the account and how entries are made to accounts.

- **借方と貸方の意味**
  Meaning of debit and credit.

- **元帳と仕訳帳の使用**
  Use of the ledger and the journal.

- **締切りの手続き**
  Closing process.

- **損益計算書で報告される項目**
  Items reported on the income statement.

- **コンピューターを使用した会計**
  Accounting with the computer.

ACCOUNT (勘定)

とはいえません

3-1 第2章では、Balance Sheet上の適切な項目をそのつど書き換えることによって、それぞれの取引による影響を記録しました。しかし多くの企業では膨大な数の取引が発生するので、古い金額を消して新しい金額を書き込むやり方は、取引を処理する方法として実務的 [といえます / とはいえません]。

T

3-2 Balance Sheet上の金額を直接書き換えるかわりに、**Account**と呼ばれるフォームを使ってそれぞれの変更を記録します。この単純なフォームは、大文字のTのように見えることから、□-Accountと呼ばれます。

> 会計慣行上はAccountの名前は固有名詞として扱われるので、先頭の文字は大文字で書きます。

Cash

3-3 Tの一番上の部分にAccountのタイトルを書きます。では実際にT-Accountを書いて、タイトルにCashと付けてみましょう。

3-4 会計期間の始めには、T-Accountは以下のようになっています。

	Cash	
期首残高	10,000	

10,000

上記から明らかなように、会計期間開始時点のCashの金額は、＿＿＿＿ドルです。

> 単位はドルですが、ドルマークはT-Accountでは記入されま

せん。

3-5 会計期間中にCash Accountに影響を与える取引によって、Cashが増加することも減少することもあります。ですから、T-Accountの一方の側にはCashの_____を、反対側にはCashの_____を記入します。

増加　減少（順不同）

3-6 期首残高にCashの増加を加えます。期首残高がT-Accountの左側に書かれているので、Cashの増加は［左側/右側］に、Cashの減少は［左側/右側］に記入します。

左側
右側

3-7 以下にCashのT-Accountがあります。

Cash	
（増加）	（減少）
期首残高　10,000	

次の取引がCashに与える影響をT-Accountに記入して下さい。
A. 企業が得意先からCashを300ドル受け取りました。
B. 企業が銀行から5,000ドル借り入れました。
C. 企業が仕入先にCashを2,000ドル支払いました。
D. 企業が商品を800ドルで現金販売しました。

Cash	
（増加）	（減少）
期首残高　10,000	2,000
300	
5,000	
800	

3-8 会計期間終了時に、期首残高に増加を足し減少をそこから差し引きます。そして、その結果が新しい残高になります。以下のCash Accountについて新しい残高を計算して下さい。

第3章　会計記録と会計システム

	Cash	
	（増加）	（減少）
期首残高	10,000	2,000
	300	
	5,000	
	800	
合計	16,100	2,000 合計
新しい残高	14,100	

	Cash	
	（増加）	（減少）
期首残高	10,000	2,000
	300	
	5,000	
	800	
合計		合計
新しい残高		

14,100ドル

14,100ドル

3-9 会計期間終了時点でのBalance Sheet上のCashの金額は、＿＿＿＿＿ドルです。したがって、翌会計期間におけるCashの期首残高は、＿＿＿＿＿ドルとなります。

増加と減少のルール

左側

Asset　左側

3-10 CashのT-Accountでは増加は［左側／右側］に記入しますが、これはすべてのAsset Accountに共通するルールです。すなわち、A□□□□ Accountの増加は［左側／右側］に記入します。

3-11 ブラウン社がソフィー・ミシェルさんからAccounts Receivableの決済のためにCashを300ドル受け取ったとします。下のT-Accountでは、これによるブラウン社のCashの増加を［左側／右側］に記入します。金額を記入して下さい。

左側

	Cash	
	（増加）	（減少）
期首残高	10,000	
	300	

	Cash	
	（増加）	（減少）
期首残高	10,000	

3-12 ブラウン社の得意先であるソフィー・ミシェルさんは、Cashを300ドル支払ってブラウン社のAccounts Receivableを決済しました。これによりCash Accountは300ドル増加しま

す。300ドルを支払う義務はもうミシェルさんにはありませんので、ブラウン社のA□□□□□□ R□□□□□□□□のAccountは300ドル減少します。取引の記録を完結させるために書き換えねばならないこの2番目のAccountの名称を下のT-Accountに記入して下さい。

Accounts Receivable

Cash				
(増加)	(減少)		(増加)	(減少)
期首残高 10,000		期首残高 2,000		
300				

Accounts Receivable

3-13 Accounts ReceivableはAsset Accountですから、貸借一致の原則に従い、Asset AccountsであるCashが300ドル増えるならば、他のAsset AccountであるAccounts Receivableは300ドル［増加／減少］しなければなりません。

減少

3-14 300ドルの支払の結果Accounts Receivableに生じる変化を下のAccountに記入して下さい。

Accounts Receivable	
(増加)	(減少)
期首残高 2,000	

Accounts Receivable	
(増加)	(減少)
期首残高 2,000	300

3-15 Accounts Receivableの減少がAccounts Receivable Accountの［左側／右側］に記入されました。これで、［左側／右側］に記入したCashの増加の金額とバランスしました。

右側

左側

3-16 ブラウン社の別の得意先が、800ドルのAccounts Receivableを決済するためにCashで600ドル支払い、残額の200ドルをNote（手形）を振り出すことにより支払いました。この取引を以下に与えられているブラウン社のAccountに記入して下さい。

	Cash	
	（増加）	（減少）
期首残高	10,000	
	300	

	Accounts Receivable	
	（増加）	（減少）
期首残高	3,000	300

	Notes Receivable	
	（増加）	（減少）
期首残高	1,000	

解答欄（左側）：

	Cash	
	（増加）	（減少）
期首残高	10,000	
	300	
	600	

	Accounts Receivable	
	（増加）	（減少）
期首残高	3,000	300
		800

	Notes Receivable	
	（増加）	（減少）
期首残高	1,000	
	200	

3-17 会計では、各々の取引の結果、左側の金額の合計と右側の金額の合計が等しく［なる／ならない］ことが求められます。これは、以下の基本的な等式に合致しています。

A□□□□□ ＝ L□□□□□□□□ ＋ E□□□□□

なる

Assets = Liabilities + Equity

3-18 Asset Accountの増加は常に左側に記入します。そのため、左側の金額の合計と右側の金額の合計が等しくなることから、Assetの減少は常に［左側／右側］に記入します。

右側

3-19 ブラック社はNoteにサインすることによりノースウエスト銀行から700ドル借り入れました。

この借入により、ブラック社のCash Accountは700ドル［増加／減少］し、Liability AccountであるNotes Payable Account

増加

は、同額［増加／減少］しました。　　　　　　　　　　　　増加

3-20 ブラック社はNoteにサインすることによりノースウエスト銀行から700ドル借り入れました。

　ブラック社のCashの増加700ドルを、Cash Accountの［左側／右側］に記入します。右側の金額の合計と左側の金額の合計が一致することを示すため、それに対応するNotes Payable Accountの増減を［左側／右側］に記入します。この取引の2つの金額を下のAccountに記入して下さい。

左側

右側

Cash		Notes Payable	
(増加)	(減少)		

Cash	
(増加)	(減少)
700	

Notes Payable	
	700

3-21 左側の金額の合計と右側の金額の合計は等しくならなければならず、またAssetの増加は常に左側に記入されるので、Notes PayableのようなLiability Accountの増加は常に［左側／右側］に記入します。

右側

3-22 同様に、Assetの減少は常に右側に記入されるので、Liabilityの減少は常に［左側／右側］に記入します。

左側

　Notes Payable Accountのどちら側が増加を記入するために使われるか、そしてどちら側が減少を記入するために使われるかを、下の空欄に記入して下さい。

Notes Payable	
	700

Notes Payable	
(減少)	(増加)
	700

3-23 Assets = Liabilities + Equity という等式が示すように、Equity Account についてのルールは Liability Account についてのルールと同じです。つまり、

右側   Equity Account の増加は、［左側／右側］に記入する。
左側   Equity Account の減少は、［左側／右側］に記入する。

3-24 Balance Sheet の両側を視覚的に捉えるのが、上記のルールを覚えるコツです。

左側   Asset Account は Balance Sheet の左側に、その増加は［左側／右側］に記入します。

右側   Liability 及び Equity Account は Balance Sheet の右側に、その増加は［左側／右側］に記入します。

3-25 今までの問で述べたことは、次の基本的な等式に基づいています。

Assets = Liabilities + Equity   A□□□□□ ＝ L□□□□□□□□□ ＋ E□□□□□

> Asset の下に liability と Equity を記載した Balance Sheet が時々見られますが、これは報告企業の好みの問題です。

DEBIT（借方）と CREDIT（貸方）

3-26 会計用語では、Account の左側は Debit、右側は Credit といいます。このように、Cash の増加を Cash Account の左側に、

Debit   減少を右側に記入するというかわりに、増加を D□□□□側に

減少をC□□□□側に記入するといいます。　　　　　　　　　Credit

3-27　DebitとCreditという英単語は動詞としても使われます。
Cashの増加を記入するためにはCash AccountのD□□□□側　　Debit
に金額を記入し、Cashの減少を記入するためにはCash Ac-
countのC□□□□側に金額を記入します。この"Cash Ac-　　Credit
countの左側に増加を記入する"というかわりに、実務では簡単
に"D□□□□ Cash"といいます。　　　　　　　　　　　　　Debit

3-28　Cash勘定のように、全てのAsset Accountの増加は、
[Debit/Credit] 側に記入します。ですから、Asset Accountを　　Debit
増加させるための記入を、英語では [Debit/Credit] といいま　　Debit
す。

3-29　"左側"と"右側"という言葉で表現した先述のルールを、
DebitとCreditという言葉で言い換えると次のようになります。
　　Assetの増加は、　　　　[Debit/Credit] 側に記入する。　　Debit
　　Assetの減少は、　　　　[Debit/Credit] 側に記入する。　　Credit
　　Liabilityの増加は、　　　[Debit/Credit] 側に記入する。　　Credit
　　Liabilityの減少は、　　　[Debit/Credit] 側に記入する。　　Debit
　　Equityの増加は、　　　　[Debit/Credit] 側に記入する。　　Credit
　　Equityの減少は、　　　　[Debit/Credit] 側に記入する。　　Debit

3-30　日常用語では、**Credit**という言葉は良いという意味で、
Debitという言葉は悪いという意味で使われることがあります。
会計用語では、Debitの意味するものは単に [左/右] であり、　　左
Creditの意味するものは単に [左/右] でしかありません。　　　右

> 3-29を見てもわかるように、Debitは増加の場合（Asset Ac-
> count）もあれば減少の場合（liability AccountあるいはEq-

uity Account）もあります。

3-31 Debitは"Dr."と、Creditは"Cr."と略されます。これらの略語を下のCash Accountの両側の空欄に記入して下さい。

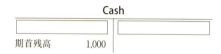

実際にはこれらの略語がAccount上に示されることはありませんが、しっかりと覚えてもらうために以降の問ではあえて示してあります。

3-32 資料3に、グリーン社の各AccountがBalance Sheetのような配列で書かれています。Debit残高の合計は_____ドル、Credit残高の合計は_____ドルです。

18,000
18,000

3-33 _____の原則により、それぞれの合計金額は等しくなります。

貸借一致

3-34 以下の取引を資料3の各Accountに記入して下さい。Assetの増加をDebit側に記入して、それぞれの取引においてDebitとCreditの金額が等しくなっていることを確かめて下さい。

A. Cost600ドルのInventoryを現金で仕入れました。
B. Cost400ドルのInventoryを掛で仕入れました。
C. グリーン社は、掛による仕入先に300ドル支払いました。
D. グリーン社は、掛で販売した得意先から現金を500ドル受け取りました。

（解答は71ページに）

3-35 それぞれのAccountの新しい残高を計算して、資料3の各Accountに記入して下さい。

新しい残高は、
Cash 600Dr.
Accounts Receivable 2,500Dr.
Inventory 5,000Dr.
Other Assets 10,000Dr.
Accounts Payable 2,100Cr.
Paid-in Capital 7,000Cr.
Retained Earnings 9,000Cr.

3-36 Asset Accountの新しい残高の合計は、_____ドルです。Liability AccountとEquity Accountの新しい残高の合計は、_____ドルです。また、Debit残高の合計はC□□□□□残高の合計と等しくなります。

18,100ドル

18,100ドル　Credit

3-34

グリーン社の勘定科目

資産（Assets）

現金（Cash）
(Dr.)	(Cr.)
期首残高 1,000	600 Ⓐ
Ⓓ 500	300 Ⓒ

売掛金（Accounts Receivable）
(Dr.)	(Cr.)
期首残高 3,000	500 Ⓓ

棚卸資産（Inventory）
(Dr.)	(Cr.)
期首残高 4,000	
Ⓐ 600	
Ⓑ 400	

その他の資産（Other Assets）
(Dr.)	(Cr.)
期首残高 10,000	

負債及び純資産
（Liabilities and Equity）

買掛金（Accounts Payable）
(Dr.)	(Cr.)
Ⓒ 300	2,000 期首残高
	400 Ⓑ

払込資本（Paid-in Capital）
(Dr.)	(Cr.)
	7,000 期首残高

剰余金（Retained Earnings）
(Dr.)	(Cr.)
	9,000 期首残高

> 問3-35と3-36に正しく答えられたら、問3-37に進んで下さい。これらの問に不安がある方のために、以下の問でそれぞれの取引がより詳しく繰り返されています。これらの問ではまず、取引がCashやCashのようなAssetに与える影響を確定し、次に対応する記入をDebit側あるいはCredit側に対して行う方法を採用します。

3-36a 「Cost600ドルのInventoryを現金で仕入れました」。これによりCashが減少するので、まずこれをCashの[Debit/Credit] 側に記入します。次に対応する記入を[Debit/Credit] 側にしなければなりません。それは、Inventoryの[Debit/Credit] 側への記入、つまりAsset Accountを増加させる記入です。

Credit
Debit
Debit

3-36b 「Cost400ドルのInventoryを掛で仕入れました」。これによりCash同様AssetであるInventoryが増加するので、まずこれをInventoryの[Debit/Credit] 側に記入します。次に対応する記入を[Debit/Credit] 側にしなければなりません。それは、Accounts Payableの[Debit/Credit] 側への記入、つまりLiability Accountを増加させる記入です。

Debit
Credit
Credit

3-36c 「グリーン社は、掛による仕入先に300ドル支払いました」。これによりCashが減少するので、まずれこれをCashの[Debit/Credit] 側に記入します。次に対応する記入を[Debit/Credit] 側にしなければなりません。それは、Accounts Payableの[Debit/Credit] 側への記入、つまりLiability Accountを減少させる記入です。

Credit
Debit
Debit

3-36d 「グリーン社は、掛で販売した得意先から現金で500ドル受け取りました」。これによりCashが増加するので、まずこれ

をCashの [Debit/Credit] 側に記入します。次に対応する記入 | Debit
を [Debit/Credit] 側にしなければなりません。それは、Ac- | Credit
counts Receivableの [Debit/Credit] 側への記入、つまりAsset | Credit
Accountを減少させる記入です。

> Debit側とCredit側が一致するようにそれぞれの取引の記入
> を行った後も、基本的な等式（Assets＝Liabilities＋Equity）
> は成り立っています。したがって、Balance Sheetの貸借は
> 常に一致します。

3-37 それぞれの取引においてDebit側に行った記入の合計は
Credit側に行った記入の合計と必ず一致するので、帳簿記入が
正しく行われたかをチェックすることは［困難／容易］です（こ | 容易
の精緻なロジックはヴェネチア商人の遺産であり、彼らはこの
ロジックを500年以上前に考え出しました）。

> Debit側とCredit側が一致するようにそれぞれの取引の記入
> を行った後も、基本的な等式（Assets＝Liabilities＋Equity）
> は成り立っています。したがって、Balance Sheetの貸借は
> 常に一致します。

INCOME STATEMENT ACCOUNTS（損益項目）

3-38 資料3のAccountはBalance Sheet上に示される項目のた
めのものです。Accountはその他のFinancial Statementである
I□□□□ Statement上に示される項目のためにも用意され | Income
ています。第2章で見たように、このStatementが報告するの
は、一会計期間のRevenue及びExpense、そしてこれらの差額
であるNet I□□□□□もしくはN□□ L□□□です。 | Income もしくは Net Loss

> 第2章ではRetained Earningsの増加を「Income」と呼びましたが、ここからは専門的に正しい表現である**Net Income**を使用します。Net IncomeはIncome Statementの一番下（*Bottom line*）に記載されます。実務上は、*Gross Income*や*Operating Income*のように、色々なIncomeの小計も使用されます。

3-39 Revenueは一期間のEquityの［増加/減少］、ExpenseはEquityの［増加/減少］です。

増加
減少

3-40 Equity Accountについては、増加は［Debit/Credit］側に記入します。RevenueはEquityの増加ですから、Revenueは［Debit/Credit］側に記入します。

Credit
Credit

3-41 同様に、Equity Accountの減少は［Debit/Credit］側に記入します。ExpenseはEquityの減少ですから、Expenseは［Debit/Credit］側に記入します。

Debit
Debit

3-42 Accountへの記入についてのルールが次の通り出そろいました。

Assetの増加は、	［Debit/Credit］側に記入する。
Assetの減少は、	［Debit/Credit］側に記入する。
LiabilityとEquityの増加は、	［Debit/Credit］側に記入する。
LiabilityとEquityの減少は、	［Debit/Credit］側に記入する。
Revenueの増加は、	［Debit/Credit］側に記入する。
Expenseの増加は、	［Debit/Credit］側に記入する。

Debit
Credit
Credit
Debit
Credit
Debit

> これらのルールをマスターすることが重要です。これらは全ての会計取引を支配しています。奇妙に思えるかもしれませ

> んが、Assetの増加（良いことです）とExpenseの増加（あまり良いことではないようでしょう）はともにDebit側に記入されることもまた事実です。それは基本的な等式を維持するためにあるべき形なのです。Debitは左をCreditは右をただ意味するだけだということを忘れずにいて下さい。

LEDGER（元帳）とJOURNAL（仕訳帳）

3-43 資料3のグリーン社のようなAccountのまとまりを元帳と呼びます。それぞれのAccountのD□□□□側とC□□□□□側に金額を記入する欄があれば、特に決まった形はありません。資料4と5では、第2章で説明したエバーグリーンマーケットに戻ります。この資料5はエバーグリーンマーケットの＿＿＿＿です。

Debit　Credit

元帳

3-44 実際には、取引は直接元帳には記入されません。最初に資料4のような用紙に書き込まれます。資料4のタイトルをみても分かるように、この用紙は仕訳帳（J□□□□□□）と呼ばれます。そして、それぞれの取引に対して為された記入を、仕訳（J□□□□□□ Entry）と呼びます。

Journal

Journal

3-45 資料4が示すように、それぞれの仕訳では、[Debit/Credit]側に記入するAccountを最初に記入し、[Dr./Cr.]の2つの金額欄の最初に金額を記入します。[Debit/Credit]側に記入するAccountをその下に少し右にずらして記入し、[Dr./Cr.]の2つの金額欄の2番目に金額を記入します。

Debit
Dr.
Credit
Cr.

3-46 1月8日にCost600ドルの品物を900ドルで販売し、得意先は900ドルを30日以内に支払うことに同意しました。1月7日の2つの仕訳を参考にして、この取引の2つの部分を仕訳帳に記入して下さい（もしこの取引をどのように記入するのかが分から

8　Accounts Receivable　900
　　　Revenues　　　　　　　900
8　Expense　　　　　　600
　　　Inventory　　　　　　600

第3章　会計記録と会計システム　　75

(もしこの問に正しく答えられたら、問3-49に進んで下さい) なければ、問3-47に進んで下さい)。

3-47 1月8日にCost600ドルの品物を900ドルで販売し、得意先は900ドルを30日以内に支払うことに同意しました。

この取引の最初の部分は、営業活動により900ドルの**Revenue**を獲得しAccounts Receivableという Assetが900ドル増加したということです。取引のこの部分を記録するため、空欄を埋めて下さい。

Dr. Accounts Receivable 900
   Cr. Revenues 900

Dr. A□□□□□□□ R□□□□□□□□ 900
   Cr. R□□□□□□□ 900

> **ヒント**：特定のAccountがDebit側に記入されるのかCredit側に記入されるのかがはっきりしない場合には、仕訳の他のAccountに着目すれば、通常解答にたどり着きます。例えば、Accounts Receivableの記入はAssetの増加なので、Debit側になされます。したがって、Revenueの記入はCredit側にしなければなりません。

3-48 1月8日にCost600ドルの品物を900ドルで販売し、得意先は900ドルを30日以内に支払うことに同意しました。

この取引の2つ目の部分は、Inventoryが600ドル減少したことにより営業活動から600ドルのExpenseが生じたことです。取引のこの部分を記入するため下の空欄を埋めて下さい。

Dr. Expenses 600
   Cr. Inventory 600

Dr. E□□□□□□□ 600
   Cr. I□□□□□□□ 600

3-49 仕訳は（資料5にあるように）L□□□□に移し替えられます。この過程を転記（Posting）といいます。各々に打たれたチェックマークが示すように、1月7日までの仕訳は既に元帳に転記されています。1月8日の仕訳を資料5の元帳の適切なAccountに転記し、転記が完了したことを示すために資料4にチェックマークを打って下さい。

Ledger（元帳）

（解答は下部に）

3-50 要約すると、新たな取引によって、少なくとも＿＿＿回のAccountへの記入が必要となります。これらはまず最初に［元帳/仕訳帳］に記入された後、［元帳/仕訳帳］に転記されます。

2
仕訳帳
元帳

CLOSING PROCESS（締切手続）

3-51 資料5のRevenue Accountは期間中のRetained Earningsの［増加/減少］を示し、Expense Accountは期間中のRetained Earningsの［増加/減少］を示しています。お分かりのように、RevenueとExpenseとの差は期間中のNet I□□□□□あるいはN□□ L□□□となります。

増加
減少
Income
Net Loss

3-52 期間中のNet IncomeはEquity AccountであるR□□□ □□□□ E□□□□□□□□の増加です。**締切仕訳（Closing Entry）**と呼ばれる一連の仕訳によって、このAccountにNet In-

Retained Earnings

3-49

売掛金（Accounts Receivable）
900

収益（Revenues）
300
800
900

棚卸資産（Inventory）
2,000 | 200
2,000 | 500
       | 600

費用（Expenses）
200
500
600

comeが加えられます。

3-53 これを行うためには、まず最初に、締切る（Close）Accountの残高を把握することが必要です。資料5のRevenue Accountの残高はいくらになりますか。＿＿＿＿＿＿ドル

2,000ドル
（＝300ドル＋800ドル＋900ドル）

3-54 締切るAccountの残高をゼロに減らして、同額をRetained Earnings Accountに記入する仕訳を行います。Revenue Accountは［Dr./Cr.］残高であるので、Revenueをゼロに減らす仕訳は反対側、つまり［Dr./Cr.］側にしなければなりません。

Cr.
Dr.

3-55 資料4に、残高2,000ドルのRevenue Accountを締切ってRetained Earnings Accountに移す仕訳を記入して下さい（会計期間終了日である1月8日の日付を記入して下さい）。

Dr. Revenues　　2,000
　　Cr. Retained Earnings　　2,000

3-56 同様のロジックにより、残高1,300ドルのExpense Accountを締切ってRetained Earnings Accountに移す仕訳を記入して下さい。

Dr. Retained Earnings 1,300
　　Cr. Expenses　　1,300

3-57 次に、これらの2つの仕訳を資料5の元帳に転記して下さい。

影響のあるAccountは、

収益（Revenues）	
2,000	300
	800
	900

費用（Expenses）	
200	1,300
500	
600	

剰余金（Retained Earnings）	
1,300	2,000

3-58 Financial Statementを作成する準備のため、それぞれのAsset、Liability及びEquityの各Accountの残高を計算します。(締切手続により、Revenue及びExpense Accountの残高はゼロとなります)。資料5のCash Accountについての計算は、次のようになります。

<table>
<tr><td colspan="2">現金 (Cash)</td></tr>
<tr><td>10,000</td><td>2,000</td></tr>
<tr><td>5,000</td><td></td></tr>
<tr><td>300</td><td></td></tr>
<tr><td>800</td><td></td></tr>
<tr><td>16,100</td><td>2,000</td></tr>
<tr><td colspan="2">残高 14,100</td></tr>
</table>

> それぞれの側を合計した後、合計の上に1重線を、合計の下には2重線を引きます。そして2つの合計の差額を2重線の下に記入します。

資料5の各Accountの残高を計算して下さい。

問3-60を参照
(ここでは詳細を示しません。金額は、問3-60の金額とチェックできます)

3-59 仕訳によって、Accountの残高が書き換えられます。残高の計算により残高が変わることはありません。そのため、残高の計算に仕訳は [必要です/必要ではありません]。

必要ではありません

3-60 Asset、Liability及びEquityの各Accountの残高から、Balance Sheetが作成されます。資料6にある、エバーグリーンマーケット社の1月8日現在のBalance Sheetを完成させて下さい。

(解答は80ページ下部に)

エバーグリーンマーケット
損益計算書（Income Statements）
1月2日から8日の期間

収益（Revenues）　2,000ドル
費用（Expenses）　1,300
純利益（Net Income）　700ドル

ゼロ

Debit

Credit

一時的な

継続的な

3-61 Retained Earnings Accountにおける情報から、Income Statementが作成されます。資料6のIncome Statementを完成させて下さい。

3-62 締切手続が完了すると、Revenue及びExpense Accountの残高は［Debit/Credit/ゼロ］になります。そのため、これらのAccountは**一時的な** Accountです。これらは、翌期首にもう一度始められます。Asset Accountの残高は［Debit/Credit/ゼロ］、そしてLiability及びEquity Accountの残高は［Debit/Credit/ゼロ］になります。これらの残高は翌期に繰り越されます。したがって、Income StatementのAccountは［一時的な/継続的な］Account、Balance SheetのAccountは［一時的な/継続的な］Accountです。

3-63 ほとんどの企業がそのIncome Statement上で報告しているのは、（Salary Expense、Maintenance Expense、Insurance Expenseのような）RevenueとExpenseの個々の項目です。そのため、それぞれの項目に対するExpense Accountが設けられています。このように、もしIncome Statement上で2個のRev-

3-60

エバーグリーンマーケット
貸借対照表（Balance Sheet）1月8日現在

Assets		Liabilities & Equity	
現金 (Cash)	14,100ドル	買掛金 (Accounts Payable)	2,000ドル
売掛金 (Accounts Receivable)	900ドル	支払手形 (Note Payable)	5,000ドル
棚卸資産 (Inventory)	2,700ドル	払込資本 (Paid-in Capital)	10,000ドル
		剰余金 (Retained Earnings)	700ドル
資産合計 (Total Assets)	17,700ドル	負債及び純資産合計 (Total Liabilities and Equity)	17,700ドル

enue項目と10個のExpense項目が報告されていれば、少なくとも_____個のRevenue及びExpenseのAccountがあるわけです。これらについては後の章で記述しますが、これらのAccountへの記入は、ここで挙げた単純な例と全く同じ方法でなされます。

12

3-64 経営者が必要としているのは、Financial Statementが示しているものより詳細な情報です。例えば、Accounts Receivableという1つのAccountだけではなく、各々の得意先に対する債権額が分かるような各々の得意先に対するAccountを必要としています。そのため、元帳には通常、Financial Statement上の項目［と同じ数の／よりも多くの］項目が含まれています。

よりも多くの

> この章で記述されている帳簿記入の手続を理解することは必要ですが、事細かい点を暗記する必要はありません。ここでの目的はFinancial Statement上の金額がどのように導き出されるかを示すことにあります。これによって、各々の数字の意味を理解できるようになるでしょう。

コンピューターについて

ほとんどの企業は経理処理のためにコンピューターソフトウェアを使用しています。コンピュータープログラムは、Debit側とCredit側の記入をここで記述されているルールと全く同じルールに従って行います。コンピューターの内部でどのような処理が行われているかを目で見ることができないため、このプログラムでは手作業による仕訳を示さなければなりません。コンピューターには、このプログラムで使用されている手作業によるシステムに比べ、次のような優位性があります。

・コンピューターは手作業よりも著しく早く処理します。

- コンピューターはコピー時に間違いを起こしません。例えば、コンピューターで小切手の記入を行う時には、小切手の金額はいつも、CashのCredit側及びその他のAccountのDebit側に記入される金額になります。そしてFinancial Statement上で報告される金額は、それぞれのAccountの残高と同じになります。
- コンピューターは、Debit側に記入された金額とCredit側に記入された金額とがいつも同じであることを確かめ、両者が一致しない仕訳を受け入れません。
- 1度コンピューターに金額が記録されると、それは複数の目的のために用いられます。例えば、Accounts Receivableへの記入は、Accounts Receivable Accountの合計金額、個々の得意先のAccount、そしてBalance Sheet上で報告される金額を計算するために用いられます。
- コンピューターは計算間違いを起こしません。
- コンピュータープログラムには一定のルールが必要です。例えば、小切手の振り出しは常にCash AccountのCredit側に記入されます。
- コンピュータープログラムには安全装置が内蔵されていて、これにより不正な、あるいは間違った記入が防止できます。
- 複数の拠点をもつ企業では、ある拠点で行われた入力は、インターネットを通じて本社の勘定体系へ正確に転送されます。企業は、考えうる全ての取引に対応可能な数の勘定体系をシステム内に持っています。これにより必要な時に情報の証跡をたどることが可能となります。

　しかしながら、コンピューターへの最初の入力を人間が行うならば、その人間がおかした間違いは発見されないかもしれません。例えば、小切手を962ドルで発行することになっているのに経理担当者が926ドルで入力してしまった場合、コンピューターでこの間違いは発見されないかもしれません。（バーコードを読み取るスキャナーのような自動入力装置を使えば避けられる入力間違いもあります）。

　また、安全装置が内蔵されているにもかかわらず、コンピューターでは発見されないタイプの不正な入力があります。1千万ドル単位の間違いが新聞報道さ

れていることから分かるように、間違いが存在しないという保証はありません。そのため、不正や間違いの可能性をチェックするための監査機能が必要となるのです。不正を防止するために内蔵される安全装置の幾つかを後の章で紹介します。

　コンピューターは大部分の経理処理を行ってくれますが、経理担当者に取って代わることはできません。定型的取引については経理担当者があらかじめ指定したルールに従って行ないますが、当然のことながら、取引のなかには影響を受けるAccount及びDebit側やCredit側に記入される金額について判断が求められるものもあり、これらの記入をどのように行うかは経理担当者がコンピューターに指示してやらなければなりません。もし経理担当者の決定が間違っていれば、Accountの金額も間違ったものになります。

　最も重要なのは、あなたが今ここでしているように財務会計における取引や締切手続を学ぶことはコンピューターにはできないということです。そのことは、基礎となるプロセスを理解する上で基本的なことです。また財務諸表を検討するためにも基本的なことでもあります。Financial Statementsの背景にある仕組みや構造を一旦理解すれば、Financial Statementsの完成を容易にするためにコンピューターを使うことは意味があります。

キーポイント

- DebitはAccountの左側であり、Creditは右側です。
- Asset及びExpenseのAccountの増加はDebit側に記入します。
- Liability、Equity及びRevenueのAccountの増加はCredit側に記入します。
- それぞれの減少は、その反対側に記入します。
- 各々の取引について、Debit側に記入される金額とCredit側に記入される金額とは等しくなければなりません。またAccount全体について、Debit残高とCredit残高は等しくなければなりません。
- 取引はまず仕訳帳に記入され、次に元帳に転記されます。

- Revenue及びExpenseのAccountは一時的なAccountです。これらは各会計期間終了時に締切られて、残高がRetained Earningsに移されます。次の会計期間開始時には始め直しになります。一期間のRevenueとExpenseの差がその期間のNet Incomeです。RevenueとExpenseはIncome Statementで報告されます。
- Net Incomeは、営業活動による一定期間のRetained Earningsの増加です。
- Asset、Liability及びEquityのAccountは継続的なAccountです。これらの残高は翌会計期間に繰り越されます。
- Revenueには直ちにキャッシュ・イン・フローを伴わないものもあり、またExpenseにも直ちにキャッシュ・アウト・フローを伴わないものがあります。そのため、Retained EarningsはCashと同じではありません！

これで、このプログラムの第3章は終わりです。もしこの章のポイントが理解できたと思うなら、巻末のテスト3に挑戦してみましょう。巻末のケーススタディーも終えて下さい。もし自分の理解に不安があるならば、もう一度第3章を見直して下さい。テストを通じて、理解度をチェックするとともに第3章のキーポイントを復習して下さい。

テスト等を通じて、理解度をチェックするとともに第3章の重要部分の復習を行えます。

テストやケーススタディーを行った結果、いくつかのポイントに不安があることがわかるかもしれません。第4章にとりかかるまえに、これらのポイントを復習しておいて下さい。

巻末のテスト3とケーススタディーの解答を見直して下さい。

第4章
収益と貨幣性資産
Revenues and Monetary Assets

テーマ

会計期間
Accounting period.

発生主義会計
What accrual accounting is.

9つの基本会計原則のうち続きの3つ
Three more of the nine basic accounting concepts：

　保守主義の原則
　Conservatism concept.

　重要性の原則
　Materiality concept.

　実現主義の原則
　Realization concept.

収益項目の測定方法
How revenue items are measured.

貨幣性資産の測定方法
How monetary assets are measured.

売上債権回転期間
Days' sales uncollected ratio.

Revenue　Expense	**4-1** 第3章では、R□□□□□□とE□□□□□□の差であるNet Incomeの概念を紹介しました。
Equity Equity	**4-2** Net IncomeによってRetained Earningsは増加します。Retained EarningsはBalance Sheet上の[Liability/Equity]項目にあたるので、Retained Earningsの増加は[Liability/Equity]の増加でもあります。

> Net Incomeは、収益性のある企業活動からもたらされるものです。したがって、会計によって報告される情報のうちNet Incomeの金額は最も重要なものの1つです。本章ではまず、Net Incomeの構成要素のうちRevenueがどのように測定されるかを説明します。

FISCAL YEAR（事業年度）

一定期間	**4-3** Income Statementは[一時点/一定期間]のNet Incomeの金額を報告します。1つのIncome Statementが対象とする期間のことを、**会計期間**（**Accounting Period**）と呼びます。
1週間 Interim Statement	**4-4** 大部分の企業にとって外部公表用の会計期間は**Fiscal Year**と呼ばれる1年間ですが、通常より短い期間を対象にした**Interim Statement**（**中間財務諸表**）と呼ばれるFinancial Statementが作成されます。第3章でグレンデール社の1月2日から1月8日を対象としたIncome Statementを作成しましたが、これは会計期間を[1週間/1ヶ月/1年間]とする[Annual Statement/Interim Statement]です。
	4-5 会計期間が終了したからといって、企業が従業員を解雇

したり操業を停止したりするわけではなく、ある会計期間から次の会計期間へ企業活動は続いていきます。会計はこうした出来事の流れをそれぞれのF□□□□ Y□□□に分けることになるため、各事業年度に帰属するRevenueとExpenseをどのように測定するかが、会計においてより[容易な/困難な]問題となるのです。

Fiscal Year (事業年度)

困難な

ACCRUAL ACCOUNTING（発生主義会計）

4-6 1月3日、エバーグリーン・マーケット社は銀行から5,000ドルの借入を行いました。これにより同社のCashは[増加し/減少し/変化せず]、Liabilityは[増加します/減少します/変化しません]。

増加し
増加します

4-7 RevenueはEquityの増加です。1月3日に銀行から借入を行い5,000ドルのCashを受け取ったことにより、エバーグリーン・マーケット社のRevenueは[増加し/減少し/変化せず]、それゆえEquityも[増加します/減少します/変化しません]。

変化せず
変化しません

4-8 1月4日、エバーグリーン・マーケット社は2,000ドルのInventoryを仕入れ、代金を現金で支払いました。これは、あるAssetの増加と別のAssetの減少です。Equityは変化しないため、1月4日のCashの支払はExpenseと関係が[あります/ありません]。

ありません

4-9 1月8日、エバーグリーン・マーケット社は商品を900ドルで販売し、得意先は代金900ドルを30日以内に支払うことに同意しました。この取引の結果、Cashは[増加します/減少します/変化しません]。Revenueの金額は_____ドルで、これは1月8日におけるCashの変化と関係が[あります/ありません]。

変化しません
900
ありません

第4章 収益と貨幣性資産

するわけではありません 伴うわけではありません	**4-10** 明らかに、Revenue及びExpenseの発生と同時に常にCashが増減［します／するわけではありません］。更に、Cashの増減は常にRevenueあるいはExpenseの増減を［伴います／伴うわけではありません］。
Asset Account Equity Account	**4-11** Cashの増減は［Equity Account／Asset Account］の増減であり、RevenueやExpenseは［Equity Account／Asset Account］の増減です。
RevenueとExpenseの差	**4-12** Net Incomeは［Cashの増加と減少の差／RevenueとExpenseの差］として測定されます。
Equity	**4-13** 会計期間における営業活動に伴うE□□□□の増加を測定したものがNet Incomeとなります。
Cash Cash ではありません	**4-14** 多くの個人事業主や一部の中小企業では、Cashの受け払いのみを記録しています。このタイプの会計のことを現金主義会計（C□□□ Accounting）と呼びます。もしあなたが、銀行預金の入出金、振り出した小切手、及び銀行預金残高を記録しているならば、あなたはC□□□ Accountingをしていることになります。現金主義会計はEquityの増減を測定するもの［です／ではありません］。
複雑 できます 発生主義会計	**4-15** しかしながら多くの企業では、Cashの受け払いと同様、RevenueとExpenseの記録も行っています。このタイプの会計を**発生主義会計**（**Accrual Accounting**）と呼びます。現金主義会計よりも発生主義会計の方が明らかに［単純／複雑］ですが、発生主義会計では、Equityの増減を測定することが［できます／できません］。会計で最も困難なのが、［現金主義会計／発生主義会計］の問題なのです。

4-16 Net IncomeはEquityの増減であり、企業の経営成績を測定するものであるため、発生主義会計は現金主義会計よりも[多くの/少ない]情報を提供します。

多くの

4-17 一期間のNet Incomeを測定するためには、その期間のR□□□□□□とE□□□□□□を測定しなければなりません。そしてこのために必要となるのが_____会計なのです。

Revenue　Expense

発生主義

CONSERVATISM CONCEPT（保守主義の原則）

> 本章ではまずRevenueの測定について説明し、Expenseの測定については後の章で説明します。最初に、新たな3つの会計原則：保守主義（Conservatism）、重要性（Materiality）、実現主義（Realization）を紹介します。

4-18 1月にビナ・シルバーさんがエース・オート社から自動車を購入することに同意したとします。なお、自動車がシルバーさんに引き渡されるのは3月です。エース・オート社の事業は自動車の販売であるため、シルバーさんが自動車の購入に同意したことは同社にとって喜ばしいこと[です/ではありません]。

です

4-19 シルバーさんは3月引渡予定の自動車の購入に1月に同意しました。シルバーさんが3月に引渡を受けることは[ありそうな/ありそうもない]ことですが、彼女が考えを変えることも十分有り得ます。そのため、この自動車が販売されることは[絶対に確実/不確実]です。

ありそうな

不確実

4-20 シルバーさんは3月引渡予定の自動車の購入に1月に同意しました。

第4章　収益と貨幣性資産　89

されません	1月の時点ではこの自動車の販売は不確実であるため、会計上、Revenueは1月に認識［されます/されません］。もしシルバーさんが3月に自動車の引渡を受け入れたなら、会計上Revenueは3月に認識［されます/されません］。これは、取引の会計処理としては［保守的/危険］な方法です。
されます	
保守的	

4-21 Equityの増加は、**それが概ね確実（Reasonably Certain）**である場合にのみ認識されます。一方、Equityの減少は、その発生の可能性がある場合には、保守的に考えて直ちに認識されるべきです。1月にエース・オート社から自動車が盗まれ、盗難車が永久に戻ってこないという判断を3月まで保留したとすると、保守主義（Conservatism）において要求されるEquity減少の認識時点は、その可能性が概ねある（*Reasonably Possible*）と

1月　　　考えられる時、つまり［1月/3月］となります。

4-22 そのため、保守主義の原則（Conservatism Concept）には次の2つの側面があります。

それが概ね確実である　　1. Equityの増加は、［それが概ね確実である/その可能性が概ねある］場合にのみ認識されます。

その可能性が概ねある　　2. Equityの減少は、［それが概ね確実である/その可能性が概ねある］場合に直ちに認識されます。

> これらは一般的な概念にすぎません。本章の後の方で具体的に説明することとします。

MATERIALITY CONCEPT（重要性の原則）

Asset　　**4-23** 新しい鉛筆はそれを所有する企業にとって［Asset/Liability/Equity]になります。

4-24 従業員が鉛筆で文字を書くたびに、Assetの価値の一部が[増加/減少]し、企業のEquityもまた[増加/減少]します。

減少　減少

4-25 一部が使用された鉛筆の数を毎日数え、使用された鉛筆の金額とそれに相当するその日の"Pencil Expense"を記入する仕訳を行うことは、理論的に可能でしょうか。[はい/いいえ]そしてそれは実務的でしょうか。[はい/いいえ]

はい
いいえ

4-26 鉛筆の価値が完全に消費されるのは、会計上は鉛筆が使用者に渡された時と考えます。そうでなければ、時間の無駄です。この解決法は簡単で[非実務的/実務的]ですが、理論的に正しい方法と比べれば[正確/不正確]です。

実務的
不正確

4-27 上記の鉛筆の処理は、**重要性の原則**（**Materiality Concept**）の1つの例です。重要性の原則では、会計上＿＿＿＿＿でない事柄は無視されます。使用者に渡された時に鉛筆の価値が完全に消費されるとみなして会計処理しているならば、それは＿＿＿＿＿の原則を適用していることになります。

重要

重要性

> 重要な取引とは、それによって企業の財務に関する事柄を理解する際に違いが生じるような取引です。どの取引が重要かを決定するのは判断の問題であり、機械的な法則はありません。

4-28 裏返して言えば、Financial Statementsはすべての重要な事実を開示しなければなりません。例えば、企業のInventoryの多くの部分に価値がないことが判明したならば、この事実をAccountに記録することが＿＿＿＿＿の原則では要求されます。

重要性

第4章　収益と貨幣性資産　91

無視	
開示	4-29 そのため、重要性の原則には2つの側面があります。つまり、(1) 取るに足らない（重要でない）事柄を［無視／開示］し、(2) すべての重要な事柄を［無視／開示］するというものです。
確実	
可能性	4-30 まとめると、保守主義の原則とは、Equityの増加をそれが概ね＿＿＿＿＿である場合にのみ認識し、Equityの減少をその＿＿＿＿＿が概ねある場合に直ちに認識するというものです。また重要性の原則とは、取るに足らない事柄は［無視／開示］するが、すべての重要な事柄は［無視／開示］するというものです。
無視	
開示	

REALIZATION CONCEPT（実現主義の原則）

4-31 品物を製造し販売している企業を考えて下さい。会計上、これらの品物からのRevenueはこれらが製造された時点ではなく、これらが得意先に引き渡された時点で認識されます。

2月	3月	4月
品物の製造	品物の引渡	Cashの受取
	Revenueを認識	

3月　　　　エバンス社が2月に品物を製造し、それを3月に顧客に引き渡しました。顧客は4月に品物の代金を支払いました。Revenueが認識されるのは［2月／3月／4月］です。

サービスの引渡（提供）　　4-32 もし企業が品物ではなくサービスを販売しているならば、Revenueが認識されるのは、［契約の締結／サービスの引渡（提供）］が行われた時です。

商品の引渡　　4-33 （靴のような）品物は有形の（*Tangible*）商品です。一方、（TVの修理のような）サービスは無形の（*Intangible*）商品です。品物もサービスもともに商品です。上記のように、商品からのRevenueが認識されるのは、［商品の製造／契約の締結／商品の引渡］が行われた時というのが、一般的な原則です。

4-34 引き渡しの時点で、Revenueが実現 (Realize) したと言います。実現主義の原則 (Realization Concept) とは、Revenueが認識され記録されるのはそれが_____した時点であるというものです。

実現

4-35 ブラッシュ社は、1月にジョセフ家の塗装をする契約を結びました。家の塗装は2月に行われ、ジョセフさんはブラッシュ社に3月に代金を支払います。ブラッシュ社がRevenueを認識すべき月は_____です。

2月

1月	2月	3月
サービスの受注	サービスの引渡	Cashの受取

Revenueを認識

4-36 ポッター社は、5月に模造ニンジンの製造を行いました。ポッター社は、6月にピーター・ラビットからニンジン1つの注文を受け、7月にニンジンの引き渡しを行いました。ピーター・ラビットは、8月に代金を支払い、9月にニンジンを食べました。ポッター社がRevenueを認識する月は_____であり、これは、注文を受ける [前/後] で、代金を受け取る [前/後] です。

7月

後　　前

4-37 Revenueが実現するのは、商品の引渡によって**売上** (*Sale*) が完結した時です。このため、Saleという単語はしばしばRevenueと共に、S□□□□ R□□□□□□のような表現で使われます。

Sales Revenue

4-38 たとえ商品の引渡が将来でも、注文を受けた時点で売上を行ったとセールスマンは言うかもしれません。しかしながら、会計上は注文を受けただけでは売上に [なります/なりません]。なぜなら、Revenueはまだ_____していないからです。

なりません

実現

第4章　収益と貨幣性資産　93

> Revenueが認識される時点には、売上によるCashを受け取った時点 (1) より前 (2) と同時期 (3) より後があります。最初に、Revenueの認識がCashの受取りと同時期になされるケースを考えてみて下さい。

4-39 1月にエアド社は、マイク・ミルズさんにオートバイの販売及び引渡を行い、1,800ドルの代金をCashで受け取りました。

と同じ月　　この例では、Revenueが認識されるのは、Cashの受取り[の前の月/と同じ月/の後の月]です。

4-40 1月にエアド社は、別のオートバイを3,800ドルで販売し、シャノン・ミルズさんに引き渡しました。シャノンさんはオートバイの代金を30日以内に支払うことに同意しました。

の前の月　　このケースでは、Revenueが認識されるのは、Cashの受取り[の前の月/と同じ月/の後の月]です。

4-41 先述の取引のように、Cashを受け取る前にRevenueが認識される場合には、Cashを受け取る権利、すなわちAccounts Receivableが伴います。したがって、オートバイの売上を記録する仕訳は；

Dr. Accounts Receivable 3,800
  Cr. Sales Revenue　　3,800

　　Dr. A☐☐☐☐☐☐☐ R☐☐☐☐☐☐☐☐☐☐　3,800
　　　Cr. S☐☐☐☐ R☐☐☐☐☐☐☐　　　　　3,800

4-42 得意先から掛による仕入の代金を受け取った時の仕訳は、Cashの増加とAccounts Receivableの減少です。したがって、2月にエアド社がシャノン・ミルズさんから3,800ドルの小切手を受け取った時、エアド社は次の仕訳を行います。

```
Dr. C□□□                              3,800         Dr. Cash                3,800
    Cr. A□□□□□□  R□□□□□□□□□□      3,800           Cr. Accounts Receivable  3,800
```

Revenue は2月に認識 [されました / されませんでした]。 されませんでした

4-43 今までに取り扱ったケースは、
1. Revenue の認識が Cash の受取と同時期の場合
2. Revenue の認識が Cash の受取より前の場合

残りは、次のケースです。
3. Revenue の認識が Cash の受取より _____ の場合   後

4-44 得意先が商品の引渡に先立って企業に支払を行った場合、企業には商品を引き渡す義務が生じます。この義務は [Asset/Liability/Equity] となり、**Advance from Customers（前受金）** という名前で Balance Sheet の [右側/左側] に記載されます。

Liability

右側

4-45 このように、引渡に先立って Cash を受け取った場合、Debit 側に Cash を、Credit 側に Liability Account である Advance from Customers を記入します。

3月に、キング社は、宣伝パンフレットの制作会社から前もって 3,000 ドルの Cash を受け取りました。キング社が3月に行うべきこの取引を記録する仕訳を書いて下さい。

```
Dr. C□□□                              3,000         Dr. Cash                    3,000
    Cr. A□□□□□□ from C□□□□□□□□□  3,000           Cr. Advance from Customers  3,000
```

4-46 3月に、キング社は、宣伝パンフレットの制作のために企業から前もって 3,000 ドルの Cash を受け取りました。6月になってパンフレットの引渡を行ったので、Advance from Customers という Liability はもうありません。6月に行うべき仕訳を書いて

Dr. A☐☐☐☐☐☐ from C☐☐☐☐☐☐☐☐ 3,000
　Cr. S☐☐☐☐ R☐☐☐☐☐☐☐ 3,000

Dr. Advance from Customers 3,000
　Cr. Sales Revenue 3,000

3月	4月	5月	6月
Cashの受取	品物の製造	Cashの品物の引渡	

Revenueを認識 (at 5月)

4-47 雑誌の出版社が、2011年に雑誌の出版代金として50ドルの小切手を受け取りました。雑誌の引き渡しは2012年に行われます。出版社が2011年に行うべき仕訳を書いて下さい。

Dr. C☐☐☐ 50
　Cr. A☐☐☐☐☐☐ from C☐☐☐☐☐☐☐☐ 50

Dr. Cash 50
　Cr. Advance from Customers 50

> Advance from Customersの代わりに、**Deferred Revenue**や、**Precollected Revenue**、**Unearned Revenue**といった用語が使われることもあります。これらもまたLiability Accountです。

4-48 出版社が、2011年に雑誌の出版代金として50ドルを受け取りました。2012年に雑誌の引渡が行われた時に、50ドルのRevenueを認識し、Liability AccountであるAdvance from Customersを減少させる記録を行いました。

2012年に行うべき仕訳のAccountの名前と金額を書いて下さい。

Dr. A☐☐☐☐☐☐ from C☐☐☐☐☐☐☐☐ ＿＿
　Cr. S☐☐☐☐ R☐☐☐☐☐☐☐ ＿＿

Dr. Advance from Customers 50
　Cr. Sales Revenue 50

4-49 得意先から受け取ったAdvanceによって計上されるRevenueが、将来の複数の会計期間にかかわるものである場合もあります。2011年に出版社が、2012年と2013年に引渡が行われる雑誌の出版代金として80ドルを受け取ったとします。2011年に行われるべき仕訳は次のようになります。

　　　Dr. C□□□　　　　　　　　　　　　____
　　　　Cr. A□□□□□□ from C□□□□□□□□　____

Dr. Cash　　　　　80
　Cr. Advance from Customers　80

2011年末のLiabilityの金額は、[80ドル/40ドル/20ドル/0ドル]になります。

80ドル

4-50 2011年に出版社が、2012年と2013年に引渡が行われる雑誌の出版代金として80ドルを受け取りました。2012年に行われるべき仕訳は次のようになります。

　　　Dr. A□□□□□□ from C□□□□□□□□　　____
　　　　Cr. S□□□□ R□□□□□□　　　　　　____

Dr. Advance from Customers　40
　Cr. Sales Revenue　　40

2012年末のBalance Sheet上にLiabilityとして報告される金額は、[80ドル/40ドル/20ドル/0ドル]になります。

40ドル

4-51 2011年に出版社が、2012年と2013年に引渡が行われる雑誌の出版代金として80ドルを受け取りました。2013年に行われるべき仕訳は次のようになります。

　　　Dr. A□□□□□□ from C□□□□□□□□　40
　　　　Cr. S□□□□ R□□□□□□　　　　　　40

Dr. Advance from Customers　40
　Cr. Sales Revenue　　40

2013年末のBalance Sheet上Liabilityとして報告される金額

0ドル　　　　　は、[80ドル/40ドル/20ドル/0ドル]になります。

> これらの取引を記録した結果、出版代金の合計金額80ドルが、雑誌の引渡が行われる各年に40ドルずつ配分されました。

SERVICE REVENUE（サービスからの収益）

4-52 もし家主が借主から1月にCashを受け取った見返りに、借主が2月・3月・4月にアパートの部屋を使うことを認めたとしたら、家主がRevenueを認識するのは、[1月/2月/3月/4月]になります。

2月、3月、4月

4-53 1月に借主は、2月・3月・4月分の部屋代として、家主に2,400ドルをCashで支払いました。このタイプのRevenueをRental（賃貸）Revenueといいます。家主が毎月認識するRevenue、及び毎月末に報告されるLiabilityはいくらになりますか。

	各月の Rental Revenue	月末の Liability
1月	0ドル	2,400ドル
2月	800ドル	1,600ドル
3月	800ドル	800ドル
4月	800ドル	0ドル

	毎月の Rental Revenue	毎月末の Liability
1月	ドル	ドル
2月	ドル	ドル
3月	ドル	ドル
4月	ドル	ドル

4-54 銀行が金銭を貸す時、銀行はサービスの提供を行っています。つまり、銀行は特定の期間の金銭の使用を借入者に提供するのです。銀行はこの期間に提供するサービスに対してRevenueを獲得します。このタイプのRevenueをInterest（利息）Revenueといいます。実現主義の原則に従ってInterest Revenueが認識される期間は、[利息を受け取る期間/借入者が資金

借入者が資金を使用する期間

を使用する期間] です。

> Interest Incomeという用語が時々使われますが、金額は実際にはRevenueであってIncomeではありません。Incomeは通常、RevenueとExpenseの差をいいます。

4-55 Interest RevenueはRental Revenueと似ています。銀行は金銭を貸した時にサービスの提供を行い、家主はアパートの部屋を貸した時にサービスの提供を行います。いずれのケースでも、Revenueが認識されるのは、サービスの_____が行われた時です。

提供（引渡）

4-56 要約すると、会計上、Cashを受け取る前の月にRevenueが認識される場合には、Credit側にRevenueを記入し、Debit側にA□□□□□□□ R□□□□□□□□□□の名称で [Asset/Liability/Equity] Accountを記入します。

Accounts Receivable

Asset

4-57 会計上、Cashを受け取った後の月にRevenueが認識される場合には、Cashを受け取った時に、Debit側にCash、Credit側に [Asset/Liability/Equity] Accountを記入します。Revenueは、_____の原則に従い、商品の_____が行われた時に認識されます。

Liability

実現主義　引渡

> 商品を引き渡した時にRevenueを認識するという原則には、いくつかの例外があります。これらには、ある種の割賦販売や長期契約、その他の特殊な状況が含まれます。これらは本入門書の対象外です。

REVENUE（収益）の金額

実現主義の原則はRevenueをいつ認識すべきかを示しています。一方、保守主義の原則はRevenueをいつ、いくらで認識すべきかを示しています。保守主義を適用して以下の問に答えて下さい。

4–58 エアド社はブライアン・ハーダーさんに、オートバイを3,000ドルで掛により販売しましたが、ハーダーさんは3,000ドルを支払いませんでした。エアド社のAssetはオートバイ1台分だけ減少しましたが、他のAssetの増加もなかったため、エアド社のEquityはこの取引の結果実際に［増加しました／変わりませんでした／減少しました］。エアド社は、この取引からRevenueを認識［しました／しませんでした］。

減少しました

しませんでした

4–59 明らかに、もしエアド社がハーダーさんがオートバイの代金を支払わないことを前もって知っていたら、エアド社はオートバイを引き渡さなかったでしょう。エアド社は、知っていれば支払いを行わない者にオートバイを販売［するのです／したりはしません］が、もし支払いを行わない得意先がいれば、**Bad Debt（不良債権）** が生じます。エアド社はこの可能性を考慮してIncomeを測定［しなければなりません／する必要はありません］。このためには、会計期間におけるすべての売上の中から、受け取ることが**概ね確実**なRevenueの金額を見積る必要があります。

したりはしません

しなければなりません

4–60 受け取ることが概ね確実な金額のみをRevenueとして認識することを要求しているのは、［保守主義／重要性／実現主義］の原則です。

保守主義

4-61 2011年、エアド社は500,000ドル分のオートバイを得意先にすべて掛で販売しました。これらの掛による売上のうち2パーセントが回収されない、つまり **Bad Debt** になるだろうと見積られました。2011年のBad Debtの見積金額は_____ドルであるため、2011年のEquityの増加は_____ドルのみになります。

10,000
（＝0.02×500,000ドル）
490,000
（500,000ドル－10,000ドル）

4-62 エアド社は、オートバイの引渡時におのおのの売上をRevenueとして記録しました。Equityの増加を適切に測定するためには、Equityの増加の合計金額を_____ドルだけ［増加／減少］させなければなりません。

10,000
減少

4-63 この減少の後、Revenueとして認識される金額は_____ドルになります。これは、実現することが［可能性のある／概ね確実な］金額です。この根拠となっているのが、［保守主義／重要性］の原則です。

490,000
概ね確実な
保守主義

4-64 Accounts Receivable Accountには代金を支払わない可能性のある得意先に対する金額も含まれているため、Assetの真の価値が過大に表示されています。したがって、エアド社がEquityを10,000ドル減少させるならば、Accounts Receivable Accountもまた10,000ドル［増加／減少］させなければなりません。そうしなければ、Assets＝Liability＋Equityという等式が維持されなくなります。

減少

4-65 しかしながら会計上は、Accounts Receivable Accountを直接減少させることはできないのが通常です。なぜなら、どの得意先が代金を支払わないかが不明だからです。そのため、会計上は通常、**Allowance for Doubtful Accounts**（貸倒引当金）という別のAccountを設け、Bad Debtの見積金額をこのAccountの増加として記入します。すべてのAsset Accountのように、

第4章 収益と貨幣性資産　101

Debit

Credit

Accounts Receivable は［Debit/Credit］残高です。Allowance for Doubtful Accounts は Accounts Receivable から控除される Account ですから、その反対側、つまり［Debit/Credit］残高になります。

> Allowance for Doubtful Accounts は **Contra-Asset Account（資産控除勘定）** と呼ばれます。これらは、Accounts Receivable のような Asset から控除されます。Asset は Debit 残高ですから、Contra-Asset Account は Credit 残高になります。

4-66 理論的には、Revenueの過大表示によりEquityが減少したわけですが、会計上は、**Bad Debt Expense** というAccountとして記録されます。Bad Debt Expense として記録される金額は＿＿＿＿＿ドルになります。

10,000

Expenseが増加した場合にEquityに与える影響は、Revenueが［増加/減少］した場合と同じです。

減少

4-67 Bad Debt Expenseが10,000ドル増加し、Allowance for Doubtful Accountsが10,000ドル設定されるべきであるという、エアド社の見積を記録する仕訳は次のようになります。

Dr. Bad Debt Expense 10,000
 Cr. Allowance for
  Doubtful Accounts 10,000

Dr. B☐☐ D☐☐☐ E☐☐☐☐☐☐☐ 10,000
 Cr. A☐☐☐☐☐☐☐☐ for
  D☐☐☐☐☐☐ A☐☐☐☐☐☐☐ 10,000

4-68 エアド社の、2011年12月31日現在のAllowance for Doubtful Accounts控除前のAccounts Receivable残高は125,000ドルでした。エアド社の、2011年12月31日現在のBalance Sheetに計上される金額を記入して下さい。

Accounts Receivable――総額	ドル	125,000
差引：Allowance for Doubtful Accounts	−	10,000
Accounts Receivable――純額	ドル	115,000

4-69 2011年のある時点において、エアド社はハーダーさんに対する債権3,000ドルが回収不能であると認識し、**Bad Debt**を貸倒処理（**Write off**）しました。このためには、Accounts Receivableを減少させるとともに、Allowance for Doubtful Accountsもまた減少させなければなりません。この取引に関する仕訳を記入して下さい。

  Dr. A□□□□□□□ for
    D□□□□□□ A□□□□□□ 3,000
  Cr. A□□□□□□□ R□□□□□□□□ 3,000

Dr. Allowance for
 Doubtful Accounts 3,000
Cr. Accounts Receivable 3,000

4-70 2011年の売上に対するBad Debtの見積金額分だけ、エアド社の2011年におけるEquityは減少しましたが、2012年にBad Debtを貸倒処理したことによって2012年におけるEquityは影響を［受けます／受けません］。

受けません
（Equityは2011年に減少しているので、同じオートバイに対して減少を認識すべきではありません）

4-71 上記の仕訳が示すように、Accounts Receivable――総額が3,000ドル減少し、Allowance for Doubtful Accountsもまた3,000ドル減少しました。従って、貸倒処理によりBalance Sheet上のAccounts Receivable――純額は［増加します／減少します／影響を受けません］。

影響を受けません

MONETARY ASSETS（貨幣性資産）

4-72 貨幣性資産とは、Cash及び、第三者が企業に特定の金額の金銭を支払う約束のことです。次のAssetのうち、貨幣性資

産はどれでしょうか。

A. Inventory   D. Buildings
B. Accounts Receivable E. Equipment
C. Notes Receivable   F. Bonds Owned by the Entity（債券）

B、C、F

4-73 Accounts Receivable と同様、他の貨幣性資産も通常、受け取ることが概ね_____な金額でBalance Sheet上では報告されます。逆に、BuildingsやEquipmentのような非貨幣性資産はC□□□で報告されます。これは、資産価値測定の原則（Asset-Measurement Concept）に従った方法です。

確実

Cost

DAYS' SALES UNCOLLECTED RATIO（売上債権回転期間）

4-74 第1章で次のような流動性比率を説明しました。

$$\frac{\text{Current A}□□□□□}{\text{Current L}□□□□□□□□□□}$$

$\dfrac{\text{Current Assets}}{\text{Current Liabilities}}$

4-75 もう1つの有用な比率は、**売上債権回転期間（Days' Sales Uncollected Ratio）**です。これは、会計期間の終わりにAccounts Receivableが売上の何日分あるのかを表すものです。年間の掛による売上の合計金額を365で割ることによって1日の売上を算出します。公式は次の通りです。

$$\text{売上債権回転期間} = \frac{\text{A}□□□□□□□\ \text{R}□□□□□□□□□□}{\text{Credit Sales（掛による売上）} \div 365}$$

$\dfrac{\text{Accounts Receivable}}{\text{Credit Sales} \div 365}$

4-76 次のデータから、マクギル社の売上債権回転期間を計算して下さい。

2011年12月31日現在のAccounts Receivable　50,000ドル
2011年の掛による売上　365,000ドル

売上債権回転期間 = $\dfrac{\boxed{\text{ドル}}}{\boxed{\text{ドル}}\div 365}$ = $\boxed{}$ 日　　$\dfrac{50{,}000\text{ドル}}{365{,}000\text{ドル}\div 365} = 50$ 日

4-77　売上債権回転期間によって、得意先が期日までに代金を支払っているかどうかが分かります。もしマクギル社が、売上日から30日以内に得意先が代金を支払うだろうと予想しているならば、50日という日数が示しているのは、得意先が代金を期日通りに［支払っている／支払っていない］ということです。

支払っていない

> これはおおよその見積りにすぎません。なぜなら、売上に季節的変動がなく、年間を通じ平均的に発生すると仮定しているからです。

キーポイント

- 通常の会計期間はFiscal Yearと呼ばれますが、より短い期間を対象としたFinancial Statementsも作成されます。これらは、Interim Statementsと呼ばれます。
- 発生主義会計では、会計期間におけるRevenueとExpense、及び両者の差であるNet Incomeを測定します。発生主義会計は、単にCashの受け払いのみを記録する会計に比べて複雑ですが、より有用です。
- 保守主義の原則とは、Equityの増加はそれが概ね確実である場合にのみ認識し、Equityの減少はその可能性が概ねある場合に直ちに認識するというものです。
- 重要性の原則とは、取るに足らない事柄は無視するが、すべての重要な事柄は開示するというものです。
- 実現主義の原則とは、Revenueは通常、品物及びサービスが引き渡された時

点で認識されるというものです。
- もしCashを受け取る前にRevenueが認識されるならば、AssetであるAccounts ReceivableがDebit側に記入されます（増加します）。もしRevenueが認識される前にCashを受け取ったならば、LiabilityであるAdvance from CustomersがCredit側に記入されます（増加します）。このLiabilityはRevenueが認識される期間にDebit側に記入されます（減少します）。
- Bad Debtによる損失を見積ることによって、その期間のEquityとAccounts Receivable残高は減少します。Equityの減少はBad Debt Expense Accountを使って記録されます。特定のBad Debtが後に発見された場合には、Accounts Receivableは減額されますが、Revenueの金額は影響を受けません。
- 売上債権回転期間は次の式で表されます。

$$\frac{\text{Accounts Receivable}}{\text{Credit Sales} \div 365}$$

これによって、得意先が期日通りに代金を支払っているかどうかがわかります。

　これでこのプログラムの第4章は終わりです。もしこの章のポイントが理解できたと思うなら、巻末のテスト4に挑戦してケーススタディを完成させましょう。もし自分の理解に不安があるならば、もう一度第4章を見直して下さい。

　テストを通じて、理解度をチェックするとともに第4章のキーポイントを復習して下さい。テストとケーススタディを実施した結果、いくつかのポイントに不安があることがわかるかもしれません。第5章にとりかかる前に、これらのポイントを復習しておいて下さい。巻末にあるテストとケーススタディの解答を見直して下さい。

第5章
費用の測定：
損益計算書
Expense Measurement; The Income Statement

テーマ

費用と支出の違い
Difference between "expense" and "expenditure".

1期間の費用の測定方法
How the expenses of a period are measured.

9つの基本会計原則のうち、最後の1つ：
The last of the nine basic accounting concepts:

　費用収益対応の原則
　Matching concept.

損益計算書で報告される項目の意味
Meaning of items reported on an income statement.

損益計算書の分析手法
Methods of analyzing an income statement.

5-1 第4章では、ある会計期間に認識されるRevenueとその期間に受け取ったCashとは必ずしも関連はないということをマスターしました。もし、1,000ドルの商品が8月に顧客に引き渡され、顧客が9月に商品の代金をCashで支払ったとしたら、Revenueが認識されるのは[8月/9月]です。

8月

5-2 Revenueは会計期間におけるEquityの[増加/減少]であり、Expenseは会計期間におけるEquityの[増加/減少]です。ある会計期間のRevenueとその期間のCashの受取とは必ずしも同じではないように、ある会計期間のExpenseとその期間のCashの支払とは[必ず同じです/必ずしも同じではありません]。

増加

減少

必ずしも同じではありません

EXPENSE（費用）とEXPENDITURE（支出）

5-3 企業が品物やサービスを取得すると、それはExpenditureになります。8月にフアレス社はInventoryとするために、Cost 1,000ドルの品物をCashを支払って仕入れました。これにより、この企業は8月に1,000ドルのE□□□□□□□□を行ったことになります。フアレス社はこの取引を記録するため、次の仕訳を行いました。

Expenditure

Inventory	1,000
Cash	1,000

Dr. I□□□□□□□ 1,000
Cr. C□□□ 1,000

5-4 もし、8月にフアレス社がInventoryとするために2,000ドルの品物を仕入れ、代金を30日以内に支払うことに同意したならば、フアレス社は8月に2,000ドルのE□□□□□□□□□を行ったことになります。これにより、Liability Accountである Accounts Payableが増加します。フアレス社はこの取引を記

Expenditure

録するため、次の仕訳を行いました。

    Dr. I□□□□□□□   2,000
    Cr. A□□□□□□□ P□□□□□□   2,000

                                                                             Inventory   2,000
                                                                             Accounts Payable   2,000

5-5 このように、Expenditureの結果、Asset AccountであるC□□□が減少するか、Accounts PayableのようなL□□□□□□□□が増加します。

                                                                         Cash
                                                                         Liability

> Expenditureの結果、Cash以外のAssetが減少する場合もあります。例えば、新しい自動車を購入するために古い自動車を下取りに出したような場合、Expenditureの一部はAssetである自動車の減少をもたらします。

5-6 8月にファレス社はInventoryとするための品物を仕入れるために、3,000ドルのE□□□□□□□□□□□を行いました。もしこれらの品物のうち500ドルが8月に販売されたならば、500ドルの**Expense**が8月に生じます。残りの2,500ドル分の品物は、8月末の時点ではいまだInventoryのままなので、これらはAssetになります。このように、ある期間のExpenditureは、その期間のE□□□□□□□か、その期間の終わりのA□□□□になります。

                                                           Expenditure

                                                           Expense   Asset

5-7 ファレス社は、残りの2,500ドル分の品物を9月に販売しました。9月には、2,500ドルの［Expenditure/Expense］が生じましたが、これらの品物について［Expenditure/Expense］は生じませんでした。

                                                           Expense
                                                           Expenditure

5-8 8月にファレス社は、従業員の提供したサービスに対して2,000ドルのCashを支払いました。8月の労働サービスに対し、

Expense Expenditure（順不同）	E□□□□□□とE□□□□□□□□□のいずれもが2,000ドル生じました。
	5-9 営業活動においてAssetが消費される時、Expenseが生じます。このように、Assetは、取得された時に［Expenditure/
Expenditure Expense	Expense］を生じ、消費された時に［Expenditure/Expense］を生じます。
	5-10 シェルブルック社が2011年に燃料油を10,000ドルのCashを支払って仕入れたとします。2011年には燃料油は全く消費されませんでした。燃料油のうち、2012年に8,000ドル分が、2013年に2,000ドル分が消費されました。Expenditureが生じたのは
2011　2012及び2013	＿＿＿＿年であり、Expenseが生じたのは＿＿＿＿年及び＿＿＿＿年です。

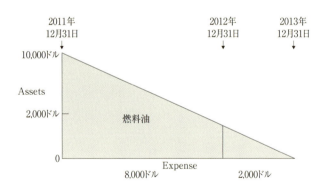

	5-11 営業活動に使用される資源は、仕入れた時点から消費される時点までの間はAssetになります。したがって、燃料油が購入された時、Expenditureが生じます。そして燃料油は消費
Asset Expense	されるまではA□□□□です。消費されると燃料油はE□□□□□□になります。

5-12 シェルブルック社は2011年に2年分の燃料油を10,000ドル支払って仕入れました。2011年には燃料油は全く消費されず、2012年に8,000ドル分が、2013年に2,000ドル分が消費されました。Balance Sheet上、AssetであるInventoryとしての燃料油は、以下の金額になります。

2011年12月31日現在	［　　　］ドル	10,000ドル
2012年12月31日現在	［　　　］ドル	2,000ドル
2013年12月31日現在	［　　　］ドル	0ドル

5-13 シェルブルック社は2011年に2年分の燃料油を10,000ドル支払って仕入れました。2011年には燃料油は全く消費されず、2012年に8,000ドル分が、2013年に2,000ドル分が消費されました。Income Statement上、燃料油のExpenseは、以下の金額になります。

2011年	［　　　］ドル	0ドル
2012年	［　　　］ドル	8,000ドル
2013年	［　　　］ドル	2,000ドル

5-14 事業が継続していくにつれて、ほとんどのExpenditureはExpenseに［なります/なりません］が、1つの会計期間においては、ExpenseはExpenditureと［必ず同じです/必ずしも同じではありません］。

なります
必ずしも同じではありません

費消COST（原価）と未費消COST（原価）

5-15 ExpenditureはCostになります。Inventoryや他のAssetが取得されると、それらはAcquisition C□□□（取得原価）で記録されます。Expenseは、会計期間中に消費された資源のC

Cost

Cost

Expense
Asset

費消　未費消

Asset

Expense

Asset
Expense

□□□です。

5-16 期間中に消費されたCostがE□□□□□です。期間の終わりに保有している資源によって表されるCostがA□□□□です。

5-17 費消されたCostはなくなります。つまり、**費消（Expire）**されます。まだ保有されている資源のCostは**費消されていません**。Expenseを［費消／未費消］Cost、Assetを［費消／未費消］Costと考えると有益であることが分かるでしょう。

5-18 シェルブルック社は2011年に10,000ドルの燃料油を仕入れ、2012年に8,000ドル分、2013年に2,000ドル分を消費しました。10,000ドルのExpenditureの合計金額は、2011年末の時点では［Asset/Expense］です。なぜなら、Costは全く費消されていないからです。2012年に8,000ドルのCostが費消されたので、8,000ドルは2012年には［Asset/Expense］になります。2012年末の時点では、2,000ドルのCostは費消されていないので、［Asset/Expense］になります。残りの2,000ドルは2013年に費消されるため、2013年に［Asset/Expense］になります。

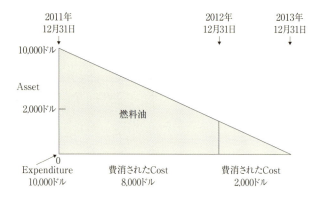

MATCHING CONCEPT（費用収益対応の原則）

5-19 会計の重要な機能は、会計期間のNet Incomeを測定することです。Net Incomeは期間中のR□□□□□□とE□□□□□□の差です。Expenseは［費消された/Cashが支払われた］Costです。

Revenue　Expense
費消された

5-20 第4章でマスターしたように、ある期間のRevenueの認識を決定する原則は＿＿＿＿＿＿の原則です。Revenueが認識される期間は、品物あるいはサービスの＿＿＿＿＿が行われた期間です。

実現主義
引渡

5-21 ある期間のExpenseの認識を決定する原則は**費用収益対応の原則（Matching Concept）**です。これは、**ある期間のRevenueに関連するCostがその期間の**［Cashの支払/Expense］になるというものです。

Expense

5-22 例として、自動車ディーラーのホール社が3月に15,000ドルで自動車を仕入れ、5月に18,000ドルで販売（つまり引渡）したとします。3月末の時点では、自動車はホール社のInventoryのままですから、そのCostは［費消されました/費消されていません］。4月末の時点では、そのCostは［費消されました/費消されていません］。

費消されていません
費消されていません

5-23 ホール社が3月に15,000ドルで自動車を仕入れ、5月に18,000ドルで販売しました。

5月にホール社は自動車を販売することによって、18,000ドルのR□□□□□□を認識しました。15,000ドルのCostを、同じ自

Revenue

| 対応（Match） | 動車の販売からのRevenueと＿＿＿＿＿＿させなければならないので、5月のExpenseは15,000ドルになります。18,000ドルのRevenueと15,000ドルのExpenseは、同じ自動車に関するものであるため、RevenueとExpenseが対応していることになります。

> 会計期間においてExpenseがRevenueと対応していることが会計原則では求められます。

EXPENSEになるその他のASSET

費用収益対応	**5-24** 商品が引き渡されると、商品のCostを売上が発生した期間のRevenueと対応させます。これらのCostはその期間のExpenseになります。これは＿＿＿＿＿＿の原則の適用の1つの形です。当期に引き渡された商品とは直接関連していなくとも、当期の活動と関連するその他のCostもまたExpenseになります。
Asset	**5-25** 前期までにExpenditureがなされた場合には、Expenseが生じるまで、未費消のCostはA□□□□になります。いくつかの例を見てみましょう。最初はIntangible Asset（無形資産）です。
Tangible Intangible	**5-26** **Tangible Asset**（有形資産）には物的な実体がありますが、**Intangible Asset**には物的な実体はありません。Building、EquipmentやInventoryは［Tangible/Intangible］Assetです。一方、保険証券（Insurance Policy）により提供される保障サービスは［Tangible/Intangible］Assetです。
	5-27 将来ExpenseになるIntangible Assetの一般的な名称は、**Prepaid Expense**（前払費用）です。特定のタイプのPrepaid Ex-

penseは、Asset Account上で区別されます。したがって、将来の期間にわたって保険が提供する保障サービスに対して発生するCostを示すAsset Accountは、P□□□□□□ Insurance（前払保険料）という名前で呼ばれます。

Prepaid

5-28 ホール社は2011年12月31日に、2年間有効の保険証券を2,000ドルで購入しました。

このExpenditureの結果、Cashが減少し、AssetのPrepaid Insuranceが増加しました。この取引に関する仕訳を記入して下さい。

　　Dr. P□□□□□□ I□□□□□□□□　2,000
　　Cr. C□□□　　　　　　　　　　　　2,000

Prepaid Insurance　2,000
　　Cash　　　　　　　2,000

5-29 ホール社は2011年12月31日に、2年間有効の保険証券を2,000ドルで購入しました。

2012年の間に、ホール社はこの保険による保障サービスの半分を消費したので、1,000ドルのInsurance Expenseが生じました。2012年における各Accountへの影響は、AssetのPrepaid Expenseの減少、Insurance Expenseの増加です。2012年における仕訳を記入して下さい。

　　Dr. I□□□□□□□□ E□□□□□□　_____
　　Cr. P□□□□□□ I□□□□□□□□　_____

Insurance Expense　1,000
　　Prepaid Insurance　1,000

2012年12月31日現在のAsset AccountであるPrepaid Insuranceの残高は、_____ドルです。

1,000

第5章　費用の測定：損益計算書　115

5-30 ホール社は2011年12月31日に、2年間有効の保険証券を2,000ドルで購入しました。

2013年、ホール社は、残りの1,000ドル分の保険による保障サービスを受けました。2013年の仕訳を記入して下さい。

Insurance Expense　1,000
　Prepaid Insurance　　1,000

Dr. I☐☐☐☐☐☐☐☐　E☐☐☐☐☐☐　_____
Cr. P☐☐☐☐☐☐　I☐☐☐☐☐☐☐☐☐　_____

2013年12月31日の時点で、保険による保障サービスの全額を費消しました。したがって、この日におけるPrepaid Insuranceの残高は_____ドルになります。

0

> もしこれらの問に対する解答に不安がある場合には、問5-10から5-13をもう一度読んで下さい。

5-31 同様に、もしキャメロン社が2ケ月分の家賃（Rent）として1月31日に家主に1,800ドルを前払したならば、1月31日におけるP☐☐☐☐☐☐ Rentの残高は_____ドル、2月28日における残高は_____ドル、そして3月31日における残高は_____ドルになります。また、2月のRent Expenseは_____ドル、3月は_____ドルになります。

Prepaid　1,800
900
0　900
900

5-32 BuildingやEquipmentも将来の期間における便益を提供します。これらはPrepaid InsuranceやPrepaid RentのようにAssetであり、唯一違う点は、通常これらの耐用年数がより長いため、将来の便益のある期間がより［長い／短い］ということです。Balance Sheet上、Assetとして報告される金額は、Balance Sheetの日付において［費消された／費消されていない］Costです。

長い

費消されていない

5-33 また、保険や家賃と同様、各期間にExpenseとして報告されるBuildingとEquipmentのCostの金額は、その期間に［費消された／費消されていない］Costの金額です。

費消された

5-34 BuildingやEquipmentのCostで費消されたものを**Depreciation Expense（減価償却費）**といいます。もしホール社が5,000ドルで機械を購入し、この機械が5年間便益を提供すると予想したならば、各年に費消されるCostの金額は5,000ドルの5分の1になります。5年間の各年においてD□□□□□□□□□ E□□□□□□として報告される金額は＿＿＿＿ドルです。Depreciationについての会計処理は第7章でより詳しく説明します。

Depreciation Expense
1,000

LIABILITYを発生させるEXPENSE

> 今まで、まずAssetになりその後Costが費消された時にExpenseになるExpenditureを説明してきました。今度は、関連するExpenditureがLiabilityとなるようなExpenseについて説明します。

5-35 ストックマン社の従業員が2011年に提供した労働の対価として獲得した金額は、2011年のE□□□□□□です。もしストックマン社が、従業員が働いた週の翌週に支払を行った場合、2011年の最後の週に獲得された金額に対してCashが支払われるのは＿＿＿＿年です。

Expense

2012

5-36 ストックマン社の従業員が2011年の最後の週に10,000ドルを獲得し、それに対する支払が2012年に行われました。2011年において10,000ドルは、同社にとって［Expense／Expenditure／ExpenseとExpenditureの両方］です。

ExpenseとExpenditureの両方

2011年12月31日現在、ストックマン社は従業員に対して10,000ドルを支払う義務を負っています。2011年12月31日現在のBalance Sheet上では、10,000ドルのL☐☐☐☐☐☐☐☐が報告されます。

Liability

	12月31日	
	2011年	2012年
	従業員が10,000ドルを獲得	従業員に10,000ドルを支払
Expenditure	Yes	No
Expense	Yes	No
Cashの支払	No	Yes

Liability
10,000ドル

5-37 発生はしたけれどもいまだ支払が行われていないLiabilityを **Accrued liability** といいます。Accountの名前はLiabilityの性質が分かるように付けられます。このケースでは、A☐☐☐☐☐☐ Salaries (未払給与) です。

Accrued

5-38 2011年の最後の週にストックマン社に10,000ドルのSalary Expenseが発生しましたが、従業員に対する支払は行われていません。この取引についての仕訳を記入して下さい。

Salary Expense   10,000
　Accrued Salaries   10,000

　　Dr. S☐☐☐☐☐ E☐☐☐☐☐☐ _____
　　　Cr. A☐☐☐☐☐☐ S☐☐☐☐☐☐☐ _____

> 従業員が獲得した金額のすべてが従業員に対して支払われるわけではありません。従業員の給与の一部は雇用者によって源泉徴収され、所得税として政府に納付されます。社会保険料やその他の理由によっても控除されます。これらの複雑な話は無視し、獲得した金額のすべてが従業員にCashで支払われると仮定します。

5-39 2011年の労働の対価として支払義務が生じていた10,000ドルが、2012年1月になってストックマン社の従業員に支払わ

れました。この支払により、LiabilityのAccrued Salariesが減少しました。この取引についての仕訳は次の通りです。

 Dr. A□□□□□□ S□□□□□□□ ＿＿＿＿ Accrued Salaries 10,000
 Cr. C□□□   ＿＿＿＿ Cash   10,000

FRINGE BENEFITS（福利厚生）

5-40 多くの企業は、従業員の退職時に年金（Pension）を支払うことに同意しています。従業員は働いている期間に対応して、年金の給付に対する権利を得ています。したがって、もし従業員が2011年に働いたことを理由に2011年に2,000ドルの年金の給付の権利を獲得したならば、2,000ドルは［2011年/従業員の退職時］のExpenseです。Liabilityになるのは［2011年/従業員の退職時］です。このLiabilityは **Accrued Pensions（未払年金費用）** といいます。

2011年
2011年

5-41 ディラン・キングさんが2011年に2,000ドルの年金の給付の権利を獲得しました。彼女は過年度においても同様の給付の権利を獲得しています。この取引についての仕訳は次の通りです。

 Dr. Pension Expense   2,000
  Cr. A□□□□□□ P□□□□□□□ 2,000 Accrued Pensions

5-42 ディラン・キングさんが2011年に退職しました。2012年に彼女に、6,000ドルの年金が支払われました。2012年の支払についての仕訳は次の通りです。

Accrued Pensions	Dr. A☐☐☐☐☐☐ P☐☐☐☐☐☐☐ 6,000 　Cr. Cash　　　　　　　　　　　　　6,000

> 多くの企業では年金のために準備した金額を保険会社や銀行に預けており、実際の支払はこれらの金融機関が行います。それでも、会社の財政状態に対する影響は上記の仕訳で示されたものと同じです。

5-43 多くの企業では、退職後の従業員に対して健康管理やその他の給付のための支払を行うことに同意しています。これらの福利厚生（**Fringe Benefits**）は、**Other Post Employment Benefits**（その他の退職後給付）、頭文字を短縮して_____といいます。

OPEB

5-44 OPEBの会計処理は年金の場合と同じです。つまり、Expenseが生じるのは、[従業員がそれらに対する権利を獲得した時/給付が行われた時]です。またLiabilityが生じるのは、[従業員がそれらに対する権利を獲得した時/給付が行われた時]です。給付が行われた時には、Expenseは[生じます/生じません]。

従業員がそれらに対する権利を獲得した時

従業員がそれらに対する権利を獲得した時

生じません

RENT EXPENSE（賃借料）

5-45 マレー社は、12月分の家賃5,000ドルを1月に支払います。2011年12月31日現在の、12月のRent Expenseとそれに関連するLiability、つまりAccrued Rentを記録する仕訳は以下の通りです。

Rent Expense　5,000 　Accrued Rent　　5,000	Dr. R☐☐☐ E☐☐☐☐☐☐　　_____ 　Cr. A☐☐☐☐☐☐ R☐☐☐　　_____

5-46 2012年1月、マレー社は2011年12月分の家賃5,000ドルを家主に支払いました。1月の仕訳は次の通りです。

 Dr. A□□□□□ R□□□ _____ Accrued Rent 5,000
 Cr. C□□□ _____   Cash   5,000

5-47 前に見たように、家賃の支払がExpenseの発生より前ならば、最初に金額が記入されるのは［Asset/Liability］Accountである Prepaid Rent です。一方、前の問が示すように、家賃の支払がExpenseの発生より後ならば、記入がなされるのは［Asset/Liability］AccountであるAccrued Rentです。

Asset

Liability

5-48 Prepaid Expense を Expense に変えるには、Debit側に［Asset/Expense］Accountを記入し、Credit側に［Asset/Expense］Accountを記入します。Accrued Liabilityを減らすには、Debit側に［Asset/Accrued Liability］を記入し、Credit側に［Cash/Accrued Liability］を記入します。

Expense Asset

Accrued Liability
Cash

5-49 もちろん、Expenseの多くの項目は会計期間中に支払が完了します。2011年に獲得され、2011年に支払が行われる給与90,000ドルを記録する仕訳は以下の通りです。

 Dr. S□□□□□ E□□□□□□ _____ Salary Expense 90,000
 Cr. C□□□ _____   Cash   90,000

LOSS（損失）

5-50 Assetは将来の期間における便益を生み出します。ベイリー社の保有している保険の付されていない機械が、2011年に火災で滅失したとします。この機械は将来の期間に便益を提供

しません
Expense

［します／しません］。したがって、この機械について繰り越されてきた金額は2011年に費消され、2011年に［Expense/Expenditure］として記録されます。

5-51 このように、たとえAssetがその期間に便益を提供しなくとも、もしそのCostが何らかの理由により費消されたならば、それはその期間のExpenseとなります。そのようなExpenseはLossと呼ばれます。LossがExpenseとして記録されるのは、

Lossが発生した期間

［Lossが発生した期間／Assetの効用があるとみなされる期間にわたって］です。

5-52 Lossの発生がたとえ確実でなくとも、その可能性が概ねある場合には、LossはExpenseとして記録されます。従って、もし2011年に得意先がホール社に対し訴訟を起こし、ホール社が敗訴する可能性が概ねあると考えられる場合、Lossの見積金額がExpenseとして記録されるのは、［2011年／裁判の判決が

2011

下った時］です。これは、Expenseをその発生の可能性が概ねある時に認識しなければならないという原則、つまり_____

保守主義

の原則に従ったものです。

MATCHING CONCEPT（費用収益対応の原則）の要約

5-53 当期のExpenseとなるのは、3つのタイプのCostです。1つ目は、当期に引渡が行われた結果、当期にR□□□□□□の

Revenue

認識が行われた品物及びサービスのCostです。

> 第4章で説明した諸原則に従って、まず、Revenueを認識する期間が決定されます。それから、関連するCostをこれらのRevenueと対応させます。CostをRevenueに対応させるのであって、RevenueをCostに対応させるのではありません。

5-54 2番目に、その期間の営業活動に関連したCostがあります。これらのCostに関するExpenditureが、当期中、あるいは以前の期間に行われています。もし以前の期間に行われたのならば、当期首のBalance Sheet上、これらの金額はA□□□□になります。

Asset

5-55 3番目に、当期に認識されるLossがあります。これは、火災や盗難等による[Asset/Liability]の減少、あるいは当期中に発生した訴訟のような出来事から起こる[Asset/Liability]の増加を、その発生の可能性が概ねある場合に認識したものです。

Asset
Liability

5-56 これらのExpenseのいずれも、関連するCashの支払がなされるのは、前の期間であったり、当期であったり、将来の期間（この場合には、[Asset/Liability]が支払われます）であったりします。

Liability

5-57 期首のBalance Sheet上で報告されるのは、以前の期間になされたE□□□□□□□□□の結果獲得されたAssetです。これらのAssetの一部は費消されて、当期のE□□□□□□□になります。残りは将来の期間に繰り越されて、当期末のBalance Sheet上でA□□□□として報告されます。

Expenditure
Expense
Asset

> 以降の一連の問は、費用収益対応の原則と実現主義の原則を使った応用例です。これらの原則を十分に理解しているのであれば、問5-67に進んで下さい。もし、練習がもう少し必要であるならば、問5-58に挑戦して下さい。

MATCHING（費用収益対応）の例

> ホームズ社は家の売買を行う企業です。巻末の資料7には、

> 5月、6月、7月の取引のいくつかが記載されています。これらの出来事は2軒の家、家Aと家Bに関するものです。6月のホームズ社のIncomeを測定することとします。

5-58 家の権利書の引渡は、その家の所有権の引渡です。資料7にあるように、家Aの引渡が行われたのは_____月です。したがって、家Aの売上によるRevenueが認識されるのは_____月です。

6月

6月

5-59 家AのRevenueの金額は、2つの取引によって測定されます。これらを以下に記入して家AのRevenueを計算して下さい。

日付	取引*	金額
5月2日	_____	ドル
6月5日	_____	
	家AのRevenue	ドル

＊取引の簡単な説明を記載して下さい。

日付	取引	金額
5月2日	頭金の支払	16,000ドル
6月5日	残金の支払	144,000
	家AのRevenue	160,000ドル

5-60 今度は、6月の家Aの売上によるRevenueの合計金額160,000ドルに関連するCostを考えてみましょう。これらのCostの1つは、家AのCostであり、_____ドルになります。

140,000

5-61 Cashの支払のうちの2つが、家Aの売上に個別に関連しています。これらのCashの減少は何でしょうか。

日付	取引	金額
5月___日	_____	ドル
7月___日	_____	
	合計	ドル

日付	取引	金額
5月15日	手数料	800ドル
7月2日	手数料	7,200
	合計	8,000ドル

5-62 費用収益対応の原則では、ある期間のRevenueに関連するCostをその期間のExpenseとして認識することが要求されます。したがって、家Aに関連する2つの手数料（Commission）の合計金額＿＿＿＿＿ドルは、それらの支払が行われる月とは関係なく、＿＿＿＿＿月にExpenseとして認識されなければなりません。

8,000

6月

5-63 実現主義の原則に従い、6月に家Bについて受け取った頭金24,000ドルは6月のRevenueに［なります/なりません］。これは＿＿＿＿＿月のRevenueになります。ホームズ社は家を引き渡す義務があるため、6月末のBalance Sheet上、24,000ドルは［Asset/Liability］になります。

なりません

7月

Liability

5-64 費用収益対応の原則では、期間中の営業活動全般にかかわる（General）Costはその期間のExpenseとなります。したがって、6月のGeneral Cost 4,000ドルがExpenseとなるのは＿＿＿＿＿月です。

6月

5-65 問5-59から5-64を参照し、実現主義の原則と費用収益対応の原則に従って、6月のホームズ社のIncome Statementを完成させて下さい。

ホームズ社
Income Statement-6月

Sales Revenue	＿＿＿ドル
Expense：	
家AのCost	＿＿＿ドル
Commission Expense	＿＿＿
General Expense	＿＿＿
Expenseの合計	＿＿＿
Net Income	＿＿＿ドル

160,000ドル
（＝16,000ドル＋144,000ドル）

140,000ドル
8,000（＝800ドル＋7,200ドル）
4,000
152,000
8,000ドル

5-66 資料7によれば、6月のCashの取引は以下の通りです。

6月	出来事	Cashの増加	Cashの減少
2	家Bの頭金の受取	24,000ドル	
5	家Aの残金の受取	144,000	
30	家Bの手数料		1,200ドル
	6月のGeneral Expense		4,000

ホームズ社
INCOME STATEMENT（6月）

Revenue
5月の受取　家A	16,000ドル
6月の受取　家A	144,000
Revenue　合計	160,000

Expenses
家AのCost	140,000
5月の手数料　家A	800
6月の手数料　家A	7,200
6月のExpense	4,000
Expense合計	152,000
Net Income	8,000ドル

162,800
（=168,000ドル−5,200ドル）

全く関連はありません

6月のCashの純増は_____ドルです。これは、6月のNet Income 8,000ドルと［おおよそ同じです／全く関連はありません］。

INCOME STATEMENT（損益計算書）

5-67 Balance SheetのEquityの区分をみれば分かる通り、Equity Capitalには2つの源泉があります。1つは、個人事業主、パートナー、株主などの投資家によって供給されるCapital（資本）であり、これはPaid-in C□□□□□□（払込資本）と呼ばれます。もう1つは、収益性のある企業活動からもたらされるEarningsのうち企業の内部に留保されている部分です。これはR□□□□□□□ E□□□□□□□と呼ばれます。

Capital

Retained Earnings

5-68 会計期間における収益性のある企業活動からもたらされるRetained Earningの増加は、その期間のIncomeになります。このIncomeがどのように獲得されたかを示すのがI□□□□□ Statement（損益計算書）なのです。

Income

> Income StatementはまたProfit and Loss StatementやEarnings Statementとも呼ばれます。Bottom Lineという用語は、RevenueとExpenseの差を指します。

5-69 Income Statementには、特に決まった形というものはありません。資料8の下半分に、Income Statementの一般的な様式が記載されています。このIncome Statementの最初の項目はS□□□ R□□□□□ですが、これは期間中に_____が行われた商品（品物やサービスなど）の金額を表します。

Sales Revenue

引渡

5-70 2行目には、C□□□ of S□□□（売上原価）が記載されています。最初の行でRevenueが報告されている品物あるいはサービスのCostがここで表されます。これは_____の原則の1つの例です。

Cost of Sales

費用収益対応

5-71 資料8では、SalesとCost of Salesとの差額はG□□□ M□□□□（売上総利益）と呼ばれています。**Cost of Sales、Sales Revenue、Gross Margin**という用語を使って公式を書いてみて下さい。

_____ = _____ − _____

Gross Margin

Gross Margin = Sales Revenue − Cost of Sales

5-72 資料8で分かるように、Gross MarginからO□□□□ □□□ E□□□□□□（営業費）を差し引くことにより、I□ □□□□ before T□□□（税引前当期利益）が求められます。

Operating Expenses

Income before Taxes

5-73 _____の原則に従い、これらのExpenseには_____の営業活動に関係するCostと_____の期間において便益をもたらさないCost（つまり、Loss）が含まれます。

費用収益対応　当期

将来

Provision for Income Taxes	**5-74** 資料8の次の項目はP□□□□□□□ for I□□□□□ T□□□□（法人税）ですが、これは特に重要なExpenseであるため区別して記載されます。これらのTaxは、当期のIncomeに対して納付すべきIncome Taxに関するものであり、当期に支払われたIncome Taxに関するものではありません。
Net Income	**5-75** Income Statementの最後の項目は、N□□ I□□□□□です（もしExpenseの方がRevenueよりも大きければ、**Net Loss**となります）。
ません　ではなく	**5-76** Net Incomeを求める際に、**Dividends**（配当）を差し引き［ます／ません］。 DividendはExpense［であり／ではなく］、株主に対するEarningsの分配です。
Retained Earnings 増加 減少 Revenue　Expense	**5-77** RevenueはBalance Sheet上のR□□□□□□□ E□□□□□□□に属する項目の［増加／減少］、Expenseはそれらの［増加／減少］として定義されます。そして、Net IncomeはR□□□□□□□とE□□□□□□□の差額です。
易い	**5-78** IncomeはRevenueとExpenseの差額とみなされますから、Sales Incomeのような表現は誤解を招き［易い／易くない］のですが、こうした表現はしばしば使われます。

ACCOUNTING REPORT PACKAGE（財務諸表）

Retained Earnings	**5-79** Income Statementは、Fiscal Yearの間に生み出されたR□□□□□□□ E□□□□□□□を要約したものです。
Income Statement Balance Sheet	**5-80** I□□□□□ S□□□□□□□□□（財務諸表の名称が入ります）は、2つのB□□□□□□ S□□□□（財務諸表の名称

が入ります）の間に発生したRetained Earningsの増減を報告します。

5-81 従って、有用な財務諸表は、会計期間の開始時点におけるB□□□□□□ S□□□□、その期間のI□□□□□ S□□□□□□□、その期間の終了時点におけるB□□□□□□ S□□□□から構成されます。

Balance Sheet
Income Statement
Balance Sheet

5-82 1つのIncome Statementと2つのBalance Sheetからなる財務諸表が資料8に記載されています。資料8によれば、2011年12月31日現在のRetained Earningsの金額は＿＿＿＿＿ドルです。

11,908,000

5-83 2012年の間に、収益性のある企業活動の結果Net Incomeが＿＿＿＿＿ドル生じました。これにより、Retained Earningsが同額増加しました（Net IncomeはIncome Statementの一番下の行（*Bottom Line*）に記載されます）。

6,122,000

5-84 **Retained Earnings**が4,390,000ドル減少しましたが、これは株主に対する分配が＿＿＿＿＿という形で行われたことを表しています。

配当

5-85 結果として、2012年12月31日におけるRetained Earningsの金額は＿＿＿＿＿ドルとなりました。

13,640,000
（＝11,908,000ドル＋6,122,000ドル－4,390,000ドル）

5-86 Dividendsは［Expense/所有者に対するEarningsの分配］であって［Expense/所有者に対するEarningsの分配］ではないことを思い出して下さい。

所有者に対するEarningsの分配

Expense

> 財務諸表にはStatement of Cash Flows（キャッシュフロー計算書）も含めることが要求されています。これについては第9章で説明します。

INCOME STATEMENT PERCENTAGE（損益計算書の比率）

5-87 企業活動のパフォーマンスを分析する際、通常、Income Statementの様々な項目の**比率**（Percentage）を計算します。基礎あるいは分母（つまり、100％）となるのは**Sales Revenue**です。1つ目の比率は**Gross Margin Percentage**（売上総利益率）で、これはG□□□□ M□□□□□□をS□□□□ R□□□□□□で割ることにより計算します。

Gross Margin
Sales Revenue

5-88 2012年のガーズデン社のGross Margin Percentageを計算して下さい。

$$\frac{23{,}251{,}000\text{ドル}}{75{,}478{,}000\text{ドル}} = 31\%$$

$$\frac{\text{Gross Margin}}{\text{Sales Revenue}} = \frac{\boxed{}\text{ドル}}{\boxed{}\text{ドル}} = \boxed{}\%^{*}$$

＊四捨五入。

5-89 更に重要な比率は**Net Income Percentage**（当期純利益率）です。ガーズデン社のNet Income Percentageを計算して下さい。

$$\frac{6{,}122\text{ドル}}{75{,}478\text{ドル}} = 8\%$$

$$\frac{\text{Net Income}}{\text{Sales Revenue}} = \frac{\boxed{}\text{ドル}}{\boxed{}\text{ドル}} = \boxed{}\%^{*}$$

＊四捨五入。

> Net Income Percentageは、企業によってかなりの幅があります。このPercentageが容易に入手可能な業種もあります。

BASIC CONCEPT（基本原則）の復習

> 以下の問では、このプログラムで説明してきた9つの基本原則をもう一度チェックします。それぞれの原則の意味を完成させて下さい（会計学の文献で述べられているようにはここでは説明されていませんが、会計実務上、これらが会計の基本的な土台となっていることに疑いはないでしょう）。

5-90 貸借一致の原則（Dual-Aspect Concept）：
_____ ＝ _____ ＋ _____

Assets
＝Liabilities＋Equity
（問1-16から1-22を参照して下さい）

5-91 貨幣価値測定の原則（Money-Measurement Concept）：会計上報告される事実は_____で表現されるものだけです。

貨幣価値（注：もし概念を正しく理解しているならば、ここで使っている言葉をそのまま使う必要はありません）
（問1-27から1-33を参照して下さい）

5-92 企業実体の原則（Entity Concept）：Accountを作成・維持する対象は_____であり、そこに属する_____とは区別されます。

企業　個人
（問1-34から1-39を参照して下さい）

5-93 企業は無限に継続し売却されることはないと仮定する会計原則は、**継続企業の原則**（G☐☐☐☐ C☐☐☐☐☐☐ Concept）です。

Going Concern
（問1-40から1-43を参照して下さい）

5-94 資産価値測定の原則（Asset-Measurement Concept）：会

第5章　費用の測定：損益計算書

公正価値
Cost (問1-44から1-57を参照して下さい)

計では、貨幣性資産を_____で測定することに重点が置かれます。貨幣性資産についてはC□□□に基づく金額で報告されます。

確実
可能性
(問4-18から4-22を参照して下さい)

5-95 保守主義の原則（Conservatism Concept）：Revenueが認識されるのはその発生が概ね_____な場合であり、Expenseが認識されるのはその発生の_____が概ねある場合です。

重要
重要
(問4-23から4-30を参照して下さい)

5-96 重要性の原則（Materiality Concept）：_____でない事柄は無視し、_____な事柄は開示します。

引渡
(問4-31から4-51を参照して下さい)

5-97 実現主義の原則（Realization Concept）：Revenueが認識されるのは、品物あるいはサービスの_____が行われた時点です。

Matching Concept
(問5-19から5-23を参照して下さい)

5-98 費用収益対応の原則（M□□□□□□□ Concept）は、ある期間のRevenueや営業活動に対応したCostがその期間のExpenseになるというものです。

キーポイント

・品物やサービスが取得される時、Expenditureが行われます。もし当期中にこれらの品物やサービスが消費されれば、これらはその期間のExpenseとなります。逆にもし消費されなければその期間末におけるAssetとなり、将来それらが消費された期間のExpenseとなります。

・Expenditureの中には、将来の支払を伴うLiabilityになるものがあります。Accrued Salaryがその例です。

・費用収益対応の原則：ある期間のRevenueや営業活動に対応したCostがその期間のExpenseとなります。
・ある期間のExpenseになるのは、(1) その期間に得意先に対して引渡が行われた商品（つまり品物及びサービス）のCost、(2) その期間の営業活動に便益をもたらすその他のExpenditure、そして (3) Loss、すなわち、火災・盗難やその他の異常な原因によるAssetの減少、及び訴訟のような異常な出来事によるLiabilityの増加です。
・Income Statementは、ある期間のRevenueとExpenseを要約したものです。そのBottom Line（最終行）、あるいはNet Incomeによって示されるのは、その期間の営業活動の結果生じたEquityの増加です。
・Dividendsは株主に対するEarningsの分配であり、Expenseではありません。
・期首のRetained Earnings ＋ Net Income − Dividends ＝ 期末のRetained Earningsです。
・Sales Revenueを100％として、Income Statementの様々な項目（特にGross MarginとNet Income）についてPercentageが計算されます。

　これでこのプログラムの第5章は終わりです。もしこの章のポイントが理解できたと思うなら、巻末のテスト5に挑戦してケーススタディーを完成させましょう。もし自分の理解に不安があるならば、第5章を見直して下さい。
　テストを通じて、理解度をチェックするとともに第5章のキーポイントを復習して下さい。テストとケーススタディーを実施した結果、いくつかのポイントに不安があることがわかるかもしれません。第6章にとりかかる前に、これらのポイントを復習しておいて下さい。巻末にあるテストとケーススタディの解答を見直して下さい。

第6章 棚卸資産と売上原価
Inventories and Cost of Sales

テーマ

- 売上原価の計算方法
  How the cost of sales is calculated.

- 棚卸資産の金額の決定方法
  Methods of arriving at inventory amounts.

- 貸借対照表上の棚卸資産の金額が減額される場合
  When inventory amounts on the balance sheet are reduced.

- 製造業における棚卸資産の測定方法
  How inventory is measured in a manufacturing company.

- 製造原価と期間原価の区別
  Distinction between product costs and period costs.

- 製造間接費配賦率の計算方法
  How overhead rates are calculated.

COST OF SALES（売上原価）の計算

6-1 第5章のIncome Statementでは、Sales Revenueから最初に差し引かれる項目は **Cost of Sales** と呼ばれました。これは、Sales Revenueとして計上された商品のCostを表し、＿＿＿＿＿＿＿＿＿の原則の一例です（業種によっては、これを **Cost of Goods Sold** と呼ぶ場合もあります）。多くの業種では、Cost of SalesはExpenseの中で最も［小さな/大きな］項目であり、収益性の高いスーパーマーケットではSales Revenueの約85％、収益性の高い製造業者では60％から70％にもなります。

費用収益対応

大きな

6-2 ある業種の企業では、Cost of SalesとSales Revenueを対応させるのは容易です。例えば、自動車ディーラーは、Inventoryとして保有しているそれぞれの自動車のCostを記録しています。もしディーラーがある月に2台の自動車を販売し、このうち1台のCostが32,000ドルで販売価格が36,000ドル、もう1台のCostが15,000ドルで販売価格が20,000ドルだとすると、この期間に記録されるSales Revenueは＿＿＿＿＿ドル、Cost of Salesは＿＿＿＿＿ドルになります。これは、**Specific Identification** Method（個別法）です。

56,000ドル
（＝36,000ドル＋20,000ドル）
47,000ドル
（＝32,000ドル＋15,000ドル）

6-3 あるディーラーが、Costが32,000ドルの自動車を36,000ドルで販売し、代金を現金で受け取りました。この取引を記録する仕訳を、Sales RevenueとCashに限定して記入して下さい。

Cash   36,000
　Sales Revenue   36,000

Dr. C☐☐☐　　　　　　　　　　　　　＿＿＿＿
　Cr. S☐☐☐☐　R☐☐☐☐☐☐☐　　　＿＿＿＿

6-4 あるディーラーが、Costが32,000ドルの自動車を36,000

ドルで販売し、代金を現金で受け取りました。この取引を記録
する仕訳を、InventoryとCost of Salesに限定して記入して下
さい。

  Dr. C☐☐☐ of S☐☐☐☐ _____   Cost of Sales 32,000
  Cr. I☐☐☐☐☐☐☐☐ _____ Inventory   32,000

6-5 テレビの販売業者が、Inventoryとして保有している各種
テレビを以下のように記録しているとします。

商品番号602のテレビ、Cost 1台200ドル

日付	入庫		出庫		手持在庫	
	数量	Cost	数量	Cost	数量	Cost
5月1日					4	800
6日			1	200	3	600
10日	10	2,000			13	2,600
13日			6	1,200	7	1,400
31日			2	400	5	1,000
合計	10	2,000	9	1,800	5	1,000

これは、**棚卸資産の継続記録**（Perpetual Inventory Record）
と呼ばれます。入庫はInventoryの［増加／減少］であり、出庫 増加
はInventoryの［増加／減少］です。   減少

6-6 継続記録における情報は、Inventory Accountのそれと対
応しています。前問より、5月1日現在、Inventory Accountに
おける商品番号602のテレビの期首残高は_____ドルである 800ドル
ことがわかります。5月中に_____ドルの入庫があり、この分 2,000ドル
Inventoryが増加しました。これは、Inventory Accountの
［Dr./Cr.］側に記入されます。一方、5月中の出庫によりInven- Dr.
toryが_____ドル減少しましたが、これは、Inventory Ac- 1,800ドル

Cr.
1,800ドル

countの[Dr./Cr.]側に記入されます。このInventoryの減少は5月のCost of Salesになり、その金額は_____ドルです。

6-7 継続記録の合計欄を使って、5月のInventoryに関する取引を以下のAccountに記入して下さい（Inventoryの仕入は掛で行われました）。

```
        Inventory
期首残高   800
         2,000 | 1,800
    Accounts Payable
                 2,000
       Cost of Sales
         1,800
```

```
        Inventory                    Accounts Payable
期首残高   800


                    Cost of Sales
```

> もし解答に不安があるならば、問6-6を見直してみましょう。Debit側の金額はCredit側の金額と必ず等しくなることを思い出して下さい。

6-8 5月に、Costが1,800ドルのテレビを2,500ドルで販売しました。他に販売されたものはないと仮定して、以下の部分的なIncome Statementを完成させて下さい。

Income Statement（5月）

Sales Revenue	2,500ドル
Cost of Sales	1,800
Gross Margin	700ドル

Income Statement 5月

Sales Revenue	____ドル
Cost of Sales	____
Gross Margin	____ドル

差引計算によるCOST OF SALESの計算方法

棚卸資産の継続記録

6-9 もし企業が上記のように_____を行って

いるならば、1月のCost of Salesを決定するのは容易なことです。次に、こうした記録をもたない企業においてCost of Salesをいかに計算するかを示します。これは、**差引計算**による方法です。

6-10 ハードウェア販売店のような店舗では、あまりに多くの少額の品物を扱っているため、おのおのの品物について継続記録を持つのは実務的ではありません。販売員がレジに売上を記録する場合、[Cost of Sales/Sales Revenue]の記録はなされますが、[Cost of Sales/Sales Revenue]についてはなされません。

Sales Revenue

Cost of Sales

> 多くの企業が、コンピュータでバーコードを使って継続記録による方法を採用しています。レジやPOS端末に入力した時点で、Sales RevenueとCost of Salesの両方が同時に記録されます。

6-11 もしハードウェア販売店がInventoryとして保有している各々の品物のCostを記録していなければ、[直接Cost of Salesを計算することができます/間接的な方法でCost of Salesを算出しなければなりません]。

間接的な方法でCost of Salesを算出しなければなりません

6-12 2011年1月1日現在、ハードウェア販売店の期首棚卸資産（*Beginning Inventory*）となっている品物は、2011年の販売に使用することが[できます/できません]。2011年の間に仕入（*Purchase*）して店の棚に置かれたものは、2011年の販売に使用することが[できます/できません]。

できます

できます

6-13 したがって、ある期間の**販売に使用できる品物**は、_____とその期間における_____との合計です。

期首棚卸資産

仕入

第6章　棚卸資産と売上原価　139

800,000ドル （＝200,000ドル＋600,000ドル）	**6-14** 2011年1月1日現在、ペンフィールド・ハードウェア社が保有するInventoryのCostは、200,000ドルでした。さらに、2011年における商品の仕入は、600,000ドルでした。2011年の**販売に使用できる品物**のCostは、＿＿＿＿＿ドルです。
500,000ドル （＝800,000ドル－300,000ドル）	**6-15** 会計上は、ある期間の販売に使用できる品物は、期末におけるInventoryとなっているか既に売られたかのどちらかであると仮定します。ですから、もし2011年の販売に使用できる品物のCostが800,000ドルで、2011年12月31日におけるInventoryのCostが300,000ドルであったとすれば、2011年のCost of Salesは＿＿＿＿＿ドルと仮定されます。
Cost	**6-16** 会計期間の終わりには、すべての手持ちの品物の数を数えます。この手続きは**実地棚卸**（**Taking a Physical Inventory**）と呼ばれます。売られた品物のCostを決定することがその目的なので、各々の品物の報告金額は、［Cost/Selling Price］です。
1 (2011年12月31日現在の期末残高は、2012年1月1日の期首残高でもあるからです)	**6-17** ある期間の期末棚卸資産（Ending Inventory）と次の期間の期首棚卸資産を決定するために必要な実地棚卸の回数は、＿＿回です。

> 継続記録を用いている企業も、少なくとも年1回は実地棚卸を行います。これによって、盗難や記録ミスや廃棄処分のために実際の期末棚卸資産が継続記録上より少ないことが分かるかもしれません。その場合には、期末棚卸資産を減額する仕訳がCredit側に行われます。反対のDebit側には、Expense AccountであるLoss on Inventory（棚卸差損）が記入されます。

6-18 差引計算では、Inventoryになっていない品物は売られた

ものと仮定します。時には、品物が盗まれたり、破損したり、傷ついたりすることがあります。そのため、期末にInventoryになっていないものは売られたと仮定することは［妥当なことです／必ずしも妥当ではありません］。しかしながら、こうした**減少**を発見し記録する手続きが採られます。

必ずしも妥当ではありません

6-19 要約すると、多くの企業ではInventoryとして保有している個々の品物の入出庫を記録して［います／いません］。こうした企業では**差引計算**によってCost of Salesを決定しており、そのため、［継続記録／実地棚卸］が必要となります。自動車ディーラー業界では、Cost of Salesを［継続記録／実地棚卸］から直接決定しています。

いません

実地棚卸

継続記録

6-20 Cost of Salesを計算する必要がある企業では、以下のような表を用いて、販売可能な品物の合計額から期末棚卸資産を差し引くことによって計算を行ないます。

	Cost (単位：千ドル)
期首棚卸資産	200ドル
仕入	600
販売可能な品物の合計	
期末棚卸資産	300
Cost of Sales	

	Cost (単位：千ドル)
期首棚卸資産	200ドル
仕入	600
販売可能な品物の合計	800
期末棚卸資産	300
Cost of Sales	500

6-21 同様の状況が以下の図で示されています。空欄を埋めて下さい。

	販売可能な品物	=	期末における品物の状況	
	仕入　　　　　　600ドル		Cost of Sales　　　　ドル	
	期首棚卸資産　　　200ドル		期末棚卸資産　　　　300ドル	
	合計　　　　　　　　ドル		合計　　　　　　　　ドル	

INVENTORY VALUATION（棚卸資産評価）：ASSUMPTIONS（仮定）

前の問では、商品番号602のテレビの場合のように、すべての品物は同時に仕入れたと仮定していました。実際には、異なる時点に仕入れた品物のCostは異なります。例えば、インフレーションに伴うCostの上昇により、最近仕入れた品物のCostは以前に仕入れた品物のCostより高くなるかもしれません。以下の問では、こうした場合においてCost of Salesと期末棚卸資産を決定するための3つの主要な方法を説明します。

6-22 すべての空欄を埋めて以下の表を完成させて下さい。

数量	単価	Cost合計
400	1.00ドル	400ドル
300	1.00	300
300	1.00	300
1,000	1.00	1,000
600	1.00	600
400	1.00	400

	数量	単価	Cost合計
4月1日　期首棚卸資産	400	1.00ドル	ドル
4月6日　仕入	300	1.00	
4月20日　仕入	300	1.00	
販売可能な品物の合計		1.00	
4月30日　期末棚卸資産	600	1.00	
4月のCost of Sales			

500ドル

800ドル　800ドル

6-23 ルイス燃料会社は燃料油を扱っています。同社の4月のInventoryと仕入は、巻末の資料9のいちばん上に記載されています。数量の列の2つの空欄を埋めて下さい。

販売可能な品物の合計　1,000
4月のCost of Sales　400

6-24 資料9の単価の列をみれば分かるように、4月に燃料がInventoryに計上された際のCostは［同じです／異なっています］。

異なっています

6-25 資料9で、Cost合計列の最初の4つの空欄を埋めて下さい。

数量	単価	Cost合計
400	1.00ドル	400ドル
300	1.10	330
300	1.20	360
1,000		1,090

6-26 ここで、期末棚卸資産の単価をどのように決定すべきかという問題が生じます。これには3つの選択肢があります。(1) より古い燃料油が売られ、より［古い／新しい］燃料油がInventoryとして残っていると仮定する、(2) より新しい燃料油が売られ、より［古い／新しい］燃料油がInventoryとして残っていると仮定する、あるいは、(3) 古い燃料油と新しい燃料油が混ざったものが売られたと仮定するというものです。燃料油はタンクの中で混ざってしまうため、その月の間に実際に売られた燃料油のCostの記録は［あります／ありません］。そのため、解決策は明確［です／ではありません］。

新しい

古い

ありません

ではありません

FIRST-IN、FIRST-OUT (FIFO) METHOD（先入先出法）

6-27 こうした状況で多くの企業が財務報告目的のみの仮定として採用しているのが、**先入先出法**（First-In First-Out：**FIFO**）です。これは［First（最初に）／Last（最後に）］Inventoryになった品物が［First（最初に）／Last（最後に）］出ていくという仮定です。

First（最初に）

First（最初に）

6-28 もし先入先出法（FIFO Method）を資料9のデータに適用

第6章　棚卸資産と売上原価　143

古い

新しい

するならば、より［新しい／古い］燃料油がその月に売られ、より［新しい／古い］燃料油が期末棚卸資産として残っていると仮定することになります。

6-29 先入先出法では、より古い品物が期間中に売られたと仮定します。そのため、燃料油のうち数量600分の期末在庫は最近に仕入れた燃料油であると仮定します。つまり、4月＿＿＿＿日に単価＿＿＿＿＿ドルで仕入れた数量300分、及び4月＿＿＿＿＿日に単価＿＿＿＿＿ドルで仕入れた数量300分です。

20 1.20ドル

10 1.10ドル

期末棚卸資産

300@1.20ドル =360ドル

300@1.10ドル =330ドル

合計 600　　　　690ドル

6-30 資料9の先入先出法の欄にこれらの金額を記入して、期末棚卸資産を計算して下さい。

6-31 前に見たように、販売可能な品物のCostは1,090ドルでした。この金額を計算に含めて、そこから690ドルの期末棚卸資産を差し引いて下さい。差額の＿＿＿＿＿ドルが、先入先出法によるC□□□ of S□□□□になります。

400ドル

Cost of Sales

先入先出法

販売可能な品物 1,090ドル	仕入 4月20日 360ドル	期末棚卸資産 690ドル
	仕入 4月10日 330ドル	
	期首棚卸資産 4月1日 400ドル	Cost of Sales 400ドル

LAST-IN、FIRST-OUT (LIFO) METHOD（後入先出法）

First In

First Out

6-32 先入先出法では、最も古いもの（F□□□□ I□）が最初に売られた（F□□□□ O□□）と仮定しました。後入先出法

(LIFO Method) はこの逆です。つまり、より［古い／新しい］もの (Last In) が最初に売られた (［Last Out/First Out］) と仮定します。このため、後入先出法 (Last-In First-Out) と呼ばれます。

新しい
First Out

6-33 後入先出法では最後に仕入れたものが最初に売られると仮定しているため、期末棚卸資産は期首棚卸資産の残りとより昔に仕入れたものから成ると仮定されます。資料9では期末棚卸資産の数量は600ですから、後入先出法のもとでは、これら600の棚卸資産は数量＿＿＿＿分の期首棚卸資産と4月＿＿＿＿日に仕入れた300のうち数量＿＿＿＿分との合計であると仮定されます。

400

10日　200

6-34 資料9の後入先出法の欄に販売可能な品物の金額1,090ドルを記入して、期末棚卸資産を計算し、更にそれを差し引いてCost of Salesを計算して下さい。

販売可能な品物　　1,090ドル
期末棚卸資産：
　　400@1.00ドル=400ドル
　　200@1.10ドル=220
合計　600　　　　　620
Cost of Sales　　　470ドル

先入先出法

販売可能な品物 1,090ドル
- 仕入 4月20日 360ドル
- 仕入 4月10日 330ドル
- 期首棚卸資産 4月1日 400ドル

Cost of sales 470ドル
期末棚卸資産　620ドル
400@1.00ドル=400
200@1.10ドル=220

AVERAGE COST METHOD（平均法）

6-35 3つ目の方法は**平均法** (Average Cost Method) です。これは、販売可能な品物の平均単価 (Average Cost) を用いて期末棚卸資産とCost of Salesを計算する方法です。資料9では、4月に販売可能な品物の数量は＿＿＿＿、Costの合計は＿＿＿＿

1,000　1,090ドル

1.09ドル（=1,090ドル÷1,000）

$$\frac{1,090 ドル}{1,000}$$

=1.09ドル（1数量当たり）

期末棚卸資産：
600@1.09ドル=654ドル
Cost of Sales：
400@1.09ドル=436ドル

ドルですから、平均単価は＿＿＿＿ドルです。

6-36 1.09ドルの平均単価を用いて、資料9の平均法の表を完成させて下さい。

3つの方法の比較

First In（最初に入った）

先入先出法

6-37 多くの企業は最も古いものを最初に売ろうとしますから、最初に出て行く品物は通常は［First In（最初に入った）/Last In（最後に入った）］ものと考えられます。この実態を反映しているのは、［先入先出法／後入先出法］です。

400ドル
470ドル
高く

6-38 資料9によれば、先入先出法でのCost of Salesは＿＿＿＿ドル、後入先出法でのCost of Salesは＿＿＿＿ドルです。Cost of Salesは後入先出法で計算した方がより［高く／低く］なっています。多くの企業では、価格が上昇している期間（つまり、インフレーション）は、これと同じ関係が生じます。

6-39 Income Tax（法人税）を計算するにあたり、Cost of Salesは、Taxable Income（課税所得）を算出するためにRevenueから控除される項目の1つです。

530ドル

600ドル

ルイス燃料会社のRevenueが1,000ドルであるとします。その他のExpenseを無視すれば、Cost of Salesが（LIFOのもとで）470ドルであればLIFOにおけるTaxable Incomeは＿＿＿＿ドルになります。一方、Cost of Salesが（FIFOのもとで）400ドルであればFIFOにおけるTaxable Incomeは＿＿＿＿ドルになり

ます。

6-40 上記から分かる通り、Cost of Salesが高いほど、Taxable Incomeは［低く／高く］なります。Taxable Incomeが低いほど、そのIncomeに基づいて計算されるIncome Taxは［低く／高く］なります。

低く
低く

6-41 企業は通常、法的に許される範囲でできるだけ低いIncome Taxを望みます。そのため、Cost of Salesが［低く／高く］なるような方法を好みます。価格が上昇している場合には、それは通常、［先入先出法／後入先出法］になります。

高く

後入先出法

> 米国では、上記のいずれの方法もIncome Taxを計算する方法として認められていますが、1つの方法から別の方法へ年が変わる度に行ったり来たりすることはできません。また、多くの国においては、後入先出法は認められていません。企業が採用した方法は、Financial Statementに開示しなければなりません。

INVENTORY VALUATION（棚卸資産の評価）： ADJUSTMENT TO MARKET（時価への修正）

6-42 今まで、InventoryはCostで記録されると仮定してきました。しかしながら、Inventoryの時価（Market Value）が当初のCostより低くなったとします。保守主義の原則では、Inventoryをより［高い／低い］金額に減額することが要求されています。

低い

6-43 この理由により、もし会計期間の終わりの時点でInventoryの時価が当初のCostより低くなっていたならば、_____

時価

第6章 棚卸資産と売上原価 147

20ドル（＝100ドル−80ドル）

まで**評価減**（**Write Down**）されます。例えば、当初のCostが100ドルで直近の時価が80ドルであるならば、その品物は＿＿＿ドル評価減されなければなりません（これは、非貨幣性資産はCostで報告されるという一般原則の例外です）。

Credit
Debit

6-44 評価減する時には、Inventory Accountを［Debit/Credit］側に記入し、Cost of Salesを［Debit/Credit］側に記入します。

6-45 Inventoryが20ドル評価減されたならば、適切な仕訳は次の通りです。

Cost of Sales　20
　　Inventory　　20

Dr. C□□□ of S□□□□　20
　Cr. I□□□□□□□□　　20

MANUFACTURING COMPANY（製造業）におけるINVENTORY

小売業
製造業

6-46 小売業者、卸売業者、配送業者などは、［小売業（Merchandising Company）／製造業（Manufacturing Company）］です。靴を作る会社は［小売業／製造業］です。

小売業
製造業

6-47 他の企業から仕入れた品物を販売する会社は、［小売業／製造業］です。原材料（Raw Material）を製品に加工して販売する会社は、［小売業／製造業］です。

6-48 小売業に属する会社は品物を販売可能な形態で仕入れ、各々の品物のCostが記載された請求書（Invoice）を受け取ります。これらの請求書に記載されているCostが、Inventoryの増加を記録するために使用される金額になります。一方、製造業に属する会社は、仕入れた原材料（Raw Material）に付加価値

を加えるので、Inventory及びCost of Salesにこれらの**転換に要したCost**を含めなければなりません。

Inventory及びCost of Salesの金額を測定するのがより複雑であるのは、[小売業/製造業]です。

製造業

6-49 **製造業**では、製品のCostは以下の3つから構成されています。
1. 製品に直接使用された材料（Material）のCost
2. 製品に直接使用された労働（Labor）のCost
3. 製造工程に関連した製造間接費（Overhead）のうち、適正な負担額

材料
労働
製造間接費

上記の1、2、3のうち、それぞれを要約する用語1つずつを丸でかこって下さい。

6-50 機械の潤滑油のように、材料の中には製品に直接使用されないものもあります。製品に直接使用される材料を、直接材料（D□□□□ Material）と呼びます。同様に、製品に直接使用されるLaborを、直接労務（D□□□□ Labor）と呼びます。

Direct
Direct

6-51 製造間接費（Production Overhead）は、その他のすべての製造原価（Production Cost）から成ります。つまり、＿＿＿＿＿や＿＿＿＿＿でないCostです。

直接材料費
直接労務費

> 製造業のなかには、コンピュータやオートメーション・システムが労働者に取って代わっているため、直接労務費（Direct Labor Cost）が相対的に小さくなっている企業があります。これらの企業では、直接労務費と製造間接費を一緒にし

> て、その他の製造原価（*Other Production Cost*）と呼んでいます。

6-52 製造原価の3つの構成要素、**直接材料費、直接労務費、製造間接費**は製品のCost合計を決定するために集計されます。製品が売られるまでこの金額はInventoryとして保有され、製品が売られると、この金額はCost of Salesになります。したがって、もし製品の製造に、5ドルの直接労務費、7ドルの直接材料費、3ドルの製造間接費が必要な場合は、製品のCostはInventory Accountに計上されている限り_____ドルになります。そしてそれが売られた時、C□□□ of S□□□□ が____ドルとなります。

15ドル（=5ドル+7ドル+3ドル）
Cost of Sales
15ドル

6-53 製造原価を製品に配分する手続を**原価計算**（*Cost Accounting*）といいます。銀行や学校、ホテルなどあらゆるタイプのサービス業において、Costを各サービスに配分する手続もこの_____を行います。ここでは、その主要な面のいくつかを説明します。

原価計算

PRODUCT COST（製品原価）と PERIOD COST（期間原価）

6-54 Costは2つに分類され、会計の目的からそれぞれ異なる取扱いがなされます。

1. **製品原価**（*Product Cost*）—製品の製造に関連するCost
2. **期間原価**（*Period Cost*）—会計期間における販売及び一般管理活動に関連するCost。

期間原価

例えば、販売部門の事務所の暖房のためのCostは［製品原価

/期間原価］と考えられますが、製造工場自体の暖房のためのCostは［製品原価／期間原価］となります。

製品原価

6–55 製造原価に分類される製造間接費は、Inventory AccountにCostで計上される製品の金額を決定するために、直接労務費及び直接材料費と合算されます。もし、2012年にスカルパ・シューズ社において480,000ドルの製造間接費が発生したとしたら、これらのCostをInventoryに加算する仕訳は次の通りになります。

 Dr. I□□□□□□□□   480,000
  Cr.（様々な）Overhead Accounts 480,000

Inventory

6–56 製品が売られた時にInventoryからCost of SalesへCostが振り替えられます。もし2012年にスカルパ・シューズ社が、直接材料費と直接労務費が1,000,000ドル、製造間接費が400,000ドルの靴を売ったとしたら、仕訳は次の通りです。

 Dr. Cost of Sales _____
  Cr. I□□□□□□□□   _____

1,400,000
Inventory 1,400,000

6–57 2012年に実際に発生した製造間接費は480,000ドルですが、この仕訳に含まれる製造間接費は400,000ドルだけです。Cost of Salesの金額は、2012年に実際に発生したCostの金額と同じ［です／ではありません］。

ではありません。

6–58 それが発生した期間にExpenseとなるのが［期間原価／製品原価］であり、製品が売られた期間（これはしばしばCostの発生よりも後になります）にExpenseとなるのは［期間原価／製品原価］です。

期間原価

製品原価

OVERHEAD RATE (製造間接費配賦率)

6-59 定義上、**直接材料費**と**直接労務費**は発生の対象である製品に直接紐付けることができます。これを行なうのがCost Accountingのシステムです。しかしながら*Indirect Cost*(間接的な費用)である製造間接費は、紐付けることができません。靴工場の暖房のCostは、ほとんどの場合、工場で製造される靴一揃いを製造するためのCostに直接紐付けることが[できます/できません]。これらのIndirect Costを各製品に配分する方法として**製造間接費配賦率**(Overhead Rate)が使用されます。

できません

6-60 製造間接費配賦率は、直接労務費の金額、あるいは直接労働時間当たり、機械稼働時間当たりあるいは何らかのその他の測定単位当たりの比率です。もしスカルプ・シューズ社が2012年に製造間接費が480,000ドル、直接労務費が400,000ドル発生すると予想したならば、直接労務費1ドル当たりの製造間接費配賦率は_____ドルと算定されます。

1.20ドル (480,000/400,000)

6-61 製造間接費配賦率を使うことにより、製造される靴それぞれの製造間接費が算出されます。もし実際に靴1足を製造するために直接労務費が10ドルかかるとすると、製造間接費として記録される金額は_____ドルとなります。

12ドル

6-62 もし、ある靴の製造に使われる直接材料費が20ドル、直接労務費が15ドル、直接労務費当たりの製造間接費が1.20ドルとすると、合計のCostは_____ドルとなります。これらの靴のInventory Costは_____ドルとなります。これらの靴が売られた時、これらの靴のCost of Salesは_____ドルとなります。

53ドル=20ドル
　+15ドル+(15ドル×1.2)
53ドル
53ドル

6-63 これらの靴の実際のCostとして53ドルが報告されますが、それは実際の間接費を表わしているわけではありません。定義からもわかるように、製品の正確な*Indirect Cost*を決定することは困難［です／ではありません］。製造間接費配賦率によって、Costの適正負担額とみなされる金額が製品に配賦されます。このため、製造間接費を製品に配賦するプロセスは本書が対象とする範囲以上に複雑です。

困難です

> 製造間接費を製品に配賦するための方法が、他にもいくつかあります。その1つが活動基準原価計算（Activity-based Costing）と呼ばれるもので、製造間接費を関連する活動に基づいて配賦する方法です。この方法は、間接活動に関連する原価発生要因（*Cost Driver*）に着目します。活動基準原価計算は、しばしば複雑になりがちな製造やサービス提供のプロセスの分析のために有効な方法です。

INVENTORY TURNOVER（棚卸資産の回転率）

6-64 前章で、Financial Statementsの分析に役立つ比率（Ratio、Percentage）を説明しました。下の数値をもとにして、Gross Margin Percentageを計算して下さい。

$$\frac{G\square\square\square\square\ M\square\square\square\square\square\ 600{,}000ドル}{S\square\square\square\square\ (or\ S\square\square\square\square\ R\square\square\square\square\square\square)\ 1{,}500{,}000ドル}$$

= ____ %　Gross Margin

Gross Margin

Sales (or Sales Revenue)

= 40% Gross Margin

6-65 Inventoryの分析に役立つ比率は、**Inventoryの回転率**（Turnover Ratio）です。このRatioは、1年間にInventoryが何回転したかを示しています。これは、1期間のCost of Salesを、I□□□□□□□□の期末残高（または期中の平均残高）で割っ

Inventory

て算出します。

6-66 2011年のCost of Salesが1,000,000ドル、2011年12月31日現在のInventoryが200,000ドルであるとします。Inventoryの回転率を計算して、2011年にInventoryが何回転したかを求めて下さい。

$$\frac{C\square\square\square \text{ of } S\square\square\square\square}{I\square\square\square\square\square\square\square\square\square} = \frac{\boxed{}ドル}{\boxed{}ドル} = \boxed{}回$$

$\dfrac{\text{Cost of Sales}}{\text{Inventory}}$

$= \dfrac{1,000,000ドル}{200,000ドル} = 5回$

6-67 滞留している棚卸資産（Slow-moving Inventory）により資本が固定化し、棚卸資産が陳腐化（Obsolete）するリスクが増大します。そのため、Inventoryの回転率は、通常4回よりも5回の方が［良い／悪い］です。しかしながら、Inventoryが少なすぎると、得意先からの注文に適時に応じることができず、Sales Revenueを獲得する機会を逸することになります。これにより、［Cashの受取額／Income／Cashの受取額とIncomeの両方］が減少します。

良い

Cashの受取額とIncomeの両方

6-68 Inventoryの回転率の計算をもう一度見て下さい。Inventoryの残高が同じであれば売れる品物が［多い／少ない］方が、売上の金額が同じであれば保有しているInventoryが［多い／少ない］方が、回転率は増加します。

多い
少ない

キーポイント

・企業が1期間の間に売られた個々の品物についてCostの記録を持っていない場合には、期首棚卸資産に仕入を加えた販売可能な品物の合計金額から、期末棚卸資産の金額を差し引くことによりCost of Salesを計算します。

- このためには、売られる品物について一定の仮定をしなければなりません。
- 先入先出法では、最も古い品物が最初に売られたと仮定します。
- 後入先出法では、最近に仕入れた品物が最初に売られたと仮定します。価格が上昇している時期では、先入先出法よりもCost of Salesはより大きくなり、そのため課税所得はより小さくなります。
- 平均法では、販売可能な品物の平均原価でCost of Salesと期末在庫の金額を計算します。
- 会社が選択したInventoryの評価方法は、実際の物の流れを必ずしも反映していません。
- Inventoryの公正価値（つまり、時価）がCostよりも低くなった場合には、Inventoryは公正価値まで評価減されます。
- 製造業に属する企業が製造した製品のCostは、直接材料費、直接労務費、及び製造間接費の合計です。
- 期間原価は、それが発生した期間にExpenseとして計上されるCostです。一方、製品原価は、製品が売られた期間にCost of SalesになるCostであり、これは製品が製造された期間より後の期間になることもあります。
- 製造間接費は、直接労務費1ドル当たりの金額といった製造間接費配賦率を用いて製品の原価に含められます。
- Inventoryの回転率により、1年間にInventoryが何回転したのかがわかります。

　これでこのプログラムの第6章は終わりです。もしこの章のポイントが理解できたと思うなら、巻末のテスト6とケーススタディーに挑戦してみましょう。もし自分の理解に不安があるならば、第6章を見直して下さい。

　テストを通じて、理解度をチェックするとともに第6章のキーポイントを復習して下さい。テストとケーススタディーに取り組んだ後に、いくつかのポイントに不安があることがわかるかもしれません。第7章にとりかかる前に、これらのポイントを復習しておいて下さい。なお、テストとケーススタディーに取り組む時に、巻末のテスト6とケーススタディーの解答も復習して下さい。

第7章
固定資産と減価償却
Noncurrent Assets and Depreciation

テーマ

■ 有形固定資産の会計処理方法
How property, plant and equipment assets are recorded in the accounts.

■ 定額法と加速度償却法の意味と重要性
Meaning and significance of straight-line and accelerated depreciation.

■ 減価償却の計算方法
How depreciation is recorded.

■ 減耗償却の意味と会計処理
Meaning of depletion and how it is recorded.

■ 無形固定資産の会計処理
How intangible assets are recorded.

NONCURRENT ASSETS（固定資産）

7-1 第2章で、Current Assets（流動資産）とは、Cashおよび1＿＿＿＿（どの期間？）以内にCashに換わる勘定であることを学習しました。**Noncurrent Assets（固定資産）**は＿＿＿＿＿以上にわたって企業にとって有用と思われる資産です。

訳注：Noncurrent Assetsは非流動資産と訳されることもあります。

（左注：年／1年）

7-2 Tangible Asset（有形資産）は触れることができる資産です。Intangible Asset（無形資産）は、紙切れという以外に形があるものではありませんが、企業に価値のある権利を与えるものです。次のどれがTangible Assetですか？

Current Assets
1. Accounts Receivable
2. Notes Receivable
3. Inventory
4. Prepaid Rent

Noncurrent Assets
5. Land（土地）
6. Goodwill（のれん）
7. Buildings（建物）
8. Investment in another Entity（投資）

（左注：3、5、7（Notes Receivableは紙の形をしており触れることができますが、支払を約束されているお金のことであり、Intangible Assetsの1つです））

7-3 Balance Sheet上、有形固定資産（Tangible Noncurrent Assets）は、**Fixed Assets**と記載されたり、**Property、Plant、and Equipment**と記載されたりします。Equipment（機械装置）は［Current/Noncurrent］で、［Tangible/Intangible］Assetです。

（左注：Noncurrent　Tangible）

158　Chapter 7　Noncurrent Assets and Depreciation

7-4 簡潔にするため、土地以外のすべての有形固定資産を示す用語として **PPE (Property, Plant and Equipment)** を使用します。したがって、Buildings（建物）、Equipment（機械装置）、Furniture（什器備品）はＰ□□に属し、耐用年数は_____以上です。

PPE　1年

ACCOUNTING FOR ACQUISITIONS（取得時の会計処理）

7-5 取得したPPEは、Ｃ□□□（どのような価額？）で計上します。理由は、それが_____資産だからです。

Cost

非貨幣性（Nonmonetary）

7-6 AssetのCostは、その用途に供するまでのすべての費用を含みます。

ノースフィールド社は土地を100,000ドルで購入しましたが、その他に、ブローカー手数料として3,000ドル、弁護士費用として1,200ドル、その土地に建物を新築するための旧建物の取り壊し費用として、10,000ドルを支払いました。この土地のCostは、_____ドルです。

114,200ドル
（＝100,000＋3,000＋1,200＋10,000）
（10,000ドルを新築の建物のCostに含めることもあります）

7-7 運送費および据付費は通常、機械装置のCostに含まれます。

キャスケード銀行はコンピュータを40,000ドルで購入しましたが、その他に、運送費として200ドル、据付費として2,000ドルを支払いました。このコンピュータのCostは_____ドルです。

42,200ドル
（＝40,000＋200＋2,000）

7-8 機械や建物を自社で建設する場合は、その建設に要した

すべての費用はそのCostに含まれます。

マドローナ社は自社使用のための新ビルを建設しましたが、要したコストは、材料費として800,000ドル、ビル建設に直接要した人件費として3,200,000ドル、ビル建設に関連したサービス購入費として1,200,000ドル、間接費として600,000ドルでした。このビルのCostは＿＿＿＿＿＿＿ドルです。

5,800,000ドル
(＝800,000＋3,200,000
　＋1,200,000＋600,000)

CAPITAL LEASE（キャピタル・リース）

7-9 企業の大部分のAssetは自社所有のものですが、建物、機械やその他のPPEを賃借している場合は、それらは他社（貸し手：*Lessor*）の所有物で、その企業は所有［しています／していません］。すなわち、賃借しているAssetの大部分はそれらを賃借している企業（借り手：*Lessee*）のAsset［です／ではありません］。

していません。

ではありません。

7-10 しかし、長期間賃借している場合は、あたかも所有しているかのようにそれらのAssetをコントロールしていることになります。長期間——そのAssetの耐用年数のほとんど全期間——にわたるリースは、**キャピタル・リース（Capital Lease）** と呼ばれます。耐用年数のほとんど全期間にわたり企業がその資産をコントロールしますので、C□□□□□□　L□□□□は、Assetとして計上されます。

Capital Lease

7-11 キャピタル・リースとして計上される金額は、リースではなく購入した場合に支払われるであろう金額です。ある企業が機械を10年間賃借し、毎年のリース料が10,000ドル、この機械の購入金額が70,000ドルだとした場合、このC□□□□□□　L□□□□は、以下の仕訳のように、Assetとして、［70,000ド

Capital Lease

ル／100,000ドル］で計上されます。 　　　　　　　　　　　　　　　70,000ドル

 Capital lease ＿＿＿＿＿ドル   70,000ドル
  Lease obligation（リース債務） ＿＿＿＿＿ドル 70,000ドル

7-12 キャピタル・リースは、そのAssetを所有していなくても他のPPEと同様に会計処理されます。キャピタル・リースは、Assetとは企業等に＿＿＿＿＿されているPropertyまたはPropertyに対する権利であるという一般原則の例外です。   所有

> キャピタル・リースの会計処理は特殊です。したがって、この初級コースでは詳細を省略します。

DEPRECIATION（減価償却）

7-13 土地は、まれなケースを除いて、いつまでもその有用性が継続します。そのため、土地は、A□□□□-M□□□□□□□□□ Conceptに従って、Balance Sheetに取得原価で計上され続けます。理由は、それが＿＿＿＿＿資産だからです。

Asset-Measurement
（資産価値測定）

非貨幣性（Nonmonetary）

 ハノーバー病院が1996年に100,000ドルで土地を購入した場合、1996年12月31日現在のBalance Sheetに計上される金額は、＿＿＿＿＿ドルです。2012年現在も保有しており、その時の時価が300,000ドルであるとしても、2012年12月31日現在のBalance Sheetに計上される金額は、［100,000ドル／300,000ドル］です。

100,000ドル

100,000ドル

7-14 土地と異なり、PPEは最終的には使用できなくなります。すなわち、その耐用年数は、［有限／無限］です。   有限

Useful ではありません	**7-15** PPEはいつかは完全に使用できなくなります。その時点でそれはAssetでなくなります。通常、このプロセスは徐々に生じます。すなわち、そのAssetの一部が毎年使用され、遂には除却されたり売却されたりして、企業にとってはもはやU□□□□□でなくなります。その時点で、それはAsset［です／ではありません］。
Service (Useful lifeという場合もある)	**7-16** PPEがその企業にとって有用（useful, be of **service**）であると想定される期間が、S□□□□□□ Life（耐用年数）です。
わかりません 見積らなければなりません	**7-17** 機械等のPPEを取得した場合、それが実際どの位の期間使用できるか［わかります／わかりません］。それゆえ、その耐用年数を［確定できます／見積らなければなりません］。
Expense 1/5 10,000ドル（＝1/5×50,000ドル）	**7-18** PPEの一部がその耐用年数にわたって毎期使用されるため、そのAssetの原価の一部は毎期、［Revenue/Expense］として処理されます。例えば、コンピュータを50,000ドルで購入し、その耐用年数を5年と見積った場合は、その5年間の毎期、＿＿＿（比率は？）、つまり＿＿＿＿ドルを費用として計上します。
Depreciation	**7-19** PPEの取得原価の一部をその耐用年数にわたって、毎期、費用として認識するプロセスを**Depreciation**（減価償却）といいます。取得原価が50,000ドルのコンピュータの耐用年数が5年である場合、毎期、費用として認識する10,000ドルをその期のD□□□□□□□□□□□ Expense（減価償却費）といいます。
	7-20 PPEが使用できなくなる原因は次の2つのうちのいずれかです。(1)物理的に使用不能になる (2)機能的に使用不能になる。後者を**陳腐化**（**Obsolescence**）といいます。新技術の発展やスタイルの変化、あるいは物理的状況に関係ない原因がO□

□□□□□□□□の例です。　　　　　　　　　　Obsolescence（陳腐化）

7-21 PPEの**耐用年数**を見積る時、物理的要因と機能的要因を考慮します。耐用年数はこの2つの要因から予測される年数のうち短い方となります。物理的には10年間有用であるが、機能的には5年で陳腐化すると予測される場合は、その耐用年数は[5/10]年となります。　　　　　　　　　　　　　　　　　　5年

7-22 Depreciationは陳腐化を考慮に入れますので、Depreciationと陳腐化を分けて考えることは[正しい/正しくありません]。　　　　　　　　　　　　　　　　　　　　　　　　正しくありません

7-23 以上を要約しますと次のようになります。

1. DepreciationはAssetの取得原価をその耐用年数にわたり、費用化するプロセスです。
2. このプロセスによって、Assetが徐々にその有用性を失うことを認識します。
3. Assetはつぎの2つの原因により有用性を失います。
   a. ＿＿＿＿＿＿＿＿＿＿＿＿＿＿＿　　　　　　物理的に使用不能になる。
   b. ＿＿＿＿＿＿＿＿＿＿＿＿＿＿＿　　　　　　機能的に使用不能になる。
4. Assetの耐用年数はこれらの原因に基づいた年数のうち、[短い/長い]方になります。　　　　　　　　　　　　　短い

7-24 前記の要約のなかでは時価についてふれませんでしたが、Depreciationは時価の変化に関係[あります/ありません]。これは、A□□□□-M□□□□□□□□□ Conceptに一致しています。　　　　　　　　　　　　　　　　　　　　　ありません
　　　　　　　　　　　　　　　　　　　　　　　　　　Asset-Measurement
　　　　　　　　　　　　　　　　　　　　　　　　　　（資産価値測定）

7-25 PPEをその耐用年数の終了時に売却可能と見積る場合も

あります。この売却見込額をそのAssetの**残存価額**（Residual Value）といいます。トラックを60,000ドルで購入し、5年後に10,000ドルで売却できると見積った場合、その見積り残存価額は_____ドルです。

10,000ドル

7–26 ほとんどの場合、PPEはその耐用年数の終了時には価値が無くなります。その場合は、その残存価額は、_____ドルです。

0ドル

> 残存価額は勘定に表されません。これは、Depreciationの計算のための見積数値にすぎません。

7–27 取得原価が22,000ドルのレストランのオーブンの耐用年数は10年で、その終了時の残存価額は2,000ドルとします。この場合、耐用年数の期間におけるDepreciationの合計金額は、_____ドルです。10年間の毎年のDepreciation Expenseは、_____ドルです。

20,000ドル

2,000ドル
（＝20,000ドル×1/10）

7–28 PPEの取得原価と残存価額の差を**減価償却可能額**（Depreciable Cost）といいます。自動車を30,000ドルで購入し、その耐用年数が5年で、耐用年数の終了時の残存価額が5,000ドルの場合、30,000ドルはOriginal C□□□で、25,000ドルはD□□□□□□□□□ C□□□です。

Cost

Depreciable Cost

7–29 Depreciationの計算要素は以下の通りです。

1. 取得原価（Original Cost）
2. 残存価額（Residual Value）

164　Chapter 7　Noncurrent Assets and Depreciation

3. 耐用年数（Service Life）

- 減価償却可能額（Depreciable Cost）の算出に必要な要素は上記のどれですか？　　　　(1) と (2)
- Depreciation Expenseの算出に必要な要素は上記のどれですか？　　　　(1) と (2) と (3)
- 上記のどの要素が見積りですか？　　　　(2) と (3)

> Depreciation Expenseの計算方法はいろいろありますが、次のセクションで、そのうち以下の3通りの方法について説明します。減価償却の計算は見積もりですので、科学的なものでないことにご留意下さい。
> 1. 生産高比例法（Units-of-Production Depreciation）
> 2. 定額法（Straight-Line Depreciation）
> 3. 加速度償却法（Accelerated Depreciation）

UNITS-OF-PRODUCTION DEPRECIATION（生産高比例法）

7-30　生産高比例法においては、PPEにより生産された1ユニット当りの原価が計算され、毎期のDepreciation Expenseは、この1ユニット当りの原価に、その期にそのPPEにより生産されたユニット数を乗じて計算します。

クラーク社は、2011年にトラックを44,000ドルで購入しましたが、そのトラックの走行距離は100,000マイルで残存価額は4,000ドルと見積りました。

減価償却可能額は_____ドルです。　　　　40,000ドル（=44,000－4,000）
1マイル当り見積原価は_____ドルです。　　　　0.40ドル（=40,000ドル÷100,000）
2012年度のそのトラックの走行距離は15,000マイルでした。

第7章　固定資産と減価償却　165

6,000ドル
(=0.40ドル×15,000マイル)

2012年度のDepreciation Expenseは_____ドルです。

STRAIGHT-LINE-DEPRECIATION（定額法）

7-31 取得原価が10,000ドル、残存価額がゼロ、耐用年数が5年のPPEのDepreciation Expenseは、次のようなグラフになります。

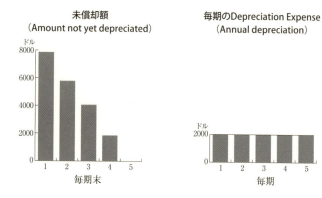

水平

時間を横軸としたDepreciation Expenseを示す線は［水平／垂直］です。

Straight

7-32 毎期、Assetの取得原価の一定額を費用化するため、この減価償却方法はS□□□□□□-Line Methodといわれ、大部分の企業がこの方法を採用しています。

7-33 毎期、Depreciation Expenseとして費用化する比率を減価償却率（Depreciation Rate）といいます。定額法の減価償却率は次のように算出します：

$$\frac{1}{耐用年数}$$

例えば、耐用年数が5年のAssetの減価償却率は＿＿＿＿％です。　　20％（1/5）

7-34 次の表を完成させなさい。

見積耐用年数が	定額法の減価償却率	
2年の場合	＿＿＿％	50％
3年の場合	＿＿＿％	33.3％
4年の場合	＿＿＿％	25％
5年の場合	20％	

7-35 定額法のDepreciation Expenseは減価償却可能額に減価償却率を乗じて計算します。減価償却可能額が9,000ドルで、減価償却率が20％とした場合の毎期のDepreciation Expenseは＿＿＿＿＿＿ドルです。　　1,800ドル（＝9,000ドル×0.20）

ACCELERATED DEPRECIATON（加速度償却法）

7-36 自動車のスピードを加速したい場合はアクセルを踏みます。**加速度償却法（Accelerated Depreciation）**は、定額法より［早く／遅く］、Assetの原価を償却します。　　早く

7-37 加速度償却法においては、耐用年数の初期の方がDepreciation Expenseは大きくなります。したがって、後期にはDepreciation Expenseは［大きく／小さく］なります。Depreciation Expenseの合計額は定額法と同額です。　　小さく

7-38 加速度償却法の計算方法はいろいろありますが、次の表はそのうちの1つの方法です。減価償却可能額が15,000ドルで、耐用年数が5年とした場合の定額法によるDepreciation Expenseを記入して下さい。そして、加速度償却法の方が5年間の各期において大きいか小さいか示して下さい。

年	加速度償却法による Depreciation Expense	定額法による Depreciation Expense	加速度償却法の方が
1	5,000ドル	_____ ドル	大きい/小さい
2	4,000	_____	大きい/小さい
3	3,000	3,000	同額
4	2,000	_____	大きい/小さい
5	1,000	_____	大きい/小さい
合計	15,000ドル	15,000ドル	

欄外:
- 3,000ドル 大きい
- 3,000 大きい
- 3,000 小さい
- 3,000 小さい

加速度償却法は、主として税務上の利益（課税所得）の計算に用いられます。税務上の利益と会計上の利益は必ずしも一致しません。そのため、実際支払われる税金額と会計上の税金費用が異なることがあります。その差額を、**Deferred Income Tax**（繰延税金）としてBalance Sheet上に計上しますが、この概念についてはこの初級コースでは取り扱いません。

> 毎期異なった計算方法で減価償却費を計上することは認められておらず、会計原則に反します。

ACCOUNTING FOR DEPRECIATION（減価償却費の会計処理）

7-39 第5章でどのように時間の経過に合わせてAssetを費用化するか説明しました。費用化する時、Asset勘定の［Dr./Cr.］に計上しますが、これはAsset金額の［減少/増加］を意味します。費用勘定は同額を［Dr./Cr.］に計上します。

欄外:
- Cr.
- 減少
- Dr.

7-40 例えば、3月のはじめに2,000ドルの燃料油のAssetを有しており、3月中に燃料油を500ドル使用した場合、3月の燃料

油の費用として＿＿＿＿ドルを認識し、燃料油のAssetを同額の＿＿＿＿ドルだけ減少させます。その結果、3月31日現在のBalance Sheet上、燃料油のAsset残高は＿＿＿＿ドルとなります。

500ドル
500ドル
1,500ドル（＝2,000－500）

7-41 同様に、2011年12月31日に期間が3年の保険を9,000ドルで購入した場合、2012年度の保険料（Insurance Expense）として次の仕訳を行います。

  Dr. I□□□□□□□ E□□□□□□ ＿＿＿＿
   Cr. P□□□□□□ E□□□□□□ ＿＿＿＿

Insurance Expense 3,000
 Prepaid Expense 3,000
 (or Prepaid Insurance)

7-42 Depreciation Expenseの会計処理は上記のような取引と類似しています。まず、その期の適切な費用を認識します。Depreciationの場合、費用勘定はD□□□□□□□□□ Expenseとなります。

Depreciation

7-43 次に、Asset勘定を同額［減少／増加］させなければなりません。しかし、経理関係者はPPEの取得原価をBalance Sheet上に常に計上しておく方法を好みます。したがって、PPEの残高の減少としてそのAsset勘定を直接減額［します／しません］。

減少

しません

7-44 直接減額する代り、DepreciationによるAssetの減少は、**Accumulated Depreciation**（減価償却累計額）という別の勘定に累積させます。

Assetの減少は常に［Debit/Credit］計上です。Accumulated DepreciationはAssetsを減少させる勘定です。ですから、［Dr./Cr.］の残高です。Accumulated DepreciationはAsset勘定の控

Credit
Cr.

除勘定（*Contra-Asset Account*）です。

7-45 ある期のDepreciation Expenseが1,000ドルだとしたら、どのような仕訳になりますか？

Dr. D_____ E_____ _____
Cr. A_____ D_____ _____

Depreciation Expense　1,000
　Accumulated Depreciation　　1,000

7-46 Balance Sheet上、Accumulated Depreciation勘定残高はAssetsの取得原価の控除勘定として表示し、控除後の金額を**簿価（Book Value）**といいます。例えば、

Property, Plant and Equipment　　10,000ドル
控除：Accumulated Depreciation　　4,000
Book Value　　　　　　　　　　　　6,000ドル

この意味は、PPEの取得原価は_____ドル、その取得原価のうち_____ドルはDepreciation Expenseとして認識され、_____ドルの簿価が今後償却されます（簿価の一部は残存価額となるかも知れません）。

10,000ドル
4,000ドル
6,000ドル

7-47 この機械のDepreciation Expenseが毎期1,000ドルだとしたら、上記のBalance Sheet上の数値からDepreciation Expenseが_____年間認識済みで、残存価額がゼロとした場合は今後_____年間償却されることがわかります。

4
6

7-48 2012年1月1日の元帳が次のようになっており、毎期のDepreciation Expenseが1,000ドルとした場合の2012年度の減価償却額を記入して下さい。

170　Chapter 7　Noncurrent Assets and Depreciation

```
        PPE                          Depreciation Expense                                    PPE
Balance 10,000                                                                      Balance 10,000

                              Accumulated Depreciation                              Depreciation Expense
                                     4,000    Balance                                      1,000

                                                                                    Accumulated Depreciation
                                                                                           4,000    Balance
                                                                                           1,000
```

7-49 2012年12月31日のBalance Sheet上の、次の勘定科目について空白部分を埋めて下さい。記入する金額は、7-48を参照して下さい。

PPE		ドル
控除：A_____ D_____		
Book Value（簿価）		ドル

2012年度の損益計算書の、空白部分を埋めて下さい。
    Depreciation Expense   ドル

PPE   10,000ドル
控除：Accumulated Depreciation
                              5,000
Book Value   5,000ドル

                       1,000ドル

7-50 毎期のDepreciation1,000ドルの仕訳は以下の通りです。

Dr. D_____ E_____ _____
Cr. A_____ D_____ _____

Depreciation Expense   1,000
    Accumulated Depreciation   1,000

7-51 次の表は、取得原価が5,000ドル、耐用年数が5年、残存価額がゼロであるPPEの取得原価、毎期のDepreciation ExpenseおよびAccumulated Depreciationと簿価の表です。2015年度の金額を完成しなさい。

年	Original Cost	Depreciation Expense	Accumulated Depreciation	Book Value
2011	5,000ドル	1,000ドル	1,000ドル	4,000ドル
2012	5,000	1,000	2,000	3,000
2013	5,000	1,000	3,000	2,000
2014	5,000	1,000	4,000	1,000
2015	5,000	☐	☐	☐

1,000　5,000　0

5,000ドル

耐用年数にわたるDepreciation Expenseの合計金額は_____ドルです。

7-52 次の図表を参照して2013年期末のBalance Sheet上の表示金額を記入して下さい。

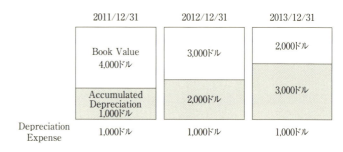

PPE　　　　　5,000ドル
控除：Accumulated Depreciation
　　　　　　　3,000
Book Value　　2,000ドル

P☐☐　　　　　　　　　　　　　　☐ドル
控除：A_____ D_____　　☐
B_____ V_____　　　　　　　　　　☐ドル

0

7-53 取得原価を完全に償却した後は、たとえそのAssetを使用し続けてもDepreciation Expenseは計上しません。上記の例の場合、2015年期末の簿価はゼロになります。もし、2016年まで使用し続けても、2016年のDepreciation Expenseは_____ドルです。

7-54 PPEの簿価を計算するためには、取得原価からA□□□ □□□□□□□ D□□□□□□□□□□□を控除しなければなりません。簿価はそのAssetの時価を示して［います／いません］。

Accumulated Depreciation

いません

SALE OF A PPE ASSET（有形固定資産の売却）

7-55 簿価の計算は、耐用年数と残存価額の見積りによります。実際の残存価額は多分この見積りと異なるため、PPEの売却により実現する金額は多分その簿価と［同額／異なる］でしょう。

異なる

7-56 PPEの簿価と実際の売却額との差を、**有形固定資産売却益（損）（Gain (or loss) on disposition of PPE）** といいます。例えば、簿価が10,000ドルのPPEが12,000ドルで売却された場合、＿＿＿＿＿＿ドルが有形固定資産売却［益／損］として、損益計算書に記載されます。

2,000ドル（＝12,000－10,000）

益

7-57 PPEの売却時、その取得原価とAccumulated Depreciationをそれらの勘定から除去します。取得原価が40,000ドル、Accumulated Depreciationが30,000ドル、そして売却額が12,000ドルの場合の仕訳は次の通りです。

Cash	12,000	
Accumulated Depreciation	☐	30,000
PPE		☐ 40,000
Gain on disposition of PPE		☐ 2,000

DEPRECIATION（減価償却）の重要性

7-58 Depreciationの目的は、［Assetの価値の減少を示す／役

役務を提供するそれぞれの期に取得原価の適正な部分を償却する	務を提供するそれぞれの期に取得原価の適正な部分を償却する]ことです。
	7-59 実際、期末における価値が期首の価値と変わらないPPEがあるかも知れません。Depreciation Expenseは期中におけるAssetの真の価値や有用性の減少を意味 [します / しません]。
しません	
	7-60 PPEの会計処理を思い出して下さい。取得原価は [既知のもの / 見積り] で、耐用年数は [既知のもの / 見積り] です。そして、残存価額は [既知のもの / 見積り] です。
既知のもの　見積り	
見積り	
	7-61 PPEの簿価は、[売却額 / 未償却の原価部分] を意味します。したがって、「簿価はAssetの価値を示すものである」という表現は [正しい / 誤り] です。
未償却の原価部分	
誤り（これは非常によくある誤りです）	

DEPLETION（減耗償却）

7-62 石炭、石油等の天然資源を**Wasting Asset（減耗性資産）**といいます。次のうちからWasting Assetを選びなさい。

natural gas（天然ガス）
iron ore mine（鉄鉱石鉱山）
oil well（油井）
（厳密にいえば、鉄鉱石と石油がWasting Assetです）

| building | natural gas | freight car |
| iron ore mine | cash | oil well |

7-63 油井の石油や炭坑の石炭の供給量が減少したとき、そのAssetは *Depleted*（減耗した）といいます。Depletedの名詞はD□□□□□□□で、これらのW□□□□□□ Assetの原価を償却するプロセスを意味します。

Depletion　Wasting

7-64 Wasting Assetの [Depletion / Depreciation] は、PPEの

Depletion

174　Chapter 7　Noncurrent Assets and Depreciation

[Depletion/Depreciation] に類似していますが、**Depletion** の会計処理は、Asset 勘定を直接減額します。したがって、Accumulated Depreciation 勘定は、通常、使用 [します/しません]。

Depreciation

しません

7-65 Depletion の計算方法は、期中の使用量に1単位当りの原価を乗じます。2011年にトッド社が炭坑を3,000,000ドルで購入し、石炭埋蔵量を1,000,000トンと見積った場合、1トン当りの原価は_____ドルです。

3ドル
（＝3,000,000ドル÷1,000,000トン）

7-66 2012年、トッド社が100,000トンを採掘しました。この石炭の原価は1トン当り3ドルと見積もられました。2012年のDepletion Expenseは_____ドルです。2012年12月31日のBalance Sheet 上、この炭坑資産はどのように報告されますか？

300,000ドル
（＝3ドル×100,000）

Coal mine [　　ドル　]

2,700,000ドル
（＝3,000,000－300,000）

INTANGIBLE ASSETS（無形固定資産）

7-67 のれん（Goodwill）、商標権（Trademark）、特許権（Patent）等の Intangible Asset が Asset として計上される場合は、Asset-Measurement Concept（資産価値測定の原則）に従い、[時価が決定できる場合／測定可能な取得原価で取得された場合] です。

測定可能な取得原価で取得された場合

7-68 Intangible Asset を Asset として計上した場合、その原価をその耐用年数にわたり償却します。例えば、特許権の耐用年数は最長17年です。Intangible Asset の耐用年数はどんな場合も40年以内です。このプロセスを **Amortization（償却）** といいます。したがって、Amortization の意味は_____になります。

Intangible Asset の原価を償却すること

7-69 Company A の Balance Sheet には、商標権として 1,000,000 ドルが計上されており、Company B の Balance Sheet には、このような勘定は計上されていません。次のうち、正しいと思われるものはどれですか？

1. Company A は Company B より価値のある商標権を有している。
2. Company A は商標権を購入したが、Company B は購入していない。

> 商標権の会計処理は、のれんの会計処理と類似しています。

7-70 Asset の原価の償却に関して次の3種類があります。

A. D□□□□□□□□□□、これはどんなタイプの Asset を対象としていますか
P□□ Asset.

B. D□□□□□□□□、これはどんなタイプの Asset を対象としていますか
W□□□□□□ Asset.

C. A□□□□□□□□□□□、これはどんなタイプの Asset を対象としていますか
I□□□□□□□□ Asset.

Depreciation

PPE

Depletion

Wasting

Amortization

Intangible

> **Amortization** を Intangible Asset のみに使用しましたが、Amortization はすべての Asset の原価を費用化する意味の総称として使用されることもあります。すなわち、**Depreciation** や **Depletion** は、Amortization の特殊ケースと称することもあります。

キーポイント

- 取得した有形固定資産（Property, Plant and Equipment Asset: PPE）は、据付費およびその用途に供するまでのすべての費用を含んだ取得原価（Cost）で計上されます。
- 土地の耐用年数は無限で償却することはほとんどありません。
- 有形固定資産（PPE）はその耐用年数（Service Life）にわたって減価償却します。毎期、その取得原価の一部をDepreciation Expense（減価償却費）としてDebitに計上し、同じ金額をAccumulated Depreciation（減価償却累計額）としてCreditに計上します。
- Depreciation Expense（減価償却費）は見積りです。耐用年数やそのAssetの残存価額は既知のものではありません。
- 有形固定資産（PPE）の簿価は、その取得原価とそのAccumulated Depreciationの差額です。簿価がゼロまたは残存価額に達したら、Depreciation Expenseは計上されません。
- 簿価は資産の価値を示しません。
- Assetが売却された時、売却額と簿価の差額が売却損益として損益計算書上で報告されます。
- 財務会計においては、減価償却方法は、通常、加速度償却法または定額法です。
- 生産高比例法における毎期のDepreciation Expenseは、その期にその固定資産により生産されたユニット数に1ユニット当りの原価を乗じて算出します。この1ユニット当りの原価は、そのAssetの減価償却可能額を予定総生産高で割って算出します。
- 定額法（Straight-Line Method）における毎期のDepreciation Expenseは、減価償却可能額に毎期一定の率を乗じて算出します。この率の計算方法は、1を耐用年数で割ります。
- 加速度償却法（Accelerated Depreciation Method）は、初期の方が利益を減少させるため、税務上、しばしば採用されます。

- 税務上の利益と財務会計上の利益が異なることがあります。その場合、財務会計上の法人所得税と実際支払われる法人所得税の差額がDeferred Income Tax（繰延税金）としてBalance Sheetに記載されます。
- Depletion（減耗償却）はWasting Asset（減耗性資産）の償却を意味し、Amortization（償却）はIntangible Asset（無形固定資産）の償却を意味します。これらはDepreciationと似ていますが、Asset勘定を直接減額する点が異なります。

　これで、このプログラムの第7章は終わりです。もしこの章のポイントが理解できたと思うなら、巻末のテスト7に挑戦してみましょう。もし自分の理解に不安があるならば、もう一度第7章を見直して下さい。
　テストを通じて、理解度をチェックするとともに第7章のキーポイントを復習して下さい。テストとケーススタディーに取り組んだ後に、いくつかのポイントに不安があることがわかるかもしれません。第8章にとりかかる前に、これらのポイントを復習しておいて下さい。なお、テストとケーススタディーに取り組む時に、巻末のテスト7とケーススタディーの解答も復習して下さい。

第8章 負債および純資産の部
Liabilities and Equity

テーマ

- 運転資本の性質
  Nature of working capital.

- 永久資本のタイプ：長期債務と株主資本
  Types of permanent capital : debt and equity.

- 長期債務の会計処理方法
  How to account for debt capital.

- 個人事業、パートナーシップ、および株式会社に対する持分の会計処理
  Accounting for equity capital in proprietorships, partnerships, and corporations.

  - 払込資本：普通株式と優先株式
    Paid-in capital : common and preferred stock.

  - 剰余金と配当
    Retained earnings and dividends.

- 長期債務と株主資本の比率
  Debt/equity ratio.

- 連結財務諸表の性質
  Nature of consolidated financial statements.

WORKING CAPITAL（運転資本）

8-1 この章までに、Balance Sheetには右側と左側があり、それぞれの合計が同額であることを学習しました。下記のBalance Sheetの空白に文字を記入して下さい。

パスカル社
Balance Sheet　2011年12月31日現在

	A□□□□		L□□□□□□□□ and E□□□□	
Assets	Liabilities and Equity			
Assets	Liabilities	Current	A□□□□ 10,000ドル	Current L□□□□□□□□ 4,000ドル
Assets	Liabilities	Noncurrent	A□□□□ 20,000	Noncurrent L□□□□□□□□ 9,000
				Paid-in Capital 7,000
				Retained Earnings 10,000
Assets	Liabilities and Equity	Total	A□□□□ 30,000ドル	Total L□□□□□□ and E□□□□ 30,000ドル

8-2 Current Assets（流動資産）は、＿＿＿＿以内（どの位の期間？）に現金化されると予想される資産のことです。Current Liabilities（流動負債）は、＿＿＿＿以内（どの位の期間？）に期限の到来する債務のことです。

1年

1年

8-3 パスカル社の場合10,000ドルのCurrent Assetsのうち4,000ドルはC□□□□□□ Liabilitiesにより調達されています。Current Assetsの残り6,000ドルとNoncurrent Assetsの20,000ドルは、N□□□□□□ L□□□□□□□□□の9,000ドルとE□□□□□の17,000ドルにより調達されています。

Current

Noncurrent Liabilities

Equity

8-4 Current Liabilitiesによって調達されなかったCurrent Assetsの部分を**運転資本（Working Capital）**といいます。ですから、運転資本は、C□□□□□□ A□□□□□とC□□□□□□ L□□□□□□□□□の差額です。上記の例では、運転

Current Assets

Current Liabilities

資本は以下のようになります。

_____ドル - _____ドル = _____ドル

10,000ドル - 4,000ドル
= 6,000ドル

SOURCES OF CAPITAL（資本の源泉）

8-5 運転資本と固定資産の調達状況を明確にするため、次のようにBalance Sheet項目を並び替えます。

パスカル社
Sources and Uses of Permanent Capital　2011年12月31日現在

Uses of Capital（資本の使途）		Sources of Capital（資本の源泉）	
W□□□□□□ C□□□□□□	6,000ドル	Noncurrent Liabilities	9,000ドル
Noncurrent Assets	20,000	Equity	17,000
Total uses	26,000ドル	Total sources	26,000ドル

上記の空欄をうめて下さい。

8-6 上記のBalance Sheetの右側は、運転資本と固定資産の調達のために使用される資本の源泉を示しています。これらの源泉を総称して、**Permanent Capital（永久資本）** といいます。Balance Sheetが示すようにPermanent Capitalには2通りの源泉があります。すなわち、(1) N□□□□□□□□□ L□□□□□□□□□および (2) E□□□□□です。これら2通りの源泉の合計は_____ドルで、合計_____ドルのAssetの調達に使われています。

Noncurrent Liabilities
Equity

26,000ドル　26,000ドル

> この章で2通りの永久資本およびその会計処理について説明します。これらはCapitalといわれていますが、より正確にいうと、Capitalの源泉です。

DEBT CAPITAL (長期債務)

8-7 大部分の負債 (Liabilities) は借入金ですが、**Debt Capital** という用語は固定負債のみを指しています。ですから、Debt Capitalは、その期日が [1年以内/1年以上先] に到来する負債のことをいいます。

1年以上先

8-8 Debt Capitalの一般的な源泉は**社債 (Bond)** の発行です。社債は、企業への資金の貸付者に対する返済の約束を書面にしたものです。社債は通常、固定負債であるため、支払期日は [1年以内/1年以上先] です。

1年以上先

8-9 返済総額は社債券の券面 (Face) に記載する必要があるため、**額面 (Face Amount)** といいます。

マーティン社が額面が100,000ドルの10年社債を発行した場合、マーティン社の負債の部に、＿＿＿＿ドルのBonds Payableが記載されます。

100,000ドル

> 社債の発行時に社債の額面金額と同額の現金を企業が受領しない場合、複雑な会計処理が必要ですが、この初級コースでは取扱いません。

8-10 マーティン社が額面100,000ドルの社債の発行により100,000ドルを受領したとします。この場合のCashとBonds Payable勘定への影響を仕訳で記入して下さい。

Dr. C☐☐☐　　　　　　　　　＿＿＿＿＿

　Cr. B☐☐☐☐　P☐☐☐☐☐☐　＿＿＿＿＿

Cash　　　100,000
　Bonds Payable　100,000

8-11 社債が発行された時、[Current/Noncurrent] Liabilitiesに計上されますが、時の経過によって期日が1年以内になった時は、この社債は [Current/Noncurrent] Liabilitiesになります。2011年に、期日が2013年1月1日の社債は [Current/Noncurrent] Liabilitiesに計上されます。2013年に、この社債は [Current/Noncurrent] Liabilitiesになります。

Noncurrent

Current

Noncurrent

Current

8-12 社債の発行時に企業は2つの債務を負います：(1) 支払い期日に額面金額、すなわち、**元本 (Principal)** を返済すること。(2) 通常、半年ごとに（すなわち、1年に2回）**利息 (Interest)** を支払うこと。元本の返済債務は通常、[Current/Noncurrent] Liabilitiesです。すでに発生しているが、その対価の支払いが終わっていない利息は [Current/Noncurrent] Liabilitiesです。

Noncurrent

Current

8-13 社債利息は費用であり、利息が発生する年度に認識されます。2012年1月に2011年の下半期分の社債利息3,000ドルを支払う場合、この利息費用は20_____年に認識しなければなりません。この会計処理は、M□□□□□□□ Conceptに従ったものです。

2011

Matching

8-14 2011年に費用となる未払利息3,000ドルは、2011年に次の仕訳によって会計処理が行われます。

    Dr. I□□□□□□□ E□□□□□□□   3,000
       Cr. I□□□□□□□ P□□□□□□   3,000

Interest Expense 3,000
  Interest Payable 3,000

8-15 2012年に社債券の保有者 (Bondholder) にこの利息が支払われる時の仕訳は、次のようになります。

| Interest Payable | 3,000 | | Dr. I☐☐☐☐☐☐☐ P☐☐☐☐☐☐ | 3,000 |
| Cash | 3,000 | | Cr. C☐☐☐ | 3,000 |

既に発生した利息費用のうち未払いの金額

Balance Sheet 上、元本支払債務は常に社債額面総額となりますが、上記の仕訳のように、利息債務は［既に発生した利息費用のうち未払いの金額／利息総額］です。

8-16 一部の企業は、他の金融商品に裏づけされた商品を発行することにより資金を調達します。たとえば、銀行は、保有抵当証券のポートフォリオからの金利支払いを約束する金融商品を発行するかもしれません。この金融商品の利益は、基礎となっている抵当証券から生み出されます。このような金融商品をデ_____といいます。

デリバティブ

> デリバティブは、複雑な約束の組み合わせによってでき上がっています。このため、デリバティブの価値の測定や会計処理はきわめて複雑です。デリバティブの会計に関しては上級のテキストで説明されています。

EQUITY CAPITAL（株主資本）のタイプ

8-17 第2章で説明しましたように、株主資本は2つの源泉に分かれています：
1. 企業の所有者である株主より払い込まれた金額。これを［Paid-in Capital／Retained Earnings］といいます。
2. 企業経営の利益により生み出された金額。これを［Paid-in Capital／Retained Earnings］といいます。

Paid-in Capital（払込資本金）

Retained Earnings（剰余金）

8-18 これらの2つの源泉を区別しない会計主体があります。所有者が一名の非法人組織の事業を**個人事業**（**Proprietorship**）と

いいますが、Proprietorshipにおいては、しばしば、個人事業主の氏名の後にCapitalをつけて持分を報告します。

　Dora Koopはクープ市場の所有者です。クープ市場のEquityは、10,000ドルです。所有者持分がどのように記載されるか下記に記載して下さい。

　Dora Koop, C□□□□□□　＿＿＿＿＿ドル

Dora Koop, Capital　10,000ドル

8-19　パートナーシップ（**Partnership**）は所有者が2人以上の非法人組織の事業です。パートナーがほんの数人の場合はそれぞれの持分は個別に示されます。

　Rick CrawleyとCollette Webbは、あるクリーニング業において同じ持分を持つパートナーです。2011年12月31日現在、この事業のEquityの合計は100,000ドルでした。その時点の財務諸表上のEquityはどのようになるか記載して下さい。

```
R□□□  C□□□□□□, Capital     _____ドル
C□□□□□□  W□□□, Capital     _____
                Total Equity   _____ドル
```

Rick Crawley, Capital　50,000ドル
Colette Webb, Capital　50,000
Total Equity　100,000ドル

8-20　パートナーシップのEquityは、所有者により払い込まれたCapitalおよび事業から生み出された剰余金から構成されます。したがって、"Rick Crawley, Capital 50,000ドル"の意味は、次の通りです（正解を○で囲んで下さい）。

A．Rick Crawleyはパートナーシップに50,000ドルの現金を寄付しました。
B．パートナーシップはRick Crawleyに50,000ドルの債務があります。

C.
Aでない理由：寄付の額は不明
Bでない理由：債務ではない。

C. Rick Crawleyの資産に対する持分は50,000ドルです。

8-21 株式会社（Corporation）の所有者は企業の株式を保有しているため、**株主**（Shareholders）といいます。それゆえ、株式会社のBalance SheetのEquity部分をS□□□□□□□□ E□□□□yといいます。

Shareholder Equity

8-22 株主には2種類あります：**Common Shareholders**（普通株主）と **Preferred Shareholders**（優先株主）です。前者が保有する株式をC□□□□□ Stock、後者が保有する株式をP□□ □□□□□ Stockといいます。まず、Common Stock（普通株式）の会計処理から始めましょう。

Common
Preferred

> ほとんどの組織が個人事業（Proprietorships）かパートナーシップ（Partnerships）か株式会社（Corporation）です。その他に、Limited Partnerships、Trusts、S Corporation等があります。これらの組織のEquity取引や税務上の会計処理に関して特殊な規則が適用されます。

COMMON STOCK（普通株式）

8-23 株式の中に、株券の券面に特定の金額を印刷して発行するものがあります。この金額を**額面金額**（Par Value）といいます。P□□ V□□□□は株券に示された金額より他に何の意味もありません。

Par Value

186　Chapter 8　Liabilities and Equity

奇妙なことに、株式の額面金額は実際には重要でありません。これは株主が額面金額以下で株式を購入した場合、株主に差額分の払込みの義務があったころの名残です。このような負担を避けるため、今日では、株式は常に額面金額以上の価格で発行されます。それにも拘わらず、株式の額面金顔はBalance Sheet上で報告されます。

8-24 株主が株式と交換に企業へ支払った額を **Paid-In Capital**（払込資本金）といいます。Paid-In Capitalと額面金額との差額を **Additional Paid-In Capital**（払込剰余金）といいます。

フローレントさんは10,000ドルの現金をピナクル社へ支払い、額面金額が1ドルのCommon Stockを1,000株受け取りました。この取引によりピナクル社が行う仕訳を完成させて下さい。

Dr. Cash ＿＿＿＿	10,000
Cr. Common Stock ＿＿＿＿	1,000（＝1ドル×1,000）
Cr. Additional Paid-in Capital ＿＿＿＿	9,000

第8章　負債および純資産の部　　187

8-25 フローレントさんの支払った10,000ドルがピナクル社の唯一のEquity取引であったとした場合、ピナクル社のBalance Sheet上の純資産の部は次のようになります。

1,000ドル	Common Stock	＿＿＿＿ドル
9,000	Additional Paid-in Capital	＿＿＿＿
10,000ドル	Total Paid-in Capital	＿＿＿＿ドル

8-26 すべての株式に額面金額があるわけではありません。**無額面株式（No-Par-Value Stock）**の場合は、取締役が金額を定めて**表示（State）**します。この金額はS□□□□d Value（表示価格）といわれ、通常、株式発行時に実際企業が受領する金額に近い額に設定されます。表示金額と受領金額の差額を、額面株式の場合と同様に、A□□□□□□□□ P□□□-i□ C□□□□□といいます。下記の株券は、無額面株式（Without Par Value）の例ですが、株券の右上（丸で囲んだ箇所）に注目して下さい。

Stated

Additional Paid-in Capital

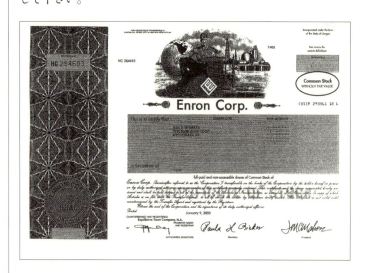

188　Chapter 8　Liabilities and Equity

8-27 株式会社が設立されると、取締役は**授権（Authorized）**株式数と授権株式数のうち投資家へ**発行する**株式数を決定します。このように、授権株式数は通常、発行株式数より［多く／同数と／少なく］なります。

多く

8-28 以前に発行した株式の一部を企業が買い戻すことがあります。このような株式を **Treasury Stock（自己株式）** といいます。**Outstanding Stock（流通株式）** は、発行済株式から Treasury Stock を控除した株式を意味します。

100,000株の株式を発行し、15,000株を買い戻した場合、Treasury Stock は＿＿＿＿株で、その Outstanding Stock は＿＿＿＿株です。

15,000

85,000（＝100,000－15,000）

8-29 Balance Sheet 上の Common Stock の金額は流通株式の額です。

アダット社の授権株式数は100,000株です。60,000株を発行し、1株当りの表示価格：10ドルを受領しました。2011年12月31日現在、Treasury Stock として10,000株を買い戻し、1株当り10ドルを支払いました。Balance Sheet における Common Stock の金額は＿＿＿＿ドルです。

500,000ドル
［＝（60,000×10ドル）
－（10,000×10ドル）］

8-30 株主が他の投資家へ自己の所有株式を売却することがありますが、このような売却は企業の Balance Sheet に影響を［与えます／与えません］。これは E□□□□□ Concept の一例です。

与えません

Entity（企業実体の原則）

8-31 株主が他の投資家へ株式を売却するとき、売却価格は市場（Marketplace）で決定されます。この取引における売却価格

第8章 負債および純資産の部 189

Market	を [Market/Par/Stated] Value といいます。
	8-32 株式の市場価格は、額面金額、表示価格、払込資本金のいずれにも関係ありません。
どんな価格にもなりえます どんな価格にもなりえます どんな価格にもなりえます	ある株式の額面金額が1ドルの場合、その市場価格は [1ドルです/どんな価格にもなりえます]。別の株式の表示価格が10ドルの場合、その市場価格は [10ドルです/どんな価格にもなりえます]。払込資本金が1株12ドルの場合、その市場価格は [12ドルです/どんな価格にもなりえます]。
してはいません	**8-33** Total Equity（純資産合計）として報告する金額は、資産合計から負債合計を控除した金額になります。Balance Sheet 上、この金額は全流通株式の市場価格の合計金額に等しくありません。明らかに、財務会計では純資産の時価を報告 [します/してはいません]。
	PREFERRED STOCK（優先株式）
Preferred	**8-34** 一部の企業は普通株主よりも優先的な権利をその所有者に与える株式を発行します。このような株式を文字どおり、P□□□□□□□□ Stock といいます。
50,000ドル（＝500×100ドル）	**8-35** 優先株主は普通株主よりも株式の額面価格に対して優先権があります。企業が清算された場合、100ドルの Preferred Stock を500株所有している株主は、普通株主が受け取る前に＿＿＿＿＿＿ドルを受領します。
実際には重要でありません	**8-36** 前に学習しましたように、Common Stock の額面金額は [重要です/実際には重要でありません]。Preferred Stock は通

常、その額面金額相当の資産に対して優先権があるため、その額面金額は［重要です／実際には重要でありません］。 | 重要です

8-37 優先株主は、通常、表示された金額の配当に対して権利を有しています。スティルウォーター社は9％のPreferred Stockを100,000ドル発行しましたが、優先株主が100,000ドルの9％相当額である＿＿＿＿＿ドルの配当金を受領するまでは、普通株主に配当金は支払われません。 | 9,000ドル（＝100,000ドル×9％）

RETAINED EARNINGS（剰余金）およびDIVIDENDS（配当）

8-38 Net Income（当期純利益）はE□□□□□を増加させます。取締役は**配当**（**Dividends**）による株主への分配を決議することがありますが、配当はE□□□□□を減少させます。 | Equity / Equity

8-39 EarningsはNet Incomeと同じ意味です。利益が配当として分配されない場合は企業の内部に**留保されます**（**Retained**）。この金額は、Balance Sheet上、R□□□□□□□ E□□□□□□sとして報告されます。 | Retained Earnings

8-40 Retained Earningsは毎期、Net Incomeの金額分だけ［減少／増加］し、配当の金額分だけ［減少／増加］します。期首のRetained Earningsが100,000ドルで、期中に20,000ドルの配当が決議され、Net Incomeが30,000ドルの場合、期末のRetained Earningsは＿＿＿＿＿ドルとなります。 | 増加　減少／110,000ドル（＝100,000－20,000＋30,000）

8-41 Net Incomeは、［1年間／企業の設立から現在まで］のEquityの増加を意味します。一方、**Retained Earnings**は、［1年間／企業の設立から現在まで］の配当金控除後の純増を意味します。 | 1年間／企業の設立から現在まで

8-42　Retained EarningsはCapitalの源泉の1つで、Balance Sheetの［左側／右側］に記載されます。CapitalはAssetの形をとっており、AssetはBalance Sheetの［左側／右側］に記載されます。

右側
左側

> Retained EarningsはAssetであると考える人がいるかもしれませんが、Assetではありません。CashがAssetであることを思い出して下さい。Retained EarningsはCashではありま•せ•ん。Retained Earningsを利用可能な現金と勘違いする誤りがよく見られます。

8-43　EquityはNet Worthといわれることがあります。この言葉は、Equityの金額が、所有者の資産に対する権利の価•値•を示していることを示唆しています。しかし、Balance Sheetの資産側の金額がこれらの資産の真の価値を［示している／示していない］ことから、この示唆は［絶対的に正しい／誤りです］。

示していない
誤りです

8-44　会社の株式の実際の価•値•は、その株式取得のために人々が支払うであろう金額です。これが株式の市場価格ですが、Balance Sheetのどこにも開示［されます／されません］。

されません

DISTRIBUTIONS TO SHAREHOLDERS（株主への分配）

8-45　大部分の会社は、普通株主に、毎年、現金配当を支払いますが、これを**配当（Dividend）** といいます。もし、リビングストン社が1株当たり5ドルの配当を決議して支払い、100,000株の普通株式が発行されていた場合、配当は＿＿＿＿ドルになります。

500,000ドル

この分配のCashとRetained Earningsへの影響を仕訳で示し

192　Chapter 8　Liabilities and Equity

て下さい。

 Dr. R☐☐☐☐☐☐☐ E☐☐☐☐☐☐☐ _____ Retained Earnings 500,000
 Cr. C☐☐☐ _____ Cash   500,000

8-46 会社は株主に、その会社の保有する他の会社の株式やその会社の製品のうちの1つなどの非現金資産を分配するかもしれません。この分配の仕訳は、[Debit/Credit] は Retained Earnings、[Debit/Credit] は Asset 勘定です。

 Debit
 Credit

8-47 リビングストン社は**株式配当**（Stock Dividend）を決議するかもしれません。もし、流通株式10株に対して自己株式1株を分配したとしたら、株主の保有株数は増加します。Assetは減少せず、貸借を一致させるため、純資産は[増加します/減少します/変わりません]。

 変わりません

8-48 同様に、リビングストン社は、株主の保有している株数と同数あるいは2倍や3倍の株式を株主に分配するかもしれません。リビングストン社は、1株当りの株価が高いことが株式の取引に悪影響を及ぼすと考えてこのようにするかもしれません。これを**株式分割**（Stock Split）といいます。もし、リビングストン社の100,000株の株価が1株当たり200ドルで、1対2の株式分割をした場合、流通株式総数は[増加します/減少します/変わりません]。現金は[増加します/減少します/変わりません]。1株当たりの株価は[増加します/減少します/変わりません]。

 増加します
 変わりません
 減少します

8-49 株式分割は株式配当と同様の影響があります。Cashは[増加します/減少します/変わりません]。Retained Earningsは[増加します/減少します/変わりません]。1株当たりの株価は[増加します/減少します/変わりません]。

 変わりません
 変わりません
 減少します

> 1対2の株式分割をした場合、計算上では、株価は半分になる筈ですが、実際は半分まで下がりません。その理由は、投資家は高い株価の株式より適度な価格の株式を好むからです。これが株式分割をする主な理由です。

DEBT CAPITAL（長期債務）とEQUITY CAPITAL（株主資本）のバランス

8-50 企業は、CapitalをRetained Earningsから調達すると同時に、[Debt/Equity] Capitalである株式の発行および[Debt/Equity] Capitalである社債の発行によっても調達します。

Equity
Debt

8-51 企業は、その普通株主に確定した支払義務を負っていません。すなわち、毎期、配当を支払う[必要があります/必要はありません]。そして、株主が投資した額を返済する[必要があります/必要はありません]。

必要はありません
必要はありません

8-52 しかし、社債券の所有者に対しては、2つの確定した支払義務を負っています。
 1. ＿＿＿＿の＿＿＿＿
 2. ＿＿＿＿の＿＿＿＿

利息の支払
元本の返済

8-53 企業が支払期日に社債利息や元本の支払を履行しない場合、社債券の所有者は企業を倒産に追い込むかもしれません。

企業によるCapitalの調達手段として、社債の方が株式よりリスクが[低い/高い]ということは明白です。すなわち、Debt Capitalの方がEquity Capitalよりリスクが[低い/高い]ことになります。

高い
高い

8-54 社債は発行企業の債務ですが、株式は債務ではありません。したがって、投資家にとっては、社債投資より株式投資の方がリスクが高くなります。配当や投資額が回収できるか確かでありません。したがって、投資家は同一の会社への社債投資より株式投資の方により［高い／低い］収益を求めます。

高い
（リスクとリターンのトレードオフは高いレベルの概念で、この初級コースでは取扱いません）

8-55 例えば、社債利息が7％の場合、投資家が株式投資を選ぶのは、予想株式収益率が［少なくとも7％の／7％より相当高い］場合のみです（予想株式投資収益率は予想配当と株価の予想上昇額から成ります）。

7％より相当高い

8-56 ですから、発行会社の観点からは、［Debt/Equity］Capitalである株式の方が、［Debt/Equity］Capitalである社債よりも、コストがより［高い／低い］Capitalの調達源です。

Equity
Debt
高い

8-57 次のDebt CapitalとEquity Capitalの主要な違いのうち、正しい方を○で囲んで下さい。

	Bonds (Debt)	Stock (Equity)		
毎期の支払が必要か	[Yes/No]	[Yes/No]	Yes	No
元本の返済が必要か	[Yes/No]	[Yes/No]	Yes	No
企業にとってのリスクの程度	[High/Low]	[High/Low]	High	Low
相対的なコスト	[High/Low]	[High/Low]	Low	High

8-58 企業は、その永久資本の構造を決定する時、比較的リスクが［高く／低く］、比較的コストの［高い／低い］Debt Capitalと、比較的リスクが［高く／低く］、比較的コストの［高い／低い］Equity Capitalとの適切なバランスを決める必要があります。

高く 低い
低く 高い

Debt Equity	**8-59** ［Debt/Equity］Capitalの割合が余りに大き過ぎると企業倒産の危険性があります。［Debt/Equity］Capitalの割合が余りに大き過ぎると永久資本のために不必要に高いコストを払うことになります。
高い	**8-60** 永久資本のうち、Debtの割合が高い企業を**高レバレッジ**（**Highly Leveraged**）といいます。このような企業は、財務面で問題がなければ、Debt CapitalがよりコストのⅠ高い/低い］Equity Capitalの代りとなっているので、株式投資者にとって高い利益を確保してくれます。
増加	**8-61** しかし、高レバレッジの会社はリスクが高くなります。理由は、Debt Capitalの比率の高さとそれに伴う利息の支払義務により、その会社が債務に対応できなくなる可能性が［増加/減少］するからです。

> この初級コースで普通株式と社債の基本的な違いについて述べましたが、他に重要なポイントは次の通りです：
>
> 1. 社債利息は、企業の課税所得を減少させます。9%の社債に対する毎期の社債利息が90,000ドルの場合、課税所得は90,000ドル減少します。その結果、税率が40%だとすると、企業への純コストは54,000ドル（90,000ドル×60%）に過ぎないことになり、実効金利は5.4%になります。
> 2. 優先株式はリスクがあり、コストは普通株式と社債の中間です。しかし、優先株式の配当は、企業の課税所得を減少させません。優先株式は、資本調達手段としては広く一般には使われていません。
> 3. 近年、Debt Securities（負債証券）やEquity Securities（株式証券）の種類が非常に増加しています。投資家の種々のニーズに対応するように、リスクとコストを組み合わせた

新金融商品が設定されています。これらは高いレベルの概念で、この初級コースでは取り扱いません。

DEBT RATIO（長期債務比率）

8-62 Debt Capital と Equity Capital の相対的金額を測る一般的な方法は、**長期債務比率（Debt Ratio）**で、これは、Debt Capital と Total Permanent Capital（Debt Capital と Equity Capital の合計）の比率です。Debt Capital は［Total/Current/Noncurrent］Liabilities の別名であることを思い出して下さい。Equity capital の構成要素は Paid-In Capital と R□□□□□□ E□□ □□□□□です。

Noncurrent

Retained Earnings

8-63 この章の前半で以下の Permanent Capital の構成を学習しましたが、このパスカル社の長期債務比率を計算して下さい。

パスカル社
Sources and Uses of Permanent Capital　2011年12月31日現在

Uses of Capital（資本の使途）		Sources of Capital（資本の源泉）	
Working Capital	6,000ドル	Noncurrent Liabilities	9,000ドル
Noncurrent Assets	20,000	Equity	17,000
Total Uses	26,000ドル	Total Sources	26,000ドル

$$\frac{\text{Debt Capital(Noncurrent Liabilities)}}{\text{Debt Capital+Equity Capital}} = \frac{\boxed{}ドル}{\boxed{}ドル} = \boxed{}\% \ast$$

＊小数点は四捨五入。

$$\frac{9,000ドル}{26,000ドル} = 35\%$$

8-64 大部分の事業会社の長期債務比率は50％未満です。パスカル社はこのタイプ［です／ではありません。］

です

ある会社が別の会社の株式の50％超を保有している場合、過

半数を有していることになるため、その別の会社を支配できます。多くの事業は、法律上は別の組織体である多くの企業を通して行われていますが、それらの企業は同一の企業に支配されていますので、同一企業グループの一員です。

CONSOLIDATED FINANCIAL STATEMETNS（連結財務諸表）

8-65 1社以上の他の会社を支配する会社を**親会社**（Parent）、支配されている会社を**子会社**（Subsidiaries）といいます。

パーム社はシー社の株式の100％、サンド社の株式の60％、シェル社の株式の40％を保有しています。**親会社**（Parent Company）は_____で、**子会社**（Subsidiaries）は、_____と_____です。

8-66 親会社であるパーム社の経営者は、シー社およびサンド社の活動を支配しているため、これら3社は単一の組織体として機能します。E□□□□□ Conceptにより、グループ全体を1つにまとめた財務諸表がこのような企業グループのために必要です。

8-67 各会社は、それぞれ個別の財務諸表をもった別々の企業です。企業グループのための財務諸表はこれらの個別の財務諸表を**Consolidate**（連結）します。したがって、企業グループのための財務諸表をC□□□□□□□□□d Financial Statementsといいます。

8-68 例えば、パーム社のCashが10,000ドル、シー社のCashが5,000ドル、サンド社のCashが4,000ドルの場合、企業グループ全部のCashは、_____ドルで、この金額はC□□□□□□

□□□□ Balance Sheet で報告されます。

8-69 企業は、外部の顧客に製品・サービスを販売することにより収益を獲得します。自己取引では収益を獲得できません。企業グループの企業が相互に売り買いすることがありますが、企業グループのメンバー間の取引は連結上の収益に [なります/なりません]。したがって、**企業グループ内部**の取引の影響はConsolidated Financial Statements から消去する必要があります。

なりません

8-70 2011年のパーム社の売上高は1,000,000ドル、シー社の売上高は200,000ドル、サンド社の売上高は400,000ドルでした。パーム社のシー社向けの売上は30,000ドルで、他の売上はすべて外部の顧客向けでした。Consoli-dated Income Statement 上の売上高は＿＿＿＿＿ドルです。

1,570,000ドル
(Total Sales＝1,000,000ドル＋200,000ドル＋400,000ドル＝1,600,000ドル。
企業グループ内の売上高＝30,000ドル。
連結売上高＝1,600,000ドル－30,000ドル＝1,570,000ドル)

8-71 企業グループの内部取引は Consolidated Balance Sheet からも消去されます。例として、サンド社がパーム社に対して10,000ドルの債務を負っているとします。この場合、この10,000ドルはパーム社のBalance Sheet 上ではAccounts [Receivable/Payable] に、サンド社のBalance Sheet 上ではAccounts [Receivable/Payable] に計上されています。このため、Consolidated Balance Sheet 上のAccounts Receivable および Accounts Payable は、この2社のBalance Sheet の合計金額より10,000ドル [多く/少なく] なります。

Receivable

Payable

少なく

8-72 パーム社のBalance Sheet 上では、サンド社とシー社に対する投資がAssetとして計上されていますが、このAssetは

から消去する必要があります	Consolidated Balance Sheet［に残ります／から消去する必要があります］。子会社のBalance Sheetでは、この金額は［Noncurrent Liabilities/Equity］に計上されますが、これもConsolidated Balance Sheetから消去されます。
Equity	
	8-73 パーム社はシェル社の株式の40％を保有しています。このAssetはパーム社のBalance Sheet上、100,000ドルで計上されています。このAssetはConsolidated Balance Sheetから消去されません。この理由は何でしょうか？
親会社が50％超保有している会社だけがConsolidateされるからです。	
	8-74 パーム社はサンド社の株式の60％を保有しています。この株式は、パーム社のBalance Sheet上、60,000ドルの子会社への投資としてAssetに計上されています。サンド社のEquityは、100,000ドルです。Consolidated Balance Sheet上、60,000ドルのAssetは消去されます。そして、DebitはCreditと同額にする必要がありますので、サンド社のEquityの［60,000ドル／100,000ドル］を消去しなければなりません。
60,000ドル	
	8-75 パーム社はサンド社の株式の60％を保有していますが、これは株式の［過半数（Majority）／少数（Minority）］です。他の株主がサンド社の株式の40％を保有していますが、かれらは［過半数／少数（Minority）］株主です。かれらは連結された企業に持分を有しており、この持分はConsolidated Balance Sheet上、［Asset/Liabilities and Equity］に計上され、**少数株主持分（Minority Interest）**といわれます。
過半数	
少数（Minority）	
Liabilities and Equity	
	訳注：少数株主持分（Minority Interest）は非支配持分（Non-controlling-Interest）と呼ばれるようになってきています。
	8-76 Consolidated Income Statementは、［すべての売上高／外部への売上高のみ］および［すべての発生コスト／外部にかかわって発生したコスト］から生ずる費用を報告します。企業グ
外部への売上高のみ	
外部にかわって発生したコスト	

ループ内部の売上高および費用は消去＿＿＿＿。　　　されます

8-77 Consolidated Financial Statement は、"パーム社および子会社"について報告します。この企業グループは経済実体［です／ではありません］。しかし、法的実体［です／ではありません］。

です
ではありません

8-78 多くの企業が子会社を有しています。Consolidated Financial Statement が経済実体に関する最善の情報を提供するため、多くの公開企業の財務諸表は C☐☐☐☐☐☐☐☐ d Financial Statements となっています。

Consolidated

> 多数の子会社および孫会社を有している企業の場合は、連結消去は複雑な作業です。ここでは、一般的な原則を記載しました。

キーポイント

・会社の Permanent Capital（永久資本）の源泉は2つあります：(1) Debt（Noncurrent Liabilities）および (2) Equity です。この Capital は (1) 運転資本（すなわち、Current Asset − Current liability）および (2) Noncurrent Asset の調達に使われます。

・大部分の Debt Capital（長期債務）は社債（Bonds）の発行により調達されます。社債は、企業に期日到来時に利息と元本の支払いを約束させるものです。

・Equity Capital（株主資本）は (1) 株式の発行および (2) Retained Earnings により調達されます。

・優先株主および普通株主からの資本金額は払込金額です。Common Stock（普通株式）の額面あるいは表示金額は今日では重要な金額でありませんが、Balance Sheet 上に報告されています。

・現金配当（Cash Dividends）は Equity Capital の金額を減少させます。株式配当（Stock Dividends）や株式分割（Stock Splits）は、Total Equity には影響し

第8章　負債および純資産の部　　201

ません。
- Retained Earningsは、企業の事業開始後のTotal Earnings（すなわち、Net Incomeの総額）から配当金の総額を控除したものです（Net LossはRetained Earningsを減少させます）。
- Owner's Equityは、Net Worthといわれることがありますが、所有者の持分の価値を示していません。
- Permanent Capitalの構成の決定にあたり、企業は(1)リスクがより高いがコストの低いDebt Capitalと(2)リスクがより低いがコストが高いEquity Capitalのバランスを考慮します。バランスは長期債務比率（Debt Ratio）で示されます。
- 多数の企業は子会社を有しています。経済実体は、親会社と親会社がその株式を50％超保有している子会社から構成される企業グループです。Consolidated Financial Statements（連結財務諸表）は、このような経済実体のために、個別の財務諸表を合算し、企業グループメンバー間の取引を消去して作成されます。
- Consolidated Balance Sheet（連結貸借対照表）は、連結された企業が保有しているAssetのすべて、および企業グループの外部からの要求のすべてを報告します。
- Consolidated Income Statement（連結損益計算書）は、外部への売上高および外部に関連して発生したコストから生ずる費用のみを報告します。企業グループ内部の売上高および費用は消去されます。

これで、このプログラムの第8章は終わりです。もしこの章のポイントが理解できたと思うなら、巻末のテスト8に挑戦してみましょう。もし自分の理解に不安があるならば、もう一度第8章を見直して下さい。

テストを通じて、理解度をチェックするとともに第8章のキーポイントを復習して下さい。テストとケーススタディーに取り組んだ後に、いくつかのポイントに不安があることがわかるかもしれません。第9章に取りかかる前に、これらのポイントを復習しておいて下さい。なお、テストとケーススタディーに取り組む時に、巻末のテスト8とケーススタディーの解答も復習して下さい。

第9章
キャッシュフロー計算書
Statement of Cash Flows

テーマ

■ キャッシュフロー計算書の意味
What a statement of cash flows is.

■ キャッシュフロー計算書と損益計算書の違い
How it differs from an income statement.

■ 営業活動によるキャッシュフローの意味
Meaning of the term "cash flow from operations."

■ 他の2区分である投資活動と財務活動のキャッシュフローの内容
Content of the other two sections, investing and financing activities.

■ 減価償却とキャッシュフローの関係
Relationship of depreciation to cash flow.

■ キャッシュフロー計算書の用途
Uses of the statement of cash flows.

9-1 企業は3つの財務諸表を作成しなければなりません。前の章でそのうちの2つの財務諸表について述べました。[Balance Sheet/Income Statement] は各会計期間の終了日における企業の財務状況を報告します。[Balance Sheet/Income Statement] は会計期間中の経営成績を報告します。

Balance Sheet
Income Statement

9-2 この章で3番目の財務諸表について説明します。それは会計期間中の**Cash**の**Flow**（フロー）を報告するもので、**Statement of C□□□ F□□□s**（キャッシュフロー計算書）といいます。

Cash Flows

9-3 Income StatementもCash Flow Statementも一定期間のフローを報告します。両者の違いは、Income Statementが発生ベース（**Accrual** Basis）のフロー、すなわち、インフローはR□□□□□s、アウトフローはE□□□□□□sとして報告するのに対し、Cash Flow Statementは、C□□のインフローおよびアウトフローを報告するという点です。

Revenues（収益）
Expenses（費用）
Cash

> Income Statementは収益性に、Cash Flow StatementはCashの源泉と使途に注目します。

9-4 例えば、5月1日に1,000ドルで商品を販売し、6月1日に顧客が1,000ドルを支払ったとします。5月1日のキャッシュ・インフローは［0ドル/1,000ドル］で、5月の収益は［0ドル/1,000ドル］です。6月1日のキャッシュ・インフローは［0ドル/1,000ドル］で、6月の収益は［0ドル/1,000ドル］です。5月末日現在のBalance Sheetはこの1,000ドルをA□□□□□□□ R□□□□□□□勘定に資産計上します。

0ドル
1,000ドル
1,000ドル　0ドル
Accounts Receivable

> このように、収益・費用とCashの入出金とが、同一の時期

とは限りません。これが財務会計の学習時に理解すべき最も重要な概念の1つです。

9-5 Cash Flow Statementの作成方法には2通りあります。1つは、Cash勘定への直接のインフローおよびアウトフローを要約したもので、D□□□□□ Methodといいます。しかし、大部分の会社は、Ind□□□□ Methodと呼ばれるもう1つの方法を採用しています。

Direct（直接法）
Indirect（間接法）

> Indirect Method（間接法）を採用する企業は、当期純利益から発生主義の影響を除去する間接的な調整で、キャッシュ・フローを報告します。Indirect Method（直接法）は、Income StatementとBalance Sheetの関係を示し、これらの財務諸表の分析を容易にすることから、一般に採用されています。

9-6 Indirect Methodは、Balance Sheet勘定の増減を利用して、C□□□ F□□□への影響がプラスかマイナスかを決定します。Balance Sheetは常に貸借が一致しているので、Balance Sheetの各勘定の増減を分析することにより、C□□□への影響を決定することは容易です。

Cash Flow

Cash

9-7 Cash Flow Statementの作成時に、会計期間間のBalance Sheet勘定の増減に焦点を合わせます。Cash Flow Statementの目的はBalance Sheet間においてCashの_____をもたらした項目についての情報を提供することで、これが会計期間におけるCashの源泉と使途の理解に役立ちます。

増減

9-8 ですから、Cash Flow Statementは、一会計期間のC□□□の増減を合計しますので、B□□□□□□ S□□□□（どのFinancial Statement？）間のCash勘定の差異を合計しなければ

Cash
Balance Sheet

なりません。この調整を後程示します。

> 次に資料10のIncome StatementとBalance Sheetを使って、チコ社のCash Flow StatementをIndirect Methodで作成していきます。
> 資料11のCash Flow Statementに記入しますが、これは3つの区分から構成されており、第1番目の区分である、営業活動によるキャッシュフロー（Cash Flow from Operating Activities）について説明します。次に、他の2区分である、投資活動によるキャッシュフロー（Cash Flow from Investing Activities）および財務活動によるキャッシュフロー（Cash Flow from Financing Activities）について、両者とも同一の原則が適用されるため、まとめて説明します。この章の主な目的は、発生主義による会計数値とCashの関係を説明することです。

CASH FLOW FROM OPERATING ACTIVITIES
（営業活動によるキャッシュフロー）―間接法

> Cash Flow Statementの第1番目の区分は、期間中の営業活動、すなわち、会社の日々の活動により、Cashがどの程度生み出され、使われたのかを示しています。これを作成するため、Net Incomeから調整を開始し、この発生主義ベースの金額に対してキャッシュフローに影響しない項目に関して調整します。そして、その他の調整もして、Net Incomeを発生主義ベースからキャッシュベースに替えます。

Revenues（収益）
Expenses（費用）

9-9 Net Incomeは、R□□□□□esとE□□□□□esの差額です。営業活動によるキャッシュフローは、営業によるキャッシュ・インフローと営業によるキャッシュ・アウトフローの差額です。営業活動によるキャッシュフローの金額を計算するた

めに、Net Incomeをキャッシュベースに転換するため、次の2つの調整を行います。

(1) C□□□のアウトフローを絶対に伴わない減価償却費やその他の費用　　　　　　　　　　　　　　　　　　　　　Cash

(2) 運転資本勘定（Working Capital：日々の営業活動で欠かすことのできない勘定）の増減

> 期末のRetained Earnings＝期首のRetained Earnings＋Net Incomeであることを思い出して下さい。配当がないとすると、その期間のRetained EarningsのBalance Sheet上の変動は、Net Incomeだけです。（この概念については、8-40および8-41を注意して復習して下さい。）

DEPRECIATION EXPENSE（減価償却費）の調整

9-10 チコ社のBalance Sheet（巻末の資料10）によると、当社はPPE（土地以外の有形固定資産）を所有しており、その大部分は［2012年より前/2012年］に、＿＿＿＿,000ドルで購入しています。この資産のためのキャッシュ・アウトフローは［2012年より前/2012年］に発生しています。

2012年より前
108
2012年より前

9-11 チコ社のIncome Statementによると、当社の2012年の減価償却費は＿＿＿＿,000ドルでした。減価償却は、PPEの取得原価の一部分を償却することです。2012年の期首に保有していた資産のためのキャッシュ・アウトフローは2012年より前に発生しています。したがって、この減価償却費は、2012年のキャッシュ・アウトフロー［です/ではありません］。

6

ではありません

9-12 Net Incomeの計算にあたっては、減価償却費をRevenuesから控除しますが、この減価償却費は、キャッシュ・アウ

トフローではありません。Net Incomeは、減価償却費をゼロとした場合より6,000ドル少なくなっています。したがって、Net Income［に6,000ドルを加算／から6,000ドルを減算］することにより、キャッシュベースへの調整をします。この調整を資料11に記入して下さい。これで、Net Incomeをキャッシュベースにするための第一番目の調整が完了します。

に6,000ドルを加算

9-13 チコ社が2012年に減価償却費として、6,000ドルではなく10,000ドルを計上し、他の状況は同じだとした場合、営業活動によるキャッシュフローの金額は、資料11の金額［より多い／より少ない／と変わりません］。

と変わりません

> 9-13を正解した場合は、9-15へ進みなさい。

9-14 減価償却費が資料10の金額より4,000ドル多いと、Net Incomeは、資料10の金額［より4,000ドル多くなります／より4,000ドル少なくなります／と変わりません］。4,000ドルの減価償却費の増加は、Net Incomeを同額減少させます。営業活動によるキャッシュフローの金額は資料11の金額［より多くなります／より少なくなります／と変わりません］。

より4,000ドル少なくなります

と変わりません

9-15 この点を更に説明するために、減価償却費の仕訳を思い出して下さい。

Depreciation Expense
 Accumulated Depreciation

Dr. D□□□□□□□□□□ E□□□□□□
Cr. A□□□□□□□□□ D□□□□□□□□□□□□

変わりません

Cash勘定はこの仕訳により［変わります／変わりません］。

9-16 繰り返しますと、固定資産の取得のためのCashは、固定資産の購入時（または、この購入のための借入金の返済時）に支払われました。Cashは減価償却費の影響を［受けます／受けません］。　　受けません

> 無形固定資産の償却費や損失等のCashを伴わない費用や、Cashを伴わないRevenues（収益）が、Net Incomeを営業活動によるキャッシュフローに替えるためにNet Incomeに加減算されます。

9-17 このように減価償却はCashの源泉［です／ではありません］。（これはよく見られる誤解です。Cash Flow Statement上、Net Incomeをキャッシュベースに調整するにすぎません。）　　ではありません

WORKING CAPITAL（運転資本）勘定の増減の調整

9-18 近い将来に現金化されるCash、Inventory、Accounts Receivableやそれらと類似した勘定は、C□□□□□□ Assetです。近い将来に支払期日が到来するAccounts Payable、Wages Payable（未払賃金）やそれらと類似した勘定は、C□□□□□□ Liabilityです。Current AssetとCurrent Liabilityの差額が**運転資本（Working Capital）**です。営業活動――販売、原材料の購入、製造、販売費及び一般管理費の発生――は運転資本の増減の主な要因です。AssetとLiabilityを別々に分析していきましょう。

Current

Current

> Cashも勿論、運転資本項目ですが、ここではその他の運転資本勘定の増減が**Cash**へ与える影響を分析しようとしているのですから、Cashを除きます。Cash Flow Statementはある期間と次の期間のCashの増減を説明するものであること

を思い出して下さい。

CURRENT ASSETS（流動資産）の増減の調整

9-19 2012年のRevenuesがすべて現金売上の場合、キャッシュ・インフローはRevenuesと同額［です／ではありません］。すなわち、Revenuesが300,000ドルであるとしたら、キャッシュ・インフローは_____,000ドルです。しかし、大部分の会社では、一部の売上は掛売りで、その売上は、まず、A□□ □□□□ R□□□□□□□□□としてCurrent Assetに計上されます。後日、顧客が請求金額を支払う時にCashを受け取ります。

です

300

Accounts Receivable

9-20 チコ社は、すべての売上を掛売りで行っています。2012年の販売が300,000ドルの場合、Revenuesは_____,000ドルで、Accounts Receivableは販売時に_____,000ドル増加します。

300
300

9-21 上記の取引を仕訳で要約すると、下記のようになります（1,000ドル単位）

Accounts Receivable
　Revenues

Dr. A□□□□□□□ R□□□□□□□□□　300
　Cr. R□□□□□□□　　　　　　　　　　300

9-22 チコ社が2012年に掛売りした顧客から300,000ドルを受領した場合、Cashは増加し、Account Receivableは減少し、次のような仕訳になります。

Cash
　Accounts Receivable

Dr. C□□□　　　　　　　　　　　　　　　300
　Cr. A□□□□□□□ R□□□□□□□□□　300

9-23 上記の2つの仕訳は下記のように勘定へ転記されます。

Cash		
Beg.bal.	7	
From customer	300	
End.bal.	307	

Accounts Receivable			
Beg.bal.	42	From customer	300
Sales	300		
End.bal.	42		

Revenues		
	Sales	300

これらの勘定が示すように、Accounts Receivable の残高が変わらないときは、Cash の増加は Sales Revenues ［より多い／より少ない／と同じ］です。　　　　　　　　　　と同じ

9-24 このことは運転資本勘定のすべてに当てはまります。期首残高が期末残高と同額の場合は、Cash Flow Statement 作成時に、発生ベースからキャッシュベースへの調整は必要［です／ありません］。　　　　　　　　　　　　　　　　　ありません

9-25 チコ社の売上高は300,000ドルでしたが、顧客からの入金は302,000ドルであった場合を考えましょう。下記のT勘定に302,000ドルを記入し、残高を計算して下さい。

Cash	
Beg.bal.	7
From customer	
End.bal.	

302
309

Accounts Receivable			
Beg.bal.	42	From customer	
Sales	300		
End.bal.			

302
40

Revenues		
	Sales	300

第9章 キャッシュフロー計算書　211

より2,000ドル多く

より2,000ドル少ない

より多い

多い
に加算

2

から差し引く

56
60 4
増加

9-26 上記のT勘定より、このケースのCashの期末残高は、Cashの受取額が売上高と同額の場合（9-22のケース）[より2,000ドル多く／より2,000ドル少なく／と同額で]、Accounts Receivable残高は、Cashの受取額が売上高と同額の場合[より2,000ドル多い／より2,000ドル少ない／と同じ]です。2012年の売上高は、同額の300,000ドルです。

9-27 この例は、Accounts Receivableの期末残高が期首残高より少ない場合は、Cash残高の増加は売上高[より多い／より少ない／と同じ]ことを示しています。Cashの増加部分は、Accounts Receivableの減少の結果です。いい方をかえますと、以前に売り上げた顧客が支払ってくれたことと新規の顧客への売上によりCashが増加しました。これがチコ社に起こったことです。

9-28 Cashの増加がRevenuesの金額より[多い／少ない]ため、CashがRevenuesを上回っている金額をNet Income［に加算／より減算］しなければなりません。この金額は、上記に示されているように、＿＿＿＿,000ドルです。この金額を資料11に記入して下さい。

9-29 Accounts Receivableが期中に増加した場合は、Net Incomeの調整は上記と逆になります。つまり、Cash以外のCurrent Assetが増加した場合は、営業によるキャッシュフローの金額を算出するためには、Net Income［に加算する／から差し引く］調整をしなければなりません。

9-30 資料10によると、Inventoryの期首残高は＿＿＿＿,000ドル、期末残高は＿＿＿＿,000ドルで、期中に＿＿＿＿,000ドルの［増加／減少］となりました。この増減はAccounts Receiv-

ableの増減とは反対の影響をCashに与えています。したがっ
て、営業によるキャッシュフローの金額を算出するためにはNet
Income［に加算する／から差し引く］調整をしなければなりませ
ん。4,000ドルを資料11に記入して下さい。

から差し引く

9-31 運転資本勘定の残高が増減しない場合、CashのインフローはRevenuesと［同額で／同額でなく］、調整は［不要／必要］です。

同額で　不要

9-32 要約すると、Cashへの影響を決定するために、Balance Sheetの勘定の増減を分析する必要があります。Cash Flow Statementの_____活動によるキャッシュフローを作成するために、W□□□□□ C□□□□□□勘定に注目します。

営業

Working Capital
（運転資本）

9-33 Cashへの影響（Net Incomeの調整）が加算であるか減算であるかを覚える簡単な方法は、ちょっとの間、その勘定とCash勘定しか存在しないとして考えることです。たとえば、もし、CashとAccounts Receivableが唯一の勘定であるとすれば、Accounts Receivableの減少は、Cashの［増加／減少］を意味します。

増加

9-34 これは、以下の基本的な会計の等式から導かれる当然の結果です：

A□□□□□ = L□□□□□□□□□□□ + E□□□□□

Assets
　= Liabilities + Equity

この等式をバランスさせるため、2つの勘定しかないと想定した場合、Accounts Receivableが減少すると、必然的にCashは、同額だけ［増加／減少］します。

増加

Cash

⑨-㉟ このことは、他のすべてが同じだとした場合、Accounts Receivableの減少は、企業が会計期間中に前期のAccounts Receivableより多くのC□□□を受領したことを意味することから合点がいきます。

> 流動資産の増減が、Cash残高に直接影響しないこともあります。たとえば、Inventory（棚卸資産）の増加に対応しているのはAccounts Payable（買掛金）の増加かもしれません。しかし、Cashへの最終的な影響は、説明した通りです。他の勘定への影響は、これらの勘定を分析する時に考えましょう。

CURRENT LIABILITIES（流動負債）の増減の調整

⑨-㊱ Current Liabilityの増減のCashへの影響はAccounts Receivableの増減と逆です。Current Liabilityが増加した場合は、Net Incomeをキャッシュベースに調整するためには増加分を［加算／減算］する必要があります。Current Liabilityが減少した場合は、［加算／減算］して調整します。

加算
減算

⑨-㊲ 資料10では、Accounts Payableが＿＿＿＿,000ドル［増加／減少］しました。したがって、Net Incomeをキャッシュベースに調整するためにはこの金額を［加算／減算］する必要があります。この増減を資料11に記入して下さい。

3
減少
減算

⑨-㊳ 資料10では、Accrued Wages（未払給与）が＿＿＿＿,000ドル［増加／減少］しました。したがって、Net Incomeをキャッシュベースに調整するためにはこの金額を［加算／減算］する必要があります。この増減を資料11に記入して下さい。

4
増加
加算

WORKING CAPITAL（運転資本）の増減の影響

9-39 要約しますと、Accounts Receivable、Inventory 等の Current Asset の増加は、Cash の［増加/減少］を意味します。そのため、企業は Cash が少ない時は、Cash 以外の Current Asset 残高を適正水準まで［高く/低く］しようとします。

減少

低く

9-40 Current Liability の増加は Cash の［増加/減少］を意味します。仕入れ業者へ支払われなかった Cash は、C□□□ 勘定にとどまります。そのため、企業は Cash が少ない時は、Current Liability を適正水準まで［高く/低く］しようとします。

増加
Cash

高く

9-41 財務諸表の読者は、これらの関係を覚える必要はありませんが、理解する必要はあります。Cash Flow Statement は、運転資本項目の4種類の調整が及ぼす影響額の純額を示しています。下記の要約を完成して下さい。

増減	Net Income への調整	
Current Asset の減少	加算	
Current Asset の増加	［加算/減算］	減算
Current Liability の増加	［加算/減算］	加算
Current Liability の減少	［加算/減算］	減算

> 上記の調整は Net Income をキャッシュ・フローに替えるために行われるものであることを覚えていて下さい。Income Statement 上の Net Income の金額は変わりません。

9-42 資料11の Cash Flow from Operating Activities の欄を完成させて下さい。（括弧書きの金額は減算であることを思い出し

第9章　キャッシュフロー計算書　215

29	て下さい。）営業活動によるキャッシュフローの金額は＿＿＿,000ドルです。
6 より多い	**9-43** ＿＿＿,000ドルの減価償却費の調整が、運転資本の調整金額の純額［より多い／より少ない／と同額である］ことに注目して下さい。このような現象は、一部の企業、特に比較的多額の固定資産を有する製造会社でよく見受けられます。
まったく誤り	**9-44** したがって、アナリストのなかには、運転資本の増減の影響は純額では軽微だとみなして、簡便的に、Net Incomeに減価償却費だけを加算して営業活動によるキャッシュフローを算出する人もいます。この方法は、減価償却費がキャッシュフローであるという印象を与えるかもしれませんが、このような印象は［適度に正しい／まったく誤り］です。また、Cash Flow Statementは必ず作成しなければならない財務諸表のため、当計算書を読んで、営業活動によるキャッシュフロー情報を直接入手することをおすすめします。

OPERATING ADJUSTMENTS（営業活動の調整）

と同額	**9-45** 運転資本勘定（Cashを除く）の合計額に増減がなく、減価償却費のようなCashをともなわない費用がないとした場合は、営業活動によるキャッシュフローはNet Income［より少ない／と同額／より多い］です。
多く	**9-46** 運転資本勘定のネット金額（Cashを除く）が減少した場合、営業活動によるキャッシュフローはNet Incomeより［少なく／多く］なります。
	9-47 運転資本勘定（Cashを除く）のネット金額が増加した場

合は、営業活動によるキャッシュフローはNet Incomeより［少なく／多く］なります。　　　　　　　　　　　　　　　　少なく

9-48　減価償却費が計上された場合は、営業活動によるキャッシュフローはNet Income［より少なく／と同額と／より多く］なります。　　　　　　　　　　　　　　　　　　　　　　　　　　より多く

> 運転資本勘定の増減によるCashへの影響を分析する時、Cash勘定を除外して計算するように注意して下さい。

CASH FLOW FROM INVESTING AND FINANCING ACTIVITIES
（投資活動および財務活動によるキャッシュフロー）

9-49　資料11が示すように、Statement of Cash FlowsにはCash Flow from Operating Activitiesのほかに、2区分、即ち、Cash Flow from I□□□□□□□ ActivitiesおよびCash Flow from F□□□□□□□ Activitiesの区分があります。

Investing（投資）
Financing（財務）

9-50　企業が固定資産を取得する時、Cashの［インフロー／アウトフロー］をともないます。　　　　　　　　　　　　　　アウトフロー

> Cashの支払は同額の借入金で相殺されて、Cashは直接減少しないかもしれません。しかし、それはキャッシュ・アウトフローとして表示され、借入金は財務活動として表示されます。

9-51　資料10に記載されていますように、チコ社は2012年の期首に原価が_____,000ドルのPPEを有していました。2012年の期末現在のPPEの原価は_____,000ドルでした。_____,000ドルの増加は、2012年の［Investing/Financing］Activity

108
120
12

第9章　キャッシュフロー計算書　217

Investing

によるものです。この金額を資料11に記入して下さい（カッコはキャッシュ・アウトフローを意味します）。

> 新規のPPEは12,000ドル以上、例えば、15,000ドルかもしれません。3,000ドルの差額は、既存のPPEの売却により入金したCashを意味します。どちらもInvesting Activityですが、与えられた情報からはこの金額の内訳がわかりません。企業はこの内訳をCash Flow Statementあるいは財務諸表の注記のどこかに開示することがよくあります。

9-52 同様に、PPEの売却を示すPPE勘定の減少があった場合は、キャッシュの［インフロー／アウトフロー］が生じたことになります。このように、企業は、PPEを購入するために、Cashを_____かもしれません。そして、C□□□を得るためにPPEを売却するかもしれません。

インフロー

使用する　Cash

9-53 企業は、社債などの負債証券（Debt Securities）の発行により、キャッシュを得ることもあります。負債証券の発行は［Investing/Financing］Activityです。

Financing

9-54 資料10では、チコ社は、Liabilityである不動産担保付社債（Mortgage Bonds）を有していました。2012年期首残高は_____,000ドルで、2012年期末残高は_____,000ドルでした。_____,000ドルの増加は、チコ社がこの金額の社債を発行したことを示しています。これは［Investing/Financing］Activityで、Cashの［増加／減少］を意味します。この金額を資料11に記入して下さい。

34　40

6

Financing

増加

> 9-51の取引と同様に、新規の社債の発行金額は6,000ドルより多いかもしれません。また、新規発行の一部が既存の社債

> の償還用に使われたかもしれません。社債の発行および償還は、財務活動（Financing Activity）です。

9-55 財務活動に記載された借入金は、短期および長期借入金です。短期借入金はCurrent Liabilityですが、その増減は、通常、Cash Flow from F□□□□□□□□ A□□□□□□□□ □の区分に記載されます。　　　　　　　　　　　　　　Financing Activities

> たとえば、長期借入金の一年内期限到来部分（Current Portion of Long-term Debt）はCurrent Liabilityですが、キャッシュフロー上は、財務活動として報告されます。

9-56 企業の株式の追加発行も財務活動です。資料10では、チコ社のPaid-in Capitalの2012年期首残高は_____ドルで、　60,000ドル
2012年期末残高は_____ドルでした。明らかに、当社は2012　60,000ドル
年中に株式を追加発行［しました／しませんでした］。　　　しませんでした

9-57 配当の支払は、時折、財務活動に分類されています。資料10では、チコ社は、2012年に_____,000ドルの配当を支払　10
ました。この金額を資料11に記入し、資料11の財務活動によるキャッシュフローの合計を記入して下さい。配当の支払が財務活動に分類されているのを時々見かけますが、一般に公正妥当と認められた会計原則（Generally Accepted Accounting Principles：GAAP）は、このような活動は、第一の区分である営業活動によるキャッシュフローに含めるべきであるとしています。

> 一般に公正妥当と認められた会計原則（Generally Accepted Accounting Principles：GAAP）は、投資活動または財務活動によるキャッシュフローのタイプを具体的に規定していま

第9章　キャッシュフロー計算書

> す。投資活動には、投資の実行と処分の両方が含まれます。たとえば、有形固定資産の売却は、有形固定資産の取得と同じように投資活動です。同様に、財務活動は、借入による入金だけでなく、借入金の返済も含みます。金利や配当に関するキャッシュ・インフローやキャッシュ・アウトフローは財務活動にすべきであると考えている人たちがいますが、会計原則は、これらの活動は営業活動に含むべきであるとしています。Statement of Cash Flows 上では分類して表示しますので、これらのGAAPを覚える必要はありません。

9-58 投資活動は必ずしもキャッシュ・アウトフロー［です/とは限りません］。また、財務活動は必ずしもキャッシュ・インフロー［です/とは限りません］。

とは限りません
とは限りません

STATEMENT OF CASH FLOWS（キャッシュフロー計算書）の完成

9-59 資料11の3区分を合計し、Cashの増加額を計算して、合計額を記入して下さい。＿＿＿＿,000ドルのCashの純増額がチコ社のBalance SheetのCash残高の増加に一致［する/しない］ことに注目して下さい。

13
する

9-60 Statement of Cash Flows と Balance Sheet の調整欄が下欄にあります。C□□□の純増減額はCash勘定の期首残高と期末残高の＿＿＿＿に一致させなければなりません。金額を資料11の下欄に記入しなさい。

Cash
差額

9-61 Cash Flow Statement を見ると、2012年のNet Incomeは＿＿＿＿,000ドルでしたが、Cashは＿＿＿＿,000ドルしか増加しなかったことがわかります。営業活動は＿＿＿＿,000ドルのCashを生み出し、このうちの＿＿＿＿,000ドルが配当の支払いに使われました。残りのキャッシュ・インフローは新規の有形

24　13
29
10

固定資産の取得に使われました。新規取得した有形固定資産の原価は_____,000ドルで、このうち_____,000ドルが借入金により調達され、残額はCashが使われました。キャッシュ・インフローとしては、Cash勘定に_____,000ドルが残りました。これは、企業の「キャッシュフロー物語」について語るシンプルで有用な方法です。

12 6

13

STATEMENT OF CASH FLOWS（キャッシュフロー計算書）の用途

9-62 キャッシュフローを予測することは、経営者および財務諸表の読者が将来のCashの必要性を見積るのに役立ちます。たとえば、企業が成長局面にある時は、Accounts Receivable、Inventory、Fixed Assetが増加し、Cashの必要性がますます［増加/減少］します。したがって成長により利益は増加しますが、Cash［の必要性も増します/を生み出します］。

増加

の必要性も増します

9-63 企業の財務状況が厳しい時、企業はIncome StatementよりCash Flow Statementに［より多く/より少なく］注意を払います。請求書は、Cashで支払うのであって、Net Incomeで支払うのではありません。

より多く

9-64 債権者の関心事は、支払期日に借入金のI□□□□□□tやP□□□□□□□□を支払うに充分なキャッシュ・フローがあるか、ということです。

Interest（利息、金利）

Principal（元本）

> アナリストの関心事は、年間のキャッシュフローのうちどのくらいの金額が、持続できる営業活動から生み出されているかということです。

9-65 同様に、株主の関心事は、D□□□□□□□sの支払に充

Dividends（配当）

分なキャッシュフローがあるかどうかということです。

> これらの目的に有用なのが、**フリー・キャッシュフロー**と呼ばれる数値です。これは、営業活動によるCashの見積り額から以下の金額を控除して算出します。(1) 通常の固定資産の更新に必要なCash、(2) 支払期日が到来する長期借入金の返済に必要なCash、(3) 通常の配当の支払額。もし、差額があれば、その差額は (1) 不測のキャッシュ・アウトフローに備えるためのクッションおよび (2) 他に実施しようとしている支出の支払いに必要に応じて使用されるCashの金額を示しています。

キーポイント

- 基本財務諸表の1つであるStatement of Cash Flows (キャッシュフロー計算書) は、Balance Sheetの勘定の増減を、会計期間中のCashのプラスあるいはマイナスの影響として報告します。
- Statement of Cash Flowsは3つの区分に分かれています。それらは、営業活動によるキャッシュフロー (Cash Flow from Operating Activities)、投資活動によるキャッシュフロー (Cash Flow from Investing Activities)、財務活動によるキャッシュフロー (Cash Flow from Financing Activities) です。
- Statement of Cash Flowsは、Cash勘定の期首残高と期末残高の差額に一致するCashの純増減を示します。
- 営業活動によるキャッシュフローは、Net Incomeを (1) 減価償却費及び (2) Cash以外のCurrent AssetおよびCurrent Liabilityの増減について調整することによって算出されます。
- 減価償却費はキャッシュフローではありません。減価償却費はNet Incomeを減少させますから、営業によるキャッシュフローの金額を算出するためNet Incomeに加算されます。
- 投資活動には、主として、固定資産の取得のための支出および固定資産の売

却による収入が含まれます。
・財務活動には、主として、長期借入れによる収入、借入金の返済および株式発行による収入が含まれます。
・一般に公正妥当と認められた会計原則（GAAP）においては、投資活動と財務活動に分類されるキャッシュフローが明記されていますが、Statement of Cash Flowsをみればそれらは区分されていますので、読者は特に覚える必要はありません。
・企業が成長過程にある時、または、財務状況が厳しい時は、Income StatementよりStatement of Cash Flowsの方に気を配る必要があります。持続できる営業活動によるキャッシュフローは、しばしばアナリストの関心事となります。

これで、このプログラムの第9章は終わりです。もしこの章のポイントが理解できたと思うなら、巻末のテスト9に挑戦してみましょう。もし自分の理解に不安があるならば、もう一度第9章を見直して下さい。

テストを通じて、理解度をチェックするとともに第9章のキーポイントを復習して下さい。テストとケーススタディーに取り組んだ後に、いくつかのポイントに不安があることがわかるかもしれません。第10章に取りかかる前に、これらのポイントを復習しておいて下さい。なお、テストとケーススタディーに取り組む時に、巻末のテスト9とケーススタディーの解答も復習して下さい。

第10章
財務諸表の分析
Analysis of Financial Statements

テーマ

- 財務諸表分析の限界
  Limitations of financial statement analysis.

- 監査の特質および限界
  Nature and limitations of auditing.

- 財務諸表分析のアプローチ
  An approach to analyzing financial statements.

- 全体的な業績の財務指標
  Overall financial measures of performance.

- 財務諸表分析に使用されるその他の比率
  Other ratios used in financial statement analysis.

- 財務比率のデュポンシステム
  The Dupont system of ratios

- 利益の質の高さ低さを見分ける方法
  How to detect high- vs. low-quality earnings.

- 2002年のサーベンス・オクスリー法（企業改革法）の基本
  Basics of the Sarbanes-Oxley Act of 2002.

LIMITATIONS OF FINANCIAL STATEMENT ANALYSIS
（財務諸表分析の限界）

> この章では、財務諸表上の情報の使い方について学習します。その前に、会計が企業の財政状態および経営成績の全体像を示すことができない理由について復習しましょう。

10-1 1つ目の限界は、財務（Financial）という言葉が示すように、**財務諸表（Financial Statements）**はM□□□□□□□ A□□□□□□で測ることができる事象のみを示していることです。

Monetary Amounts（金額）

10-2 2番目の限界は、読者が［過去に起こった／将来起こるであろう］事象の評価にも関心があるにもかかわらず、財務諸表は歴史的（Historical）、つまり、［過去に起こった／将来起こるであろう］事象のみを示していることです。前年に100万ドルの利益を獲得したことは、翌年も利益を計上できることを［100％予告しています／必ずしも意味していません］。

将来起こるであろう

過去に起こった

必ずしも意味していません

10-3 3番目は、Balance Sheetが非貨幣性資産の［Cost（原価）／Fair Value（公正価値）］を示していないことです。有形固定資産は、A□□□□-M□□□□□□□□□□ Conceptにしたがって、［Unexpired Cost（未費消原価）／Fair Value（公正価値）］で計上されます。

Fair Value（公正価値）

Asset Measurement（資産価値測定の原則）

Unexpired Cost（未費消原価）

減価償却は、［Cost（原価）／Fair Value（公正価値）］の償却で、有形固定資産の本当の価値の変化を示していません。つまりBalance Sheetは企業の正味価値を示して［います／いません］。

Cost（原価）

いません

10-4 4番目は、会計担当者および経営者が、ある事象に対する会計処理方法について選択の余地をもっているということです。会計処理の柔軟性を示す一例として、Inventory（棚卸資産）の価値やCost of Sales（売上原価）を決める時に、L□□□、またはF□□□、またはAverage Cost Method（平均法）のいずれを採用してもよいことがあげられます。このような選択が企業のNet Incomeに影響を［与えません／与えます］。

LIFO（後入先出法）
FIFO（先入先出法）

与えます

10-5 5番目は、多くの会計上の金額は見積りだということです。たとえば、有形固定資産の減価償却を計算する時には、その有形固定資産のS□□□□□ L□□□と、R□□□□□□ V□□□□を見積らなければなりません。

Service Life（耐用年数）
Residual Value（残存価値）

AUDITING（監査）

10-6 すべての大企業と多くの中小企業は、会計記録を独立性のある公認会計士に調査してもらいます。これを**監査（Auditing）**といい、その独立性のある会計士のことを□□□□tors（会計監査人）といいます。

Auditors

10-7 監査の終了後、□□□□□□□s（会計監査人）は**意見（Opinion）**を記載した報告書を提出します。このO□□□□□□は、企業のAnnual Report（アニュアル・レポート）に掲載されます。典型的な監査報告書は資料12に掲載してあります。

Auditors
Opinion

10-8 監査報告書には、会計監査人が財務諸表を［Prepared（作成）／Audited（監査）］したことと、これらの財務諸表の作成責任は、［Auditor／Management］にあることが記載されています。

Audited（監査）
Management（会社の経営陣）

Fairly（適正に）
（このような言葉を使う理由は、財務諸表には判断や見積りが含まれているので、完全に正しいとは誰も言えないからです）

10-9　監査報告書には、財務諸表は財務結果を［Accurately（正しく）/Fairly（適正に）］示している旨が記載されています。

Generally Accepted Accounting Principles
(GAAP：一般に公正妥当と認められた会計原則)

10-10　監査報告書の最後のパラグラフには、財務諸表はG□□□□□□□　A□□□□□□□□　A□□□□□□□□□　P□□□□□□□□（一般に公正妥当と認められた会計原則）に準拠して作成された旨が記載されています。

> 資料12は、適正意見（*Clean*または*Unqualified* **Opinion**）の例です。上に記載されている財務諸表のいずれかがGAAPに準拠して作成されていなければ、会計監査人は限定意見（*Qualified Opinion*）を表明して、その問題点について注意を促します。限定意見が出されるというのは深刻な事態です。限定事項が重大な場合には、証券取引所はその企業の株式の取引を停止します。

OVERALL FINANCIAL MEASURES OF PERFORMANCE
（全体的な業績の財務指標）

> 財務諸表は、**限界（Limitations）** はあるにせよ、通常、企業に関する最も有用な情報源の1つです。ここではまず、財務諸表が企業の全体的な業績に関してどんな情報を提供しているかを中心に学習します。

Equity

Return

10-11　株主資本への投資家、すなわち、株主（Shareholders）は、Equity（株主資本）から利益、あるいは儲け（Return）を得るために事業に投資します。このように、株主の観点からは、企業の収益性を評価する最も良い指標は、企業のE□□□□□□に対するR□□□□□（Return on Equity略して**ROE：自己資**

本利益率)です。

(訳注:ROEは日本では自己資本利益率と呼ばれていますのでその呼び方を使っています)

10-12 1年間に獲得した利益を、会計では、N□□ I□□□□□といいます。

Net Income (当期純利益)

自己資本利益率 (Return On Equity) は、N□□ I□□□□□ を E□□□□□で割って算出した比率です。

Net Income
Equity (自己資本)

10-13 チコ社の2012年のNet Incomeは24,000ドルで、2012年12月31日現在のEquity (株主資本) は130,000ドルでした。2012年のROEを計算して下さい。

$$\frac{\text{N□□ I□□□□□}}{\text{E□□□□□}} = \frac{\boxed{}\text{ドル}}{\boxed{}\text{ドル}} = \boxed{}\% \ast \text{ROE}$$

＊小数点以下1桁。

$$\frac{\text{Net Income}}{\text{Equity}} = \frac{24,000\text{ドル}}{130,000\text{ドル}} = 18.5\%$$

10-14 チコ社がどの程度よい業績をあげているのかを評価するために、18.5％のROEを何かと比較する必要があります。チコ社の2011年のROEが20％の場合、2012年の業績は2011年より [良い/悪い] と言えます。これが、**過年度比較 (Historical basis of comparison)** です。

悪い

10-15 別の企業の2012年のROEが15％の場合、チコ社のROEは他の企業より [良い/悪い] と言えます。また、2012年のチコ社と同業界の企業の平均ROEが15％の場合、チコ社のROEは業界平均より [良い/悪い] と言えます。これが、**外部比較 (External basis of comparison)** です。別の企業が業界中の最優良企業である場合、この企業との比較を**ベンチマーキング (Benchmarking)** といいます。

良い

良い

10-16 最後に、これまでの経験から、チコ社のような企業は2012年に20%のROEを上げるべきであると考えた場合、チコ社のROEは、**基準値（Judgemental standards）**より［良い/悪い］という結論になります。

悪い

10-17 大部分の比較はこれまで学んできた3つの方法のどれかです。それぞれの意味を記載して下さい。

a. Historical ：＿＿＿＿＿＿＿＿＿＿＿＿＿＿＿と比較する
b. External ：＿＿＿＿＿＿＿＿＿＿＿＿＿＿＿と比較する
c. Judgmental ：＿＿＿＿＿＿＿＿＿＿＿＿＿＿＿と比較する

同社の過年度の業績
他の企業の業績や業界の平均値
判断基準値

10-18 チコ社の2012年のNet Incomeは24,000ドルで、同年度のポール社のNet Incomeは50,000ドルでした。この情報だけではどちらの企業の業績が良いと言うことはできません。何故でしょうか？

理由：ポール社のEquityの情報がないから。

10-19 ポール社のEquityは1,000,000ドルで、2012年のNet Incomeは50,000ドルでした。ポール社のROEを計算して下さい。

$$\frac{50,000\text{ドル}}{1,000,000\text{ドル}} = 5\%$$

$$\frac{\boxed{\quad\text{ドル}\quad}}{\boxed{\quad\text{ドル}\quad}} = \boxed{\quad\%\quad}$$

18.5%のROEを確保しているチコ社の方がポール社よりも業績が［良い/悪い］と言えます。

良い

10-20 チコ社のNet Incomeの金額とポール社のNet Incomeの金額の比較は、有用な情報を提供［します/しません］。比率（Ratio）やパーセント（Percentage）の比較が［有用です/有用ではありません］。有用な比較は、R□□□□sまたはP□□□

しません
有用です

Ratios　Percentages

□□□□□□sを含みます。

自己資本利益率（RETURN ON EQUITY）に影響を及ぼす要素

10-21 比率は、自己資本利益率に影響を及ぼす要素の説明に役立ちます。

> いくつかの比率について、これまでの各章で説明してきました。資料10のチコ社の財務諸表および資料13の構成要素の図表を使って、これらの比率を復習するとともに、それ以外の比率についても学習していきます。これらの比率は資料14にまとめてあります。

すでにReturn on Equityについて説明しましたが、これは次の式で表されます：

$$\frac{（分子）\text{Net Income}}{（分母）\text{Equity}} = \text{Return on Equity}$$

資料14の1行目に、この比率の分子と分母を記載してください。

分子：Net Income

分母：Equity

10-22 Net Incomeに影響を与える要素の1つはGross Margin（売上総利益）です。第5章で、売上高総利益率（Gross Margin Percentage）の計算をしました。チコ社の売上高総利益率を計算して下さい。

$$\frac{\text{Gross Margin}}{\text{Sales Revenue}} = \frac{\boxed{\text{ドル}}^{*}}{\boxed{\text{ドル}}} = \boxed{}\% \text{ Gross Margin}$$

$$\frac{\text{Gross Margin}}{\text{Sales Revenue}} = \frac{120 \text{ドル}}{300 \text{ドル}} = 40\%$$

＊以下では、他を参照する場合には、書く手間を省くため、数値の下3ケタを省いて120,000を120と記入して下さい。

> 上記の計算が少し難しいと思う方は、資料13の計算を参照して下さい。

分子：Gross Margin
分母：Sales Revenue

10-23 資料14の5行目に売上高総利益率の分子と分母の構成要素の名称を記入して下さい。

10-24 売上高利益率は、業界によりまちまちです。儲かっているスーパーマーケットの売上高総利益率は15％にすぎません。また、多くの製造業の企業の売上高総利益率は、約35％です。これらの数字と比較すると、チコ社の売上高総利益率は、［低い／高い］といえます。

高い

> 同じ業界の企業でも、売上高総利益率がかなり異なっていることがありますので、財務比率の統計について一般論をのべることは、しばしば誤解を招きます。

10-25 売上高総利益率が高い場合でも、必ずしもNet Incomeが高いということにはなりません。Net IncomeはGross MarginからExpenseを差し引いた残額で、Expenseが高ければ、Net Incomeは［多く／少なく］なります。

少なく

10-26 売上高当期純利益率（**Profit Margin Percentage**）はNet Incomeの分析に有用です。第5章で学習しましたので、チコ社の売上高当期純利益率を計算して下さい。

$$\frac{\text{Net Income}}{\text{Sales Revenue}} = \frac{24 \text{ドル}}{300 \text{ドル}} = 8\%$$

$$\frac{\text{Net Income}}{\text{Sales Revenue}} = \frac{\boxed{} \text{ドル}}{\boxed{} \text{ドル}} = \boxed{}\% \text{ Profit Margin}$$

10-27 資料14の6行目に売上高当期純利益率の分子と分母の構成要素の名称を記入して下さい。

分子：Net Income
分母：Sales Revenue

10-28 業界別の平均売上高当期純利益率は、統計資料として発表されていて、チコ社の比較分析に利用可能です。Net Income の平均金額の統計は公表されていません。規模の大小は収益性を適切に示すものではないため、このような統計は［有用です／有用ではありません］。

有用ではありません

CAPITAL UTILIZATION（資本の効率性）

10-29 資料13の図表の下の部分には、チコ社のCapital（資本）の主要構成要素が記載されています。この情報は［Income Statement／Balance Sheet］から入手されています。これらの構成要素を理解する際に有用な比率について学習します。

Balance Sheet

10-30 この分析を行うための予備知識として、スティムソン社の次の要約貸借対照表をもとにいくつかの数字の関係を検討してみましょう。

Assets		Liabilities and Equity	
		Total Liabilities	400,000ドル
		Total Equity	600,000
Total	1,000,000ドル	Total	1,000,000ドル

Net Incomeが60,000ドルの場合、スティムソン社の自己資本利益率（ROE）は、Net Income ÷ Equity、すなわち、＿＿＿％です。

10%
（＝60,000ドル ÷ 600,000ドル）

10-31 スティムソン社が、Net Incomeは60,000ドルのままで、Equityを500,000ドルまで減少させると、ROEは＿＿＿％と

12%（＝60,000ドル ÷ 500,000ドル）

第10章 財務諸表の分析 233

減少 | なります。Net Incomeが一定であれば、Equityを［増加／減少］させることによりROEを向上させることができます。

10-32 Total Assetsは、常にLiabilitiesとEquityの合計額に一致するため、Equityを減少させるためには、(1) Assetsの［増加／減少］、(2) Liabilitiesの［増加／減少］、(3) これら2つの増減の組合せのいずれかしかありません。

減少　増加

10-33 例えば、スティムソン社のAssetsが40,000ドル減少（960,000ドルまで）し、Liabilitiesが＿＿＿＿ドル［増加／減少］（＿＿＿＿ドルまで）した場合、Equityは、100,000ドル減少（500,000ドルまで）します。もし、Equityが500,000ドルで、Net Incomeが60,000ドルの場合のROEは次のようになります。

60,000ドル　増加
460,000ドル

$$\frac{60,000\text{ドル}}{500,000\text{ドル}} = 12\%$$

$$\frac{\boxed{\text{ドル}}}{\boxed{\text{ドル}}} = \boxed{}\%$$

10-34 第4章で、Current Assetsに関連する2つの比率について学習しました。そのうちの1つは、Accounts Receivableに関するもので、**売上債権回転期間（Days' Sales Uncollected）**といわれ、売上高の何日分が売上債権となっているかを示しています。

チコ社の売上債権回転期間を計算して下さい。

$$\frac{\text{Accounts Receivable}}{\text{Sales Revenue} \div 365} =$$

$$\frac{40\text{ドル}}{300\text{ドル} \div 365} = 49\text{days}$$

$$\frac{\text{Accounts Receivable}}{\text{Sales Revenue} \div 365} = \frac{\boxed{\text{ドル}}}{\boxed{\text{ドル}} \div 365} = \boxed{}\text{ Days' Sales Uncollected}$$

分子：Accounts Receivable
分母：Sales Revenue ÷ 365

10-35 資料14の8行目に、売上債権回転期間の分子と分母を記入して下さい。

10-36 Inventoryとして拘束されているCapitalの金額は、**棚卸資産回転率（Inventory Turnover Ratio）**を計算することにより検証できます。Inventoryは原価で計上されているので、この比率は、Sales Revenueよりむしろ、Cost of Salesに対して計算されます。

チコ社の棚卸資産回転率を計算して下さい（必要な場合は、資料13を参照して下さい）。

$$\frac{\text{Cost of Sales}}{\text{Inventory}} = \frac{\boxed{\text{ドル}}}{\boxed{\text{ドル}}} = \boxed{} \text{ times（回）}$$

$\frac{\text{Cost of Sales}}{\text{Inventory}} =$

$\frac{180 \text{ドル}}{60 \text{ドル}} = 3 \text{times（回）}$

10-37 資料14の9行目に、棚卸資産回転率の分子と分母を記入して下さい。

分子：Cost of Sales
分母：Inventory

10-38 チコ社が180,000ドルのCost of Salesに対して、90,000ドルのInventoryを維持していたとした場合、同社の棚卸資産回転率は、3回ではなく、＿＿＿＿回となります。この場合、同社のROEは、資料13の18.5％より［高く／低く］なります。

2
低く

10-39 **流動比率（Current Ratio）**は、Balance Sheetの流動資産・負債を検証するもう1つの比率です。第9章で、Current AssetsのCurrent Liabilitiesに対する比率が低すぎる場合は、債務の支払に窮することがあると述べましたが、流動比率が高すぎても、Current L☐☐☐☐☐☐☐☐☐sによってCurrent Assetsの資金を手当てする有利な機会を逸してしまうかもしれません。Current Liabilitiesの増加は、ROEを［増加／減少］させます。なぜなら、その場合は、必然的にEquityが減少するからです。さもないと、Balance Sheetの貸借が不一致となってし

Liabilities

増加

第10章 財務諸表の分析 235

まいます。

10-40 チコ社の流動比率を計算して下さい。

$$\frac{\text{C}\square\square\square\square\square\square\text{ A}\square\square\square\square\square}{\text{C}\square\square\square\square\square\square\text{ L}\square\square\square\square\square\square\square\square\square\text{s}} = \frac{\boxed{}\text{ドル}}{\boxed{}\text{ドル}} = \boxed{}$$

$$\frac{\text{Current Assets}}{\text{Current Liabilities}} = \frac{140\text{ドル}}{60\text{ドル}} = 2.3$$

分子：Current Assets
分母：Current Liabilities

10-41 資料14の10行目に、流動比率の分子と分母を記入して下さい。

10-42 チコ社がCurrent Liabilitiesを増加させることにより、流動比率を1.5まで減少させた場合、ROEは［増加／減少］します。しかし、流動比率が低いと、チコ社がCurrent Liabilitiesを支払期日に支払えない可能性が［高く／低く］なります。

増加

高く

> 流動比率の計算に用いる数字は期末時点のものです。季節変動の要因が期中の流動比率に大きな影響を与えることがあります。例えば、デパートは、クリスマスでの売上増を期待して秋のInventoryを増やし、その結果、流動比率が変化するというケースがあります。同じような限界が、この章で取り上げる他の指標にもあります。

10-43 流動比率（Current Ratio）の変形が当座比率（*Quick Ratio*）、酸性比率（*Acid-Test Ratio*）です。この比率は、Current AssetsからInventoryを控除した残額をCurrent Liabilitiesで割って計算します。流動比率よりこの比率の方が、厳密に債務の即時支払能力を測る指標としては適切です。チコ社の当座比率を計算して下さい。

$$\frac{\text{Current Assets} - \text{Inventory}}{\text{Current Liabilities}} = \frac{\boxed{\text{ドル}} - \boxed{\text{ドル}}}{\boxed{\text{ドル}}} = \boxed{} \text{ times （回）}$$

$$\frac{140\text{ドル} - 60\text{ドル}}{60\text{ドル}} = 1.3\text{times （回）}$$

10-44 資料14の11行目に、当座比率の分子と分母を記入して下さい。

分子：Current Assets − Inventory
分母：Current Liabilities

10-45 Capitalの効率性を検討するために使用される最後の比率は、**長期債務比率（Debt Ratio）**です。第8章で述べたように、これは、Debt Capital（長期債務）のTotal Permanent Capital（長期債務と純資産の合計）に対する比率で、Noncurrent Liabilitiesが、D□□□ Capitalで、Noncurrent LiabilitiesとEquityの合計がT□□□ P□□□□□□□ Capitalです。チコ社の長期債務比率を計算して下さい。

Debt
Total Permanent

$$\frac{\boxed{}}{\boxed{} + \boxed{}} = \frac{\boxed{\text{ドル}}}{\boxed{\text{ドル}} + \boxed{\text{ドル}}} = \boxed{} \%$$

$$\frac{\text{Noncurrent Liabilities}}{\text{Noncurrent Liabilities} + \text{Equity}} = \frac{40\text{ドル}}{40\text{ドル} + 130\text{ドル}} = 24\%$$

10-46 資料14の12行目に、長期債務比率の分子と分母を記入して下さい。

分子：Noncurrent Liabilities
分母：Noncurrent Liabilities + Equity

10-47 Permanent CapitalのうちDebt（長期債務）による調達の割合が大きくなれば、必要とされるEquity Capitalの金額は小さくなります。チコ社が170,000ドルのPermanent Capitalのうち85,000ドルをDebtにより調達した場合、長期債務比率は＿＿＿＿％で、ROEは資料13の18.5％より［高く／低く］なります。

50％　高く

10-48 長期債務比率が高い場合は、長期債務比率が低い場合よりも、リスクが［大きい／小さい］資本構成です。

大きい

123,000ドル	**10-49** 上記の計算においては、Balance Sheetの期末残高を使用してきました。しかし目的によっては、期首と期末の平均残高を使用した方がより有益な場合があります。チコ社のEquityの2012年期末残高は130,000ドルでした。仮に2012年期首残高は116,000ドルとすると、2012年の期中の平均残高は_____ドルとなります。2012年のNet Incomeは24,000ドルで、平均自己資本利益率（Return on Average Equity Investment）は_____%（小数点以下1桁）になります。
19.5% （＝24,000ドル÷123,000ドル）	

OTHER MEASURES OF PERFORMANCE（その他の業績指標）

Earnings （または、Net Income） Shares	**10-50** その他の業績指標としては**1株当たり利益（Earnings per Share）**があります。この名称が示すように、これは、ある一定期間のTotal E□□□□□□□を流通普通株式数（Number of S□□□□ of Common Stock Outstanding）で割ったものです。
24,000ドル 4,800 5ドル（＝24,000ドル÷4,800）	**10-51** 資料10にあるように、チコ社の2012年のEarnings（すなわち、Net Income）は_____ドルで、2012の期中における流通株式数は_____株でした。したがって、1株当たり利益は_____ドルとなります。
分子：Net Income 分母：Number of Shares 　　　Outstanding 　　　（流通普通株式数）	**10-52** 資料14の2行目に、1株当たり利益の計算の分子と分母を記入して下さい。
	10-53 **1株当たり利益（Earning per share）**は、別の比率である**株価収益率（PER、Price Earnings Ratio）**の計算に使用されます。これは、平均株価（Average Market Price）を1株当たり利益で割って計算します。チコ社株式の2012年中の平均株価が35ドルであるとすると、株価収益率は35ドルの5ドルに対する比

238　　Chapter 10　Analysis of Financial Statements

率で、＿＿＿＿対1になります。　　　　　　　　　　　7（＝35ドル÷5ドル）

10-54　資料14の3行目に、株価収益率の分子と分母を記入して下さい。

分子：Average Market Price（平均株価）
分母：Earnings per Share（1株当たり利益）

10-55　多くの企業の株価収益率は新聞紙上の経済欄に毎日掲載されています。この比率は、おおよそ9対1で、市場の動向により大きく左右されます。投資家が1株当たり利益が増加すると考えた場合、この比率はもっと高く――例えば15対1――になるでしょう。明らかに、投資家は過度なリスクを取ることにならない限り、成長企業に対しては、1ドルの利益あたりより［多くの／少ない］投資をしようとするでしょう。

多く

10-56　全体的な業績評価指標として自己資本利益率（ROE）について述べてきましたが、その他の有用な指標として**永久資本利益率（Return on Permanent Capital）**があります。これは、永久資本の構成要素であるD□□□とE□□□□□の構成比率を考慮せずに、企業がどれだけ上手にCapitalを使っているかを示す指標です。この指標は、**投下資本利益率（Return on Investment:ROI）**とも呼ばれます。

Debt Equity

10-57　この比率の利益（Return）の部分は、Net Incomeではありません。Net IncomeはInterest Expense（支払利息）を控除して計算されていますが、Interest Expenseは長期債務（Debt Capital）にとっての利益（Return）です。したがって、Net IncomeはPermanent Capital（長期債務と株主資本の合計）への利益としては［過小／過大］となっています。また、税引前利益に焦点を合わせるために、税金費用はしばしば無視されます。

過小

10-58　この比率の算出に使用される利益（Return）は**金利税金差**

第10章 財務諸表の分析　　239

EBIT

引前利益 (Earnings Before the Deduction of Interest and Taxes on Income) で、単語の頭文字を取って、E□□□ といわれます。

10-59 他の損益計算書の数字と同じように、EBITは、Sales Revenueに対する比率で表され、これを売上高金利税金差引前利益率 (EBIT Margin) といいます。チコ社の**売上高金利税金差引前利益率 (EBIT Margin)** を計算して下さい。

$$\frac{42\text{ドル}}{300\text{ドル}} = 14\%$$

分子：EBIT
分母：Sales Revenue

$$\frac{\text{EBIT}}{\text{Sales Revenue}} = \frac{\boxed{}\text{ドル}}{\boxed{}\text{ドル}} = \boxed{}\% \text{ EBIT Margin}$$

資料14の7行目に、売上高金利税金差引前利益率 (EBIT Margin) の分子と分母を記入して下さい。

10-60 2012年12月31日時点のPermanent Capitalは、Debt Capital (長期債務) が_____,000ドル、Equity Capitalが_____,000ドルで、合計_____,000ドルです。永久資本利益率は、EBITをこのCapitalの合計で割って計算します。永久資本利益率を計算して下さい。

40 130
170 (= 40 + 130)

$$\frac{\text{EBIT}}{\text{Permanent Capital}} = \frac{42\text{ドル}}{170\text{ドル}} = 25\%$$

$$\frac{\text{E}□□□}{\text{P}□□□□□□□\text{ C}□□□□□□} = \frac{\boxed{}\text{ドル}}{\boxed{}\text{ドル}} = \boxed{}\%$$

分子：EBIT
(Earnings before Interest and Taxes)
分母：Permanent Capital

10-61 資料14の4行目に、永久資本利益率の分子と分母を記入して下さい。

10-62 別の比率として、Permanent Capital 1ドル当たり、どれだけのSales Revenueが生み出されているのかを示す比率があります。これを**総資本回転率 (Capital Turnover Ratio)** といいま

す。チコ社の総資本回転率を計算して下さい。

$$\text{Capital Turnover} = \frac{\text{Sales Revenue}}{\text{Permanent Capital}} = \frac{\boxed{ドル}}{\boxed{ドル}} = \boxed{} \text{times (回)}$$

$\frac{300 ドル}{170 ドル} = 1.8 \text{times (回)}$

資料14の13行目に、総資本回転率の分子と分母を記入して下さい。

分子：Sales Revenue
分母：Permanent Capital

10-63 米国の製造会社の総資本回転率の平均は、おおよそ2回です。売上高に比較して投下資本が多い会社を、**資本集約的な会社 (Capital Intensive Company)** といいます。資本集約的な会社としては、例えば、製鉄会社や公共事業会社 (電気、ガス、水道等) があります。このような企業の総資本回転率は、比較的 [高く/低く] なっています。

低く

10-64 永久資本利益率を算出するもう1つの方法は、売上高金利税金差引前利益率 (EBIT Margin) に総資本回転率を掛け合わせるものです。この関係を計算式にしてみてください。

売上高金利税金差引前利益率　　　総資本回転率
　　（問題10-59）　　　×　　（問題10-62）　＝　投下資本利益率
　　$\boxed{}$ %　　×　　$\boxed{}$ %　＝　$\boxed{}$ %

$14\% \times 1.8 = 25\%$

10-65 この計算式は、事業の収益性を改善する2つの基本的な方法を示しています。
1. 売上高金利税金差引前利益率 (EBITマージン) を [増加/減少] させる。
2. 総資本回転率を [増加/減少] させる。

増加

増加
(もし、このような関係を理解することが難しい場合には、あなた自身である数字を使って計算してみてください)

第10章　財務諸表の分析　　**241**

COMMENTS ON PROFITABILITY MEASUREMENT
（収益性の測定に関するコメント）

10-66 これまでの分析では比率を使用してきました。その理由は、実際の数字による分析は、事業で起こっていることを理解する際に、[ほとんど有用ではない／しばしば有用である]からです。

ほとんど有用ではない

10-67 また、利益とその利益を獲得するために使用されるCapitalの両方について学習しました。これらの一方だけに焦点を合わせることは、[適切なことです／誤解を招きます]。

誤解を招きます

10-68 例えば、それぞれ売上高が1,000万ドルのスーパーマーケットと電気製品ストアの以下の業績について検討してみましょう。

	スーパーマーケット	電気製品ストア
		（1,000ドル単位）
Sales Revenue	10,000	10,000
EBIT	400	2,000
Permanent Capital	1,000	5,000

スーパーマーケットの売上高金利税金差引前利益率（EBIT Margin）は以下のような比率にしかなりません。

$$\frac{400千ドル}{10,000千ドル}=4\%$$

$$\frac{\boxed{ドル}}{\boxed{ドル}}=\boxed{}\%$$

電気製品ストアの売上高金利税金差引前利益率（EBIT Margin）は以下のような比率になります。

$$\frac{\boxed{\quad ドル \quad}}{\boxed{\quad ドル \quad}} = \boxed{\quad \% \quad}$$

$$\frac{2,000千ドル}{10,000千ドル} = 20\%$$

電気製品ストアの売上高金利税金差引前利益率 (EBIT Margin) の方が、だいぶ [低く／高く] なっています。

高く

10-69 しかし、電気製品ストアの方がスーパーマーケットより、より高価な備品やより多くの棚卸資産を保有し、棚卸資産回転率が低いため、総資本回転率は低くなっています。それぞれの総資本回転率を計算して下さい。

Sales ÷ Permanent Capital = 総資本回転率

	Sales		Permanent Capital		総資本回転率	
スーパーマーケット	ドル	÷	ドル	=		times (回)
電気製品ストア	ドル	÷	ドル	=		times (回)

10,000千ドル ÷ 1,000千ドル
　= 10times (回)
10,000千ドル ÷ 5,000千ドル
　= 2times (回)

10-70 永久資本利益率 (Return on Permanent Capital) は、次の計算で示すように、両社とも同じです。

EBIT Margin × 総資本回転率 = Return on Permanent Capital

スーパーマーケット	0.	×	回	=	％
電気製品ストア	0.	×	回	=	％

0.04 × 10 = 40％
0.20 × 2 = 40％

> 企業は収益性以外にも関心を持つ必要があります。健全な財務状況も維持しなければならないのです。これは、支払期日に長期債務を支払うことができなければならないことを意味しています。

財務状況の検証

10-71 Current Obligations (短期の支払義務) に対する支払能力

Current

を流動性（Liquidity）といいます。Current Assets と Current Liabilities との比率を C□□□□□□ Ratio（流動比率）といい、流動性の指標として幅広く使われています。

10-72 全ての支払義務について支払期日までに支払うことができる能力をソルベンシー（Solvency）といいます。Permanent Capital の大部分を Equity よりむしろ Debt によって調達した場合、支払不能（Insolvency）となる危険が増大します。Debt の

Debt Ratio（長期債務比率）

割合は、D□□□ R□□□□で示されます。

デュポン分析

Equity

10-73 これまでに学習したように、Return on E□□□□□ は、企業が成功しているかどうかを表す重要な指標です。比率分析の主要な使い方の1つは、いくつかの企業を比較することです。

ROE

しかし、R□□の数字が同じ企業が、全く同じとはいえないかもしれません。

10-74 ROEの計算式を覚えていますか？

Net Income（当期純利益）

Equity（自己資本）

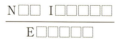

次の問題で、ROEに到達するためのもう1つの方法を学習します。それは、デュポン社が何年も前に開発した、DuPont Identity（デュポン計算式）、あるいは DuPont Analysis（デュポン分析）と呼ばれているものです。

10-75 問題10-26で、当期純利益率（Profit Margin）を見てきました。当期純利益率の計算式を記載してみてください。

$$\frac{N\square\square\ I\square\square\square\square\square\square}{S\square\square\square\square\ R\square\square\square\square\square\square\square} \qquad \frac{\text{Net Income（当期純利益）}}{\text{Sales Revenue（売上高）}}$$

当期純利益率は、事業の効率性の測定を助けてくれます。

10-76 また、企業の資産の利用といったその他の効率性に関心がでてくるかもしれません。資産回転率（Asset Turnover Ratio）は、企業が売上高を生み出すために、どの程度効率よく資産を使ったのかを測定するものです。資産回転率は下記のように計算します。

$$\frac{S\square\square\square\square\ R\square\square\square\square\square\square\square}{A\square\square\square\square} \qquad \frac{\text{Sales Revenue（売上高）}}{\text{Asset（資産）}}$$

10-77 売上高純利益率と資産回転率は、どちらも効率性の指標です。それらは、O□□□□□□□□□ Efficiency と A□□□□ U□□ Efficiency を測定しているのです。

Operating（事業の）
Asset Use（資産活用の）

10-78 Financial Leverage Ratio（財務レバレッジレシオ）は、貸借対照表の全体に対して、どの程度の長期債務（レバレッジ：テコ）を企業が調達しているのかを示す指標です。以下の例で考えてみましょう。

ページ社

資産	＝$100	負債	＝0
		純資産	＝$100
資産合計	＝□□□	負債純資産合計	＝□□□

100　100

10-79 レバレッジ比率は、資産÷純資産という計算式で計算し

第10章　財務諸表の分析　　245

ます。ページ社のレバレッジ比率はどうなりますか。

$\dfrac{100}{100} = 1$

10-80 負債がない（長期債務がない）会社では、レバレッジ比率はいつも1になります。なぜなら、A□□□□の合計がL□□□□□□□□□とE□□□□□の合計と等しくなるからです。

Asset（資産）
Liabilities（負債）
Equity（純資産：自己資本）

10-81 ここで、ページ社が借入をした場合を考えてみましょう。新しい貸借対照表は下記のようになります。

ページ社

資産	=$200	負債	=$100
		純資産	=$100
資産合計	=	負債純資産合計	=

200　200

10-82 レバレッジ比率は以下のようになります。

$\dfrac{200}{100} = 2$

10-83 明らかに、企業が長期債務を増やすと、レバレッジ比率は［上昇します/低下します］。長期債務がゼロの時でも、レバレッジ比率は決して_____よりも小さくはなりません。
　これは、少しでも長期債務がある場合には、レバレッジ比率は_____よりも大きくなることを意味しています。

上昇します。
1
1

10-84 効率性の比率が低い企業でも、長期債務を増やすことによってROEを高めることができます。これは、ROEを3つの構成要素に分解して、ROEに対する長期債務の影響を掛け合わせることによって、実現します。このため、レバレッジ比率は時々純資産のM□□□□□□□rと呼ばれています。　　　Multiplier（乗数）

10-85 デュポンシステムの比率によって、Return on E□□□□□の構成要素を区分することができます。下記の空白部分に、これがどのようになるかを記入し、資料14の14-16行目にそれぞれの分子と分母を記入してください。　　　Equity

当期純利益率×資産回転率×資本乗数（財務レバレッジ）＝R□□　　　ROE

$$\frac{\quad}{\quad} \times \frac{\quad}{\quad} \times \frac{\quad}{\quad} = \frac{当期純利益}{自己資本}$$

$$\frac{当期純利益}{売上高} \times \frac{売上高}{総資産} \times \frac{総資産}{自己資本} = \frac{当期純利益}{自己資本}$$

10-86 2つの企業がとても異なった状態にもかかわらず、同じR□□を生み出すことがあることが簡単にわかります。違った理由で、ある状態が投資家にとってより魅力的になるのです。例えば、多額の長期債務がある企業は、長期債務がほとんどない、あるいはまったくない企業［よりもリスクが高くなります。／はリスクがありません。］　　　ROE

よりもリスクが高くなります。

10-87 Highly Leveraged Company（レバレッジが高い企業、長期債務が多い企業）は、多額のD□□□のある企業です。一般に、このような企業は、長期債務を支払うことができないと破綻してしまう可能性があるので、投資家にとってはよりR□□□が高いことになります。　　　Debt

Risk

当期純利益率
＝当期純利益÷売上高
＝$8,000÷$55,000
＝14.5％
資産回転率＝売上高÷総資産
＝$55,000÷$50,000＝1.1
資本乗数（財務レバレッジ）
＝資産÷自己資本
＝$50,000÷$25,000＝2.0

ROE＝14.5％×1.1×2
＝32％

14.5％×1.1＝16％

（当期純利益率は通常パーセントで表されますが、資産回転率と資本乗数（財務レバレッジ）は通常実際の数字で表されます。このケースでは、サム社は1会計期間に平均1.1回転以上資産を回転させています）

ブラック社のROE＝25％
ブルー社のROE＝25％

かなり違っています。
まったく同じです。

低くなっています。

10-88 サム社の財務データは、以下のとおりでした。

売上高	$55,000
当期純利益	$8,000
資産	$50,000
純資産（自己資本）	$25,000

3つの構成要素を使って、ROEを計算してください。

当期純利益率×資産回転率×資本乗数（財務レバレッジ）＝ROE

10-89 もしサム社に長期債務が全くなかった場合にはどうなるでしょうか。その時のROEは。

10-90 ここで、ブラック社とブルー社について考えてみましょう。それぞれの会社のROEを計算してみてください。

ブラック社		ブルー社	
当期純利益率	2％	当期純利益率	20％
資産回転率	6.25	資産回転率	0.625
レバレッジ比率	2.0	レバレッジ比率	2.0

10-91 ブラック社とブルー社の当期純利益率と資産回転率は、［まったく同じです。／かなり違っています。］2社のROEは、［まったく同じです。／かなり違っています。］

10-92 ブラック社の当期純利益率は、ブルー社よりも［高くなっています。／低くなっています。］ブルー社の資産回転率は、ブ

ラック社よりも[高くなっています。/低くなっています。]しかし、2社のR□□は同じです。

低くなっています。
ROE

10-93 ROEの計算につながる＿＿＿＿（いくつ？）の構成要素があることがわかります。

3

10-94 長期債務がなければ（資本乗数、あるいはレバレッジ比率が使われていなければ）、ブラック社とブルー社のROEは、以下のようになります。

  ブラック社：当期純利益率×資産回転率＝＿＿＿＿
  ブルー社 ：当期純利益率×資産回転率＝＿＿＿＿

12.5%
12.5%
（両方の会社ともROEは同じですが、とてもちがったやり方でその結果を出しています）

10-95 レバレッジを使うことによって、企業は高いROE（自己資本利益率）を生み出すことができますが、投資家にとってのリスクは高くなります。これは、R□□□□とR□□□□□の間にはトレードオフがあることを示しています。

Risk
Return
（順番は逆でも構いません）

> リスクとリターンのトレードオフは、ここで説明した内容よりも複雑です。しかし、ファイナンスのコースにおいて、このテーマを学ぶ際の、基本的な導入になるでしょう。

10-96 要約すると、財務比率のデュポンシステムは、R□□を＿＿＿＿つ（いくつ？）の部分に分解します。

ROE
3

 P□□□□□ M□□□□□
 A□□□□ T□□□□□□□
 F□□□□□□□□ L□□□□□□□

Profit Margin（当期純利益率）
Asset Turnover（資産回転率）
Financial Leverage（財務レバレッジ）

事業	**10-97** 当期純利益率は、_____の効率性を測定します。
資産活用	資産回転率は、_____の効率性を測定します。
財務レバレッジ	資本乗数は、_____を測定します。
ROE	これらが一体になって、R□□の構成要素になります。

10-98 アナリストは、これまで示してきたような比率の検証を部分的に使いながら、自分の意見を形成します。彼らはまた、財務諸表に添付されている注記を含む財務諸表の詳細についても分析します。さらに、彼らは、財務諸表が企業の［ほんの一部しか示さない／全体像を示す］ことを承知しているので、会話や視察によって追加の情報を入手します。

ほんの一部しか示さない

> 事業の収益性や財務状況を分析する際には、その他の多くの比率が、いろいろな目的のために使用されます。ここでは、最も一般的に使用されている財務比率を学習してきましたが、この他にも重要な関係をより詳細に示す比率があります。

QUALITY OF EARNINGS（利益の質）

> 利益の質（Quality of Earnings）とは、株式や債券、あるいは単に財務諸表の評価に関心をもつ投資家やアナリストによってしばしば使われる用語です。これは、この章のはじめのところで触れた比率分析をはるかに超えた分析を必要とします。

10-99 財務諸表からわかる情報には限りがあります。投資家は、時によって、企業のNet Income（Earnings）やその他の報告されている財務データの質（Quality）を評価するために、深く掘り下げることを望みます。Q□□□□□□ of E□□□□□□

Quality of Earnings

□の分析によって、アナリストは単なる比率分析よりも包括的に業績を評価することができます。 (利益の質)

10-100 一般的に、比率分析は報告された会計データをもとに行うものです。会計担当者は財務諸表を作成する際にいくつかの選択肢（Choices）を持っているので、異なったC□□□□□□を採用すると、表示されるデータが異なって見えてくる可能性があります。企業の利益のQ□□□□□□を評価するために、アナリストはしばしば報告された数字に調整を加えることがあります。しかしこれは記録された数字が不正確だということを意味しているのではありません。

Choices

Quality

10-101 ゴールデン社とシルバー社のNet Incomeが全く同じという場合を想定してみましょう。ゴールデン社のRevenuesとExpenseは全て通常の継続している事業活動からのものとします。シルバー社のRevenuesの一部は一回限りの将来再び発生する可能性のない事象によったものだとします。この場合、アナリストはゴールデン社のEarningsの方がシルバー社のEarningsより質が［高い／劣る］と言うでしょう。

高い

10-102 エバーグリーン社は、Revenuesを通常30日以内に現金化しています。リバー社は顧客にクレジット販売をしており、通常売掛金の回収に数カ月を要しています。両社の流動比率が全く同一であると想定しましょう。この場合、投資家はおそらくリバー社の流動資産のほうが、エバーグリーン社の流動資産よりも質が［高い／劣る］というでしょう。

劣る

10-103 アナリストや投資家は企業が報告した利益の質を評価するために、これまでみてきたような業績比率以外の指標を使います。必ずしも全てのアナリストが同じようにQ□□□□□□

Quality

第10章 財務諸表の分析　**251**

非常に主観的なプロセスです。	of Earningsを定義している訳ではありません。したがって利益の質の分析は［厳密な科学ということができます／非常に主観的なプロセスです］。
Cash Cash Cash は必ずしもなりません	**10-104** 全てのRevenuesが販売時点でC□□□として受け取られる訳ではないことを学びました。また同様に全てのExpenseも発生した時点でC□□□で支払われるわけではないことも学びました。したがってNet IncomeはC□□□で考えた利益（Earnings）の適切な指標に［なります／は必ずしもなりません］。
Real Earnings Net Income	**10-105** 投資家は、しばしば"実際の利益"をある年からある年にかけて現金（Cash）を生み出すものと同じであると考えます。このような投資家にとって、収益性を評価する時には、R□□□ E□□□□□□□□はN□□ I□□□□□□以上に重要な意味をもつのです。
Operating Investing　Financing Cash Cash Flows 非常に有用な	**10-106** Statement of Cash Flowsは、O□□□□□□□□□活動、およびI□□□□□□□□□活動、そしてF□□□□□□□□□活動によるキャッシュフローを示すものであると学びました。投資家は、実際の利益（Real earnings）は、C□□□を生み出す、通常の繰り返される営業活動によるものであると考えています。明らかに、Statement of C□□□ F□□□□は、財務諸表分析の中でも［非常に有用な／あまり必要ない］ものです。
Quality of Earnings	**10-107** 投資家やアナリストはそれぞれの分析において違ったものを求めているので、Q□□□□□□ of E□□□□□□□分析においても一般的に合意された規準というものはありません。これまでに計算してきた比率のいくつかは、利益の質の分析の一部で使われています。

10-108 利益の質の高い企業の特徴には以下のようなものがあります。

A. 一貫していて保守的なA□□□□□□□ P□□□□□□□ 　Accounting Policies（会計方針）

B. 一回限りでなく繰り返されるE□□□□□によるNet Income（Earnings）　Events（事象）

C. CashのI□□□□□□が遅延なく早期に生み出されるような収益　Inflows（インフロー）

D. 事業、資本のS□□□□□□□（構成）、業界のいずれに対しても適切な長期債務　Structure（構成）

E. 安定し、予測可能で、将来のE□□□□□□□の水準を示す利益　Earnings（利益）

> 問題10-108の大部分は、入門書である本書のレベルを超えています。Earnings Quality（利益の質）の概念を示すために、簡単にそれらについて学んでいきます。投資家やアナリストがよく企業の利益の質を評価するために行っていた作業のいくつかは、2002年のサーベンス・オクスリー法（企業改革法：SOX）の成立によって減少してきています。SOX法については本章の後半で学んでいきましょう。

第10章　財務諸表の分析　253

10-109 以下の図表を使って、利益の質が高いか低いかを示しなさい。

A. 一貫した保守的な会計方針

A. 低い/高い
(後入先出法と加速度償却法はNet Incomeを減少させるので)

	質の高い利益	質の低い利益
先入先出法と定額法		
後入先出法と加速度償却法		

B. 繰り返し行われる活動からのNet Income (Earnings)

B. 低い/高い
(Net Incomeが将来の利益を暗示しにくく、予測しにくいので)

	質の高い利益	質の低い利益
企業の基本的な事業活動以外の活動からの利益		
企業の継続する基本的な事業からの利益		

C. タイムリーに現金入金がある売上

C. 高い/低い
(潜在的に現金化されないような利益は投資家の求めるものではないので)

	質の高い利益	質の低い利益
販売時点で(あるいはそれに近い時点で)現金を受け取れる売上高		
長期間売掛金のままの収益		

D. 適切な長期債務と資本構成のレベル

D. 低い/高い
(多額の債務は、将来的に追加の債務を獲得するのをより困難にさせたり、金利が現在の債務より高くなることもあるので)

	質の高い利益	質の低い利益
Equityに対する長期債務のレベルの増加		
業界と企業の債務返済能力に見合った長期債務のレベル		

E. 安定して予測可能な利益

E. 高い/低い
(投資家は予測せぬ驚きよりも将来の利益についてより確信をもちたいと考えているので)

	質の高い利益	質の低い利益
将来の利益の動向を適切に示すような現在及び最近の利益		
主に海外事業からの、あるいは異常な出来事からの、変動的な現在及び最近の利益		

10-110 財務諸表からは、企業のある一部の部分しかわからないことを学んできました。典型的な比率分析ではわからないような、企業の財務状態についての危険信号（Red flag）や警告は、Q□□□□□□□ o□ E□□□□□□□分析によって発見できるかもしれません。警告信号は、しばしば分析の焦点を絞るための分析の初期段階で見つけられます。企業の利益の質を考慮する理由の1つは、R□□ F□□□□を見つけ出すことです。危険信号を見つけ出すことは投資家やアナリストにとって有益ですが、この作業はとても主観的なものです。これは通常は［分析の最終／より詳細な分析の初期］段階に行われます。

Quality of Earnings

Red Flags

より詳細な分析の初期

10-111 質に関連する危険信号を決して無視してはいけません。より多くの典型的なR□□□□分析によって示されないような潜在的問題を知らせてくれるかもしれません。これは、投資家やアナリストは、危険信号を発見するために、財務諸表の本質や性質とともに会計実務を充分に理解しなければならないことを意味しています。

Ratio

10-112 以下は、代表的な質に関連する**危険信号**（Red flags）です。それぞれのケースについて、危険信号を見つけるために注意して見る財務諸表は、貸借対照表、損益計算書、両方、どちらでもない、のどれになるかを示しなさい。

	Balance Sheet	Income Statement	両方	どちらでもない
A. 並外れて長文の監査報告書や監査人の変更を示すような報告書				
B. これまでにないような売掛金の増加				
C. 一時的な利益の源泉				
D. 借入金の増加				
E. 棚卸資産回転率の低下				

A. どちらでもない
監査報告書は貸借対照表、損益計算書、キャッシュフロー計算書の3つの財務諸表のすべてについてのものであり、会計監査人と経営陣との意見の不一致を示すかもしれないので

B. Balance Sheet
企業が顧客の支払い期間を延長することによって売上高を増やそうとしているかもしれないので

C. Income Statement
企業が利益を増加させるために資産売却をすすめたかもしれないので

D. Balance Sheet
（企業の内部で生み出した資金によって事業活動の資金を賄うことに問題が出ているかもしれないので）

E. 両方
（販売、棚卸資産、あるいは生産の問題が発生してきているかもしれないので）

> これらの項目のうち不確かなところがあったら、本章のはじめで取り上げた比率とそれらの解説のところを見直して下さい。

2002年の THE SARBANES-OXLEY ACT
（サーベンス・オクスリー法：企業改革法）

> 多くの人々が、エンロン社の倒産とそれに関連する会計不祥事を耳にしました。しかし、経験豊かなアナリストでさえエンロンのような会社の財務諸表を調査してもこのような事態を予測できませんでした。一般に**サーベンス・オクスリー法（SOX法）**として知られている企業改革法が、企業の会計不祥事の結果として成立しました。その主たる目的は企業統治（コーポレートガバナンス）を強めることと企業セクターの信用回復です。

10-113 サーベンス・オクスリー法は企業統治の強化と投資家からの信用回復のために_____年に成立した法律です。この法律は複雑です。企業責任と規準を遵守しなかった場合の刑事罰について明確にしています。企業の経営者と取締役会はSOX法の詳細についてよく知らなければならないのです。

2002

10-114 サーベンス・オクスリー法は米国における連邦証券法を大きく変えました。エンロン（およびその他の企業）の倒産およびエンロンの監査人であるアーサー・アンダーセンによる会計不祥事を受けて制定されました。現在、上場会社は内部統制についての年次報告書を証券取引委員会（SEC）に提出することを義務付けられています。明らかに、企業の経営者と取締役会はS□□□□□□-O□□□法（SOX法）の詳細について熟知していなければならないのです。

Sarbanes-Oxley

10-115 全ての企業が**企業統治（Governance）**（権限と統制）について関心を払わなければなりません。SOX法は一般的に公開企業のみを対象としているので、それは企業のG□□□□□□□□に関するものです。SOX法は米国企業と同様にU□□□□ S□□□□□で事業活動を行う外国企業も対象となっています。

Governance（企業統治）

United States（米国）

10-116 サーベンス・オクスリー法は詳細で、かつ専門的です。**法令遵守（Compliance）**に関連する問題の多くは入門書である本書のレベルを超えています。しかし、我々が検証していくようなSOX法に関連する一般的な分野がいくつかあります。SOX法は**法律（Law）**ですので、企業が事業活動をC□□□□□□□□にさせる方法を理解することは重要です。

Compliant（法令遵守）

10-117 法令遵守をしなかった場合の代償は膨大なものになるか

もしれません。民事及び刑事双方の罰則が含まれるかもしれません。**内部 (Internal)** の事業に関与する経営者は、一般的にSOX法の専門家ではないので、しばしば、潜在的に法令遵守が行われていないような分野を見つけ出すためにE□□□□□□□のコンサルタントを雇います。明らかに、SOX法の専門家は、A□□□□□□□□□上とL□□□□上の問題を理解していなければなりません。

External（外部）

Accounting（会計）
Legal（法律）

10-118 簡単にいうと、SOX法は以下のことについて規定しています。
・監査法人の監視と、会計基準を規定するための証券取引委員会監督下の公開会社会計監視委員会（PCAOB：Public Company Accounting Oversight Board）の設立
・企業の取締役会についての新たな規準
・企業経営者の説明責任、および刑事罰則についての新たな基準
・外部監査人についての新たな独立性の基準

詳細な

Confidence（信頼）

公開会社会計監視委員会（PCAOB）の規定する法律によって、公開会社のより［詳細な／詳細でない］年次報告書に対して信頼感をもつことができます。これらの報告書は内部統制や財務担当役員の倫理的な行動について焦点を合わせています。SOX法が一般社会からのC□□□□□□□□□を高めることを支援することが期待されています。

10-119 これまで**内部告発者 (Whistle Blowers)** は企業の好ましからざるまた非合法的な行動を社会に公開する人々と考えられてきました。この言葉は、笛を吹くことがあることへ注意を促すという考えからきています。SOX法はまた、その情報開示が法律の範囲内である限り、雇用者に関する内部的な情報を開示す

る従業員に対して、広範な W□□□□□ B□□□□□の保護も規定しています。 　　　Whistle Blower
　　　　　　　　　　　　　　　　　　　　　　　　　　　　（内部告発者）

> 非営利組織は今のところSOX法の規定の大半を順守することを求められてはいませんが、文書破棄や内部告発者保護に関連する規定に従わなければなりません。多くの非営利組織はSOX法の精神に沿った方針を実行し始めています。

10-120 SOX法は、公式な手続きに使われる可能性のある文書を破棄したり隠蔽したりすることも犯罪としています。多分、企業の担当者は、今後はそういった行為をすることを思いとどまるでしょう。なぜならばこのような改ざんは C□□□□□□ な行為であり、罰則か収監という結果となるかも知れないからです。　　　Criminal（犯罪）

10-121 要約すれば、SOXはより［読みやすい/包括的で詳細な］年次報告書の作成を促進するための監視と体系を規定したものです。そうすることで、新しい法律は、一般の人々からの信用と T□□□□ を高めるために、経営者の側に行動と開示を求めているのです。　　　読みやすい

　　　Trust（信頼）

キーポイント

・財務諸表は過去の事象のみを報告するだけで市場価値を示しておらず、また、判断や見積もりに基づいているため、企業の全体像についての情報を提供しているわけではありませんが、重要な情報を提供しています。
・財務諸表は実数値よりも、むしろ比率によって分析されます。これらの比率は、同一企業の過去の比率、同業種の企業の比率、判断に基づく基準値と比較されます。

- 収益性の総合的指標は、自己資本利益率 (Return on Equity：ROE) です。これは収益性と収益を生み出す際に使われているCapitalの両方を考慮した指標です。その他の総合的指標として、永久資本利益率 (Return on Permanent Capital、あるいはReturn on Investment) がありますが、これは利益 (金利と税金の控除前) と永久資本 (Total Permanent Capital：長期債務＋株主資本) との比率です。
- 利益率 (Profit Margin) の低い企業でも総資本回転率 (Capital Turnover) が充分に高ければ、自己資本利益率 (ROE) を高くすることができます。
- 財務諸表は収益性の情報以外に、企業のCurrent Liabilitiesに対する短期的な支払い能力 (流動性：Liquidity) および長期債務に対する支払能力 (Solvency) に関する情報も提供します。
- ROEは3つの区分された構成要素に分解することができます。これが、デュポン比率分析です。
- 利益の質の分析は、投資家とアナリストが危険信号や警告信号を発見するのに役立ちます。このような分析は、しばしば株式のリスクを評価するために使われます。これは、わかりやすく、より一般的な財務指標分析を超えるものです。
- 2002年のサーベンス・オクスリー法 (SOX法) は複雑で詳細なものです。要約すれば、それは、財務報告に影響を与える全ての重要な事象の開示を増やすために制定された法律です。さらに、それは刑事罰及び民事罰となるような非倫理的かつ非合法な行動を明確にしています。

これで、このプログラムの第10章は終わりです。もしこの章のポイントが理解できたと思うなら、本書の巻末にあるテスト10に挑戦してみましょう。もし自分の理解に不安があるようであれば、もう一度第10章を見直して下さい。

テストを通じて、理解度をチェックするとともに第10章のキーポイントを復習することができます。

テストの結果、いくつかのポイントに不安があることがわかるかもしれません。第11章にとりかかるまえに、これらのポイントを復習しておいて下さい。

本書の巻末にあるテストの次にテストの解答がありますので、それで見直しをしてください。

第11章 非営利組織体の財務諸表
Nonprofit Financial Statements

テーマ

- **非営利組織体の性質**
  Nature of nonprofit or not-for-profit organizations.

- **非営利組織体の財務諸表と他の財務諸表との相違**
  How financial statements of nonprofit organizations are different.

- **Equity と Net Assets の相違**
  How equity differs from net assets.

- **非営利組織体と営利企業の比率分析が相違する理由**
  Why ratio analysis for nonprofits may be different.

NONPROFIT ORGANIZATIONS（非営利組織体）

Income
Profit
Owners

Retained Earnings

11-1 前の章で学んだように、RevenueがExpenseを上回る場合に、そうした利益の出る企業活動の結果がNet I□□□□あるいはP□□□□となります。また、Balance SheetのEquityの部で、会計主体がShareholders（株主）やO□□□s（所有者）から受け取ったCapital（資本）の金額だけでなく、R□□□□d E□□□□□sと呼ばれるAccountに留保されたIncomeが報告されていることも学びました。

Dividends

Profit

11-2 会計主体の中にはOwnershipがないものもあります。そのような会計主体は、ShareholdersからCapitalを受け取ることもありませんし、D□□□□□□（配当）も支払いません。これらの会計主体はNonprofit Organizations、あるいはNot-for P□□□□ Organizations（非営利組織体）と呼ばれます。本章では、これら2つの英語表現を同じ意味で使用しています。

Owners

11-3 Ownership（所有者）のない組織体の例には、美術館、病院、大学、私立学校、研究組織、キリスト教会、ユダヤ教会、文化組織、財団、公的サービス組織、唱道グループがあります。これらの組織体は互いに大変異なっていますが、全てひとつの同じ特徴を持っています。それは、ShareholdersあるいはO□□□□sが存在しないということです。

Nonprofit

11-4 Nonprofit Organizationsは、多くの州でTaxの支払いが免除されています。非営利事業であるかどうかを決定するための規則は州によって異なっており、N□□□□□□t Organizationsとして適格と認められるためには、組織体が存在する州の政府へ申請を行う必要があります。

11-5 第2章で学んだように、**Profit**、**Earnings**、**Income** といった英語表現は全て同じ意味を持っており、R□□□□□□sがE□□□□□□sを**超過する金額**（Excess）を意味します。しかしながら、Nonprofit Organizationsでも利益の出る企業活動と同様の活動を行う場合があり、単純化のため、Nonprofit Organizationsについては、RevenueがExpenseを＿＿＿＿＿＿＿という意味で、「Surplus」という用語を使用します。

Revenues
Expenses

超過する金額

11-6 Balance SheetのEquityの部では、企業が2つの異なる源泉から受け取ったCapitalの金額が報告されていることを思い出して下さい。
1. Ownersにより払い込まれた金額で、P□□□-i□ C□□ □□□□と呼ばれます。
2. 企業に留保されたIncomeの金額で、R□□□□□□ E□□□□□□□と呼ばれます。

Paid in Capital

Retained Earnings

11-7 Nonprofit OrganizationsではDividendsは支払われないため、Retained EarningsはAccumulated S□□□□□sと等しくなります。Nonprofit Organizationsの中には、組織外の人々から寄付（Contribution）を受け取るものがあります。これらはPaid-in Capitalとは呼ばれませんが、実際にはC□□□□□□□の源泉となるものです。

Surplus

Capital

11-8 Nonprofit Organizationsは、また3つの基本となるFinancial Statementsを持っています。Nonprofit Organizationsのストックに関する報告書は［Balance Sheet/Income Statement］と類似しており、S□□□□□□t of Financial Position（財政状態報告書）と呼ばれます。フローに関する報告書は［Balance Sheet/Income Statement］に類似しており、Statement of Activities（活動報告書）と呼ばれます。3つめの報告書はS□□□

Balance Sheet
Statement

Income Statement

第11章 非営利組織体の財務諸表　265

Statement of Cash Flows	□□□□t of C□□□ F□□□sで、企業と同じ名称です。
Balance Sheet Assets　Liabilities Equity Net Assets	**11-9**　B□□□□□□ S□□□□と同様、Statement of Financial Positionも組織体のA□□□□□、L□□□□□□□□□□及びE□□□□□と同じものの金額を報告します。Nonprofit OrganizationsにはEquityやOwnershipが存在しないため、この最後の用語はAssetsとLiabilitiesの差額（純額）であり、N□□ A□□□□□（純資産）と呼ばれます。
Activities	**11-10**　企業では、Income Statementに記載される営業**費用**（Operating Expenses/Activities）によって、Equityが増加または減少します。同様に、Nonprofit Organizationsでは、Statement of A□□□□□□□sはNet Assetsの増減を示します。
Statement of Cash Flows	**11-11**　最後に、Nonprofit Organizationsでは、現金及び現金同等物（Cash and Cash Equivalents）の変動を［Balance Sheet/ Income Statement/Statement of Cash Flows］で報告します。

MISSIONS AND GOALS（使命及び目標）

Profit Income Statement 3つの全ての Financial Statements	**11-12**　企業の主要な目標は、P□□□□□を獲得することです。これを最も良く測定するFinancial Statementsは［Balance Sheet/Income Statement/Statement of Cash Flows］です。前章で学んだように、最も良い分析は［Income Statementのみ/ Balance SheetとIncome Statementの両方/3つの全てのFinancial Statements］からの情報を含まなければなりません。これは、全てのFinancial Statementsが一緒になって初めて財務業績（Financial Performance）における異なる面についての情報が得られるからです。

11-13　Nonprofit Organizationsが企業と［同じである／大きく異なる］点は、その目標あるいは_____です。もし貨幣金額のみにより業績を測定しようとするならば、その使命と目標の重要な側面を無視することになります。そのため、F□□□□□□□ S□□□□□□□□□は、業績を測定するための情報を_____金額で表現される部分に限定しています。

大きく異なる

使命

Financial Statements

貨幣

11-14　Nonprofit Organizationsの金額で表現される_____の中には、Financial Statements上の情報を使って測定することが出来るものもあります。しかしながら、Nonprofit Organizationsにとって、Surplusは必ずしも適切な_____ではありません。業績測定は目標と結び付いたものである必要があるため、Nonprofit Organizationsにとっては［同じものになります／異なるものになるかもしれません］。

目標

物差し

異なるものになるかもしれません

> ロジックモデルやバランスト・スコアカードのようなツールが考え出され、財務的な観点よりも企業の業績に関連する観点により重点が置かれるようになっています。初級レベルの本書ではこのようなツールについて説明しません。

NET ASSETS（純資産）

11-15　Nonprofit OrganizationsのBalance SheetあるいはStatement of Financial Positionにおける重要な相違点はN□□ Assetsという用語です。この用語は、企業のFinancial StatementsにおいてE□□□□□にあたる部分を表しています。

Net

Equity

11-16　Net Assetsは、資金の寄付者によって課された拘束（Restriction）の有無により分類されます。以下の3種類のNet Assetsが、Nonprofit OrganizationsのStatement of Financial Positionで報告されます。これらは寄付者により課された**拘束のレベル**によって分類されます。

Restricted	Permanently R☐☐☐☐☐☐☐ed Net Assets（永久拘束純資産）
Net Assets	Temporarily Restricted N☐☐ A☐☐☐☐☐（一時的拘束純資産）
Unrestricted	Unr☐☐☐☐☐☐☐ed Net Assets（無拘束純資産）

11-17 Assetの中には、消費してしまうよりもむしろ組織体によって**永久に保有される**ことを目的に寄付されるものもあります。通常、寄付者は、組織体がこれらのAssetを投資することで得られたIncomeの一部を使用することを認めています。こうしたRevenueにより日常の運営活動が支えられる一方、Assetそのものを消費してしまうことは通常出来ません。このようなAssetはP☐☐☐☐☐☐☐ly Restricted Net Assetsの分類にあてはまります。

Permanently

11-18 指定された会計期間において特定の用途に使用されることを目的に、Assetが寄付される場合もあります。ひとたび意図された特定の目的に使用されてしまえば、それらはもう使用されることはありません。つまり、使用されていない一時的な期間、組織体はこれらをIncomeを得るために投資することが出来ます。これらのAssetはT☐☐☐☐☐☐☐ly Restricted Net Assetsと呼ばれます。

Temporarily

Unrestricted
拘束

11-19 U☐☐☐☐☐☐☐☐ed Net Assetsとは、利益の出る運営活動あるいは、_____が課されていない寄付から生じたNet Assetsです。

11-20 3つの分類のそれぞれには、多くの例があります。もし継続的な活動の一部として使用することを目的として寄付者が組織体に土地を譲渡したならば、この寄付は [Permanently Restricted/Temporarily Restricted/Unrestricted] Net Assets の分類にあてはまります。これは、寄付が組織体の将来の恒久的な活動に使用することを目的に行われるからです。

Permanently Restricted

11-21 同様に、美術館への美術品の寄付はPermanently Restricted N□□ A□□□□□とみなされます。

Net Assets

11-22 しかしながら、2012年に翌2013年5月に開催予定の特定のプログラムに対して基金（Fund）の寄付が行われた場合には、[Permanently Restricted/Temporarily Restricted/Unrestricted] Net Assetsの分類にあてはまります。なぜなら、基金は［恒久的に使用可能である／プログラムの終了後は全て使用されてしまっている］からです。しかしながら、2013年5月までは、基金をその他の目的に使用することはできません。

Temporarily Restricted

プログラムの終了後は全て使用されてしまっている

11-23 もし誰かからあなたの大学への寄付を依頼する電話があり、あなたがそれに同意したならば、これらの基金はおそらく [Permanently Restricted/Temporarily Restricted/Unrestricted] Net Assetsにあたるでしょう。あなたが寄付したAssetを特定の目的のために保全する、あるいは無期限に保全し収益獲得のために投資するように指定する場合を除き、これらはStatement of Financial PositionにおいてU□□□□□□□□□ N□□ A□□□□□として表示されます。

Unrestricted

Unrestricted Net Assets

11-24 このように、＿＿＿＿の意図により、純資産はR□□□□ □□□□□かU□□□□□□□□□□□のいずれかに分類されます。

寄付者
Restricted
Unrestricted

第11章　非営利組織体の財務諸表　　269

> 重要なのは、寄付者の意図を理解することです。なぜなら、それにより組織体が基金をそれ以降どのように使用出来るかが決まるからです。Net Assetsの分類に関してはより複雑なものもありますが、本書の対象からは除かれています。

REVENUES（収益）、EXPENSES（費用）及びINVESTMENTS（投資）

11-25 Nonprofit Organizationsにおける収益実現の考え方は、企業と同じです。R□□□□□□□□ Conceptの原則を思い出して下さい。これは、R□□□□□□は品物あるいはサービス［の引渡／に対する支払い］が行われた時点で認識されるというものでした。従って、Nonprofit Organizationsがサービスを提供した時に、当該サービスに関連するRevenueが認識されます。

<small>Realization</small>
<small>Revenue</small>
<small>の引渡</small>

11-26 RevenueとC□□□ Inflowの区別も、企業におけるそれとまったく同様です。もしサービスが2012年に提供されたが2013年まで支払いが行われないならば、Realization Conceptの原則に従い、Revenueは［2012年／2013年］に認識されます。このとき、A□□□□□□□ R□□□□□□□□□□と呼ばれるAccountをDebitに記入し、対応するSales RevenueをCreditに記入します。

<small>Cash</small>

<small>2012年</small>
<small>Accounts Receivable</small>

11-27 寄付によるRevenueは、サービスを提供したことによって獲得されるRevenueとは異なります。全てのRevenueにより、必ずNet Assetsが増加することを思い出して下さい（企業においてEquityが増加する仕組みと同じです）。Nonprofit Organizationsにおいては、もし受け取ったAssetの使用が特別な目的に制限されていなければ、RevenueはUnrestricted N□□

A□□□□□の_____とみなされます。　　　　　　　Net Assets　増加

11-28　同様に、ExpenseはUnrestricted Net Assetsの_____　　減少
とみなされます。

11-29　もし寄付者が寄付の使用について_____を課したなら　　拘束
ば、寄付によるRevenueによって必ずT□□□□□□□□　　Temporarily Restricted
R□□□□□□edNet AssetsあるいはP□□□□□□□□　Permanently Restricted
□R□□□□□□edNet Assetsが増加します。

11-30　サービスの提供によるRevenueと寄付（拘束されていな　　制限（拘束）
い）によるRevenueはいずれも使用に_____がないとみなせ
るので、これらの種類のRevenueは無拘束活動報告書（State-
ment of Unrestricted Activities）において一緒に表示されます。

> Net Assetsの3つの分類において、RevenueとExpenseの分
> 類にあたり組織体が追加的な分類や説明を活動報告書の中で
> 行うことが出来ます。例えば、Net Assetsの分類の中で、
> Nonprofit Organizationsは営業項目（Operating）と非営業
> 項目（Nonoperating）とを分けて報告することが出来ます。

11-31　寄付の中にはRevenueとして適格でないものもあります。
例えば、美術品や歴史的財産等の寄付は、一般公開される展覧
会、教育、あるいは財務的な利益よりむしろ社会奉仕を目的と
した研究のために保有されるコレクションに加えられるのであ
れば、R□□□□□□sとして認識する必要はありません。　　Revenues

11-32　明らかに、Nonprofit Organizationsによる取引の多くに
関する会計処理は［単純で簡単／企業の場合よりも複雑］です。　企業の場合よりも複雑

第11章　非営利組織体の財務諸表　271

11-33 Nonprofit Organizationsの中には、基金を投資してDividendsやInterest、現金収入を伴わないRevenueを得るものがあります。Nonprofit Organizationsに関する会計規則に従い、そのようなInvestment（投資）から生じる利益（Gain）あるいは損失（Loss）は、もしそれらの使用が寄付者あるいは法律によって一時的にあるいは永久に拘束されているのでなければ、無拘束純資産（Unrestricted Net Assets）の増加あるいは_____ 減少 として報告しなければなりません。

11-34 このことが意味するのは、運営活動からの収益及び寄付によるRevenueに加えて、I□□□□□□□□sからのRevenueがNet Assetsの増加として報告されるということです。このことは、Nonprofit OrganizationsのFinancial Statementsの解釈を非常に難解なものにしています。 Investments

11-35 組織体の寄付資産のうち投資部分は**基本財産（Endowment）**と呼ばれます。組織体は、基本財産から複数の異なる方法で収益（Return）を獲得します。例えば、債券投資や銀行預金によりI□□□□□□tを得ます。Interest Incomeはこのように Revenueの源泉です。 Interest

11-36 もし獲得されたInterestの使用が拘束されていなければ、Statement of A□□□□□□□□sにおいてR□□□□□□として報告されます。 Activities Revenue

11-37 寄付金はまた、非公開企業の株式にも投資されます。前章で、企業の中にはShareholdersにDividendsを支払うものがあったことを思い出して下さい。Nonprofit OrganizationsにはS□□□□□□□□□□sやOwnersは存在しませんが、Investmentsとして他の企業の株式を保有することは出来ます。株式 Shareholders

投資により獲得されるD□□□□□□sも、会計規則に従い、Statement of ActivitiesにおいてR□□□□□□sとして報告されます。

Dividends
Revenues

11-38 D□□□□□□sが支払われない株式やI□□□□□tが支払われない債券に投資することも出来ます。投資家は、将来のいつか、株式や債券の価格が投資時点より値上がりすることを期待します。

Dividends
Interest

11-39 組織体が値上がりした株式や債券を売却せず、将来にわたって保有を継続する場合があります。その場合、会計期間終了時点において組織体は、これらの投資の市場価格を決定しなければなりません。もしIncomeが生じたとしても株式が売却されるまでは実現しませんが、Revenueとして報告しなければなりません。このUnr□□□□□ed Gainは、Statement of Activities上で、D□□□□□□sやI□□□□□tあるいはその他のRealized G□□□と同様に、Revenueの一部として表示されます。

Unrealized
Dividends Interest
Gain

11-40 資料15a及び資料15bのマーサー・コミュニティー・サービスのFinancial Statementsは、典型的なNonprofit OrganizationsのFinancial Statementsの例です。マーサーの保有するInvestmentsから、Income、Realized Gain及びUn□□□□□ed Gainが生じたことがわかります。

Unrealized

11-41 また、Investment I□□□□□の中に拘束のあるものが存在しています。マーサーの長期投資からのRevenueは［Unrestricted/Temporarily Restricted/Permanently Restricted/3つの全ての分類］に該当します。

Income

3つの全ての分類

Unrealized Gain	**11-42** マーサーは長期投資からUnr□□□□ed G□□□とRealized Gainの両方を獲得しました。資料15bでは、長期投資の全ての分類からのRealized GainとUnrealized Gainの合計額（純額）は、＿＿＿＿＿ドルです。
7,900,000ドル	
2,700,000ドル	**11-43** 資料15bから、マーサーがサービスの提供による報酬として受け取ったRevenueの合計金額は、＿＿＿＿＿ドルです。これは2012年6月30日に終了する事業年度の無拘束収益（Unrestricted Revenue）の合計金額の＿＿＿＿＿％です。
12.4%	
19.8%	**11-44** 寄付によるUnrestricted Revenueは、2012年6月30日に終了する事業年度のUnrestricted Revenueの＿＿＿＿＿％です。
	11-45 もしマーサー・コミュニティ・サービスのFinancial Statementsが、典型的な（マーサーの様な）Nonprofit Organizationsのものであれば、［サービス提供による報酬がUnrestricted Revenueの大半を占めるのが通常／その他の源泉によるRevenueがUnrestricted Revenueの大半を占めるのが通常／与えられた情報から判断することは困難］です。
サービス提供による報酬がUnrestricted Revenueの大半を占めるのが通常	
	TRANSFER（区分変更）
Temporarily	**11-46** 先に学んだように、寄付者による寄付がT□□□□□□□ly Restrictedの分類に記録される場合もあります。これは、＿＿＿＿＿によって寄付の使用目的が指定されていることを意味します。
寄付者	
目的	**11-47** 指定された＿＿＿＿＿のために寄付が使用される会計期間までは、寄付金を一時的拘束純資産（Temporarily Restricted N□□ A□□□□s）に分類しなければなりません。
Net Assets	

11-48 拘束寄付金が指定された目的に使用されたら、Statement of ActivitiesにおいてUnrestrictedの分類へTransferする必要があります。このように寄付金をT□□□□□□□することによって、特定目的のために保有されていた寄付金が使用されたことが読者にわかるのです。

Transfer

11-49 Nonprofit Organizationsの現在の運営活動は、S□□□ □□□□□ of A□□□□□□□□s上、Unrestricted Revenue 及びExpenseの区分に表示されます。従って、将来実施される予定の活動のための寄付は、Statement of Activitiesの無拘束区分には記録されません。むしろこれらは、使用されるまではTemporarily Restricted N□□ A□□□□sに分類されます。

Statement
Activities

Net Assets

11-50 Transferの結果、Net Assetsの合計金額は変わりませんが、個々の分類が変わります。全てのT□□□□□□□の合計金額はゼロになります。

Transfer

11-51 Transferのプロセスを十分に理解するため、第3章のClosing Process（締切手続）を思い出して下さい。第3章で学んだように、［Balance Sheet/Income Statement］のAccountは一時的な勘定であり、［Balance Sheet/Income Statement］のAccountは継続的な勘定です。このことはT□□□□□□□□の仕組みの理解に役立つでしょう。

Income Statement
Balance Sheet
Transfer

11-52 また、RevenueによりEquityと同じものが［増加/減少］し、ExpenseによりEquityと同じものが［増加/減少］することも学びました。このこともまた、Transferの仕組みの理解に役立つでしょう。

増加
減少

11-53 例えば、もしNonprofit Organizationsが2013年に実施さ

れるプログラムのために2012年に5,000ドルの寄付を受け取ったとすると、仕訳は次のようになります。

Revenue

　　Dr. Cash (Temporarily Restricted)　　　5,000ドル
　　　Cr. R□□□□□□ (Temporarily Restricted)　5,000ドル

11-54 2012年の終わりに一時的拘束収益勘定 (Temporarily Restricted Revenue Account) を締め切って Net Assets へ繰り越す仕訳は、次のようになります。

Revenue　5,000ドル
　Net Assets　5,000ドル

　　Dr. R□□□□□□ (Temporarily Restricted)　____ドル
　　　Cr. N□□ A□□□□□ (Temporarily Restricted)　____ドル

11-55 プログラムが実施される2013年における仕訳は、次のようになります。

Net Assets　5,000ドル
(Temporarily Restricted)
　Revenue　　5,000ドル

　　Dr. N□□ A□□□□□　　　　　　　　　____ドル
　　　(T□□□□□□□□□ R□□□□□□□□□)
　　　Cr. R□□□□□□ (Restricted)　　　　　　____ドル

Unrestricted
Unrestricted Net Assets

11-56 2013年の終わりに、U□□□□□□□□□□ Revenue Account が締め切られ、Un□□□□□□□□□□ N□□ A□□□□□へ繰り越されます。

7,370ドル (=5,995+1,375)
0ドル

11-57 資料15bに、拘束を解除されて Unrestricted Net Assets へ Transfer された金額が示されています。Transfer の合計金額は____ドルで、Transfer によるネットの影響額は [7,370ドル/0ドル] です。

11-58 資料を使って、2012年の Revenue によって Net Assets が

増加し、ExpenseによってNet Assetsが減少していることを確認して下さい。2012年期首のUnrestricted Net Assetsの金額は_____ドルです。2012年のUnrestricted Revenueの合計金額は_____ドルで、Unrestricted Expenseの合計金額は_____ドルです。Surplus、あるいはN□□ A□□□□□の_____は、_____ドルです。期首のNet Assetsに期中のNet Assetsの変動額を加えると、期末のUnrestricted Net Assetsの金額_____ドルになります。

51,835ドル

21,804ドル　16,025ドル

Net Assets　変動額

5,779ドル

57,614ドル

企業のFINANCIAL STATEMENTSとの類似点

11-59 Nonprofit OrganizationsのFinancial Statementsが企業のFinancial Statementsと多くの点で異なっているのと同様に、多くの類似点もあります。例えば、Nonprofit Organizationsは長期性有形資産（Long-lived Tangible Assets）の使用に伴うC□□□を認識する必要があります。しかしながら、一部の美術品や歴史的財産についてはD□□□□□□□□□nは要求されていません。

Cost

Depreciation

11-60 Nonprofit Organizationsは、Statement of F□□□□□□□□ P□□□□□□□やStatement of A□□□□□□□□とともに、Statement of Cash Flowsを作成する必要があります。このStatement of Cash Flowsは、第9章で学んだものと非常によく似ています。

Financial Position

Activities

LIMITATIONS OF RATIO ANALYSIS（比率分析の限界）

11-61 第10章で、財務業績を測定するためのいくつかのツールを学びました。**資本投資家は利益獲得を目的として事業に投資します。** Non□□□□□□ Organizationsには資本投資家は存

Nonprofit

| Equity
あまり意味がありません	在しないため、これらの組織体にとってはReturn on E□□□□□は[依然として最も優れた業績測定方法です／あまり意味がありません]。これは、Surplus、すなわちRevenueとExpenseの差額を無視すべきだということではありません。
Inventory

Inventory Turnover | **11-62** また、Inventory Turnover Ratioに着目することにより、Inventoryに投下されたEquityの金額を学びました。多くのNonprofit Organizationsでは、企業のような方法でI□□□□□□□□を使用することはありません。多くの場合、Nonprofit OrganizationsにおけるInventoryは販売用というよりもむしろ消費用です。このため、I□□□□□□□□ T□□□□□□□Ratioもまた、業績測定手法としては潜在的に意味のないものになっています。 |
| 比率
分子　分母

業績測定 | **11-63** 比率は分子と分母の間の関係です。＿＿＿＿により業績測定を行う前に、＿＿＿＿と＿＿＿＿自体が実施しようとしている分析にとって意味のあるものであるかを問うてみる必要があります。もし答えが「いいえ」であれば、他の種類の＿＿＿＿＿＿方法がより望ましいかもしれません。 |
| 他の業績測定手法を開発する必要がある | **11-64** Financial Statementが語るのは、会計主体の物語のほんの一部に過ぎません。Nonprofit Organizationsは財務数値では測れない多くの目標を持っているため、[企業と同じ分析方法を使用することが出来る／他の業績測定手法を開発する必要がある]のです。 |

キーポイント

・会計主体の中にはOwners（所有者）がいないものがあります。Nonprofit Or-

ganizations（非営利組織体）がそれです。
・企業と同様、Nonprofit Organizationsにも3つのFinancial Statementsがあります。Statement of Financial Position（財政状態報告書）、Statement of Activities（活動報告書）、及びStatement of Cash Flowsです。
・Net Assetsは、Statement of Financial PositionでBalance SheetのEquityに相当する部分です。Net Assetsは、Unrestricted（無拘束）、Temporarily Restricted（一時的拘束）、Permanently Restricted（永久拘束）の3つに分類されます。
・寄付によるRevenueは、Unrestricted、Temporarily Restricted、Permanently Restrictedのいずれかに分類する必要があります。サービス提供によるRevenueは、Unrestrictedに分類されます。
・InvestmentのRealized GainとUnrealized GainはいずれもUnrestrictedとして報告されます。
・寄付金が特定目的のために使用された時に、Temporarily Restrictedの分類からTransfer（区分変更）されます。
・比率の解釈は、Nonprofit Organizationsと企業では異なります。分子と分母のいずれもが適切な測定指標である限りにおいて、比率は意味のあるものになります。
・Nonprofit Organizationsは、財務数値では測れない多くの目標を持っています。適切な業績測定の手法を選択して、Financial Statementsで提供される情報を補う必要があります。

これでこのプログラムの第11章は終わりです。もしこの章のポイントが理解できたと思うなら、巻末のテスト11に挑戦してみましょう。もし自分の理解に不安があるならば、もう一度第11章を見直して下さい。

テストを通じて、理解度をチェックするとともに第11章のキーポイントを復習して下さい。テストとケーススタディーに取り組んだ後に、いくつかのポイントに不安があることがわかるかもしれません。第12章に取りかかる前に、これらのポイントを復習しておいてください。なお、テストとケーススタディーに取り

組む時に、巻末のテスト11とケーススタディーの解答も復習してください。

第12章 国際財務報告基準
International Financial Reporting Standards（IFRS）

テーマ

なぜ国際的な基準を必要としているのか。
Why we need a set of international standards.

提案されている国際的な基準は、このテキストで今まで学んできたこととどのように違うのか。
How the proposed international standards may differ from what you have learned so far in this book.

> 財務諸表の性質や使用法を理解してもらうため、このテキストでは基礎的な概念を紹介します。考え方は米国の会計基準を基礎としています。手引きであるこのテキストの性質を超えますが、ここでは国際財務報告基準が担う新しい役割についても紹介します。

Rule

12-1 このテキストで、財務諸表を作成する方法を定義するために役立つ多くの規則（Rule）を学んできました。このことは、米国における会計が主としてR□□□に基づく基準であることを示しています。

選択

12-2 私たちが何かをしようとする時は大抵の場合、規則があれば何をする必要があるかは明らかです。しかしながら公式の規則がなければ、私たちは指針や実務に基づいて何をすべきかを選択しなければなりません。これまで、会計規則の中には会計を行う者がどのように規則の適用を選択するかによって決まるものがあることを学んで来ました（例えば、FIFOあるいはLIFO）。このように、会計は規則と_____の両方の側面を持っています。つまり、会計は明らかに科学ではないのです。

GAAP

12-3 米国には、標準的な一連の指針となる原則があります。これらの指針は一般に公正妥当と認められる会計原則（Generally Accepted Accounting Principles）と呼ばれ、通常G□□□と短縮されます。GAAPには基準書の形式による規則が含まれ、これらは財務諸表を作成する際に準拠されます。

Principle（原則）

12-4 GAAPの複雑性はこのテキストよりも高度なテーマですが、そのような指針となるP□□□□□□□□が存在することを知ることは有用なことです。

12-5 我々は米国会計基準 (U.S. GAAP) の指針に準拠するため、他の国々が各国自身の＿＿＿＿を持っていることは [当然のことと思えます/あり得ないことです]。

GAAP

当然のことと思えます。

12-6 もし全ての国が独自の指針を持っているとしたら、他の国の財務諸表を理解することは [容易でしょう/非常に難しくなるでしょう]。

非常に難しくなるでしょう

12-7 財務諸表 (F□□□□□□□ S□□□□□□□□s) を読み比較することをより容易とするための会計基準の作成に、多くの国々が協同で参加しています。

Financial Statements

12-8 IFRSは、I□□□□□□□□□□ F□□□□□□□ R□□□□□□□ S□□□□□□□□の略称です。これらの基準が意図しているのは、より広範な利用者が財務諸表を解釈することをより容易とすることです。

International Financial Reporting Standards
（国際財務報告基準）

12-9 米国基準は規則に基づいています (Rule-based)。しかしIFRSは指針となる原則 (Principle) に基づいています。それゆえ、IFRSはP□□□□□□□-basedと言うことが出来ます。

Principle

12-10 IFRSの全体的なフレームワークでは、財務諸表の目的は、利用者が企業の財政状態 (F□□□□□□□□ Status) を理解することを通じて経済的な意思決定をする手助けをすることであると考えられています。

Financial

12-11 IFRSで使用されている基礎となる仮定は、今まで学んできたものと類似しています。1つの重要な相違は、米国基準がR□□□-basedであるのに対し、IFRSはP□□□□□□□-basedであることです。

Rule
Principle

第12章 国際財務報告基準　283

Going Concern	**12-12** 第1章で、企業は予測可能な将来において事業を継続するという前提で財務諸表が作成されることを学びました（問1-40から1-43を参照して下さい）。この原則はG□□□□ C□□□□□□ Conceptと呼ばれました。
Accrual	**12-13** 第4章では、取引は、現金の受け取りあるいは支払いがあった時というよりもむしろ、それが発生した時に認識されることを学びました（問4-6から4-17を参照して下さい）。この原則はA□□□□□l Accountingと呼ばれました。
類似点があります	**12-14** IFRSにおける基礎となる仮定は、継続企業と発生主義の仮定です。このように、米国で公正妥当と認められる会計原則との間に［類似点があります／関係はありません］。
比較可能性 とても難しいことです	**12-15** IFRSのフレームワークは、財務諸表のいくつかの質的な性質（理解のしやすさ（Understandability）、関連性（Relevance）、信頼性（Reliability）、比較可能性（Comparability））にも言及しています。明らかに最も重要な点は、異なる国々の組織体が作成した財務諸表の＿＿＿＿＿＿です。言うまでもなく、世界の非常に多くの国々との比較可能性を達成することは［容易です／とても難しいことです］。
Globe Global	**12-16** 何カ国が財務報告の指針を持っているかを考える時、私たちは世界中あるいは地球上（G□□□□）の国々のことを考えます。そのため、国際的な財務報告（International Reporting）のことをグローバルな財務報告（G□□□□□ Reporting）と言うことがあります。
より容易になります	**12-17** グローバルな財務報告によって、比較可能性という質的な性質が［より容易になります／ほとんど不可能になります］。

財務諸表の利用者はしばしば多くの組織体の財務諸表を比較する必要があります。

12-18 ＿＿＿＿＿＿な財務報告は、単一の基準の体系なくしては世界中で首尾一貫したものには成り得ません。IFRSは、多くの異なる基準の体系を1つの共通の基準の体系に統合することを試みるものです。　　　　　　　　　　　　　　グローバル

12-19 もし米国の体系がよりR□□□-basedのもので、IFRSが　　　　Rule
よりP□□□□□□□-basedのものであるならば、全ての国　　　Principle
が共通の基準の体系に同意することは容易ではありません。

12-20 グローバルな財務報告は、米国に焦点を合わせるだけでなくより多くの題材をカバーしています。そのため現在学生は、米国の体系とIFRSの両方の基礎を学ぶ必要があります。グローバルな財務報告はまた、グローバル経済のコンセプトに関係があります。その結果、学生はF□□□□□□□ R□□□□□　　Financial Reporting
□□□ 同様にE□□□□□□□sも学ぶ必要があります。　　　　Economics

12-21 このテキストの始めの方で、T勘定、複式簿記のシステム、元帳及び仕訳について学びました。これらのツールは、企業の財務記録（Financial Records）や帳簿（Book）を継続的に作成（Keep）する手助けとなります。これらの活動は通常簿記
（Book □□□□ing）と呼ばれます。　　　　　　　　　　　　Keep

12-22 第10章で財務諸表分析を学びました。明らかに、会計には簿記以上の意味があります。財務諸表分析によって私たちは、
財務諸表（F□□□□□□□□ S□□□□□□□□□□）を解釈　　Financial Statements
し、それに意味を与えることが出来ます。

第12章 国際財務報告基準　285

Finacial	**12-23** グローバルな財務報告（F□□□□□□□□ Reporting）によって私たちは、異なる国々で作成された財務諸表を分析し_____することが出来ます。財務報告は単に簿記だけの話ではありません。
比較	
より広範に考えることを学ぶ必要があります	**12-24** 簿記ではかなり簡単な規則が用いられます。規則よりもむしろ指針となる原則を使用することには判断が要求されます。明らかに、今日の学生は財務会計について［単に規則を学ぶだけで足ります／より広範に考えることを学ぶ必要があります］。

GAAP AND IFRS : SIMILARITIES AND DIFFERENCES
（GAAPとIFRSの間の類似点と相違点）

類似　相違	**12-25** IFRSの適用のために必要となる変更の幾つかは最低限のものですが、一方で長い時間がかかるものもあります。明らかに、GAAPとIFRSの間には_____と_____があります。これらのうち幾つかは既に紹介しました。
	12-26 例として、IFRSのフレームワークでは、GAAPと類似した貸借対照表（財政状態報告書）上の構成要素の説明が示されています。
Assets	A□□□□□＝将来の経済的便益を提供する、企業によって支配される資源
Liabilities	L□□□□□□□□□＝現金支出や経済的便益を有する資源の流出の形での決済を要する企業の義務
Equity	E□□□□□＝全ての負債を控除した後の、企業の資産に対する残余持分
	12-27 財務諸表の名称は新しい基準を反映して変わりそうです。

貸借対照表 (B□□□□□□ S□□□□) = 財政状態報告書　　Balance Sheet
(Statement of Financial Position)
損益計算書 (I□□□□□ S□□□□□□□□) = 包括損益計　　Income Statement
算書 (Statement of Comprehensive Income)
キャッシュフロー計算書 (S□□□□□□□□ of C□□□ F　　Statement of Cash Flows
□□□□) = キャッシュフロー計算書 (Statement of Cash
Flows)

12-28 例を使ってGAAPとIFRSの間の潜在的な相違点を説明しましょう。第1章で説明した資産測定の原則を思い出して下さい。資産の価値を表すものの名称は、F□□□ V□□□□です。　　Fair Value

12-29 資産測定の原則とは、もし_____出来る情報が入手可能であるならば、資産はその公正価値 (Fair Value) で測定されるというものです。　　信頼

12-30 第1章で、ほとんどの資産の公正価値は、売り手と買い手が金額に合意しているためその取得日において明らかであることを学びました。もしガースデン社が2002年に土地を100,000ドルで購入したとすると、この土地は2002年12月31日の貸借対照表上100,000ドルで報告されています。2012年12月31日における土地の公正価値は、

A. 100,000ドル
B. 100,000ドル以上
C. ガースデン社にはわかりません

C. ガースデン社にはわかりません
(土地を誰かが買う時までガースデン社にはわかりません。それ以外の金額は主観的なものです)

12-31 通常企業には資産の公正価値はわからないため、それらはC□□□で報告されます。　　Cost

第12章　国際財務報告基準　　287

Cost	**12-32** もし信頼出来る情報が入手可能であるならば、資産の金額は公正価値で測定されます。そうなければ、測定はC□□□に基づいて行われます。
主観的　客観的	**12-33** 公正価値を見積もることは困難であるため、公正価値は［客観的/主観的］であり、一方Costは［客観的/主観的］です。
Cost	**12-34** GAAPによれば、ほとんどの資産は客観的な測定により報告され、それはC□□□です。
	12-35 前に、IFRSの質的な性質を紹介したことを思い出して下さい。それらは、次の4つです。
Understandability	U□□□□□□□□□□□□□y
Relevance	R□□□□□□□e
Reliability	R□□□□□□□□y
Comparability	C□□□□□□□□□□y
Fair Value	**12-36** IFRSを定義する基準設定団体は、測定の基礎として公正価値（Fair Value）を使用することを望んでいます。それは、F□□□ V□□□□による測定が問12-35で言及した性質に合致すると考えているためです。
相違点	**12-37** 明らかに、これはIFRSとGAAPの間の［類似点/相違点］の領域です。
Convergence	**12-38** GAAPとIFRSの間で相違点のある多くの領域があります。IFRSが米国において認められた実務となるためには、報告のための2つのシステムが収斂（Converge）する必要があります。そうしたC□□□□□□□□□□は、当面完全には起こら

ないかもしれません。

12-39 会計を学習することは、F□□□□□□□ S□□□□ □□□□□の構造を学ぶことに限られません。学生はG□□□ □□ Reportingの多くの側面について学ばなければいけません。

Financial Statements
Global

REVENUE RECOGNITION（収益認識）

12-40 IFRSでは、U.S. GAAPと同じベースにより収益が認識され、それは所有に伴うリスク（Risk）と経済価値（Reward）が売り手から買い手に移転した時点です。この時点で、売り手は販売した物品をもはや所有も支配もしていません。しかしながら、R□□□とR□□□□□□が移転したかどうかを決定するための個別の要件が、IFRSとU.S. GAAPの間では異なっています。

Risk　Reward

12-41 建設プロジェクトの様な長期間の契約に対して収益が稼得されるために、収益を記録する方法には様々なものがあります。IFRSとU.S. GAAPいずれの場合においても、一定の要件を満たした場合に工事進行基準（*Percentage of Completion Method*）により収益認識が行われます。U.S. GAAPでは、収益と費用の認識を契約の完了まで遅らせる工事完成基準（Completed C□□□□□□□ Method）の使用が認められていますが、IFRSではこの方法を使用することは認められません。

Contract

12-42 U.S. GAAPでは、異なるタイプの業種や契約に特有の収益認識（Revenue R□□□□□□□□□□□）に対する非常に詳細な指針が存在しますが、IFRSにはそのような指針は明らかに［あります／ありません］。

Recognition

ありません

第12章 国際財務報告基準　　289

INVENTORY（棚卸資産）

12-43 IFRSでは、棚卸資産の評価方法について幾つかの制約があります。例えば、IFRSはL□□□の使用を禁止しています。企業はFIFOか平均法のいずれかの方法により棚卸資産を記録することが出来ます。

12-44 正味実現可能価格（Net Realizable Value）は、棚卸資産の販売により受取ることが予想される金額から販売のための見積費用を控除した金額です。IFRSでは、棚卸資産は取得価格かN□□ R□□□□□□□□ V□□□□（NRV）のいずれか低い金額により測定されます。

12-45 棚卸資産の市場価格（Market Cost）は通常、再調達価格（Current Replacement Cost）です。U.S. GAAPでは、棚卸資産は取得価格かM□□□□□ Costのいずれか低い金額により測定されます。

12-46 棚卸資産が価値を失った時、それは減損（Impairment）したとみなされ、棚卸資産の価額はI□□□□□□□□tの金額だけ減額されなければなりません。U.S. GAAPでは、減損あるいは陳腐化による棚卸資産の減額は、もしその後価値が回復したとしても振り戻す（Reverse）ことは出来ません。IFRSでは、減損による損失は、当初認識した減損額まではR□□□□□□することが認められます。

NON-CURRENT ASSETS AND DEPRECIATION (PROPERTY, PLANT, AND EQUIPMENT)（固定資産と減価償却（有形固定資産））

12-47 U.S. GAAPでもIFRSでも、有形固定資産（Property, Plant and Equipment (PP&E)）は最初にC□□□で記録されますが、これには資産の購入に直接関連した支出の他、それを使用に供するための支出が含まれます。　　　　　　　　　Cost

12-48 IFRSでは、残存価額（Residual V□□□□）の見積りと減価償却方法（D□□□□□□□□□n Method）を毎期レビューすることが要求されています。一方U.S. GAAPでは、見積りや減価償却方法がもはや適切でないことを示す状況が存在する時にだけそのようなレビューが必要となります。このコンセプトは、入門書としてのこのテキストの枠を超えています。　　　　Value Depreciation

12-49 固定資産は当初の取得価格で記録されることを思い出して下さい。U.S. GAAPでは、市場価格に基づいて有形固定資産の再評価（Revaluation）を行うことは禁じられています。一方IFRSでは、企業は有形固定資産をR□□□□□□することが出来ます。　　　　　　　　　　　　　　　　　　　　Revalue

12-50 多くの無形固定資産（Intangible Assets）は償却（Depreciation/Amortization）されることを思い出して下さい。U.S. GAAP、IFRSいずれの基準においても、耐用年数が不確定（Indefinite Life）な無形固定資産はA□□□□□□□□□されず、代わりに毎期減損（Impairment）テストが実施されます。　Amortization

12-51 U.S. GAAPでは、I□□□□□□□□□が認識された無形固定資産のRe□□□□□□□□は禁止されていますが、　　Impairment Revaluation

IFRSでは認められています。

12-52 資産化（Capitalization）は、損益計算書において費用として計上される前に、時には将来の費用が最初貸借対照表上で資産として計上されることを意味します。IFRS、U.S. GAAPいずれの基準においても、開業費（Start-up Cost）、研修コスト（Training Cost）、自己創設のれん（Internally Generated Goodwill）及び顧客リスト（Customer List）構築費用といったコストをC□□□□□□□□することは認められません。このコンセプトもまた、入門書としてのこのテキストの枠を超えています。

Capitalize

FINANCIAL STATEMENT PRESENTATION（財務諸表の表示）

12-53 米国企業は、GAAPにより規制されるだけでなくまた、証券取引委員会（SEC）の規則に従わなければなりません。IFRSを適用する企業は、米国の証券取引所に上場している場合はS□□の規則にだけ従う必要があります。

SEC

12-54 損益計算書の項目が通常あるいは経常的なものでない場合、しばしば損益計算書上、別のセクションで表示されます。これは、損益計算書の読者が将来の業績を適切に予測出来るようにするためです。U.S. GAAPでは、通常の収益や費用でない項目として分類することが出来ますが、IFRSでは企業は通常でない（E□□□□□□□□□□）項目として分類することは認められません。

Extraordinary

CONSOLIDATED FINANCIAL STATEMENTS（連結財務諸表）

12-55 第8章で、多くの企業は子会社を有していることを学びました。経済的実体は親会社と子会社からなるグループです。連

結財務諸表（Consolidated Financial Statements）は、各社の個別財務諸表を合算し、グループのメンバー間の取引を消去（Eliminate）することにより、そのような経済的実体に対して作成されます。IFRSもまた、全てのグループ間取引（これは連結会社間〈Intercompany〉取引とも呼ばれます）を連結上E□□□□□□□□することを要求しています。 　Eliminate

12-56　IFRSはまた、親会社が子会社を連結（C□□□□□□□□□e）すべきかどうかを決定する際に、50パーセント支配の規則に従います。しかしながらIFRSは、50パーセントの規則をU.S. GAAPよりもより緩く用いています。IFRSでは連結目的のため、潜在的な議決権及び親会社が子会社に及ぼす影響の度合いが考慮されます。明らかにIFRSは、U.S. GAAPよりも［ずっと単純/解釈が複雑］です。 　Consolidate

　解釈が複雑

12-57　U.S. GAAPでは、子会社における少数株主持分を、市場価値の合理的な見積りであるF□□□ V□□□□で測定します。IFRSでは少数株主持分を、公正価値か、取得会計により認識された少数株主持分のいずれかで会計処理します。 　Fair Value

12-58　U.S. GAAPでは、親会社と子会社が異なる会計方針（Accounting Policy）を採用することが認められています。IFRSでは、親会社と子会社は全て同じA□□□□□□□□ P□□□□□を使用しなければいけません。 　Accounting Policy

キーポイント

・U.S. GAAPがRule-basedであるのに対し、国際財務報告基準（IFRS）はPrinciple-basedです。

・財務諸表の利用者が経済的な意思決定をし企業の財務的側面を理解出来るように、グローバルな会計報告を創設することをIFRSは意図しています。
・IFRSの4つの質的な性質は、理解のしやすさ、信頼性、関連性そして比較可能性です。
・信頼出来る情報が入手可能でない場合を除き、IFRSでは測定の基礎として公正価値が使用されます。それが入手不能の場合に、資産はコストで測定されます。
・3つの財務諸表の名称はIFRSとU.S. GAAPで異なりますが、それらは同じ情報を表します。
・IFRSとU.S. GAAPは一定のレベルで収斂されていますが、2つの報告基準の間には依然多くの相違があります。そうした相違の幾つかは、次のようなものになります。
　・IFRSでもU.S. GAAPでも収益はリスクと経済価値が移転した時に認識されますが、IFRSでは収益認識の方法として工事完成基準を使用することは禁止されています。
　・LIFOはIFRSでは認められていません。
　・IFRSでは棚卸資産はコストと正味実現可能価格（NRV）のいずれか低い方で測定しますが、U.S. GAAPでは棚卸資産はコストと市場価格のいずれか低い方で測定されます。
　・IFRSに従った損益計算書（包括損益計算書）を作成する場合、Extraordinary項目として分類することは出来ません。
　・連結に関して、IFRSは50パーセント支配の規則をU.S. GAAPよりも緩く捉えており、議決権及び親会社の子会社に対する影響力のような要素が考慮されます。
・U.S. GAAPとIFRSはある程度収斂しましたが、将来に向けて更なる収斂が計画されています。幾つかの類似点には、収益認識時点、無形固定資産の償却に関する指針、連結にあたっての連結会社間取引の消去があります。

これでこのプログラムの第12章は終わりです。もしこの章のポイントが理解できたと思うなら、巻末のテスト12に挑戦しましょう。もし自分の理解に不安

があるならば、もう一度第12章を見直して下さい。

　テストを通じて、理解度をチェックするとともに第12章のキーポイントを復習して下さい。テストを実施した結果、いくつかのポイントに不安があることがわかるかもしれません。これらのポイントを復習しておいて下さい。巻末にあるテストの解答を見直して下さい。

資料

資料1

ガーズデン社貸借対照表（Balance Sheet）
2012年12月31日現在（単位：1,000ドル）

資産（ASSETS）		負債及び純資産（LIABILITIES AND EQUITY）	
流動資産（CURRENT ASSETS）		**流動負債（CURRENT LIABILITIES）**	
現金（Cash）	1,449ドル	買掛金（Accounts Payable）	5,602ドル
市場性のある有価証券（Marketable Securities）	246	銀行借入金（Bank Loan Payable）	1,000
売掛金（純額）（Accounts Receivable, net）	9,944	未払費用（Accruded Liability）	876
棚卸資産（Inventories）	10,623	未払税金（Estimated Tax Liabilities）	1,541
前払費用（Prepaid Expenses）	389	1年以内に支払期限の到来する長期債務（Current Portion of Long-term Debt）	500
流動資産計（Total Current Assets）	22,651	流動負債計（Total Current Liability）	9,519
固定資産（NONCURRENT ASSETS）		**固定負債（NONCURRENT LIABILITIES）**	
有形固定資産―原価（Property, Plant, Equipment, at cost）	26,946ドル	長期債務、1年以内に支払期限が到来するものを除く（Long-term Debt, less current portion）	2,000
減価償却累計額（Accumulated Depreciation）	−13,534	繰延税金（Defferd Income Taxes）	824
有形固定資産―純額（Property, Plant, Equipment, net）	13,412	負債合計（Total Liabilities）	12,343
投資等（Investments）	1,110	**純資産（EQUITY）**	
特許権及び商標権（Patents and Trademarks）	403	普通株式（Common Stock）	1,000
のれん（Goodwill）	663	払込剰余金（Additional Paid-in Capital）	11,256
		総払込資本（Total Paid-in Capital）	12,256
		剰余金（Retained Earnings）	13,640
		純資産合計（Total Equity）	25,896
資産合計（TOTAL ASSETS）	38,239ドル	負債及び純資産合計（TOTAL LIABILITIES AND EQUITY）	38,239ドル

資料2

エバーグリーンマーケット社

	資産（Assets）		負債および純資産（Liabilities and Equity）	
1月2日　エバーグリーンマーケット社はヘンリーバーグさんから10,000ドルを受け取って銀行に預金しました。	現金（Cash）	10,000ドル 10,000ドル	バーグ氏資本（Berg, Capital）	10,000ドル 10,000ドル
1月3日　エバーグリーンマーケット社はNoteを発行して銀行から5,000ドルを借り入れました。	現金（Cash）	15,000ドル 15,000ドル	支払手形（Note Payable） バーグ氏資本（Berg, Capital）	5,000ドル 10,000 15,000ドル
1月4日　エバーグリーンマーケット社はCashを支払って2,000ドルの棚卸資産（Inventory）を購入しました。	現金（Cash） 棚卸資産（Inventory）	13,000ドル 2,000 15,000	支払手形（Note Payable） バーグ氏資本（Berg, Capital）	5,000ドル 10,000 15,000ドル
1月5日　エバーグリーンマーケット社は、原価200ドルの棚卸資産を300ドルで売却しました。	現金（Cash） 棚卸資産（Inventory）	13,300ドル 1,800 15,100ドル	支払手形（Note Payable） バーグ氏資本（Berg, Capital） 剰余金（Retained Earnings）	5,000ドル 10,000 100 15,100ドル
1月6日　エバーグリーンマーケット社は、30日以内に支払うという条件で2,000ドルで棚卸資産を購入し、それを受け取りました。	現金（Cash） 棚卸資産（Inventory）	13,300ドル 3,800 17,100ドル	買掛金（Accounts Payable） 支払手形（Note Payable） バーグ氏資本（Berg, Capital） 剰余金（Retained Earnings）	2,000ドル 5,000 10,000 100 17,100ドル
1月7日　原価500ドルの棚卸資産が800ドルで売れ、代金をCashで受け取りました。	現金（Cash） 棚卸資産（Inventory）	14,100ドル 3,300 17,400ドル	買掛金（Accounts Payable） 支払手形（Note Payable） バーグ氏資本（Berg, Capital） 剰余金（Retained Earnings）	2,000ドル 5,000 10,000 400 17,400ドル
1月8日　原価600ドルの棚卸資産が900ドルで売れ、顧客は30日以内に900ドルを支払うことを約束しました。	現金（Cash） 売掛金（Accounts Receivable） 棚卸資産（Inventory）	14,100ドル 900 2,700 17,700ドル	買掛金（Accounts Payable） 支払手形（Note Payable） バーグ氏資本（Berg, Capital） 剰余金（Retained Earnings）	2,000ドル 5,000 10,000 700 17,700ドル

資料3

グリーン社の勘定科目

資産（ASSETS）

現金（Cash）

	(Dr.)	(Cr.)
期首残高	1,000	

売掛金（Accounts Receivable）

	(Dr.)	(Cr.)
期首残高	3,000	

棚卸資産（Inventory）

	(Dr.)	(Cr.)
期首残高	4,000	

その他の資産（Other Assets）

	(Dr.)	(Cr.)
期首残高	10,000	

負債及び純資産（LIABILITIES AND EQUITY）

買掛金（Accounts Payable）

	(Dr.)	(Cr.)	
		2,000	期首残高

払込資本（Paid-in Capital）

	(Dr.)	(Cr.)	
		7,000	期首残高

剰余金（Retained Earnings）

	(Dr.)	(Cr.)	
		9,000	期首残高

資料4

エバーグリーンマーケット社
仕訳帳

2012		Accounts		Dr	Cr
1月	2日	現金(Cash)	✓	10,000	
		払込資本(Paid-in Capital)	✓		10,000
	3日	現金(Cash)	✓	5,000	
		支払手形(Note Payable)	✓		5,000
	4日	棚卸資産(Inventory)	✓	2,000	
		現金(Cash)	✓		2,000
	5日	現金(Cash)	✓	3,000	
		収益(Revenue)	✓		3,000
	5日	費用(Expense)	✓	200	
		棚卸資産(Inventory)	✓		200
	6日	棚卸資産(Inventory)	✓	2,000	
		買掛金(Accounts Payable)	✓		2,000
	7日	現金(Cash)	✓	800	
		収益(Revenue)	✓		800
	7日	費用(Expense)	✓	500	
		棚卸資産(Inventory)	✓		500
	8日				
	8日				

資料4（続き）

エバーグリーンマーケット社
仕訳帳

20XX	取引 (Transactions)		Dr	Cr

資料5

エバーグリーンマーケット社
元帳（Ledger）

現金（Cash）		買掛金（Accounts Payable）		収益（Revenue）	
10,000	2,000		2,000		300
5,000					800
300					
800					

売掛金（Accounts Receivable）		支払手形（Notes Payable）		費用（Expenses）	
			5,000	200	
				500	

棚卸資産（Inventory）		払込資本（Paid-in Capital）		剰余金（Retained Earnings）	
2,000	200		10,000		
2,000	500				

資料6

エバーグリーンマーケット社
貸借対照表（Balance Sheet）1月8日現在

資産（Assets）		負債及び純資産（Liabilities and Equity）	
現金（Cash）	14,100 ドル	買掛金（Accounts Payable）	ドル
売掛金（Accounts Receivable）		支払手形（Notes Payable）	
棚卸資産（Inventory）		払込資本（Paid-in Capital）	
		剰余金（Retained Earnings）	
		負債及び純資産合計	
資産合計（Total Assets）	ドル	（Total Liabilities and Equity）	ドル

損益計算書（Income Statement）
自1月2日至1月8日

収益（Revenues）	ドル
費用（Expenses）	
純利益（Net Income）	ドル

資料7
ホームズ社の取引

日付	事象	現金に対する影響
5月2日	エーブル氏がホームズ社から家Aを購入することに同意し、16,000ドルを手付金として支払いました。	16,000ドルの増加
5月15日	ホームズ社は家Aを販売したセールスマンに800ドルの手数料を支払いました（現金受取額の5%）。	800ドルの減少
5月	ホームズ社の5月の一般的な費用は4,400ドルでした（単純化のため、5月に現金でこれらが支払われたと仮定します）。	4,400ドルの減少
6月2日	ベーカー氏は家Bを購入することに同意して、24,000ドルの手付金を支払いました。	24,000ドルの増加
6月5日	エーブル氏は家Aの購入手続きを完了して144,000ドルを支払いました。ホームズ社はエーブル氏に権利証書を渡して、家の所有権を引き渡しました（家Aのため、ホームズ社には140,000ドルの原価が発生しました）。	144,000ドルの増加
6月30日	ホームズ社は家Bを販売したセールスマンに1,200ドルの手数料を支払いました。	1,200ドルの減少
6月	ホームズ社の6月の一般的な費用は4,000ドルでした。	4,000ドルの減少
7月2日	ホームズ社は家Aを販売したセールスマンに7,200ドルの追加手数料を支払いました。	7,200ドルの減少
7月3日	ベーカー氏は家Bの購入手続きを完了し216,000ドルの現金を支払いました。ホームズ社はベーカーさんに権利証書を渡し、家の所有権を引き渡しました（家Bのため、ホームズ社には200,000ドルの原価が発生しました）。	216,000ドルの増加
7月30日	ホームズ社は家Bを販売したセールスマンに10,800ドルの手数料を支払いました。	10,800ドルの減少
7月	ホームズ社の7月の一般的な費用は4,800ドルでした。	4,800ドルの減少

資料8
財務諸表の一例（単位：1,000ドル）
ガーズデン社

要約貸借対照表（Condensed Balance Sheet） 2011年12月31日現在		要約貸借対照表（Condensed Balance Sheet） 2012年12月31日現在	
資産（Asset）		**資産（Asset）**	
流動資産 （Current Assets）	23,024	流動資産 （Current Assets）	22,651
建物・設備 （Buildings and Equipment）	14,100	建物・設備 （Buildings and Equipment）	13,412
その他資産 （Other Assets）	1,662	その他資産 （Other Assets）	2,176
資産合計 （Total Assets）	38,786	資産合計 （Total Assets）	38,239
負債及び純資産（Liabilities and Equity）		**負債及び純資産（Liabilities and Equity）**	
負債（Liabilities）	14,622	負債（Liabilities）	12,343
純資産（Equity）：		純資産（Equity）：	
払込資本 　（Paid-in Capital）	12,256	払込資本 　（Paid-in Capital）	12,256
剰余金 　（Retained Earning）	11,908	剰余金 　（Retained Earning）	13,640
負債及び純資産合計 　（Total Liabilities and Equity）	38,786	負債及び純資産合計 　（Total Liabilities and Equity）	38,239

損益計算書（Income Statement） 2012年度		剰余金計算書 （Statement of Retained Earnings）	
売上高 （Sales Revenue）	75,478	剰余金（2011年12月31日） （Retained Earnings）	11,908
差引　売上原価 （Less Cost of Sales）	52,227	加算：当期純利益 （Add Net Income）2012年	6,122
売上総利益 　（Gross Margin）	23,251		18,030
差引　営業費用 （Less Operating Expenses）	10,785	差引：配当 （Less Dividends）	4,390
税引前利益 　（Income Before Taxes）	12,466	剰余金（2012年12月31日） （Retained Earnings）	13,640
法人税 （Provision for Income Taxes）	6,344		
当期純利益 　（Net Income）	6,122		

資料9

ルイス燃料会社

	数量 （Unit）	単価 （Unit Cost）	Cost合計 （Total Cost）
期首棚卸資産（Beginning Inventory）、4月1日	400	1.00ドル	ドル
仕入（Purchase）、4月10日	300	1.10	
仕入（Purchase）、4月20日	300	1.20	
販売可能な商品の合計（Total Goods Available）			
期末棚卸資産（Ending Inventory）、4月30日	600		
売上原価（Cost of Sales）、4月			

先入先出法（FIFO Method）

販売可能な商品（Goods Available）　　　　　　　　　　　　　　　　　　＿＿＿＿＿＿ドル
期末棚卸資産（Ending Inventory）：
　　＿＿＿＿×＠＿＿＿＿ドル＝　　　　　＿＿＿＿＿＿ドル
　　＿＿＿＿×＠＿＿＿＿ドル＝　　　　　＿＿＿＿＿＿ドル
合計600単位　　　　　　　　　　　　　　　　　　　　　　　　　　　＿＿＿＿＿＿
売上原価（Cost of Sales）　　　　　　　　　　　　　　　　　　　　　　＿＿＿＿＿＿

後入先出法（LIFO Method）

販売可能な商品（Goods Available）　　　　　　　　　　　　　　　　　　＿＿＿＿＿＿ドル
期末棚卸資産（Ending Inventory）：
　　＿＿＿＿×＠＿＿＿＿ドル＝　　　　　＿＿＿＿＿＿ドル
　　＿＿＿＿×＠＿＿＿＿ドル＝　　　　　＿＿＿＿＿＿ドル
合計600単位　　　　　　　　　　　　　　　　　　　　　　　　　　　＿＿＿＿＿＿
売上原価（Cost of Sales）　　　　　　　　　　　　　　　　　　　　　　＿＿＿＿＿＿

平均法（Average-Cost Method）

平均単価（Average Cost）

$$\frac{\text{＿＿＿＿＿＿ドル}}{\text{＿＿＿＿＿＿ドル}} = \text{＿＿＿＿＿＿ドル／単位当たり（cost per unit）}$$

販売可能な品物（Goods Available）　　　　　　　　　　　　　　　　　　1,090ドル
　期末棚卸資産（Ending Inventory）　　　　：600×＠＿＿＿＿ドル＝　＿＿＿＿＿＿
　売上原価（Cost of Sales）　　　　　　　　：400×＠＿＿＿＿ドル＝　＿＿＿＿＿＿

資料10

チコ社貸借対照表（Balance Sheet）
（単位：1,000ドル）

資産（Assets）

	12月31日現在	
	2012年	2011年
流動資産（Current assets）		
現金（Cash）	20	7
売掛金（Accounts Receivable）	40	42
棚卸資産（Inventory）	60	56
前払費用（Prepaid Expenses）	20	20
流動資産合計（Total Current Assets）	140	125
固定資産（Noncurrent assets）		
土地（Land）	30	30
土地以外の有形固定資産―原価（PPE, at cost）　120		108
差引：減価償却累計額（Less Accumulated Depreciation）　70	50	64　44
のれんと特許権（Goodwill and Patent）	10	10
資産合計（Total Assets）	230	209

負債及び純資産（Liabilities and Equity）

流動負債（Current Liabilities）		
買掛金（Accounts Payable）	30	33
未払給与（Accrued Wages）	10	6
未払法人税（Income Taxes Payable）	20	20
流動負債合計（Total Current Liabilities）	60	59
固定負債（Noncurrent Liabilities）		
不動産担保付社債（Mortgage Bonds Payable）	40	34
負債合計（Total Liabilities）	100	93
純資産（Shareholder equity）		
払込資本（流通株式4,800株）（Paid-in Capital: 4,800 shares outstanding）	60	60
剰余金（Retained Earnings）	70	56
純資産合計（Total Shareholder Equity）	130	116
負債及び純資産合計（Total Liabilities and Equity）	230	209

資料10（続き）

チコ社損益計算書（Income Statement）　2012年度
（単位：1,000ドル）

		パーセンテージ
売上高（Sales Revenue）	300	100.0%
差引：売上原価（Less Cost of Sales）	−180	60.0
売上総利益（Gross Margin）	120	40.0
差引：減価償却費（Less Depreciation Expense）	−6	2.0
その他の費用（Other Expenses）	−72	24.0
金利税金差引前利益（Earnings before Interest and Taxes）	42	14.0
利息費用（Interest Expense）	−5	1.7
税引前利益（Earnings before Income Taxes）	37	12.3
法人税（Provision for Income Taxes）	−13	4.3
当期純利益（Net Income）	24	8.0
差引：配当（Less Devidends）	−10	
純資産増加額（Addition to Equity）	14	

資料11

チコ社キャッシュフロー計算書（Statement of Cash Flows） 2012年度
（単位：1,000ドル）

営業活動によるキャッシュフロー
(Cash Flow from Operating Activities)
 当期純利益   24ドル
 (Net income)
 当期純利益をキャッシュフローに一致させるための調整
 (Adjustments required to reconcile net income to cash flows)：
  減価償却費   _____ドル
  (Depreciation expense)
  売掛金の減少   _____
  (Decrease in accounts receivable)
  棚卸資産の増加   (_____)
  (Increase in inventory)
  買掛金の減少   (_____)
  (Decrease in accounts payable)
  未払給与の増加   _____
  (Increase in accrued wages)
   当期純利益の調整合計   _____
   (Total adjustments to net income)
   営業活動によるキャッシュフロー合計   _____
   (Total cash flow from operating activities)

投資活動によるキャッシュフロー
(Cash Flow from Investing Activities)
 有形固定資産の購入   (_____)
 (Purchase of property, plant and equipment)

財務活動によるキャッシュフロー
(Cash Flow from Financing Activities)
 長期債務による借入   _____
 (Issuance of long-term debt)
 配当金の支払＊   (_____)   (_____)
 (Dividends paid)

現金及び現金同等物の純増加あるいは減少額   _____ドル
(Net Increase or decrease in cash and cash equivalents)

現金残高　期首   _____ドル
(Cash balance, beginning of period)
現金残高　期末   _____ドル
(Cash balance, end of period)

注：括弧は現金の減少を表す。
＊（問9-57の後にある注を見て下さい。）

資料12

会計監査人の監査報告書

取締役会と株主の皆様へ
チコ社

　我々は、チコ社の2011年及び2012年12月31日現在の貸借対照表、2012年12月31日に終了した3年間の各年度の損益計算書及びキャッシュフロー計算書の監査を実施した。これらの財務諸表の作成責任はチコ社の経営陣にある。我々の責任はこれらの財務諸表に対して我々の監査の結果に基づいて意見を表明することである。

　我々は一般に公正妥当と認められる監査基準にしたがって監査を実施した。監査基準は、財務諸表に重要な誤謬などがないかどうかについて確証が持てるように監査計画を立案し、また実行することを要求している。監査は財務諸表上の金額や開示事項を裏づける証拠を、試査により検証することを含んでいる。また、経営陣が採用した会計原則や実施した重要な見積もり、全体としての財務諸表の開示内容についての評価を含んでいる。我々は、我々が実施した監査が、監査意見についての適切な基礎を提供していると確信している。

　我々は、これらの財務諸表が、一般に公正妥当と認められた会計基準に従い、チコ社の2011年および2012年12月31日現在の財政状態、2012年12月31日に終了した3年間の各年度の経営成績とキャッシュフローの状況を全体として適切に表示しているものと認める。

クラーク＆ルイス
シアトル　ワシントン
2013年2月21日

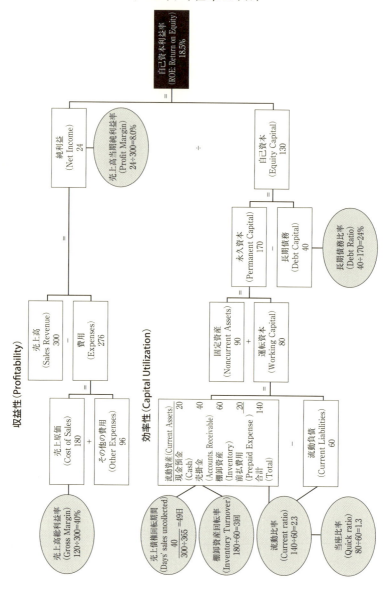

資料13
チコ社
ROEに影響を及ぼす要因（Factors Affecting Return on Equity）
（2012年、単位1,000ドル）

資料14
代表的な財務比率

総合力	分子	分母
1　自己資本利益率（Return on equity：ROE）		
2　1株当たり利益（Earnings per share）		
3　株価収益率（Price-earnings ratio）		
4　永久資本（長期債務＋株主資本）利益率（Return on permanent capital）		
収益性（Profitability）		
5　売上高総利益率（Gross margin %）		
6　売上高当期純利益率（Profit margin %）		
7　売上高金利税金差引前利益率（EBIT margin %）		
効率性（Capital Utilization）		
8　売上債権回転期間（Day's sales uncollected）		
9　棚卸資産回転率（Inventory turnover）		
10　流動比率（Current ratio）		
11　当座比率（Quick ratio）		
12　長期債務比率（Debt ratio）		
13　総資本回転率（Capital turnover）		
デュポン計算式（DuPont Identity）		
14　当期純利益率（Profit margin）		
15　資産回転率（Asset turnover）		
16　資本乗数（財務レバレッジ）（Equity multiplier）		

資料15a

マーサー・コミュニティ・サービス
財政状態報告書（Statements of Financial Position）
（単位：千ドル）

資産（Assets）

	6月30日現在	
	2012	2011
資産（Assets）：		
現金および現金同等物（Cash and Cash Equivalents）	38ドル	230ドル
売掛金（Accounts Receivable）	1,065	835
棚卸資産（Inventories）	200	350
前払費用（Prepaid Expenses）	105	150
未収寄付金（Contributions Receivable）	1,512	1,350
土地、建物、および備品（Land, Buildings, and Equipment）	33,313	33,725
長期投資（Long-term Investments）	109,035	101,750
資産合計（Total Assets）	145,268ドル	138,390ドル

負債及び純資産（Liabilities and Net Assets）

	2012	2011
負債（Liabilities）：		
買掛金（Accounts Payable）	1,285ドル	525ドル
前受金（Refundable Advances）		325
受取補助金（Grants Payable）	438	650
支払手形（Notes Payable）		570
長期債務（Long-term Debt）	2,750	3,250
負債合計（Total Liabilities）	4,473	5,320
純資産（Net Assets）：		
無拘束（Unrestricted）	57,614	51,835
一時的拘束（Temporarily Restricted）	12,171	12,735
永久拘束（Permanently Restricted）	71,010	68,500
純資産合計（Total Net Assets）	140,795	133,370
負債及び純資産合計（Total Liabilities and Net Assets）	145,268ドル	138,390ドル

資料15b

マーサー・コミュニティ・サービス
活動報告書（Statements of Activities）
（単位：1,000ドル）
2012年6月30日に終了する事業年度

	無拘束 Unrestricted	一時的拘束 Temporarily Restricted	永久拘束 Permanently Restricted	合計 Total
収益、利益、その他の支援 (Revenues, gains, and other support)：				
寄付（Contributions）	4,320ドル	4,055ドル	140ドル	8,515ドル
報酬（Fees）	2,700			2,700
長期投資からの利益 (Income on long-term investments)	2,800	1,290	60	4,150
その他の投資からの利益 (Other investments Income)	425			425
長期投資からの正味実現利益と未実現利益（Net realized and unrealized gains on long-term investments）	4,114	1,476	2,310	7,900
その他（Other）	75			75
拘束が解消された純資産 (Net assets released from restrictions)：				
プログラムの拘束要件の充足 (Satisfaction of program restrictions)	5,995	(5,995)		
期間経過による拘束の失効 (Expiration of time restrictions)	1,375	(1,375)		
収益、利益及びその他の支援合計 (Total revenue, gains, and other support)	21,804ドル	(549)ドル	2,510ドル	23,765ドル
費用及び損失（Expenses and losses）：				
プログラムX（ProgramX）	6,550			
プログラムY（ProgramY）	4,270			
プログラムZ（ProgramZ）	2,880			
管理費（Administration）	1,250			
基金調達費（Fundraising）	1,075			
その他の損失（Other losses）		15		30
費用合計（Total expenses）	16,025	15		16,040
純資産の変動額 (Change in net assets)：	5,779	(564)	2,510	7,725
期首の純資産（Net assets at beginning of year）	51,835	12,735	68,500	133,070
期末の純資産（Net assets at end of year）	57,614ドル	12,171ドル	71,010ドル	140,795ドル

資料　313

テスト&ケーススタディ

テスト、ケーススタディの解答は、最後のテストに続くページから記載しています。

第1章テスト

1 以下の項目の会計上の名称を答えて下さい。
　(a) 企業が所有している価値あるもの　　　　　_____
　(b) 資金　　　　　_____
　(c) 債権者が請求権をもっているもの　　　　　_____
　(d) 投資家が請求権をもっているもの　　　　　_____

2 2つの資金の源泉を挙げて下さい。その中で企業に対してより強い請求権を持つものはどちらですか。
　優先的な請求権があるもの　　　　　_____
　優先的な請求権がないもの　　　　　_____

3 貸借対照表（Balance Sheet）は、［一時点の／一定期間の］企業の状況を報告するものです。

4 会計の基本的な均等公式は
　　_____ ＝ _____ ＋ _____

5 上記の均等公式はどのような会計基準にしたがったものですか。
　_____

6 貨幣価値測定の原則（Money Measurement Concept）は、会計は_____ _____によって表される事実のみを報告するということを意味しています。

7 貸借対照表（Balance Sheet）は必ずしも事業に関するすべての事実を報告しているわけではありません。報告する情報や数量データに限界があるのはどのような原則があるからですか。

_____

8 レインボー社には10,000ドルの現金（Cash）があります。同社を100％所有しているデイルフィッシュさんは、個人的な目的のためにそのうち100ドルを引き出しました。この場合、デイルフィッシュさんは以前よりも［良くなりました／悪くなりました／どちらともいえません］。レインボー社は現在［以前と同じ／以前より少ない］現金を所有しています。このように、1つの事実がデイルフィッシュさんとレインボー社に違った影響を与えることを_____の原則といいます。

9 企業実体の原則（Entity Concept）は、会計数値は、企業を所有している_____とは区分して、_____について集計されているということを意味しています。

10 2011年12月31日時点でベイリー社は、銀行預金と手許現金を合わせて12,000ドルの現金（Cash）を所有しています。また、同社は合計25,000ドルのその他の資産（Other Assets）を所有しています。さらに当社の唯一の負債（Liabilities）は10,000ドルの銀行借入です。ベイリー社の2011年12月31日時点における貸借対照表（Balance Sheet）を以下の表を使って作成して下さい。

2011年_____	現在_____	
	_____及び_____	
_____	_____ドル	_____ドル
その他の_____	_____ドル	_____ドル
_____	_____ドル	_____ドル

⑪ 継続企業の原則（Going-Concern Cocept）とは、会計は、＿＿＿＿＿が＿＿＿＿に事業を継続することを前提としていることを意味しています。

⑫ 資産価値測定の原則（Asset Measurement Concept）とは、信頼できる情報が得られる場合には、会計は資産の＿＿＿＿＿に注目すべきであることを意味しています。非貨幣性資産（Non-monetary Asset）は、その＿＿＿＿＿で報告されます。

⑬ あるものが資産（Asset）として表示されるためには、以下の条件のうち3つを満たす必要があります。その条件にあてはまるものはYESのところに、違うものはNOのところに○を付けて下さい。
　（a）価値がある　……………………………………………………［YES/NO］
　（b）企業によって所有されている建物の中にある　………………［YES/NO］
　（c）企業によって使われている　……………………………………［YES/NO］
　（d）企業が注文したものである　……………………………………［YES/NO］
　（e）金額として測定可能な原価で購入されたものである　………［YES/NO］
　（f）企業によって所有されているか支配されている　……………［YES/NO］

⑭ のれん（Goodwill）とは、企業によって＿＿＿＿＿された好ましい名称や評判のことです。

⑮ 資産（Asset）のうち、現金（Cash）と近い将来現金になる予定のものが流動資産（Current Asset）になります。その一定の期間は通常＿＿＿＿＿以内です。この期間はどの程度ですか。

⑯ 負債（Liabilities）のうち、近い将来支払期限がくるものは流動負債（Current Liabilities）になります。その一定の期間は通常＿＿＿＿＿以内です。この期間はどのくらいですか。

以下の問題のヒントに資料1を見て下さい。

17 有価証券 (Marketable Securities) は [流動 (Current) / 固定 (Non-current)] 資産 (Asset) です。有形固定資産 (Property, Plant and Equipment〈PPE〉) は [流動／固定] 資産です。

18 正しい (True) か誤っている (False) か答えて下さい (T=True, F=False)。
製造会社にある靴は在庫と考えられる ──────────────── [T/F]
靴が作られている建物は在庫と考えられる ──────────── [T/F]

19 対象となる契約期間より前に支払われた保険契約は、＿＿＿＿＿＿＿＿＿
＿＿＿＿の例です。

20 建物と自動車は、＿＿＿＿＿＿＿＿です。

21 ステアー社は家具店を運営しています。2011年12月31日に販売するための机を30個所有していました。これらは＿＿＿＿＿＿＿として報告されます。ステアー社の社長が使っている机は＿＿＿＿＿＿＿として報告されます。

22 企業の貸借対照表 (Balance Sheet) に関する下記の記述について、正しい (True) か誤っている (False) かを答えて下さい (T=True, F=False)。
(a) 資産 (Asset) は企業が所有している価値のあるものすべてをリストしたものである ──────────────────────────────── [T/F]
(b) 払込資本 (Paid-in Capital) として報告されている金額は、株式の時価とほぼ等しい ──────────────────────────────── [T/F]
(c) 純資産合計 (Total Equity) として報告されている金額は、企業の株式の時価とほぼ等しい ────────────────────────── [T/F]
(d) 純資産合計 (Total Equity：Net Worth とも呼ばれる) は企業の価値を表している ──────────────────────────────── [T/F]
(e) 余剰金 (Retained Earnings) は、企業が獲得してきた現金の金額である ──────────────────────────────────── [T/F]

第1章ケーススタディ① ライター・ライト・ソリューションズ社

ビルは午前中に予定している打ち合わせを思いながら、自分のコンピュータの電源を入れた。彼の会社、ライター・ライト・ソリューションズ (LLS) 社が、車のシガレットライターから持続的に充電できる小型懐中電灯、「ライター・ライト」を発売してから8カ月、販売は活況を呈し、商売の先行きは明るかった。しかしながら、キャッシュフローが不確かで棚卸の管理が安定していなかった。

ビルは、会社、倉庫、(自社所有でない)中国の工場の利用法、太平洋岸北西部の卸売店や販売代理店について国際的なビジネス上の調整打ち合わせを行う必要があった。その中には国際銀行との打ち合わせもあった。しかし、この会議の前に、彼は8カ月間の情報をまとめねばならなかった。

以下のどれがライター・ライト・ソリューションズ社の貸借対照表の項目になりますか？

以下のどれが貸借対照表の項目ではないが、国際銀行との打ち合わせで重要視されるべき財務情報でしょうか？

1. ビルのシアトルの倉庫、中国の倉庫、自社の営業が持つ棚卸資産の記録
2. 営業の強み、弱みについての情報
3. ビルが中国滞在時に使っている賃貸アパートについての情報
4. ビルとビジネスパートナーのマットが創業時に投資した金額
5. ビルがライターライトの将来の販売で予想している利益
6. LLS社のクレジットカードで従業員が旅行に利用できる金額
7. 中国での事務所賃貸に関する情報
8. LLS社が6カ月前に購入した車の原価
9. ライターライトを1個作るのに必要な原価
10. 向こう1年の計画販売高
11. LLS社の銀行預金額
12. LLS社の未返済の借入高
13. LLS社の将来の競合となりうる企業に関する情報

第1章ケーススタディ② ピザ・ボックス・マルチNo.1

　マイクは寄宿舎のラウンジを歩きながら、空になったピザの箱をすみに蹴った。それからため息をつき、向き直り、それを拾った。いやな思いをしながらも、その脂っぽい箱を台所へ運びそこのゴミ箱に捨てた。
　熱心な環境保護主義者であるマイクは毎週毎週捨てられたピザの箱の山を見てゾッとさせられた。1年生の時、彼はカレッジ・シティ・リサイクリングに賛同して寄宿生に厚紙の箱をリサイクルするようキャンペーンを始めたことがあったが、脂っこい食べ残しのチーズで共用の機械が粘つき正常に使えなくなると言われたことがあった。2年生の時には、箱の汚れていないところだけを引きちぎってリサイクルするように強く勧める啓蒙活動を行ったことがあったが、そのメールも相手にもされず、箱は相変わらずゴミ箱の辺りに散らかっていた。
　3年生になった今、マイクは残された時間が少ないのを思った。ピザの箱とゴミ箱を見つめ、そして箱を拾い上げながら、部屋に戻り、マイクのピザ・ボックス・マルチのビジネスプランの概要を書き始めた。
　マイクは自分の当座預金口座にある500ドルをこの新しいビジネスに使うことに決めた。メールで広告を始めて以来、彼がこのビジネスを始めるに必要とする物はピザの箱をマルチ（訳注：マルチ資材。植物の根を保護するため土の表面を覆う有機質の農園芸資材）に変える機械装置だった。機械工学部の友人を通じて300ドルでそれを手に入れることができた。捨てられたピザの箱を集める格好の場所を探し始めた。
　マイクのルームメイトは会計を学んでいた。彼はピザの箱を見つめ、マイクに向って言った。「ビジネスを始めるなら的確に行おう！　開業貸借対照表を一緒に作ってみようか？」

第1章ケーススタディ③ リディア・ペレスNo.1

　リディア・ペレスはニカラグアの小さな農村地帯に住んでいる。彼女は地元

の貸付組合がその地域の女性に融資する予定だということを聞くや、自宅で豚の飼育をするビジネスを始めようと決めた。彼女は、毎週金曜日にはその地域の家族が余分に現金を持っていることを知っていたので、豚の肉でいろいろな食べ物を作って給料日に売るつもりでいた。

リディアはまた食べ残しや使われなかったトウモロコシの一部で、豚を飼育することができると分かっていたため、餌を買う必要がなかった。仕事に必要な薪は子供達と一緒に近隣から集めることもできた。彼女はすでに必要な物は揃っていて、ビジネスを始めるのに際して新たに何か購入する予定の物はなかった。

彼女は融資を組む条件の教育講座に何回か出始めていた。そこで学んだことの1つは財務記録をつけることの重要さである。融資を組むために、彼女は開業貸借対照表を作成しなければならなかった。

以下の情報をもとに、開業初日の終了時点での貸借対照表を作成してみて下さい。最初のローンは150ドルです。融資契約では彼女も20ドル拠出しなければならないようになっています。融資は非営利団体を通じて支給される予定になっていて、最初の年には利息支払はありません。

彼女は何匹も豚の子を産んだ雌豚を飼っている農家を知っていて、1匹25ドルで5匹を売ってくれる約束をすでにしていたので、融資を受けたその日に早速その豚を買いビジネスを始めていた。豚を買った後は、いい使い道が見つかるまでと現金の残りを本に挟み、しまい込んでいた。

彼女のベンチャー的な事業についての現時点での貸借対照表はどのようになるでしょうか。

第1章ケーススタディ④　ヴィートの貸自転車No.1

多くの大都市の例にならって、ヴィートは自分の大学の学生に、自分達の車を自宅に置いてくるようにいつも勧めていた。彼が居住し、授業に出ている大学は広大な面積をもつ郊外の大学だった。学生は広大な構内の移動に車を使っていた。

彼は裕福なおじから相続したお金を、自分の必要な学費ではなく、2012年に始めた貸自転車のビジネスにすべて使ってしまった。大学は南アリゾナにあり1年を通じて自転車に乗るには問題のない天候の地域だった。

　彼は学生の居住地の近くに日極(ひぎめ)で貸す予定の自転車、鍵、ヘルメット他装備品を保管するための古い物置を買った。多くの学生が自分の車を大学の構内から離れた駐車料金の安い駐車場に停めているのを知っていた。一番の投資は物置、自転車、その他いろいろな装備品であることを了解し、彼がこのビジネスに投資できる30,000ドルではそれら全部を購入するのには十分ではないので、地方銀行からお金を借りることに決めた。物置代の35,000ドルの他にも、50ミリ幅のタイヤを持つマウンテンバイクが1台300ドル、ヘルメットが各20ドル、鍵が各15ドルだった。バイク1台にヘルメットと鍵を1個ずつ用意できるように購入しようとした。加えて、彼は、要望があれば貸せるように、物入れカゴやバッグ等諸々の装備が1,000ドルあれば買えると思っていた。彼が自分の30,000ドルを自ら投資したので、銀行幹部も向こう3年間での返済予定で、同じ額をためらうことなく投資した。

　事業開始直前の貸借対照表はどのようになるでしょうか。彼の現時点の債務に見合うような適切な利益を得ているでしょうか。それはどのようにしてわかりますか。

第2章テスト

1 1月2日にダン・ベイリーさんはベイリー社を設立して事業を開始しました。1月にベイリー社は下記の活動を行いました。

(a) ダン・ベイリーさんから資本（Capital）として5,000ドルを受け取った。

(b) 銀行から10,000ドルを借りて、Noteを振り出した。

(c) 4,000ドルの棚卸資産（Inventory）を現金（Cash）で購入した。

(d) 2,000ドルの棚卸資産を6,000ドルで顧客に販売した。顧客は3,500ドルを現金（Cash）で支払い、2,500ドルは30日以内に支払うことに合意した。

(e) 自動車（Automobile）を7,000ドルで購入した。そのうち2,000ドルは手付金として支払い、残り5,000ドルは自動車ディーラーにNoteを渡した。

(f) ベイリーさんは私的な理由で1,000ドルの現金を引き出した。

(g) ベイリーさんは彼の事業に対して10,000ドル出資するという申し出を受けたが、断った。

1月31日の事業終了時点でのベイリー社の貸借対照表（Balance Sheet）と1月の損益計算書（Income Statement）を作成して下さい。

ベイリー社
貸借対照表_____現在（Balance Sheet as of _____）
_____   _____及び_____
_____   _____ドル   _____   _____ドル
_____   _____
_____   _____
_____
合計（Total）   _____ドル   合計（Total）   _____ドル

　　　　　　　　　　ベイリー社
　損益計算書＿＿＿＿＿（Income Statement for ＿＿＿＿＿）
　　　＿＿＿＿＿　　　　　　　　　　　　　　　　　＿＿＿＿＿ドル
　　　＿＿＿＿＿　　　　　　　　　　　　　　　　　＿＿＿＿＿ドル
　　　　　　　　　利益（Income）　　　　　　　　　＿＿＿＿＿ドル

② ベイリー社の利益（Income）は4,000ドルでしたが、剰余金（Retained Earnings）は3,000ドルにすぎません。問1をもう一度読んで、その違いの理由となる活動の項目を（a）から（g）の中から選んで下さい。

③ ダン・ベイリーさんは1月31日時点での棚卸資産について、原価2,000ドルの棚卸資産が6,000ドルで販売されたという事実があるので、6,000ドルの価値があると主張しています。あなたは貸借対照表を修正しますか？［Yes/No］これは、＿＿＿＿＿の原則に基づくものです。非貨幣性資産（Nonmonetary Asset）はその価値すなわち＿＿＿＿＿ではなく＿＿＿＿＿で報告されます。

④ ホルト社はリンフリュー社に1,000ドルの商品を掛け売りで販売しました。このことは、ホルト社の Account［Receivable/Payable］と、リンフリュー社の Account［Receivable/Payable］に記録されるでしょう。

第2章ケーススタディ①　ピザ・ボックス・マルチNo.2

「グリーンビジネスは成功するであろうことを知っていた」

　創業から1年間、ピザの箱は絶えることなく、そして春から夏に変わる頃、彼は身近に園芸のためのマルチ資材を要望する顧客が多数いることに気づいた。彼の在籍する大学でも彼のマルチ資材を使い始めた。マイクは2回目の融資を受け、2台目として前のより大きい機械を作ることに決めた。友人達は彼の寮の部屋にくるとしばしば自ら機械にピザの箱を突っ込んでいた。

　卒業式となり、マイクは学位授与されるだけでなく、素晴らしい数字も受け

取った。素晴らしいが、しかし、理解に苦しむ数字である。

「今年は1,070ドルの利益が出たのに、それが貸借対照表のどこにも出ていないのはなぜなのか?」と会計を専攻するルームメイトに問いかけた。「なぜ『剰余金』という2,070ドルがありながら、銀行には1,620ドルしかないのだろうか? 僕が投資した500ドルはどうなったのか? 数字はいいけれど、その意味がわからない!」

マイクの質問に答えられますか?

貸借対照表
(Balance Sheet as of June 20) (6月20日現在)

資産 (Assets)		負債 (Liabilities)	
現金 (Cash)	1,620ドル	貸付金 (Loan)	500ドル
売掛金 (Account Receivable)	750		
機械#1 (Machine#1)	300	純資産 (Equity)	
機械#2 (Machine#2)	400	払込資本金 (Paid-in Capital)	500
		剰余金 (Retained Earnings)	2,070
	3,070ドル		3,070ドル

損益計算書
(Income Statement June 2011-2012) (自2011年 至2012年)

収益 (Revenue)	4,570ドル
費用 (Expenses)	−3,500ドル
利益 (Profit)	1,070ドル

第2章ケーススタディ② リディア・ペレス No.2

ビジネスをスタートしてから6カ月経って、リディアはたくさんの名前と数字が書かれたノートを見つめていた。一生懸命に働いてきたし、商売も繁盛していたが、ビジネスを始めた日に手元にあった45ドルは今や完全にどこかに消え

失せてしまい、今や最後の豚を畜殺しようとすることになってしまった。彼女は何が起こったのか全く確信はなかったが、ただ問題の大方はリストにある未だにお金を払ってくれないたくさんの人たちにあるとわかっていた。

彼女は2回目の融資を受けることができることを望んでいたが、融資担当者に会う前に、記録を検討し最新の貸借対照表を作る必要があるようであった。

彼女は最初の豚を畜殺するのに4カ月間待った。それは豚がちょうどいい大きさになり肉もつくためだった。その間、漁業シーズンなので夫が家族を養ってくれるだろうと思っていたが、2カ月たたないうちに船の燃料代が必要になったので、彼女は自分の貯金から10ドルを夫に貸した。返してくれるのを待っていたが、彼がお金がないのを知っていたので、返してくれと言わなかった。また学校が始まると娘に靴を買ってやらなければならなかった。靴は8ドルであった。

最初の豚を殺した時には、彼女は手に入るお金のことを思い興奮した。しかしそれから、豚を殺し、料理し、1軒1軒売り歩いて長い1日が終わっても、近隣の住民は大方ツケで買うことを要求してきた。「来月払うわ」と言ったのであった。冷凍できないので、1日の終わりに10ドルしか手にしていなくとも、最初の未払顧客であっても、すぐに商品を売らなければならなかった。その夜、数字を足し上げると近所に35ドルの貸しがあった。

翌週彼女はもう1頭殺して、近所から現金で5ドル手にしたが、30ドルは未払いであった。また、融資を返済し始めようと思い、融資担当者に、稼いだお金から25ドルを支払った。

しかしながら、3頭目の豚を殺した時、急に誰もお金を持っていないように感じられた。彼女はどういうことだかよくわからなかったが、25ドルの肉をすべてツケで売ることしかできなかった。その晩子供達はよく食べたが、彼女は先行き不安であった。

仕事を続けていくためにはさらに豚を買わねばならないと思った。彼女の母親が子豚を20ドルで売ってやると言ってきたので、買うことにして、手元にある17ドルを支払い、残りの3ドルは後日支払う約束をした。

それから彼女は4頭目の豚を殺して、20ドルは現金で受け取り、また30ドルは後日に支払う約束で、50ドル稼ぐことができた。しかしながら融資の返済の時期だった。信用売りの危険についての説明を受けることになると知りつつ、

融資担当者に20ドル返済した。

融資担当者に20ドル返済した後の彼女の貸借対照表はどのようになりますか。将来のビジネスについて彼女にどのようなアドバイスをしますか。

第2章ケーススタディ③　ヴィートの貸自転車No.2

ヴィートは大学の新学期が始まるのを前に、夏のしばらくの間を貸自転車業の準備に費やした。初期投資の30,000ドルとつい最近融資を受けた30,000ドルで、商売のスタート前に、古い物置と装備など必要な物の購入の書類を準備した。

9月1日の新学期に合わせての開店に先立って、いくつかのことを決めた。
・少なくとも最初の1年間は、週に5日営業し、週末は休みにし、定期的な整備や修理、記録をつけることなどをする。
・週に時給20ドルで学生を2、3人雇って仕事をさせ、残りは同じ給与で自分で行うことにした。
・最初の1年目は夏休みの12週間を休業とするつもりだった。その間の需要については不明だったからである。彼自身も休養を取れるかもと楽しみにしていた。
・彼はヘルメットと鍵も一緒にして1日7ドルで自転車を貸し出すつもりだった。営業1年目は様々な装備を先着順に無料で貸すつもりだった。

営業1年目に次のようなことが起こった。
・学生アルバイトは、週5日、1日3時間働き、学期の間は40週働いた。彼らには時給20ドル支払った。1人は月、水、金、もう1人は火、木の勤務だった。
・彼は大学最終年度は授業がほとんどなく、最後には日曜を除いて毎日6時間働き、夏中も働いていた。この時期にはほとんど整備や修理、改修を行った。彼は自分もアルバイトの学生と同じ時給で給与を取った。
・1年目に整備、修理などに必要な物について1,000ドルかかった。
・彼は1年間の中の学期中である40週、月曜から金曜まで、毎日1日7ドルで40

台貸した。貸し出しについては、現金支払いだけを受け付けた。
・彼の友人で会計学を専攻しているアリスに、1年間備品の使われた状況を表すために記録した費用を加算する必要があると言われた。彼女はまたいつか説明するけれど、「減価償却」として7,000ドルの費用を加算するよう助言した。

彼は夏休みの終わりに2週間の休みを取り始めながら、これからこのビジネスをどのようにしたらいいかと思いを巡らせた。卒業に近づいているが、この商売を辞める気にはなっていなかった。しかし、このことを本気でやっていく価値があることなのかどうかについても確信が持てなかった。銀行との約束の日に、利益はないが銀行にはいくらかの現金があるというのに、アリスが作成してくれた貸借対照表と損益計算書に困惑した。融資条件の再交渉とおそらく追加投資の貸し出しを受けるために面会した融資担当者の反応はあまり好意的でなかった。担当者は彼に最初の1年目は利息なしで、ただしその後の利息は未払残高の7パーセント**になるであろう**と説明した。彼は投資を受ける時に約束したようにローンの元金の支払いを行った。

彼のために損益計算書と貸借対照表を作成し、融資担当者がなぜ躊躇したかを理解する手助けをして下さい。

開業時貸借対照表：事業開始
(Begining Balance Sheet: Start of Business)

資産 (Assets)		負債 (Liabilities)	
現金 (Cash)	7,000ドル	借入金、1年内返済予定 (Loan, current portin)	10,000ドル
有形固定資産 (Property, Plant and Equipment)	53,000	長期借入金 (Loan, long-trem portion)	20,000
		純資産 (Equity)	
		払込資本金	30,000
資産合計 (Total Assets)	60,000ドル	負債及び純資産合計 (Total Liabilities and Equity)	60,000ドル

損益計算書　操業1年目
(Income Statement: First Year of Operations)

収益（Revenues）	56,000ドル
費用（Expenses）	
給与、アルバイト（Salaries—Helpers）	12,000
給与、ヴィート（Salary—Vito）	36,000
備品（Supplies）	1,000
減価償却（設備）	7,000
利益（Profit）	0

貸借対照表　操業1年目終了時

資産（Assets）		負債（Liabilities）	
現金（Cash）	4,000ドル	借入金、1年内返済予定	10,000ドル
有形固定資産 (Property, Plant and Equipment)	46,000	長期借入金	10,000
		純資産（Equity）	
		払込資本金	30,000
資産合計（Total Assets）	50,000ドル	負債及び純資産合計 (Total Liabilities and Equity)	50,000ドル

第3章テスト

1 3月5日にハーダー社は6,000ドルの棚卸資産（Inventory）を購入し、現金（Cash）で支払いました。この取引の仕訳を記載して下さい。

Journal

Transactions	Dr.	Cr.
_____ _____	_____	_____
_____		

2 3月10日にハーダー社は顧客に15,000ドルの販売を行い、顧客は6,000ドルを現金で、残りの9,000ドルは30日以内に支払うことを約束しました。販売された商品（Merchandise）の原価は8,000ドルでした。この販売についての仕訳を記載して下さい。

Journal

Transactions	Dr.	Cr.
_____ _____	_____	_____
_____		
_____		

3 3月10日にハーダー社は原価8,000ドルの商品を15,000ドルで販売しました。この販売の原価を記録する仕訳を記載して下さい。

Journal

Transactions	Dr.	Cr.
_____ _____	_____	_____
_____		

4 前の問題、つまり3月10日の販売からの収益が15,000ドルで、販売された商品の原価が8,000ドルであったことを思い出してください。締切のための仕訳を記載して下さい。

Journal

Transactions	Dr.	Cr.

5 以下の仕訳は、問題6と7で使われます。ここでは解答する必要はありません。

Journal

	Transactions	Dr.	Cr.
3月5日	棚卸資産 (Inventory)	6,000	
	現金 (Cash)		6,000
3月10日	現金	6,000	
	売掛金 (Accounts Receivable)	9,000	
	収益 (Revenues)		15,000
3月10日	費用 (Expenses)	8,000	
	棚卸資産		8,000
3月31日	収益 (Revenues)	15,000	
	剰余金 (Retained Earnings)		15,000
3月31日	剰余金	8,000	
	費用		8,000

6 前の問題の仕訳を、下記の元帳の勘定に記入して下さい。

資産 (Asset) の勘定

現金 (Cash)

Bal.	25,000	
Bal.		

330　Test & Case Study

売掛金（Accounts Receivable）

Bal.	11,000	
	_____	
Bal.	_____	

棚卸資産（Inventory）

Bal.	40,000	_____
	_____	
Bal.		

有形固定資産（Property and Plant）

Bal.	30,000	

7 問題5の仕訳を、下記の元帳の勘定に記入して下さい。

負債（Liability）と純資産（Equity）の勘定

買掛金（Accounts Payable）

	16,000　Bal.

払込資本（Paid-in Capital）

	60,000　Bal.

収益（Revenues）

_____	_____

費用 (Expenses)
―――― | ――――

剰余金 (Retained Earnings)
_____ | 30,000 Bal.
         _____
         _____ Bal.

8 以下の各文章について、借方 (Debit) か貸方 (Credit) のいずれかを選択して下さい。

　　　　　　　　　　　　　　　　　　　　　　　　　　　　借方　貸方

資産 (Asset) 項目の増加は ―――――――――――――――――― [Dr. / Cr.]
資産項目の減少は ―――――――――――――――――――――― [Dr. / Cr.]
負債 (Liability) 項目の増加は ―――――――――――――――― [Dr. / Cr.]
負債項目の減少は ―――――――――――――――――――――― [Dr. / Cr.]
純資産 (Equity) 項目の増加は ―――――――――――――――― [Dr. / Cr.]
純資産項目の減少は ――――――――――――――――――――― [Dr. / Cr.]
収益 (Revenue) 項目の増加は ―――――――――――――――― [Dr. / Cr.]
費用 (Expense) 項目の増加は ―――――――――――――――― [Dr. / Cr.]

9 問題6と7を参照して、3月31日のハーダー社の貸借対照表 (Balance Sheet) を作成して下さい。

　　　　　　　　　　　　　　　　ハーダー社
　　　　　　　　貸借対照表　3月31日現在 (Balance Sheet as of March 31)
　　　　　　　資産 (Assets)　　　　　　　負債及び純資産 (Liabilities and Equity)
現金 (Cash)　　　　　　　　_____ ドル　　買掛金 (Accounts Payable)_____ ドル
売掛金 (Accounts Receivable) _____　　　払込資本 (Paid-in Capital)_____
棚卸資産 (Inventory)　　　　_____　　　　剰余金 (Retained Earnings)_____

有形固定資産 (Property and Plant) ＿＿＿＿＿＿
合計（Total）　＿＿＿＿＿＿ドル　合計（Total）　＿＿＿＿＿＿ドル

⑩ 問題6と7を参照して、3月のハーダー社の損益計算書（Income Statement）を作成して下さい。

＿＿＿＿＿＿＿＿＿＿＿＿

＿＿＿＿＿＿＿　＿＿＿＿＿＿＿＿＿＿＿＿
＿＿＿＿＿＿＿　　　　　　　　　　　　　　　　　　＿＿＿＿＿＿ドル
＿＿＿＿＿＿＿　　　　　　　　　　　　　　　　　　＿＿＿＿＿＿
　　　　　　　　　　　　　　　　　　＿＿＿＿＿＿＿
　　　　　　　　　　　　　＿＿＿＿＿＿＿　　　　　　＿＿＿＿＿＿ドル

⑪ 企業が3月初めに25,000ドルの現金（Cash）を所有していました。このような場合現金の金額が変わっていないので、3月には全く利益（Income）が発生しません。このコメントは正しいですか、あるいは誤っていますか。[正しい／誤り]

⑫ このコメントが誤っている理由は、利益は＿＿＿＿＿の増加であり、必ずしも＿＿＿＿＿の増加ではないからです。例えば、9,000ドルを現金で受け取ったにもかかわらず、3月のハーダー社の売上は15,000ドルで、利益は7,000ドルとなっています。

第3章ケーススタディ① リディア・ペレス No.3

　第2章で検討したリディアのケースにまた戻りましょう。復習のために以下に再掲します。今度はリディアは取引を仕訳してT勘定を作成する助けを求めています。

　ビジネスをスタートしてから6カ月経って、リディアはたくさんの名前と数字が書かれたノートを見つめていた。一生懸命に働いてきたし、商売も繁盛していたが、ビジネスを始めた日に手元にあった45ドルは今や完全にどこかに消え

失せてしまい、今や最後の豚を屠畜しようとすることになってしまった。彼女は何が起こったのか全く確信はなかったが、ただ問題の大方はリストにある未だにお金を払ってくれないたくさんの人たちにあるとわかっていた。

彼女は2回目の融資を受けることができることを望んでいたが、融資担当者に会う前に、記録を検討し最新の貸借対照表を作る必要があるようであった。

彼女は最初の豚を畜殺するのに4カ月間待った。それは豚がちょうどいい大きさになり肉もつくためだった。その間、漁業シーズンなので夫が家族を養ってくれるだろうと思っていたが、2カ月たたないうちに船の燃料代が必要になったので、彼女は自分の貯金から10ドルを夫に貸した。返してくれるのを待っていたが、彼がお金がないのを知っていたので、返してくれと言わなかった。また学校が始まると娘に靴を買ってやらなければならなかった。靴は8ドルであった。

最初の豚を殺した時には、彼女は手に入るお金のことを思い興奮した。しかしそれから、豚を殺し、料理し、1軒1軒売り歩いて長い1日が終わっても、近隣の住民は大方ツケで買うことを要求してきた。「来月払うわ」と言ったのであった。冷凍できないので、1日の終わりに10ドルしか手にしていなくとも、最初の未払顧客であっても、すぐに商品を売らなければならなかった。その夜、数字を足し上げると近所に35ドルの貸しがあった。

翌週、彼女はもう1頭殺して、近所から現金で5ドル手にし、30ドルは未払いであった。また、融資を返済し始めようと思い、融資担当者に、稼いだお金から25ドルを支払った。

しかしながら、3頭目の豚を殺した時、急に誰もお金を持っていないように感じられた。彼女はどういうことだかよくわからなかったが、25ドルの肉をすべてツケで売ることしかできなかった。その晩子供達はよく食べたが、彼女は先行き不安であった。

仕事を続けていくためにはさらに豚を買わねばならないと思った。彼女の母親が子豚を20ドルで売ってやると言ってきたので、買うことにして、手元にある17ドルを支払い、残りの3ドルは後日支払う約束をした。

それから彼女は4頭目の豚を殺して、20ドルは現金で受け取り、また30ドルは後日に支払う約束で、50ドル稼ぐことができた。しかしながら融資の返済の時期だった。信用売りの危険についての説明を受けることになると知りつつ、

融資担当者に20ドル返済した。

融資担当者に20ドル返済した後の彼女の貸借対照表はどのようになりますか。将来のビジネスについて彼女にどのようなアドバイスをしますか。

第3章ケーススタディ②　ケニア・コネクションNo.1

　マークは自分の前にある書類を見つめた。販売が好調という良い知らせがあったが、そのためかなり多忙だった日々にたまった金融取引のすべてを1つひとつを調べて分類する必要があった。コミュニティーカレッジの入門コースで習った基礎簿記の知識があることに感謝していた。
　米国平和部隊にいた3年間、彼はケニアに住み、隊員として奉仕した人々の創造性と器用さに驚嘆していた。捨てられたサンダルを刻んで作った動物、電話線を使って織った色鮮やかな鉢、再生ボトルキャップで作った栞などは、市場で販売されているのを目にする見事な工芸品のごく一部に過ぎなかった。アメリカに戻ってから、彼はケニア中の職人達の製作品を世界中の人々に販売することに力を尽くそうと決めた。
　彼は「ケニア・コネクション」というケニアの職人達の制作品を主に取り上げ販売する組織を立ち上げた。販売のほとんどはネットを通じて行われた。つまりケニア・コネクションは毎日24時間開店しているということを意味した。彼は職人達に彼らの製作品に見合った正当な代金が支払われているという事実に誇りを持っていた。

　初めて仕訳帳に記入し、元帳に記入することで、彼が以下の財務取引の一つひとつを調べて分類するのを手伝って下さい。

・9月21日に彼はクリスマス注文用の出荷用備品に250ドルを支払った。またケニアの2カ所から出荷品を受け取った。1つはマサイの女性グループからのものでビーズのネックレス20個であった。公正な取引を行うことで職人達を援助することを強く望んでいる彼は、ケニアにいる協力者を通じて女性達に

ネックレス代金として1個12ドルを支払った。もう1つの出荷品はタバカの田舎の村落からのもので石鹸石の装飾品30個であった。彼は1個につき3ドル支払った。その日の午後、彼は児童財団からサンダルを刻んで作った動物3個の注文を受けた。これは新しい顧客で、在庫もあったので、195ドルを30日以内に支払うという請求書をつけてすぐに財団宛てに出荷した。夏の間に折を見て作った職人達にはその動物の原価150ドル（1個50ドル）が直接支払われた。また彼はその出荷手数料に15ドルを支払わねばならなかった。

・9月22日に彼は連続して注文を受けた。再生ボトルキャップの栞10枚を、1個3ドルで売り、電話線で織った鉢3個を20ドルで販売した。キスムに住む若い未婚の母たちが栞と鉢を作り、それぞれ栞には2ドル、鉢には5ドルを支払った。別にマサイのビーズのネックレス5個の注文があり、15ドルで販売した。別の注文は石鹸石の装飾品5個で、これは4ドルで販売した。またさらに電話線の鉢2個を受注し、合計40ドルで販売した。どの注文の支払いも彼のペイパル口座を通じてかクレジットカードで支払われた。UPSへ行き、これら全部の出荷手数料が25ドルであることを知った。

・9月23日、彼は向こう数週間に注文が殺到するであろうことを期待して準備を続けた。彼はケニアの協力者に、キスムの母たちから、電話線の鉢を40個とボトルキャップの栞を40枚、マサイの女性たちから10個のサンダルの動物と30個のビーズのネックレスを、また50個の石鹸石の装飾品を購入するように依頼した。彼らに製作品の代金をすぐに支払いたかったので、その日の午後協力者にすぐ送金した。送金料に12ドルかかった。

マークは注文を行い、販売した在庫品の整理を助けてほしいと考えています。次の表を完成し、仕訳記入を行って下さい。

9月22日

#数量	商品	コスト/単価	販売価格/単価	売上
	栞			
	鉢			
	ネックレス			
	装飾品			
	鉢			

9月23日

#数量	商品	コスト/単価	販売価格/単価	コスト計
	鉢			
	栞			
	動物			
	ネックレス			
	装飾品			

第3章ケーススタディ③　パペット・ワークス（人形作り）No.1

　ソフィー・ミッシェルは初めて実際に注文を受けて非常に興奮していた。ここ2年間彼女は自宅で小さい子供を持つ友人達に創作教室を開いていた。自分の子供達、アレキサンドラとラファエルが雨の日に古い靴下から人形を作り出したので、彼女にはアレキサンドラの5歳の誕生日に創作教室を開く計画があった。見つけられる限りの古い靴下とボタン、カラフルな毛糸、フェルト生地などの材料を家の中から集めた。

　創作教室を始めた時に7歳だったラファエルは有名なサッカー選手が大好きだったので、彼の人形には「ベッカー」という名前をつけた。それ以降人形は「ベッカーズ」の名で知られている。その日そこにいた数人の親達は他の子供達のためにも別のところで創作教室を開いてくれないかとソフィーに頼んだ。皆は人形を作るために靴下やいろいろな材料を持ち込んできた。

　口コミで教室の話が広がり、そのために多くの時間を費やさねばならなくなってきたので、彼女はその趣味を、教室を開くだけでなく先生も養成する、

小さなビジネスにする時期かもしれないと判断した。彼女はそのビジネスを「パペット・ワークス」と名付け、正式に6月1日から始めた。

今や、彼女はクリスマスシーズンに合わせた人形の注文ばかりでなく、多くの創作教室の問い合わせや予約を受けたことから、自分で財務記録がつけられるように会計の講習を受けることに決めた。9月のある夜、子供達が寝た後、彼女はファイルの引き出しに取ってある何枚もの書類から、仕訳帳と元帳をまとめ上げようと決心した。

彼女は、自分の教室用と同時にクリスマス用の個人客からの注文を受けて販売する人形の材料を手元に準備するのに6月いっぱいを費やす必要があると思った。自宅の外で働き、実質的に管理費用がかからないので、材料を手元に集めるために初めての出費の用意をした。また彼女は特別注文対応の手助けとして、アルバイトの大学生を週に3〜6日雇うことにした。学生には十分な給与を支払う代わりに、注意深くかつ機敏な仕事ぶりを期待した。ベッカーは1個15ドルで販売するので、学生には1時間に4個制作するよう望んだ。スタイルや色を指定する特別注文の、特製ベッカーは25ドルで販売し、制作にも時間をかけた。彼女は、アルバイトの学生はそれを1時間に2個しか作れないと判断した。箱が無料のプライオリティ・シッピングを利用したので、顧客はベッカー1個を3〜4日で入手するのにはもう5ドルを払わねばならなかった。

ソフィーは学生と7、8月の6週間、毎週月曜、水曜、木曜に4時間ずつ、時給20ドルを支払う約束をした。学生はバーナデットという名前で、始めの4週間は普通のベッカーだけを作り、残り2週間で特注ベッカーを作った。ソフィーが希望する250個の在庫を持てるよう、最終週には3時間の残業を申し出た。ソフィーは給与を毎週支払った。

ソフィーは使ってみたい丈夫な靴下の供給元を見つけたが、12足組ならたった36ドルだった。下記の表にあるようなスパンコールやビーズ、毛糸、織物などを買った。注文に間に合うよう手元の在庫用に、250個のベッカー（200個は普通のベッカーで50個は特別注文に応じる特注ベッカー）を制作するよう手配した。残った材料は創作教室用に使うつもりだった。6月には店から店へと材料を買うために訪ね回った。

以下の表を完成して、ソフィーのために仕訳記入を行って下さい。彼女は受注した人形1個で利益を得ることができると思いますか。原価がいかに人形の売上高と関係するかについて彼女が考えるための手助けをして下さい。

6月に購入した材料

日付	#数量	製品	原価	原価計
6月1日	20	靴下12足組（24枚）	36ドル	
6月4日	100	スパンコール袋（1袋がベッカー4個用）	単価2ドル	
6月7日	100	ビーズ（1袋がベッカー4個用）	単価1ドル	
6月15日	25巻	毛糸	単価3ドル	
6月19日	30ヤード	生地	ヤード単価5ドル	
6月26日		その他必要品（縫い針、にかわ、より糸等）	400ドル	

学生アルバイトの給与と制作数

日付	支払	普通の人形	特注人形
7月7日			
7月14日			
7月21日			
7月28日			
8月4日			
8月11日			

人形の収益と費用

	原価	普通の人形	特注人形
スパンコール			
ビーズ			
毛糸			
生地			
その他			
給与			

第4章テスト

1 保守主義の原則（Conservatism Concept）では、純資産（Equity）の増加をそれが＿＿＿＿＿＿＿＿＿＿時にだけ認識し、純資産の減少をその＿＿＿＿＿＿＿＿＿＿時に即座に認識します。

2 重要性の原則（Materiality Concept）では、＿＿＿＿＿＿＿＿＿＿は無視し、＿＿＿＿＿＿＿＿＿＿はすべて開示します。

3 一般的な会計期間（Accounting Period）の長さは＿＿＿＿＿＿＿＿＿＿です。より短い期間で作成される財務諸表のことを＿＿＿＿＿＿＿＿＿＿と言います。

4 現金主義会計（Cash Accounting）では、Cashを増加あるいは減少させるもののみを報告します。発生主義会計（Accrual Accounting）では、たとえ現金（Cash）の変化がなくても、＿＿＿＿＿＿あるいは＿＿＿＿＿＿を変化させるものを報告します。

5 一定期間の企業の活動に関連する純資産の増加は＿＿＿＿＿＿であり、減少は＿＿＿＿＿＿です。それらの差は＿＿＿＿＿＿として表されます。

6 実現主義（Realization Concept）では、商品やサービスが＿＿＿＿＿＿された時に収益（Revenue）を認識します。

7 マクヒュー社は8月にテーブルを製造し、9月にそれを小売店に並べました。顧客であるジェーン・ガイアーさんが10月にテーブルを購入することに同意したため、11月に彼女に引き渡され、彼女は12月にその代金を支払いました。この場合、いつ収益（Revenue）を認識しますか。

8 現金 (Cash) の受取は現金Accountの借方 (Debit) 側に記入します。下記のような売上取引において、貸方 (Credit) 側に記入されるAccountは何ですか。

貸方Account：
(a) 商品の引渡前に現金を受け取った　　＿＿＿＿＿＿
(b) 商品の引渡と同時に現金を受け取った　＿＿＿＿＿＿
(c) 商品の引渡後に現金を受け取った　　＿＿＿＿＿＿

9 同じように、収益 (Revenue) は貸方に記入します。下記のような形で収益が計上される時に、借方に記入されるAccountは何ですか。

借方Account：
(a) 現金の受取前に収益を計上する　　　＿＿＿＿＿＿
(b) 現金の受取と同時に収益を計上する　＿＿＿＿＿＿
(c) 現金の受取後に収益を計上する　　　＿＿＿＿＿＿

10 マクヒュー社は2月にテーブルを顧客に600ドルで販売することに同意し、同時に顧客は100ドルを頭金として支払いました。テーブルの原価は400ドルでした。テーブルは3月に顧客に引き渡され、顧客は残りの500ドルを4月に支払いました。収益と費用 (Expense) について2月、3月、4月に行うべき仕訳を記入してください。

2月

＿＿＿＿＿＿　　　＿＿＿＿＿＿
＿＿＿＿＿＿　　　　　　　　　　＿＿＿＿＿＿

3月

＿＿＿＿＿＿　　　＿＿＿＿＿＿
＿＿＿＿＿＿　　　　　　　　　　＿＿＿＿＿＿

3月

＿＿＿＿＿＿　　　＿＿＿＿＿＿
＿＿＿＿＿＿　　　　　　　　　　＿＿＿＿＿＿

4月

11 2011年の末時点で、ティンバー・トレイルズ社には200,000ドルの売掛金（Account Receivable）がありました。そのうち2,000ドルは貸倒引当金（Allowance for Bad Debt）を設定していました。2011年の売上高（Sales）はその不良債権がなければ600,000ドルでした。

(a) 2,000ドルの不良債権に対して借方に記入されるAccountは何ですか。

(b) 貸方に記入されるAccountは何ですか。＿＿＿＿＿
(c) 貸借対照表（Balance Sheet）の上で売掛金純額（Net Account Receivable）として報告される金額はいくらですか。＿＿＿＿＿ドル
(d) 2011年の損益計算書（Income Statements）で収益として報告される金額はいくらですか。＿＿＿＿＿ドル

12 2012年に、2,000ドルの不良債権が償却されました。

(a) この償却に関連して、借方に記入されるAccountは何ですか。＿＿＿＿＿

(b) 貸方に記入されるAccountは何ですか。＿＿＿＿＿

第4章ケーススタディ① リディア・ペレスNo.4

リディア・ペレスは地元の金融機関に提案された財務管理の入門コースを受講することにしました。基本的なキャッシュマネジメントを行うだけで、彼女の小規模なビジネスを運営し続けるために十分なキャッシュを持つことに関して窮地に陥ることはないということを学び、彼女はとても驚きました（リディアのビジネスの紹介については、第1、2、3章ケーススタディを見て下さい）。

リディアは彼女の商品の定価を決め、肉を買う時に代金を現金で支払えば割引をすることを地元の人々に申し出ました。これは全額を現金で支払った場合に限られることを付け加えました。驚いたことに、代金の90パーセントを回収

しました（リディアの最新の貸借対照表については、テスト3を見て下さい）。

彼女はまた、25ドル以上必要となる豚の仕入代金を節約するため、豚の繁殖を始めることにしました。リディアはまだ母親から買った子豚を持っており、それは繁殖には十分な年齢でした。彼女は農家から豚をもう5匹買うことにし、これらは子豚を生む準備ができていました。農家は1匹当たり25ドルで豚を売ることに同意しました。彼女は農家に50ドル支払い、残りは出来るだけ早く支払うと約束しました。

リディアがビジネスを拡大していることを聞きつけ、前もって肉の注文をすることは可能か尋ねる人達がいました。リディアは注文可能であることを伝え、全額を前払いした場合は割引をすることを申し出ました。彼女はこの方法で200ドル分の注文を獲得しました。

リディアのビジネスが拡大するにつれ、すべての肉を現金払いで売ることはできないとわかりました。単にリディアから肉を買う必要がある時に手持ちの現金がない顧客もいたからです。彼女は支払の約束と引き換えに進んで豚を売りましたが、そのうち約3パーセントは回収できないだろうと見積もりました。そして、保守的にこの期間で平均5ドルと考えました。

リディアの豚は健康で、販売する肉を生み出すとともに、豚自身の再生産（！）も行いました。これまで彼女は、事前に注文を受けた200ドル相当の肉を含め、農家から豚の補充をすることなくさらに4匹の豚から肉を売ることができました。彼女は子供の手を借りてすべての配達を1日で行い、事前の注文を上回る売上に対し、300ドルの現金と100ドルの支払の約束を獲得しました。

現金を若干手元に残し、リディアは子豚の代金3ドルを母親に支払い、105ドルの借入を返済しました。彼女はビジネスが好調であることはわかっていましたが、成長を続けるためには、成長する豚の家族を入れる豚舎と、餌と豚の世話をする人手に新たな投資を行う必要がありました。リディアの想像を超えて、彼女は今ビジネスに成功しています。このターニング・ポイントにおける彼女の貸借対照表を完成させて下さい。あなたは、リディアがビジネス拡大の準備ができていると思いますか。

第4章ケーススタディ②　ケニア・コネクションNo.2

　マークのケニア・コネクションは成長しました。彼の米国の顧客はアフリカの職人をサポートすることに非常に関心があったため、マークはビジネスを拡大させました。彼の最初のクリスマス・シーズンは大成功でした。いくらかの銀行預金があったため、マークは掛でもっと商品を販売しても大丈夫と判断しました。さらにケニアの彼のパートナーが商品を安定的に供給することを約束したため、マークはタイムリーに納品することは可能と確信し、より多くの注文を取り始めました。

　商品のコストが変わらなかったため、マークはクリスマス休暇前と同じ金額に商品価格を据え置きました。下表は、彼が商品のために支払う金額、彼が請求する金額をまとめたものです。彼がアフリカから購入する商品について注文当たり平均25ドルの輸送コストがかかり、顧客に対しては注文当たり15ドルの発送コストを請求します。

商品	コスト/単価	販売価格/単価
サンダルを刻んだ動物	50ドル	150ドル
電話線の鉢	5ドル	20ドル
栞	2ドル	3ドル
ビーズのネックレス	12ドル	15ドル
石鹸石装飾品	3ドル	4ドル

　4月にマークは、モダン・アフリカン・カルチャー美術館のギフトショップの大口の注文を取りました。美術館は250ドルの前金を支払い、注文した商品代金の残額については60日後の支払とするように求めました。美術館は、動物の彫刻を4個、ビーズのネックレスを20個、電話線の鉢を10個、栞を100枚注文しました。ショップ内にはまだクリスマスの装飾品が残っていたため、これ以上の注文はありませんでした。

　マークはまた、米国オリンピック委員会から、来たる試合中にギフトとして

贈られるビーズのネックレスの特別注文の代金として、小切手を郵便で受け取りました。様々な国の国旗それぞれの色に合わせたもので、製作に数ヶ月かかります。注文は様々な色のネックレス200個に対するもので、注文の10パーセントにあたります。マークはこの取引をどのように会計処理したら良いか自信がありません。

　掛による販売は、マークにとってまだ新しい取引です。今まで代金が回収できなかったことはありませんが、彼は、最大で、販売代金の10パーセントが回収できないと予測しました。4月に注文を受ける前、マークは500ドルの売上債権を持っていました。彼は不良債権を債権全体の10パーセントと見積もりました。マークにはまだ、休暇シーズンから残っている出荷用品があります。

　マークが4月の取引について仕訳を作成するのを手伝って下さい。

第4章ケーススタディ③　パペット・ワークス（人形作り）No.2

　受け取った注文に応じるのに十分な人形を製作した後（第3章のケーススタディを見て下さい）、ソフィー・ミッシェルは10月までに注文品を箱詰めして、発送するのに忙しくなりました。夏の間に製作したおかげで、200個のベッカー人形の通常品と50個の特製ベッカーを在庫として持ちました。それぞれについて、郵送代として5ドルかかります。もちろん、この中には彼女が箱詰めや商品を郵便局に持って行くためにかかる時間は含まれていません。様々な国ごとの文書作成や関税規則に対応すると、休暇シーズン前に多くの時間を取られてしまうため、初年度は海外向けの出荷は行いませんでした。彼女はまた、顧客達が自分自身のベッカーを作れる様にワークショップを開くことも計画していました。

　彼女は以前、通常品を15ドル、特製ベッカーを25ドルで販売することに決めていました。夏に受講したオンラインの会計コースで、ワークショップの生徒の人形製作のための労働は材料代とともに仕掛品として処理することを知りましたが、彼女は12月の休暇シーズンの後に、次の製作作業のためにそれを改訂することにしました。

ワークショップに参加した人達の口コミや人気のおかげで、ソフィーは100個の通常品を10月の終わり、残りの100個を11月に出荷できました。1個15ドルという価格のため、通常品に注文が集まりましたが、休暇シーズンが近づくにつれ通常品から特別品に注文が戻って来ました。12月が始まるまでに、彼女は夏に製作した人形をすべて売り切りました。

新しいビジネスだったため、ソフィーはまだ電子による請求や支払の手段を使っていなかったので、彼女は各注文の請求書を作成して送りました。最後の人形を発送し終えた後、ソフィーは代金を回収済みのものと未回収のものとを把握するための勘定の調整を行いました。以下は彼女が帳簿への記入を行うために作成したリストです。

日付	人形の販売数	代金回収済みの出荷	代金未回収	前月販売分からの回収
10月	通常品100	750ドル	750ドル	
11月	通常品100	1000ドル	500ドル	500ドル
12月	特別品50	1000ドル	250ドル	300ドル

ソフィーは、これらの情報を財務諸表上で把握できる情報に変えるためにいくつかの仕訳を作成する必要があると考えました。顧客を最大限信用し、代金未回収の注文に対しても商品の発送を行うつもりですが、現実には何人かの顧客は合理的な期間内に代金の支払を行わない可能性があると予想しました。その結果、全注文の約3パーセントは損失になる可能性があると認めることにしました。

ソフィーが販売と代金回収についての情報を把握するための仕訳を作成するのを手伝って下さい。彼女は人形製作のビジネスで利益をあげましたか。

第5章テスト

1 支出（Expenditure）は商品やサービスが［取得/消費］された時に発生します。費用（Expense）は、商品やサービスが［取得/消費］された時に発生します。

2 ある資産（Asset）を5月に取得しました。従って、5月に＿＿＿＿＿＿がありました。5月末には、その資産は手元にあったか、なかったか、そのいずれかです。もし手元にあれば、それは＿＿＿＿＿＿になり、手元になければ、それは5月の＿＿＿＿＿＿になります。

3 生産のための資産は［費消された/費消されていない］原価（Cost）であり、費用は［費消された/費消されていない］原価です。

4 費用収益対応の原則（Matching Concept）とは、その期間の収益（Revenue）に対応する＿＿＿＿＿＿がその期間の＿＿＿＿＿＿になるというものです。

5 ある期間の費用は、以下の3つから構成されています。
   (a) その期間に＿＿＿＿＿＿された商品やサービスの＿＿＿＿＿＿
   (b) その期間の＿＿＿＿＿＿に便益をもたらすその他の＿＿＿＿＿＿
   (c) ＿＿＿＿＿＿

6 ペンフィールド社が家賃（Rent）をその対応する期間よりも前に支払っている場合には、まず貸方（Credit）には現金（Cash）が記入され、借方（Debit）には［資産（Asset）/負債（Liability）］Accountである＿＿＿＿＿＿家賃（Rent）が記入されます。ペンフィールド社が、家賃をその対応する期間後に支払っている場合には、その金額が借方に家賃（Rent Expense）として、貸方に［資産（Asset）/負債（Liability）］Accountである＿＿＿＿＿＿家賃（Rent）が記載されます。

7 リリー社が所有していた最新鋭の機械が2011年に火事で破損しました。それには保険がかけられていませんでした。それは5年間使用できると考えて10,000ドルで購入されたものでした。2011年に記録されるべき費用（Expense (Loss)）は［2,000ドル／10,000ドル］です。

8 売上総利益（Gross Margin）とは＿＿＿＿＿と＿＿＿＿＿の差額です。

9 売上総利益率（Gross Margin Percentage）を計算する場合の分子と分母は何ですか。

$$\frac{\boxed{}}{\boxed{}}$$

10 会計期間の収益と費用の差額（会計期間の営業活動によって増加した純資産（Equity）の金額）は＿＿＿＿＿と呼ばれます。

11 株主への利益の分配は＿＿＿＿＿と呼ばれます。

12 以下の項目を使って、等式を作ってください。
(a) 当期純利益（Net Income）
(b) 配当金（Dividends）
(c) 期首剰余金残高（Retained Earnings Beginning Balance）
(d) 期末剰余金残高（Retained Earnings Ending Balance）
（　　　）＝（　　　）＋（　　　）－（　　　）

第5章ケーススタディ① トボー建設サービス No.1

トビン・ボウストロムは15年間建設業界で大工として働いて来ましたが、最近自らの会社を立ち上げました。彼は中小企業向けの改築プロジェクトが専門で、ほとんどの建設プロジェクトの工期は60日から90日です。この業界の典型的な請求は、毎月末にその月に完了した工事相当分の請求を顧客に行う方法で

す。建設作業員に賃金が毎週支払われるため、このビジネスのキャッシュフローにとってこれは重要なことです。

　毎月の請求はしばしばすべての工事がまだ完了していないことを意味したので、トビンは請求時点で完了している作業の価値を計算しなければなりませんでした。それらの作業には、プロジェクトに直接関連する労務費、材料費、下請けコストが含まれました。会社全体に関連する一般管理費をまかなうため、間接費の一部を請求する必要もありました。他人のもとで何年も大工として働いた後、トビーはビジネスを運営する中でこの部分がいかに骨の折れる作業であるのかを知りました。

　トボー建設の正式な事業開始日は10月2日で、トビンは10月9日に最初のプロジェクト（工事1──セルティック・マニュファクチャリング社のための工場改築）に着手しました。プロジェクトの工期は9週間の予定で、工事を完了させるために作業員と大工を雇いました。トビン自身はプロジェクトマネジャーとして働きました。

　10月31日、トビンは顧客にいくら請求するかを決定する必要がありました。幸いなことに、彼は「小規模ビジネスのための簿記」講座を数週間前に受けていたため、月中に発生したコストを正確に記録していました。

10月2日　月曜
10月の事務所賃料：750ドル

10月6日　金曜
給与：
　　T・ボウストロム（社長、プロジェクトマネジャー）：1,000ドル（週給）

10月9日　月曜
工事1のための木材仕入：
　　ロリーズ・ランバーヤード社：1,500ドル（掛による支払）
工事1のための取り壊し機械のレンタル
　　エース・レンタルズ社：350ドル（掛による支払）

工事1のための清掃・封じ込め器具の購入：
　　セントラル・サプライ社：125ドル（クレジット・カードによる支払）

10月13日　金曜
給与：
　　M・ジェームス（作業員）：240ドル
　　（取り壊し作業　16時間　時給15ドル）――工事1
　　Z・ベル（大工）：640ドル
　　（敷地の封じ込めと組立て　32時間　時給20ドル）――工事1
　　T・ボウストロム（社長、プロジェクトマネジャー）：1,000ドル（週給）

10月20日　金曜
給与：
　　M・ジェームス（作業員）：480ドル
　　（清掃作業及び組立て補助　32時間　時給15ドル）――工事1
　　Z・ベル（大工）：800ドル
　　（組立て作業　40時間　時給20ドル）――工事1
　　T・ボウストロム（社長、プロジェクトマネジャー）：1,000ドル（週給）

10月27日　金曜
給与：
　　M・ジェームス（作業員）：480ドル
　　（清掃作業及び組立て補助　32時間　時給15ドル）――工事1
　　Z・ベル（大工）：800ドル
　　（組立て作業　40時間　時給20ドル）――工事1
　　T・ボウストロム（社長、プロジェクトマネジャー）：1,000ドル（週給）

11月3日支払の給与のうち10月部分：
　　M・ジェームス（作業員）：10月の最後の2日の作業　120ドル（8時間）
　　――工事1

Z・ベル（大工）：10月の最後の2日の作業　320ドル（16時間）——工事1

T・ボウストロム（社長、プロジェクトマネジャー）：10月の最後の2日の作業——400ドル（週給1,000ドルの5分の2）

受け取ったその他の請求書：
　10月の電話代（11月5日支払期限）：35ドル
　10月の光熱費（11月10日支払期限）：100ドル
　地域の建設組合の年会費（11月25日支払期限）：180ドル

トビンは毎日8時間働き、10月の時間の50％を工事1（セルティック・マニュファクチャリング社）に直接関連する作業に使いました。残りの時間は、営業の電話、帳簿の記入及び会社のシステムを整備するために使いました。トビンはまた、彼の作業に対して20パーセントの間接作業費を請求することにしました。これにより、彼が間接的に使用したコストを回収でき、おそらくまた利益を生むことにつながるでしょう。彼は、プロジェクトに関連した労務費、材料費及び下請け作業費の合計に20パーセントを乗じることにより、請求する間接作業費を計算します。

トビンが以下を行うのを手伝って下さい。
1. セルティック・マニュファクチャリング社のプロジェクトについて、10月に完了した作業に対して請求を行う、最初の請求書をドラフトして下さい。労務費、材料費、20パーセントの間接作業費を、別々の項目として示して下さい。工事1は10月9日まで始まっていませんが、10月の最初の週も準備作業を行っていたため、この週の給与を請求することは正当なことだとトビンは感じています。
2. 次に、トビンがビジネスから利益が出ているかどうかわかるように、トボー建設の最初の月の損益計算書を作成して下さい。
3. トボー建設の10月の作業に対する売上総利益と純利益率を計算して下さい。

第5章ケーススタディ②　ピザ・ボックス・マルチNo.3

　自分がビジネスのオーナーだなんて信じられない！　マイクはひそかに思いました。それは彼が大学を卒業して1年目のことで、彼はまだ、たくさんのピザの箱がゴミになることを防ぐという環境問題の原因に対する自分の思い付きが、このように利益を生むビジネスにつながったことに驚いていました（マイクのビジネスの始まりについては、第1章と第2章を見て下さい）。大学に入学した時、彼は自分がビジネスを運営する企業家になっていようとは考えもしませんでした。彼が想像していたのは、どこかの有名な環境組織で働く姿でした。彼は、最近見た車のバンパーに貼られたステッカーのグローバルに思考し、ローカルに行動しようという標語のことを考えて笑いました。それはまさに今彼が行っていることだと実感しました。

　最初の2年間はビジネスはシンプルで、マイクは幸運にも大学時代のルームメイトであるクインに起業当初から基本的な財務システムを整備するのを手伝ってもらうことができました。しかしながら、ビジネスは今では、銀行借入の返済、機械のメンテナンス、事業保険など、より多岐にわたる財務活動に及んでおり、ビジネスの帳簿記帳の面ではマイクの能力の限界に達しつつありました。直近の事業期間のすべてを正確に記帳していることを確かめるため、彼は取引の記録と損益計算書のドラフトをEメールでクインに送り、ざっとレビューしてもらうことにしました。

　たった今クインから書類がEメールで返送され、「良い知らせです。君の事業は君が考えているよりも儲かっています。私は仕事で街を出るところなので、私の修正について質問があれば今週末君に電話します」との短いメッセージが記載されていました。

　マイクはクインが変更した報告書を見て、いくつかの費用が減っていることに喜びました。しかし、彼はまたなぜこれらの支出が費用にならないのか混乱しました。

　マイクのために、なぜそれぞれのクインの修正が適切なのかを簡単に説明し

て下さい。

マイクのピザ・ボックス・マルチ
損益計算書（ドラフト）

2011年6月～ 2012年6月			マイクの 金額	クインの 修正後の金額
収益合計			10,975	10,975
費用				
毎月	マイクの給与合計	毎月末500ドル支払 （500ドル×12カ月）	6,000	6,000
2011年6月1日	銀行貸金庫の保証金	最後に返還される	~~250~~	0
毎月	賃料（光熱費込み）	毎月初に200ドル支払 （200ドル×12カ月）	2,400	2,400
2011年6月3日	事務所のコンピュータ	中古・再生品	300	300
2011年6月20日	ライセンス料	mikespizzamulch. comのドメイン名に 対する4年間のライ センス	~~40~~	10
2011年7月5日	ウェブサイトの制作費		100	100
2011年7月15日	名刺		35	35
2011年8月11日	事務所備品		15	15
2011年9月1日	銀行借入の返済		~~50~~	0
2011年10月10日	新しいマルチ資材	4年間使用可能な 3台を現金払い	~~400~~	100
2011年11月1日	メンテナンス契約	全3台について1年契約 （2011年12月～ 2012 年12月）	~~300~~	150
2012年1月25日	郵便切手		12	12
2012年2月18日	事務所備品		20	20
2012年6月30日	企業責任保険	保険期間：2012年 7月～ 2013年7月	~~150~~	0
費用合計			~~10,072~~	9,142
純利益			~~903~~	1,833ドル

第5章ケーススタディ③　移動劇場

　ジャケス・ヘンドリスは困惑し少々いらいらして頭をかいています。彼は几帳面に記録をつけていると考えていましたが、初めて、国立劇場財団への重大な申請書を書きながら、提出する損益計算書と予算についての問題に直面していました。

　ジャケスは、地元の学校システムでの客演プログラムに属した後、移動劇場という劇団を立ち上げました。彼は、多くの子供達が本物の劇場を訪れ芝居を見る機会に恵まれていないと思っていました。彼は、地元の学校にとって合理的なコストで劇場を子供達のところへ持って行き、このビジネスを軌道に乗せることに少なくとも1年は没頭できるように彼自身も十分な給与を得たいと考えました。彼は、学校が払える金額とわずかの補助金で、それができると推論しました。

　彼の現在の仕事は、俳優と俳優の卵のためのワークショップで教えることと、俳優のための個人レッスンでした。この一環として、劇団が学校を訪問することを頼まれた時に俳優達は短い劇や一人芝居を演じました。彼はこうした短い演目を無償で教えていたため（彼はこれを俳優達の経験の一部と考えていました）、彼は彼らに少額の出演料だけを支払いました。彼はこれを、俳優達が学んできたものを試すための実習や見習いのようなものと考えていました。

　最初の数カ月、彼は週に1カ所ずつ学校を訪問しました。彼が驚き喜んだことに、学校を回り始めて数カ月経った頃から、小規模のパフォーマンスに対する依頼が増え、時には近隣のその他の地区の学校からの依頼もありました。彼は、路上を行く精神で、教え子の俳優達と小道具を運ぶ移動バンを買い、親や地域の人達も学校での上演に来られるように寄付金としてわずかの料金だけを請求するという考えを持っていました。

　最初の年の終わりまでに、彼は成長していく劇団を支えるための補助金の申請の準備ができました。以下は、毎月の彼の取引の履歴です。ジャケスは、現金の支出を伴うものの、どれを損益計算書に計上し、どれを計上すべきでないかを決めるための手助けを必要としています。

1月

- 賃料：300ドル（彼は、彼の時間の半分が移動劇場のために費やされたため、彼のレッスンスペースに関するコストの半分はこのビジネスに請求すべきだと決めました）。ジャケスは前月の28日に賃料を前払いします。
- 給与：彼は彼自身を含むすべての給与を芝居を行った月の翌月初めに支払います。

  ジャケス：演出家かつ所有者、月500ドル（ビジネスに余裕が出てくれば毎月1,000ドルを支払う）

  サビーネ：女優、2公演、各回100ドル

  テディ：男優、2公演、各回100ドル
- 音響及びカメラ機材：1,500ドル（ジャケスは、様々な場所に持って行けるような、このプログラムのためのアイポッド、スピーカー・セット、撮影機材を購入しました）。彼はこれらの機材を最低3年使用できると考えました。
- 学校は1月の各公演に対して300ドル支払いました。

2月

- 賃料：300ドル
- 給与：

  ジャケス：500ドル

  サビーネ：3公演

  テディ：2公演
- 小道具及び衣装：700ドル（ジャケスは、特有の演目に固有のものでないためどの俳優も公演に使用できると彼が考える一般的な小道具と衣装を購入しました）。彼はいずれ追加の小道具が必要になるかもしれないけれども、これらを最低2年は使用できると考えました。
- 学校は2月の各公演に対して300ドル支払いました。

3月

- 賃料：300ドル
- 給与：

ジャケス：500ドル

　　サビーネ：1公演

　　テディ：1公演

　　ブライアン：2公演

・学校は3月の各公演に対して、通常の料金である1公演300ドルを請求されました。

4月

・賃料：300ドル

・給与：

　　ジャケス：500ドル

　　サビーネ：2公演

　　テディ：1公演

　　ブライアン：2公演

・学校は4月の各公演に対して、通常の料金である1公演300ドルを請求されました。

5月

・賃料：300ドル

・給与：

　　ジャケス：500ドル

　　サビーネ：2公演

　　テディ：1公演

　　ブライアン：2公演

・学校は3月・4月・5月の各公演、及び6月に予定されている9公演に対して、すべて1公演300ドルを支払いました。

6月

・賃料：300ドル

・給与：

ジャケス：500ドル
　　サビーネ：3公演
　　テディ：3公演
　　ブライアン：3公演
・器具：25,000ドル（移動用の中古バンの購入、最低5年間使用可能と見積り）
・学校は7月・8月に予定されている10公演に対して、夏に先立ってすべて1公演300ドルを支払いました。
・7月から翌年6月までに上演されるどの演目も観劇できる100ドルの年間チケットを25人が購入しました。

7月
・賃料：300ドル
・給与：
　　ジャケス：1,000ドル
　　サビーネ：3公演
　　テディ：4公演
　　ブライアン：3公演

8月
・賃料：300ドル
・給与：
　　ジャケス：1,000ドル
　　サビーネ：3公演
　　テディ：3公演
　　ブライアン：4公演

9月
・賃料：300ドル
・給与：
　　ジャケス：1,000ドル

サビーネ：4公演
　　テディ：4公演
　　ブライアン：4公演
・学校は9月の12公演に対する支払を行いました。
・9月から翌年10月までに上演されるどの演目も観劇できる100ドルの年間チケットを25人が購入しました。

10月

・賃料：300ドル
・給与：
　　ジャケス：1,000ドル
　　サビーネ：4公演
　　テディ：4公演
　　ブライアン：4公演
・学校は10月の公演に対する請求を受けました。

11月

・賃料：300ドル
・給与：
　　ジャケス：1,000ドル
　　サビーネ：4公演
　　テディ：4公演
　　ブライアン：4公演
　　ロシェール：2公演
・学校は11月の公演に対する請求を受け、10月と11月の公演に対する支払いを行いました。

12月

・賃料：300ドル
・給与：

ジャクス：1,000ドル
　サビーネ：4公演
　テディ：4公演
　ブライアン：4公演
　ロシェール：2公演
・学校は12月の公演に対する請求を受けましたが、年末までに支払いは行っていません。

第6章テスト

1 ある小売店がテレビを800ドルで現金販売しました。その原価は600ドルでした。

この取引によって変化する4つの勘定科目の仕訳を行いなさい。

Dr.＿＿＿＿＿＿＿＿＿＿　　　　　　＿＿＿＿＿＿＿＿
　Cr.＿＿＿＿＿＿＿＿＿＿　　　　　　＿＿＿＿＿＿＿＿
Dr.＿＿＿＿＿＿＿＿＿＿　　　　　　＿＿＿＿＿＿＿＿
　Cr.＿＿＿＿＿＿＿＿＿＿　　　　　　＿＿＿＿＿＿＿＿

2 継続記録法（Perpetual Inventory Method）を採用している場合には、受取、払出、手元残高を表すような＿＿＿＿＿＿＿＿＿＿の記録が作成されます。

3 売上原価を実地棚卸法（Deduction Method）で計算する場合の計算式を書きなさい。

売上原価（Cost of sales）＝＿＿＿＿＿＿＿＿＿＿＿＿＿
　　　　　　　　　　　　＋＿＿＿＿＿＿＿＿＿＿＿＿＿
　　　　　　　　　　　　－＿＿＿＿＿＿＿＿＿＿＿＿＿

4 以下はある製品についてのデータです。

	数量	単価	Cost合計
7月1日　期首棚卸資産	400	1.00ドル	400ドル
7月15日　仕入	200	1.20	240
合計	600		640
7月31日　期末棚卸資産	300		

7月の売上原価はどうなりますか。

　(a) 先入先出法（FIFO Method）の場合　＿＿＿＿＿＿
　(b) 後入先出法（LIFO Method）の場合　＿＿＿＿＿＿

(c) 平均法（Average Cost Method）の場合 _____

5 インフレの時には、多くの企業が課税所得を計算する際に後入先出法（LIFO Method）を採用します。この理由は後入先出法は売上原価を_____し、その結果として課税所得を_____するからです。

6 ある企業で、所有している棚卸資産（Inventory）の時価が取得原価を1,000ドル下回っていることがわかりました。どのような仕訳を行うべきでしょうか。
　　Dr._____　　_____
　　Cr._____　　_____

7 製造業で、製品の原価として集計される3つの項目は何ですか。

8 期間原価（Period Cost）はそれらが_____期間に費用になります。

9 製品原価（Product Cost）は製品が_____期間に費用になります。

10 製造間接費配賦率（Overhead Rate）の計算に、ある期間の直接労務費（Direct Labor Cost）総額と製造間接費（Production Overhead Cost）総額を使っています。製造間接費配賦率（Overhead Rate）がどのように計算されるかを示す比率を記載して下さい。

$$\frac{\text{合計額}}{\text{合計額}}$$

11 ある製品の生産には、50ドルの直接材料（Direct materials）と1時間8ドルのコストがかかる直接作業（Direct Labor）が5時間分必要です。製造間接費配賦率（Overhead Rate）は直接作業1時間（Direct Labor Hour）当たり4ドルです。製品の金額はいくらになりますか。
　　_____ドル [= _____ドル + _____ドル + _____ドル]

12 棚卸資産回転率（Inventory Turnover）「5」は棚卸資産回転率「4」よりも

一般的に［良い／悪い］と考えられます。その理由は、その状態は棚卸資産により［多い／少ない］資本が使われており、棚卸資産が陳腐化するリスクが［より高い／より低い］ことを意味しているからです。

第6章ケーススタディ①　トボー建設サービス No.2

　トビンは、事業開始後1カ月目の損益計算書をレビューして、使用した20%の製造間接費配賦率（Overhead Rate）がすべての製造間接費（Indirect Cost）をまかなうには十分でないことに気づきました。事業損失を出さないように使用可能な製造間接費配賦率を見つけるために、他のいくつかの方法を使って決めることにしました。

　まず、トビンはいくつかの仮定をしなければなりません。仮定として、賃借料、光熱費、電話代、会費などの製造間接費は、将来も増減しない、また、トビンの時間の約50％をどの仕事にも直接関連しない活動に費やし続けることとしました。

　これらの仮定と10月の事業の数値（下記参照）を使って、トビンの以下のそれぞれの場合の製造間接費配賦率を計算しなさい。計算後、どれを製造間接費配賦率として適用すべきか決定する時に、トビンが考慮すべきその他の要素をあげなさい。

- 直接労務費1ドル当たりの製造間接費配賦率
- 直接作業1時間当たりの製造間接費配賦率
- 直接費のパーセントとしての製造間接費配賦率（少なくとも損益分岐点となるような）

トボー建設サービス　事業コスト—10月

直接費

	1時間当たり	時間	総コスト
作業者の賃金	15ドル	88	1,320ドル
大工の賃金	20ドル	128	2,560ドル
プロジェクト管理者の賃金	25ドル	88*	2,200ドル

材料費			1,975ドル
総直接費・時間		304	8,055ドル
総直接労務費			6,080ドル
製造間接費			
事業主給与（非業務関連）	25ドル	88	2,200ドル
賃借料			750ドル
電話代			35ドル
光熱費			100ドル
会費			15ドル
総製造間接費			3,100ドル

＊週40時間労働とする。

第6章ケーススタディ②　ポンドによるブルージーンズ

　キャサリンは、幸運にも地元のブルージーンズ販売店「ポンドによるブルージーンズ」社で6カ月間の実習訓練を受ける機会を得ました。ファッション小売を勉強している大学4年生のキャサリンにとって、これは希望の職場でした。デザイナー、布地、ファッションの流行、国際的な服の製造の世界で、退屈な時なんてあるはずがありませんでした。しかし、スーパーバイザーに、実習訓練は経理部から訓練開始と説明された時、彼女は自分の興奮を疑い始めました。スーパーバイザーの人生哲学は、実習生は、事業のすべての状況、特に、会社が利益をあげられるようどのように売上・費用が管理されているかという重要な側面に触れさせるべきだということでした。夢想的なファッション関係の学生は衣料品産業のこの側面を見過ごすことがしばしばあるので、キャサリンはそれがどのように機能しているかをより理解すべきであると、スーパーバイザーは確信していました。キャサリンは四半期の在庫会計から手伝いを開始し、「カーボーイジーンズ」のブランドラインの直近3カ月間の売上原価を確定するために実地棚卸を手伝うことになりました。彼女は、この作業にあたって必要とされる能力は、代数学とスプレッドシートの基礎的な能力だけだと聞いて安心しました。キャサリンと棚卸資産マネジャーのライアンは以下のデータを集めました。

「カーボーイジーンズ」ライン

	数量	単価	金額
期首棚卸資産残高	3,500	13.10ドル	45,850ドル
仕入			
4月5日	1,000	13.00ドル	13,000ドル
4月27日	600	12.75ドル	7,650ドル
5月12日	700	12.70ドル	8,890ドル
5月29日	1,500	12.55ドル	18,825ドル
6月23日	1,750	12.40ドル	21,700ドル
金額合計（期首棚卸資産＋仕入）			115,915ドル

期末実地棚卸数量（6月30日）：3,800

　実習訓練の一環として、ライアンは期末棚卸資産と売上原価の金額を決める3つの方法（先入先出法、後入先出法、平均法）について説明しました。ライアンによると、「ポンドによるブルージーンズ」社が採用している方法は、法人税を最少にするという財務上の目標に対応するために選択されているとのことでした。つまり、課税所得を最少にするという方法で、これは通常、企業の利益が最少の時に生じます。

　この目標をふまえて、ライアンはキャサリンに以下を行うよう指示しました。
・四半期の間に販売された数量の合計を計算しなさい。
・先入先出法及び後入先出法による期末棚卸資産の金額を決定しなさい。
・上記の各方法による売上原価を計算しなさい。
・税務上の目標を達成するために、会社がどちらの方法を採用しているか当ててみなさい。

第6章ケーススタディ③　デザート・トレーディング・ポスト

　バレリー・フランスは会計の教科書を大学に置いてきたことに後悔していました。数年間、デザート・トレーディング・ポスト社を会社訪問して、同社で

仕事をすることになり、初日を終えたところでした。バレリーが経営学部大学院1年生を終えた時に、デザート・トレーディング・ポスト社のチーフであるジョゼフ氏から電話があり、夏休みの実習訓練として同社の経理を手伝うという仕事を紹介されました。ジョゼフ氏は、特別な顧客向けに最近購入した数個の特別な銀とトルコ石の宝石の会計について心配していました。デザート・トレーディング・ポスト社へは、毎年、同社が通常売らないような、より珍しく（そして非常に高価な）、手細工でできた、地元産の宝石に関心を示す客が来ていました。ジョゼフ氏が新たに購入した宝石の中に、最近亡くなった地元の芸術家が作った非常に珍しいランダーブルーとビスビーのトルコ石の指輪が数点ありました。このような宝石をにさらに入手するのは不可能でないにしても困難だということでした。ジョゼフ氏がこのような宝石を販売していくのであれば、このようなすばらしい宝石の供給源を他に探さなければならないことになります。

　ジョゼフ氏はバレリーが同社で実習訓練を開始した月に後述の宝石を購入し、それらに値札を付けているところでしたが、もっと重要なことは、彼が現在の棚卸資産の評価方法の変更を考えていることでした。

　簿記担当者は、安価な銀とトルコ石の宝石が大量にあるため、売上原価及び期末棚卸資産残高の計算方法として平均法を適用していました。ジョゼフ氏はバレリーに彼女の実習訓練プロジェクトの第1番目としてこれを行うよう指示しました。バレリーは会計の教科書を手元に持っていませんでしたが、高額または非常に珍しい品物の棚卸資産の場合に個別法を採用することを思い出しました。簿記担当者は、販売用の商品の仕入額合計を仕入数量で割って、平均法の計算をしています。はじめは、この方法は単純で、入庫と出庫を記録する以外に特に会計スキルが必要なかったので、バレリーには平均法は合理的と思えました。

　ショーケースに最近購入した宝石があるので、バレリーはそれらをどのように会計処理するのか、また、ここ数年適用してきた方法を適用し続けると財務諸表にどのように影響があるのか心配になりました。ジョゼフ氏が最近購入した宝石をもとに、異なった計算方法を試してみることにしました。これらの宝石は、当社で販売されている他の全商品の価格帯とはかなり異なりますが、ジョ

ゼフ氏はそれらの一部の宝石はすでに手付金を受け取っており、他の宝石も確かに販売可能な市場が存在していました。

品目番号	購入日	明細	取得原価	売価
1	5月3日	サンゴ付きのビスビーと銀の指輪	1,100ドル	2,200ドル
2	5月12日	ビスビー付きのカボチャの花の銀のネックレス	4,100ドル	8,200ドル
3	5月25日	ランダーブルー・トルコ石と銀の指輪	2,890ドル	5,780ドル
4	5月25日	ランダーブルー・トルコ石と銀のイヤリング	1,930ドル	3,860ドル
5	6月1日	男性用のビスビー・トルコ石のボロタイ	1,860ドル	3,720ドル
6	6月3日	地元の芸術家製のトルコ石象眼模様のブレスレット	2,790ドル	5,580ドル
7	6月12日	大きなランダーブルー・トルコ石の18金指輪	1,175ドル	2,350ドル
8	6月15日	トルコ石とサンゴの18金イヤリング	2,875ドル	5,750ドル
9	6月15日	大きなトルコ石とサンゴの18金ネックレス	4,000ドル	8,000ドル
10	6月21日	トルコ石と他のジェムストーンの銀のブレスレット	1,250ドル	2,500ドル

　上記の特殊な品目のみの売上原価及び期末棚卸残高を平均法と個別法を使って、バレリーが報告すべきドル金額を比較しなさい。チーフのジョゼフ氏によると、顧客からの手付金に基づき、品目番号1、2、5、6、8、9、10は夏の終わりまでに売れるとのことです。バレリーはジョゼフ氏に今後も平均法を適用し続けるよう勧められますか。

第7章テスト

1 勘定科目に記録されている新しい有形固定資産（PPE）の金額には、購入金額以外に、それを意図した用途に使えるようにするための（運送費や設置費用といった）＿＿＿＿＿＿が含まれています。

2 2011年に有形固定資産を取得しました。それは10年間で使用不能となり、5年間で陳腐化することが予測されています。耐用年数（Service Life）は何年ですか。
　＿＿＿＿＿＿年

3 土地（Land）は通常、減価償却［されます／されません］。その理由は、その＿＿＿＿＿＿が無限に長いからです。

4 有形固定資産が2011年に原価（Cost）20,000ドルで取得されました。耐用年数（Service Life）は10年で、残存価額（Estimated Residual Value）は2,000ドルと予想されています。

　(a) 見積減価償却可能価額（Estimated Depreciable Cost）は＿＿＿＿＿＿ドルです。

　(b) もし、定額法（Straight-Line Method）が使われた場合、この資産の償却率は＿＿＿＿＿＿％になります。

　(c) 資産の耐用年数にわたって、毎年どの程度の減価償却費（Depreciation Expense）が記録されますか。
　　＿＿＿＿＿＿ドル

　(d) この減価償却費を記録するために、借方（Debit）、貸方（Credit）にはどういう勘定科目が記載されますか。
　　　Dr.＿＿＿＿＿＿＿＿＿＿＿＿
　　　Cr.＿＿＿＿＿＿＿＿＿＿＿＿

　(e) 5年間経過した段階で、この資産は貸借対照表上でどのように記録されま

すか。
(1) _____ _____ドル
(2) _____ _____ドル
(3) _____ _____ドル

5 2011年1月2日に20,000ドルで機械を購入しました。その耐用年数は5年で、残存価額は0でした。

(a) その機械が6年後にまだ使われていたら、6年目にはいくらの減価償却費が計上されますか。

(b) 6年目の期末時点では、もし記載されるとすると、どのような金額が貸借対照表に記載されますか。

[ ] 報告されない
[ ] 以下のように報告される

_____ _____ドル
_____ _____ドル
_____ _____ドル

6 2011年1月2日に機械を50,000ドルで購入しました。その耐用年数は10年であり、残存価額は0でした。さらに11年後に現金3,000ドルと引き換えに売却されました。

(a) 11年目には_____ドルの［利益／損失］が発生する。

(b) この金額を記録するために、借方、貸方にはどのような勘定科目が記載されますか。

Dr._____
Cr._____

7 以下の資産の例をあげ、2番目と3番目の資産の原価を減らしていく時に使われる方法の名前をあげて下さい。

資産の種類	例	価値を減らしていく方法
有形固定資産（PPE Asset）	＿＿＿＿	減価償却（Depreciation）
減耗資産（Wasting Asset）	＿＿＿＿	＿＿＿＿
無形固定資産（Intangible Asset）	＿＿＿＿	＿＿＿＿

8 シェル社は、2011年1月2日に10,000,000ドルで石油精製設備を購入しました。その設備は100万バレルのオイルを精製でき、耐用年数は20年と予測されています。2011年には、4万バレルのオイルが精製されました。2011年に費用として計上される金額はいくらでしょうか。

＿＿＿＿＿＿ドル

9 減耗資産と無形固定資産は、建物などの有形固定資産とは違った形式で貸借対照表に記載されます。その違いは、減耗資産は＿＿＿＿＿で記載され、有形固定資産は＿＿＿＿＿、＿＿＿＿＿そして＿＿＿＿＿で記載されることです。

10 課税所得の計算では、企業はできるだけ＿＿＿＿＿く所得を計算しようとします。財務会計上の利益の計算においては、企業はできるだけ＿＿＿＿＿な利益を計算しようとします。

11 定額法（Straight-Line Depreciation）と比較して、加速度償却法（Accelerated Depreciation）では、耐用年数の初期に［より多くの／同じ／より少ない］金額を、後期に［より多くの／同じ／より少ない］金額を減価償却費（Depreciation Expense）として計上します。資産の耐用年数全体にわたって、加速度償却法は定額法と比較して［より多くの／同じ／より少ない］費用を総額として計上することになります。

12 税務会計において加速度償却法を採用する企業が多い理由は、それが課税

所得と初期の所得税を［増加させ／低下させ］るためです。

13 法人所得税率を40％と仮定します。ある企業が、2011年に財務会計上の税引前利益を6百万ドル、課税所得を400万ドル計上した場合には、2011年の損益計算書にはいくらの法人税費用の金額が計上されるでしょうか。

　　　＿＿＿＿＿＿＿ドル

14 以下の表の記入されていない項目の名称を記載しなさい。
（ドル）

法人税費用	100,000ドル
法人所得税（支払額）	− 60,000
＿＿＿＿＿＿＿＿＿＿	40,000ドル

40,000ドルは貸借対照表には、［資産／負債］として報告される。

第7章ケーススタディ① アイスバーグ・ピュアー H_2O No.1

水のボトルの消費市場が爆発的に拡大し、生産者の競争が激化している状況の中、企業は、自社の水がプレミアムウォーターであると差別化して、より高値で売れるよう努力しています。多くの企業が自社のプレミアムウォーターの原水は極めてまれな井戸や泉から汲み上げられていると宣伝していますが、アラスカの新会社「アイスバーグ・ピュアー H_2O」社の主張に太刀打ちできる会社はほとんどありません。会社名から分かるように、この会社の水はアラスカの氷河から取っており、汚染物質が地球を汚染するずっと前の1万年前から氷河が凍ったため最高純度のボトル水となっています。会社の創立者であるヘレン・ホームズ社長は、アラスカ生まれで、地元の海で舟遊びし、氷河が扱いやすいサイズのかたまりに裂けるのを見てアイデアが浮かびました。彼女は氷河の権利を買い取る段取りをし、その後、小さな缶詰工場を買い取り、それを最先端の水のボトル工場に改造しました。彼女は、氷河から少なくとも750,000リットルの水が取れ、同社の500ミリリットルの水のボトルを1本3ドルで売れると見積もった後、氷河を25,000ドルで買い取りました。以下の表は彼女による最初

の事業計算の概要を示していますが、信じられないくらいの利益の可能性と、実際の水が1本わずか2セント足らずの原価で事業費用をまかなえる可能性を示しています。ヘレンは、手始めに、マーケットリサーチと小売店との契約を締結し、1年間で550,000本の売上を見込みました。

氷河原価	氷河のキャパシティ（リットル）	1リットル当たりの原価	本数キャパシティ（500mlサイズ）	500ml当たりの原価	売上概算（1本3.00ドル）
25,000ドル	750,000	0.03ドル	1,500,000	0.015ドル	4,500,000ドル

ヘレンは、アイスバーグ・ピュアー H_2O 社は大成功をおさめ、大きな成長潜在力を有すると確信しました。彼女は、将来銀行からの融資が必要になる場合や、同社をより大規模の企業に売却しようとする場合は、好調な財務成績が欠かせないことを承知していました。つまり、彼女の主要な資産である氷河の使用を適切に会計処理する必要がありました。

氷河がどんな種類の資産であるか、そして、その使用を費用化するためにどんな会計処理が適切か、ヘレンにアドバイスして下さい。彼女の今の予測を使って、1年間の費用と氷河の耐用年数を彼女が見積もるのを手伝ってあげて下さい。

第7章ケーススタディ②　アイスバーグ・ピュアー H_2O No.2

アイスバーグ・ピュアー H_2O 社は、氷河に加えて、いくつかの他の有形固定資産：水を溶かすタンク3基、瓶詰機械、現在の工場の建物を所有していました。ヘレンはすでに氷河の会計処理方法（アイスバーグ・ピュアー H_2O No.1参照）を決定していたので、これらの会計処理を考えることにしました。

● 水タンク

ヘレンはステンレス・スティールの水タンクを各4,500ドルで購入しましたが、それらはいつまでも使えるように作られているようでした。タンク3基の据付費として、さらに3,100ドルかかりました。

●瓶詰機械

　瓶詰機械は、古い友人が製造会社の副社長だったので、非常に好都合な条件で取引できました（ヘレンがアイスバーグ・ピュアー H_2O 事業を最初に始める決心をしたもう1つの理由です）。瓶詰機械の小売価格は42,000ドルでしたが、原価に15%を上乗せした価格の28,500ドルで購入できました。その機械は年間550,000本のボトルを生産可能で、さらに年間150,000本まで追加生産可能でした。配送、労務、電気、配管を含んだ機械の据付費は12,000ドルでした。

●工場の建物

　不動産のコストとしては、北アラスカにあることは有利でした（製品の運搬はより費用がかかりましたが！）。工場の建設コストはたった19,000ドルで、エージェント代が600ドル、改造費が7,000ドルでした。建物の正面に据え付けるクールなネオンサインを500ドルで購入しました。ネオンサインは雪の多い環境の中では大きな効果があり、その一帯でそれを見逃す人はいませんでした。工場のスペースは、タンク、瓶詰、製品在庫の保管に十分でした。

　ヘレンは、これらを減価償却するためにそれぞれの耐用年数が必要だということを理解していました。さらに、この事業が膨大な利益をもたらす見込みなので、売上に対応する費用をより多くすれば支払う税金が少なくなることも分かっていました。減価償却費は営業費用なので、減価償却をより速くすれば、より多くの節税ができます。

　ヘレンが減価償却計算できるように、各資産の原価合計（各資産の残存価値を0と仮定して）を教えて下さい。そして、これらの固定資産の耐用年数を決定する時に、ヘレンが考慮しなければならない理由も教えて下さい。

第7章ケーススタディ③　どちらの会社が良いか

　ジュード・テイラーは、投資家グループへの財務に関するプレゼンテーション資料を準備していた時、2社をどのように紹介するか決めかねていました。パーク・エンジニアリング社とスウィート・グラス・エンタープライズ社は5年

の歴史があり、両社とも米国の西部にある小規模なエネルギー開発会社で、資本を投下してくれる先を探していました。ジュードは、投資家グループに財務数値の一覧表を提供し、彼らに投資先の推奨をしなければなりませんでした。ジュードは、自分が用意した資料では、どちらの会社に投資すべきか確信が持てませんでした。

　投資家グループは、両社の非財務面に関してより広範囲にわたる質問をしましたが、現在及び将来にわたる収益性に関する情報を提供するようジュードに求めました。両社とも売上高はほとんど同じ、120万ドルです。5年間で全額減価償却済みの安価なオフィス機器以外に有形固定資産はありません。偶然にも、両社はエネルギー開発関連研究用の設備に大きな投資をし、それぞれ2011年1月に750,000ドル費やしました。この設備は取り替えが必要になるまで5年間、この目的に使用する見込みでした。当時のマーケットによると、5年後の残存価額（売却可能見込額）は50,000ドルでした。ジュードはプレゼンテーションの説明資料の作成に苦労しました。

　パーク・エンジニアリング社は設備の減価償却方法として定額法を適用し、スウィート・グラス・エンタープライズ社は加速度償却法を適用していました。以下の追加情報に基づき、下記の表及び両社の要約損益計算書を完成させなさい。どちらの会社の方がより収益性が高いか合理的な説明をして下さい。

- パーク・エンジニアリング社の人件費は673,000ドルで、スウィート・グラス・エンタープライズ社の人件費は670,000ドルでした。
- パーク・エンジニアリング社の事務所賃借料は50,000ドルで、スウィート・グラス・エンタープライズ社は55,000ドルでした。
- パーク・エンジニアリング社の営業費は150,000ドルで、スウィート・グラス・エンタープライズ社は148,000ドルでした。

年	定額法による減価償却	簿価 （Net Book Value）	加速度償却法による減価償却	簿価 （Net Book Value）
2011			280,000ドル	470,000ドル
2012			188,000ドル	282,000ドル
2013			112,800ドル	169,200ドル
2014			67,680ドル	101,520ドル
2015			51,520ドル	50,000ドル

2011年損益計算書

パーク・エンジニアリング社
売上高
費用：
　人件費
　賃借料
　営業費
　減価償却費
費用合計
利益/損失

スウィート・グラス・エンタープライズ社
売上高
費用：
　人件費
　賃借料
　営業費
　減価償却費
費用合計
利益/損失

第8章テスト

1 運転資本(Working Capital)とは_____と_____の差額を意味しています。

2 企業の永久資本(Permanent Capital)の主な2つの資金源泉は_____と_____です。

3 社債(Bond)は企業に対して、_____と_____を支払う義務を負わせます。
　社債は[流動負債(Current Liability)とはなりません/場合によって流動負債になります/必ず流動負債になります]

4 株主資本(Equity Capital)の2つの主要な源泉は_____と_____(配当としては支払われていない利益)です。

5 ある企業が現金10,000ドルで額面価額(Par Value)1ドルの普通株式(Common Stock)を1,000株発行しました。
　この取引の仕訳を完成させて下さい。
　Dr. 現金　　　　　　　　　　　10,000
　　Cr. _____　　　　_____
　　_____　　　　　　_____

6 貸借対照表の純資産の部は以下の通りでした。
　普通株式(Common Stock)(1,000株、無額面(No Par Value))　　10,000ドル
　払込剰余金(Additional Paid-in Capital)　　　　　　　　　　20,000
　剰余金(Retained Earnings)　　　　　　　　　　　　　　　　40,000
　純資産合計(Total Equity)　　　　　　　　　　　　　　　　 70,000ドル

(a) 1株の表示価格（Stated Value）は、[10 ドル /30 ドル /70 ドル / 何ともいえない]。

(b) 企業が株主から受け取った金額は、[10,000 ドル /30,000 ドル /70,000 ドル / 何ともいえない]。

(c) 株主資本（Shareholders Equity）の価値は、[10,000 ドル /30,000 ドル /70,000 ドル / 何ともいえない]。

(d) 企業が少なくとも持っている現金は、[20,000 ドル /40,000 ドル /70,000 ドル / 何ともいえない]。

(e) 企業の現時点までの利益の合計は、[40,000 ドル / 少なくとも 40,000 ドル / 何ともいえない]。

(f) もし企業が解散したら、株主が少なくとも受け取れる金額は、[10,000 ドル /30,000 ドル /70,000 ドル / 何ともいえない]。

7 貸借対照表に普通株式として計上されている金額は、[授権株式（Shares Authorized）/ 発行済み株式（Shares Issued）] の金額です。この金額は、通常＿＿＿＿＿＿の金額とも呼ばれています。

8 ブリンガム社の授権株式（Stock Authorized）の数は 200,000 株でした。そのうち 150,000 株を発行し、その後 10,000 株を買い戻しました。この 10,000 株は＿＿＿＿＿＿と呼ばれます。この場合、貸借対照表の純資産の合計（Total Shareholders Equity）の金額は＿＿＿＿＿＿株に対する金額になります。

9 優先株式（Preferred Stock）の株主は、＿＿＿＿＿＿と、清算をする場合の＿＿＿＿＿＿に対して優先権を持っています。

10 現金配当（Cash Dividend）は純資産（Shareholders Equity）を [増加させます / 減少させます / 変化させません]。

株式配当（Stock Dividend）は純資産（Shareholders Equity）を [増加させます / 減少させます / 変化させません]。

株式配当（Stock Dividend）は流通株式（Shares Outstanding）を [増加させ

ます／減少させます／変化させません]。

11 純資産（Equity Capital）と長期債務（Debt Capital）の主な違いを表している以下の表において、正しいものを選んで下さい。

	社債（Bond） 長期債務（Debt）	株式（Stock） 純資産（Equity）
毎年の支払が要求されている	[はい／いいえ]	[はい／いいえ]
元本支払いが要求されている	[はい／いいえ]	[はい／いいえ]
その結果、企業に対するリスクは	[高い／低い]	[高い／低い]
しかし、その相対的なコストは	[高い／低い]	[高い／低い]

12 マシュー社には以下の永久資本（Permanent Capital）があります。

長期債務（Debt Capital）　　　80,000ドル
純資産（Equity Capital）　　　20,000
合計　　　　　　　　　　　　100,000ドル

(a) 長期債務比率（Debt Ratio）は＿＿＿＿＿＿％である
(b) この企業は＿＿＿＿＿＿が高いと呼ばれる

13 ボニー社は、チャーリー社の株式の51％、ガス社の株式の50％、テッド社の株式の49％を所有しています。ボニー社は＿＿＿＿＿＿会社です。＿＿＿＿＿＿社と＿＿＿＿＿＿社の勘定項目は、連結財務諸表（Consolidated Financial Statements）として連結されます。チャーリー社の株式の49％を所有している株主の持分は、連結貸借対照表（Consolidated Balance Sheet）に＿＿＿＿＿＿として記載されます。

14 ボニー社の損益計算書には、1,000,000ドルの売上収益が計上されています。そのうち10,000ドルはチャーリー社に対するものでした。チャーリー社の損益計算書には500,000ドルの売上収益が計上され、そのうち20,000ドルがボニー社に対するものでした。連結損益計算書（Consolidated Income Statement）の

売上収益（Revenue）はいくらになりますか。

第8章ケーススタディ①　オリーブのオーガニック No.1

オリーブは、彼女の赤ん坊がおしゃぶりを床に落としてしまったので、ミルク差しの列を見てみました。ミルク差しには、ふたが白色、ピンク色、緑色の物がありましたが、彼女は独特の緑色の箱のオーガニック全乳を見つけることができませんでした。彼女はため息をついて、オーガニックのアップルジュースを探すため、ソックス、不凍液、バースデーカードの陳列棚の通路を、手押し車を押しながら通っていきました。

オリーブはサムズセイブモアの店をぶらぶら歩いていた時に、悩んでいる母親が必要としているものは、オーガニックの食品だけを売る店だと気づきました。それで、彼女は自分自身で事業を始める決心をし、「オリーブのオーガニック」店を誕生させました。

翌週、オリーブは融資を受けに銀行へ行きましたが、ソーシャルワークの学位しか持たない若い母親が始めた事業に喜んで融資をしてくれるところはないことにすぐに気がつきました。それで、彼女は、金持ちで変わり者の会計士である兄とパートナーシップを設立しました。兄は保守的で、座右の銘は「絶対、借り手や貸し手にならない」というものでした。

5年後、オリーブが机に座って新聞を見ていると、新聞に、サムズセイブモアが「オリーブのオーガニック」社の大部分の株を買収したと書いてありました。彼女はすぐ電話機を取って兄に電話し、「私が理解できるように何が起こっているのか説明してよ」と言いました。

競争相手にとってどんな魅惑的ことが「オリーブのオーガニック」社の貸借対照表に起こっているのか説明しなさい。

オリーブのオーガニック（単位：1,000ドル）
貸借対照表

	2012年12月31日	2011年12月31日	2010年12月31日
資産			
流動資産			
現金及び現金同等物	55,230	340,440	301,050
売掛金	110,200	95,300	87,020
棚卸資産	160,500	150,400	124,750
流動資産計	325,930	586,140	512,820
投資	365,110	147,260	106,560
有形固定資産	969,400	680,000	576,090
その他の資産	5,000	4,900	4,700
資産合計	1,665,440	1,418,300	1,200,170
負債			
流動負債			
買掛金	250,600	310,500	179,900
短期借入金	800	5,700	6,200
流動負債計	251,400	316,200	186,100
長期借入金	8,400	10,600	9,070
負債計	259,800	326,800	195,170
純資産			
普通株式	400,000	400,000	400,000
払込剰余金	590,700	390,700	330,000
剰余金	414,940	300,800	275,000
純資産計	1,405,640	1,091,500	1,005,000
負債及び純資産合計	1,665,440	1,418,300	1,200,170

第8章ケーススタディ②　サテライト・ストリーク社

　友人との夕食の会話はいつも楽しいものですが、社債を発行すべきか株式を発行すべきといった「刺激的」な論争にあけくれた時は、うんざりするものになってしまうこともあります。マテロにとって、コーヒーを飲みながら友人のド

ナとウォルターの熱心な議論を聞いていた時は、まさにそのような晩でした。議論の中心は、ドナとウォルターの両方が株を保有している通信衛星の部品製造会社である「サテライト・ストリーク」社に関するものでした。成長している衛星による技術（例えば、電話、ラジオ、テレビ、インターネット、GPSシステム）の世界は確実に収益を期待できるマーケットで、サテライト・ストリーク社は受注が不足するようなことが絶対ない魅力的な会社と言われていました。不足しているのは、新しい成長を支える資本の追加でした。ドナは、同社は新たに生産施設を作るべきで、必要な資本を調達するために自己株式の一部を発行すべきだと主張しました。ウォルターも、同社は生産能力を拡大すべきだと思っていましたが、資本は社債の発行による借入で調達すべきだと主張しました。

　マテロは、行ったり来たりしている議論を静かに聞きながら、友人が議論していることは、実は、会社が成長できた場合の彼らの株の将来の価値だと気づきました。友人のどちらも自分達が提案したオプションのリスクについて何も言及しませんでした。このことについてマテロは大して驚きませんでした。なぜなら、ドナもウォルターも財務の予備知識がなく、投資への関心も持ち始めたばかりだったからです。マテロは、話のテーマを変えて、まず会社のリスクについて話し、その後に将来の株価について話すべきだと説明することによって議論を終わらせようと決心しました。

　資本を調達する時に会社が検討するであろう社債（長期債務）と株式（株主資本）の基本的なリスクについて、マテロは友人にどんなことを話せますか。

第8章ケーススタディ③　マシュー機械

　マシュー機械会社の社長であるノーム・マシューは、機械診断マーケットにおいて現在の位置を維持するために欠かせないと思われる新型の機械を、どのように購入するか決めようとしていました。彼の会社は、高価な機械が有する診断の問題を専門に取り扱う米国中西部で唯一の会社でした。多数の企業が、現在使用している機械が修理できる場合は新規に機械を購入しなければならな

くなるのを避けるため、マシュー機械会社の機械診断を利用していました。マシュー機械会社の競争会社は近くにありませんでしたが、ノームは最新式の機械さえあれば現在の専門的技術力を維持できると信じていました。

　ノームは、会社の手持ち資金を使って新型の機械を購入するか、地元の銀行から融資を受けて購入するか決めかねていました。新型の機械は500,000ドルでした。ノームは、経験上、科学技術が機械診断方法の大変革をもたらした時は、その約1年後に自分がそれを販売したくなることを承知していました。購入後直ちに機械に診断プログラムを入れることにより、1年後の機械の市場価値が625,000ドルになると考えていました。ノームの父親のアベは、会社の投資についての25％（125,000ドル／500,000ドル）の収益率予想に有頂天になり、ノームにためらわずに購入を進めるよう促しました。

　ノームは、銀行からの借入金で機械を購入し、会社にあるキャッシュは別の用途に使う方が良いと考えました。銀行は彼に購入金額の大部分の金額（450,000ドル）を貸し付けることに同意し、利息は、この種の銀行ローンのリスクを考慮して12％になるということでした。そのため、ノームが1年後に625,000ドルで機械を売却する時、彼の銀行への返済金額は、元本450,000ドルプラス54,000ドルの利息になります。この場合の初期投資はわずか50,000ドル（500,000ドル－450,000ドル）です。ですから、会社の投資の収益率は、71,000ドル／50,000ドル、即ち142％にもなります。ノームはこの計算をするやいなや、その計算を見せにアベのオフィスへ飛び込みました。

　アベはノームが言おうとしていることがよく理解できませんでした。アベは、「ノーム、ちょっと待ってくれ。もし、銀行から借りなければ、この機械の売却益は125,000ドルだろ。もし、銀行から借りたら、借入金の元本と利息を払って、たった71,000ドルしか残らない。それは良い考えだとは思わない。さらに、機械が翌年に625,000ドルで売れず、たった425,000ドルしか手にできなければどうなるのだろう。その時はどんな収益率になるのだろう？」

　ノームは、この売却の予想収益率を計算し、父親へのわかりやすい説明を書きあげるため、自分のオフィスに戻りました。

第9章テスト

1 キャッシュフロー計算書（Statement of Cash Flows）の作成は、米国の会計ルールにおいて［奨励されています／要求されています］。

2 損益計算書（Income Statement）では＿＿＿＿＿＿＿に基づいて純利益（Net Income）を報告します。キャッシュフロー計算書では純利益を＿＿＿＿＿＿＿ベースに修正します。

3 キャッシュフロー計算書の3つの区分は、以下のとおりです。
＿＿＿＿＿＿＿＿＿＿＿＿によるキャッシュフロー
＿＿＿＿＿＿＿＿＿＿＿＿によるキャッシュフロー
＿＿＿＿＿＿＿＿＿＿＿＿によるキャッシュフロー

4 2011年12月31日に、XYZ会社には70,000ドルの売掛金（Account Receivable）がありました。2012年12月31日の売掛金の残高は65,000ドルでした。この5,000ドルの売掛金の減少は、キャッシュベースに置き直す際に、純利益［から差し引かれます／を変化させません／に加えられます］。

5 XYZ社の買掛金（Account Payable）は2011年12月31日から2012年12月31日の間に30,000ドル減少しました。この変化は、キャッシュベースに置き直す際に、純利益［から差し引かれます／を変化させません／に加えられます］。

6 2011年の年末から2012年の年末までのXYZ社のキャッシュ残高の増減は「営業活動によるキャッシュフロー（Cash Flow from Operating Activities）」の計算時に使われる流動資産（Current Asset）の増減の一部［です／ではありません］。

7 XYZ社は2012年に2,000ドルの減価償却費（Depreciation Expense）を計上しました。これは、その年のキャッシュの流失［です／ではありません］。

⑧ XYZ社の純利益をキャッシュベースに修正するために、2,000ドルの減価償却費は［純利益に加える必要があります／純利益から差し引く必要があります／考慮する必要はありません］。

⑨ XYZ社のキャッシュフロー計算書の「営業活動によるキャッシュフロー」の区分を完成させて下さい。

売掛金が5,000ドル減少し、買掛金が3,000ドル減少し、減価償却費が2,000ドルであったと仮定して下さい。その他の流動資産には変化がないものとします。

純利益	50,000ドル
減価償却費	＿＿＿＿＿＿ドル
売掛金の減少	＿＿＿＿＿＿ドル
買掛金の減少	＿＿＿＿＿＿ドル
営業活動によるキャッシュフローの合計	＿＿＿＿＿＿ドル

⑩ 以下のそれぞれの取引は、どの活動に区分されるでしょうか。
(a) トルード社はある設備を40,000ドルで購入しました。
　　［営業（Operating）／投資（Investing）／財務（Financing）］
(b) トルード社は、銀行から長期借入金として50,000ドルを借り入れました。
　　［営業／投資／財務］
(c) トルード社は買掛金を支払いました。
　　［営業／投資／財務］
(d) メイ社は、銀行から新規で10,000ドルを借り入れました。
　　［営業／投資／財務］
(e) メイ社は、1株10ドルで普通株式を1,000株発行しました。
　　［営業／投資／財務］
(f) メイ社は、事業に使っていたビルの1つを、500,000ドルで売却しました。
　　［営業／投資／財務］
(g) メイ社は、投資資金の金利収入を受領しました。
　　［営業／投資／財務］
(h) メイ社は、投資家に配当を支払いました。

[営業/投資/財務]

第9章ケーススタディ① オリーブのオーガニック No.2

5年後、オリーブと彼女の兄が、なぜ、サムズセイブモアが彼らの株式を安定したペースで購入していたかについて話し合っていた時、彼らの財務マネジャーのルイジ・チャチャからオリーブの携帯に電話が入りました。ルイジはキャッ

オリーブのオーガニック（単位：1,000ドル）

見積貸借対照表			見積損益計算書	
	2013年12月31日	2012年12月31日	2013年12月31日で終了する年度	
資産				
流動資産			売上高	
現金及び現金同等物	2,640ドル	55,230ドル	売上原価	
売掛金	310,200	110,200	**売上総利益**	
棚卸資産	260,300	160,500		
流動資産計	**573,140**	**325,930**	研究開発費	
長期投資	639,500	365,110	販売及び一般管理費	
有形固定資産	1,500,400	969,400	減価償却費	
その他の資産	6,700	5,000	営業費用計	
資産合計	**2,719,740ドル**	**1,665,440ドル**		
			営業利益・損失	
負債			金利税金差引前利益	
流動負債			利息費用	
買掛金	412,600ドル	250,600ドル	税引前当期利益	
短期借入金	14,800	800	法人税	
流動負債計	**427,400**	**251,400**		
長期借入金	710,600	8,400	**当期純利益**	
負債計	**1,138,000ドル**	**259,800ドル**		
純資産				
普通株式	400,000	400,000		
払込剰余金	590,700	590,700		
剰余金	591,040	414,940		
純資産計	**1,581,740ドル**	**1,405,640ドル**		
負債及び純資産合計	**2,719,740ドル**	**1,665,440ドル**		

シュ残高の減り具合に不安を感じていました。ルイジは2013年の見積財務諸表を作成し終えたところで、早急にオリーブと彼女の兄に会いたいと言ってきました。

オリーブは、ルイジが2012－2013年の見積損益計算書と見積貸借対照表しか持参してこなかったことに不満で、自分でキャッシュフロー計算書を作成することにしました。彼女は、大学院の経営学部で財務会計コースをちょうど修了したところでした。オリーブは彼女の戦略的計画を助けるかもしれないキャッシュフロー計算書の分析から何を知ることができそうでしょうか？

	見積キャッシュフロー計算書	
	2013年度	
4,300,500ドル	営業活動	
2,800,000	当期純利益	
1,500,500	加算：減価償却費	
	売掛金の増減	
250,000	棚卸資産の増減	
900,700	買掛金の増減	
53,000	**営業活動によるキャッシュフロー**	
1,203,700		
	投資活動	
296,800	長期投資の増減	
296,800	有形固定資産（減価償却控除後）の増減	
4,200	その他の資産の増減	
292,600	**投資活動によるキャッシュフロー**	
116,500		
	財務活動	
176,100ドル	短期借入金の増減	
	長期借入金の増減	
	財務活動によるキャッシュフロー	
	現金及び現金同等物の増減	
	期首現金及び現金同等物残高	55,230ドル
	期末現金及び現金同等物残高	2,640ドル

第9章ケーススタディ②　投資のジレンマ

　あなたのいとこのトーマスが、自分が行った「ローマン・セキュリティー」社への大きな投資についてあなたに話していました。ローマン・セキュリティー社は、卸売と据付工事の両方を行う地方の監視装置の専門会社です。トーマスによると、同社は成長しており、拡大して全国展開を行って、さらなる収益の増大を可能にすると彼が確信できるような政府契約が数件あるとのことです。これは、その安い株価が上がる傾向にあることを意味しています。あなたは、一部の株を売却して再投資できる3,500ドルを入手したところだったので、家族や友人と投資について話していました。このローマン・セキュリティー社は本当に興味深い会社のように思えますが、適切に財務管理されずに急速に成長する会社は問題（あなたは過去にこのような株式のシナリオで失敗したことがあります）を起こしうる会社であることも承知しています。あなたは、ローマン・セキュリティー社の他に、友人が急成長会社と言っているソーラーパネルの製造会社である「ソーラーUS」社についても真剣に検討しています。両社とも大きな成長可能性がある業種の企業なので、あなたは両社をもっとリサーチして、どちらか1社を選ぶことに決めました。困ったことに、この決定は難しいものになっています。というのは、両社とも、貸借対照表から見た財務体質は極めて良好で、損益計算書から見た収益性も高く、ROE（自己資本利益率）も良好となっています。あなたは今、第3の重要な財務諸表である直近の**キャッシュフロー計算書**を見ています。下記のキャッシュフロー計算書からわかることに基づいて、どちらの会社の方が着実な成長に適したキャッシュ管理をしているか述べなさい。またその理由も説明して下さい。

ソーラー US社 キャッシュフロー計算書—2012年度	
営業活動によるキャッシュフロー	
当期純利益	65,000
減価償却費	25,000
売掛金の増加	(75,000)
棚卸資産の増加	(45,000)
買掛金の増加	67,000
営業活動によるキャッシュフロー	**37,000**
投資活動によるキャッシュフロー	
設備の購入	(75,000)
投資活動によるキャッシュフロー	**(75,000)**
財務活動によるキャッシュフロー	
銀行借入金（長期）	75,000
配当の支払*	(15,000)
財務活動によるキャッシュフロー	**60,000**
キャッシュの増加	22,000
＋期首キャッシュ残高	25,000
＝期末キャッシュ残高 2012/12/31現在	**47,000**

ローマン・セキュリティー社 キャッシュフロー計算書—2012年度	
営業活動によるキャッシュフロー	
当期純利益	78,000
減価償却費	15,000
売掛金の増加	(80,000)
棚卸資産の増加	(55,000)
買掛金の増加	71,000
営業活動によるキャッシュフロー	**29,000**
投資活動によるキャッシュフロー	
設備の購入	(20,000)
投資活動によるキャッシュフロー	**(20,000)**
財務活動によるキャッシュフロー	
銀行借入金（短期の与信枠）	20,000
配当の支払*	—
財務活動によるキャッシュフロー	**20,000**
キャッシュの増加	29,000
＋期首キャッシュ残高	28,000
＝期末キャッシュ残高 2012/12/31現在	**57,000**

＊配当はしばしば財務活動と考えられますが、配当の支払を「営業活動によるキャッシュフロー」に含めているのが一般的です。

第9章ケーススタディ③　私のキッチンから

　ダイアン（バンビ）・クレインは、ある朝、朝食をとりながら、自分の趣味を小さな事業に替えようという考えがひらめきました。毎月の第1月曜日によくするように、バンビ（ある年のサマーキャンプでつけられたニックネーム）は、お手製のスコーンの試食をしてもらうため、数人の友人を台所に招きました。彼女は、毎月、新種のスコーンを開発して、友人達からその味についてコメント

してもらいました。例えば、11月の試食会では、けし粒をオレンジやレモンの皮と混ぜてみました。その翌月は、干しブドウや、ブルーベリー、そしてキンカンの実さえ使ってみました。

友人からのコメントに勇気づけられ、バンビは、ニューイングランドの地元の店やコーヒーショップへ販売するスコーンの生産能力を増やすために必要な台所の改造に乗り出しました。台所は、商業用のオーブン、種々の備品、冷蔵庫を備えた形で改造されました。実際、彼女は、最近、国内最大のコーヒーチェーンの1社からスコーンを売ってくれるよう話を持ちかけられました。

バンビは素晴らしいパティシェで、何年も、友人や家族のために料理をしてきましたが、簿記や会計の訓練を全く受けたことがありませんでした。しかし、彼女は1年を通して地元の店へ販売していました。彼女の娘のジャニーは、バンビの事業が順調にいくように、銀行の記録や領収書を使用して、高等学校の最初の会計科目で学んだ非常に基礎的な財務諸表を作成しました。ジャニーは非常に大まかな損益計算書や貸借対照表は作成することができましたが、銀行からキャッシュフロー計算書を求められた時、自分がキャッシュフロー計算書を作成できないことが、母親が家内事業を次のレベルに持って行くのに必要な融資を受ける障害になるのではと心配になりました。

母親と娘は、バンビが自分のスコーンの商標として選んだ名前である「私のキッチンから」の以下の財務情報を持って銀行へ行きました。銀行は、少なくとも、2012年度の営業活動によるキャッシュフローを示すよう主張しました。

手元にある財務データからの抜粋：

	2011年度	2012年度
当期純利益	70,000ドル	212,500ドル
減価償却費	20,000	70,000
売掛金	60,000	90,000
棚卸資産	137,500	162,500
買掛金	65,000	75,000
前受収益	365,000	90,000

バンビとジャニーが銀行に持って行けるように、キャッシュフロー計算書の

営業活動によるキャッシュフローの部分を作成してあげて下さい。当期純利益とキャッシュフローの違いをバンビとジェニーはどのように考えるべきでしょうか？

第10章テスト

1 以下のデータを利用して計算をして下さい。

棚卸資産 (Inventory)	20	売上高 (Sales Revenue)	100
流動資産合計 (Total Current Asset)	100	売上原価 (Cost of Sales)	60
資産合計 (Total Assets)	220	売上総利益 (Gross Margin)	40
流動負債 (Current Liabilities)	40	金利税金差引前利益 (EBIT)	30
非流動負債 (Noncurrent Liabilities)	80	純利益 (Net Income)	10
純資産 (Equity)	100		

(a) 流動比率 (Current Ratio) は

$$\frac{\boxed{}}{\boxed{}} = \boxed{}$$

(b) 棚卸資産回転率 (Inventory Turnover) は

$$\frac{\boxed{}}{\boxed{}} = \boxed{} \text{回}$$

(c) 売上高当期純利益率 (Profit Margin Percentage) は

$$\frac{\boxed{}}{\boxed{}} = \boxed{} \%$$

(d) 長期債務比率（Debt Ratio）は

$$\frac{\boxed{}}{\boxed{}} = \boxed{} \%$$

訳注：ここでは非流動負債がすべて長期債務であると考えて計算して下さい。

(e) 自己資本利益率（Return on Equity Investment）は

$$\frac{\boxed{}}{\boxed{}} = \boxed{} \%$$

(f) 売上高金利税金差引前利益率（EBIT Margin）は

$$\frac{\boxed{}}{\boxed{}} = \boxed{} \%$$

(g) 総資本回転率（Capital Turnover）（小数点以下1桁まで：to one decimal place）は

$$\frac{\boxed{}}{\boxed{}} = \boxed{} 回$$

訳注：ここでは非流動負債と純資産の合計を総資本と考えて計算して下さい。

(h) 永久資本税引前利益率（Pretax Return on Permanent Capital）は（小数点以下四捨五入：to the nearest percent）

$$\frac{\boxed{}}{\boxed{}} = \boxed{} \%$$

2 永久資本税引前利益率は、C□□□□□□ T□□□□□□□ にE□□□ Marginをかけあわせることでも計算ができます。

3 企業は純資産（Equity）を以下のような方法で減少させることができます。
(a) 資産（Asset）を［増加させる／減少させる］。
(b) 負債（Liability）を［増加させる／減少させる］。

4 流動性（Liquidity）とは、その＿＿＿＿＿＿についての企業の支払能力を意

味しています。

5 長期債務に対する支払能力 (Solvency) とは、その＿＿＿＿＿＿＿＿についての企業の支払能力を意味しています。

6 比率のデュポンシステムでは、ROEを3つの構成要素に分解します。
　＿＿＿＿＿＿＿＿＿＿＿＿＿
　＿＿＿＿＿＿＿＿＿＿＿＿＿
　＿＿＿＿＿＿＿＿＿＿＿＿＿

7 当期純利益率は、O□□□□□□□ efficiencyを評価する指標です。資産回転率は、A□□□□ U□□ efficiencyを評価する指標です。資本乗数は、Financial L□□□□□□を評価する指標です。

8 会計が、企業の業績や状況を完全には表すことができない理由は以下のとおりです。
　(a) 会計は、＿＿＿＿＿＿＿＿で報告できる事象だけを扱います。
　(b) 財務諸表は、＿＿＿＿＿＿＿＿の事象のみを報告します。
　(c) 貸借対照表は、資産の＿＿＿＿＿＿＿＿を示してはいません。
　(d) 会計担当者と経営陣は、ある事象を記録する時に、いくつかの選択肢の中から選択する［ことができます／ことができません］。（例えば、後入先出法、先入先出法、平均法など）
　(e) 会計の金額は、＿＿＿＿＿＿＿＿の影響を受けます。

9 アナリストは、しばしば企業のQ□□□□□□ of E□□□□□□□を評価しようとします。
　その他のすべての点が同じだとすると、
　(a) 保守的な会計方針は、［高い／低い］利益の質 (Quality of Earnings) の1つの要素になります。
　(b) 一時的で、大きな影響を与える事象からの利益は、［高い／低い］利益の

質の1つの要素になります。
(c) 早期のキャッシュの流入につながるような売上高は、[高い／低い] 利益の質の1つの要素になります。

10 コーポレートガバナンスを強化し、投資家の信頼を回復させることを目的として、2002年に作成された法律の名称は、＿＿＿＿＿＿＿＿＿＿＿＿＿法です。

11 サーベンス・オクスレー (Sarbanes-Oxley) 法は、企業の好ましくなく違法な行為に影響を受ける人や＿＿＿＿＿＿を守ることを支援するものです。

第10章ケーススタディ①　オリーブのオーガニックNo.3

サムは目の前にある見積財務諸表をじっと見ながら、悩んでいました。

彼の会社のオフィスの前にある新しい「オリーブのオーガニック」の店舗は業績が悪化しており、サムは何が起こっているのかをじっくりと理解する必要があることを理解していました。彼は、彼の会社である「サムズセーブモア」が昨年オリーブのほぼ50％の株式を購入することを指示し実行してきました。ただ、今は違った考えを持っていました。買収の時点では、オリーブのオーガニックは、比較的少ない長期債務しかない急成長している会社でした。それらが、サムがその時点でそれが賢い買収であると考えた主な理由でした。

オリーブのオーガニックとサムズセーブモア2社の2013年のキャッシュフロー計算書と2012年と2013年の見積貸借対照表を見ながら、これらの2つの事業の財務状況を分析し、比較をしていきましょう。

オリーブのオーガニック（単位：1,000ドル）

貸借対照表 (Balance Sheet)	見積り (Pro Forma) 2013年12月31日	2012年12月31日	損益計算書 (Income Statement) 見積り (Pro Forma) 2013年12月31日で終了する年
資産 (Assets)			
流動資産 (Current Assets)			売上高 (Total Revenue)
現金及び現金同等物 (Cash and Cash Equivalents)	2,640ドル	55,230ドル	売上原価 (Cost of Revenue)
売掛金 (Accounts Receivables)	310,200	110,200	売上総利益 (Gross Profit)
棚卸資産 (Inventory)	260,300	160,500	
流動資産計 (Total Current Assets)	573,140	325,930	研究開発費 (Research and Development)
長期投資 (Long Term Investments)	639,500	365,110	販売費及び一般管理費 (Selling General and Administrative)
有形固定資産 (Property Plant & Equipment)	1,500,400	969,400	減価償却費 (Depreciation)
その他の資産 (Other Assets)	6,700	5,000	営業費用合計 (Total Operating Expenses)
資産合計 (Total Assets)	2,719,740ドル	1,665,440ドル	
			営業利益及び損失 (Operating Income or Loss)
負債 (Liabilities)			金利税金差引前利益 (EBIT Earnings Before Interest and Tax)
流動負債 (Current Liabilities)			支払利息 (Interest Expense)
買掛金 (Account Payable)	412,600ドル	250,600ドル	税引前利益 (Income Before Tax)
短期債務 (Short-term Debt)	14,800	800	法人税等 (Income Tax Expense)
流動負債計 (Total Current Liabilities)	427,400	251,400	
長期債務 (Long-term Debt)	710,600	8,400	当期純利益 (Net Income)
負債計 (Total Liabilities)	1,138,000ドル	259,800ドル	
純資産 (Stockholder's Equity)			
普通株式 (Common Stock)	400,000	400,000	
払込剰余金 (Paid-in Capital)	590,700	590,700	
剰余金 (Retained Earnings)	591,040	414,940	
純資産計 (Total Stockholder's Equity)	1,581,740ドル	1,405,640ドル	
負債及び純資産合計 (Total Liabilities and Equity)	2,719,740ドル	1,665,440ドル	

	見積り (Pro Forma)	
	キャッシュフロー計算書2013年度 (Statement of Cash Flow 2013)	
4,300,500ドル	営業活動 (Operating Activities)	
2,800,000	当期純利益 (Surplus)	176,100ドル
1,500,500	減価償却費の加算 (Add back Depreciation)	53,000
	売掛金の増減 (Change in A/R)	-200,000
250,000	棚卸資産の増減 (Change in Inventory)	-99,800
900,700	買掛金の増減 (Change in A/P)	162,000
53,000	営業活動からのキャッシュフロー (Cash Flows from Operating Activities)	91,300ドル
1,203,700		
	投資活動 (Investing Activities)	
296,800	長期投資の増減 (Change in Long-Term Investments)	-274,390
296,800	有形固定資産の増減（減価償却費控除後） (Change in PPE (net of depreciation))	-584,000
4,200	その他の資産の増減 (Change in Other Asset)	-1,700
292,600	投資活動からのキャッシュフロー (Cash Flows from Investing Activities)	(860,090)ドル
116,500		
	財務活動 (Financing Activities)	
176,100ドル	短期債務の増減 (Change in short-term debt)	14,000
	長期債務の増減 (Change in long-term debt)	702,200
	財務活動からのキャッシュフロー (Cash Flows from Financing Activities)	716,200ドル
	現金及び現金同等物の増減 (Net Change in Cash)	(52,590)ドル
	期首現金及び現金同等物残高 (Beginning Cash)	55,230ドル
	期末現金及び現金同等物残高 (Ending Cash)	2,640ドル

サムズセーブモア（単位：1,000ドル）

貸借対照表（Balance Sheet）			損益計算書（Income Statement）
	2013年12月31日	2012年12月31日	2013年12月31日に終了する期
資産（Assets）			
流動資産（Current Assets）			売上高（Total Revenue）
現金及び現金同等物（Cash and Cash Equivalents）	340,500ドル	290,885ドル	売上原価（Cost of Revenue）
売掛金（Accounts Receivables）	677,900	555,240	売上総利益（Gross Profit）
棚卸資産（Inventory）	2,897,700	3,010,340	
流動資産計（Total Current Assets）	3,916,100	3,856,465	研究開発費（Research and Development）
長期投資（Long Term Investments）	890,600	773,900	販売費及び一般管理費（Selling General and Administrative）
有形固定資産（Property Plant & Equipment）	10,980,000	9,884,200	減価償却費（Depreciation）
その他の資産（Other Assets）	912,980	890,670	営業費用合計（Total Operating Expenses）
資産合計（Total Assets）	16,699,680ドル	15,405,235ドル	
			営業利益及び損失（Operating Income or Loss）
負債（Liabilities）			金利税金差引前利益（EBIT Earnings Before Interest and Tax）
流動負債（Current Liabilities）			支払利息（Interest Expense）
買掛金（Account Payable）	3,987,000ドル	3,725,345ドル	税引前利益（Income Before Tax）
短期債務（Short-term Debt）	877,480	723,090	法人税等（Income Tax Expense）
流動負債計（Total Current Liabilities）	4,864,480	4,448,435	
長期債務（Long-term Debt）	4,285,000	4,716,000	当期純利益（Net Income）
その他の負債（Other Liabilities）	865,400	671,000	
負債計（Total Liabilities）	10,014,880	9,835,435	
純資産（Stockholder's Equity）			
普通株式（Common Stock）	4,800	4,800	
剰余金（Retained Earnings）	6,680,000	5,565,000	
純資産計（Total Stockholder's Equity）	6,684,800ドル	5,569,800ドル	
負債及び純資産合計（Total Liabilities and Equity）	16,699,680ドル	15,405,235ドル	

	キャッシュフロー計算書2013 (Statement of Cash Flow 2013)	
41,367,000ドル	営業活動 (Operating Activities)	
29,250,000	当期純利益 (Surplus)	1,115,000ドル
2,117,000	減価償却費の加算 (Add back Depreciation)	1,472,800
	売掛金の増減 (Change in A/R)	(122,660)
345,000	棚卸資産の増減 (Change in Inventory)	112,640
8,432,070	買掛金の増減 (Change in A/P)	261,655
1,472,800	営業活動からのキャッシュフロー (Cash Flows from Operating Activities)	2,839,435
10,249,870		
	投資活動 (Investing Activities)	
1,867,130	長期投資の増減 (Change in Long-Term Investments)	(116,700)
1,867,130	有形固定資産の増減 (減価償却費控除後) (Change in PPE (net of depreciation))	(2,568,600)
326,000	その他の資産の増減 (Change in Other Asset)	(22,310)
1,541,130	投資活動からのキャッシュフロー (Cash Flows from Investing Activities)	(2,707,610)ドル
426,130		
	財務活動 (Financing Activities)	
1,115,000	短期債務の増減 (Change in short-term debt)	154,390
	長期債務の増減 (Change in long-term debt)	(431,000)
	その他の負債の増減 (Change in Other Liabilities)	194,400
	財務活動からのキャッシュフロー (Cash Flows from Financing Activities)	(82,210)ドル
	現金及び現金同等物及び現金同等物残高の増減 (Net Change in Cash)	49,615ドル
	期首現金 (Beginning Cash)	290,885ドル
	期末現金 (Ending Cash)	340,500ドル

訳注:法人税等の金額は英文の原本ではIncome Before Taxの金額とNet Incomeの金額の差額と一致しないため、本書では一致するように調整している。

第10章ケーススタディ②　サビー・シルクウォーム

　2010年初頭に設立されたサビー・シルクウォームは、事業活動の中で、国際労働機関が設定した基本的な労働基準を守ることを約束していました。また、持続可能で環境にも良い適切な方法によって、蚕が食べる桑の葉だけを育て収穫することも約束していました。また、何にもまして、自然の中にある生息地で繭を成長させられるように、蚕を人道的に扱うことも保証していました。

　しかしベスは、このような約束が、必ずしもサビー・シルクウォームが社会責任投資の対象に加えられることを意味していないことを知っていました。公平な待遇と環境に良い適切な行動は彼女にとって重要ではありましたが、彼女はまた、投資する企業は財務的に継続可能であるとともに投資に対する見返りとして許容できるだけの儲けを確実に提供できることが必要だと考えていました。

　以下の貸借対照表に含まれている情報に基づいて、サビー・シルクウォームに投資するかしないかに関し、どのように考えたら良いかについて、ベスに対するアドバイスを考えてみて下さい。

サビー・シルクウォームの貸借対照表（Balance Sheet）

	2012年12月31日	2011年12月31日	2010年12月31日
資産（Assets）			
現金（Cash）	20,500	22,670	15,670
売掛金（Accounts Receivable）	26,788	12,340	4,300
棚卸資産（Inventory）	78,231	96,350	34,560
流動資産計（Total Current Assets）	**125,519**	**131,360**	**54,530**
有形固定資産（Property Plant & Equipment）	120,999	45,400	20,240
無形固定資産（Intangible Assets）	2,175	1,430	670
その他の資産（Other Assets）	33,950	15,810	7,000
資産合計（Total Assets）	**282,643**	**194,000**	**82,440**

負債 (Liabilities)			
買掛金 (Account Payable)	41,676	31,060	10,560
1年内返済予定長期債務 (Current portion of Long-term Debt)	98,556	35,620	12,450
その他流動負債 (Other Current Liabilities)	567	450	420
流動負債計 (Total Current Liabilities)	140,799	67,130	23,430
長期債務 (Long-term Debt)	82,756	78,515	35,510
負債計 (Total Liabilities)	223,555	145,645	58,940
純資産 (Equity)			
普通株式 (Common Stock)	55,433	45,500	23,000
剰余金 (Retained Earnings)	3,655	2,855	500
純資産計 (Total Equity)	59,088	48,355	23,500
負債純資産合計 (Total Liabilities and Equity)	282,643	194,000	82,440
自己資本利益率 (Return on Equity)	1.4%	4.9%	2.1%
長期債務比率 (Debt Ratio)	58.3%	61.9%	60.2%
流動比率 (Current Ratio)	0.89	1.96	2.33

第10章ケーススタディ③　マーサのブドウ園

　マーサ・フォーティンは、モントリオールから約1時間のカナダ・ケベック州の東部地域で育ちました。マーサは高校と大学を通じて、毎年夏は近くにあるワイナリーで働き、時々、畑で収穫とブドウ絞りを手伝っていました。それは、ブドウがブドウの木から切り取られ、集められて、種類分けされ、ワインができる期間にブドウを入れておく大きなステンレス鋼の樽に入れられる、というプロセスの一部でした。週末にはマーサは試飲ルームに出て、ワイナリーを訪問し、年代物のワインを試飲して、この小さいファミリービジネスのブドウ園から直接ワインを買うために立ち寄った人々に説明する手伝いもしていました。また大学では、この2年間、ワイン産業とワイン造りについて履修可能なすべての科

目を履修していました。

さらに、彼女は大学2年目の秋学期をすべて、フランスのシャニ、つまり有名なワインが育成されている地域であるブルゴーニュで過ごしました。そこで彼女は、その地域の栽培者やワインメーカーから直接学習し、まだカナダでは利用されていなかった技術を学びました。そしてカナダに戻る頃には、いくつかのビジネスの科目も履修することによって、学位取得のための勉強を修了させるとともに、ビジネスのいろいろな側面を以前よりも簡単に理解できるようになっていました。

ワイナリーのオーナーであるローヤル・ゴバインと彼の妻であるナンシーは、マーサが毎年夏の間彼らのワイナリーで手伝ってくれることをとても喜んでおり、彼女がもうすぐ近くの大学を卒業し、その後も継続して手伝ってくれることを望んでいました。何年にもわたり、マーサがワイナリーのいろいろな側面に非常に大きな関心を示してきたので、彼らは、自分たちがもっと旅行に行きたいということもあり、事業の一部を彼女に譲渡することがいいのではないかと考えていました。彼らは、マーサが引き続き手伝ってくれるようにするために何をしたらいいのかを考えました。彼らは、彼女が実質的に所有する、マーサと名付けられた小さな近くのブドウ園を購入することを検討しました。彼らは、彼女に2011年の貸借対照表を渡し、2012年の損益計算書と2012年の貸借対照表の予測を作成することができるか質問しました。その目的は、マーサがワイナリーの持分を持つために、その経営を引き受ける準備が本当にできているかどうかを確認することでした。上記の貸借対照表に加えて、彼らは以下の情報を彼女に渡しました。2012年の貸借対照表と、損益計算書を完成させなさい。

1. 所有者の資本には全く変化はない。
2. 所得税率（Income Tax Rate）は20%である。
3. 売上高総利益率（Gross Margin）は60%である。
4. 当期純利益率（Net Income Percentage）は12.5%である。
5. インタレストカバレッジレシオ（Interest Coverage Ratio）は2.1である。
6. 棚卸資産回転率（Inventory Turnover）は1.83である。
7. 売掛金回転率（Account Receivable Turnover）は2.9である。

8. 買掛金回転率（Account Payable Turnover）は2.5である。
9. デットエクイティレシオ（Debt to Equity Ratio）は0.80である。
10. 流動比率（Current Ratio）は3.5である。

ゴバイン　ワイナリー
貸借対照表（Balance Sheets）

	2012	2011
現金（Cash）		375,000ドル
売掛金（AR）		600,000ドル
棚卸資産（Inventory）		450,000ドル
有形固定資産（純額）（PPE (net)）		3,675,000ドル
資産合計（TOTAL ASSETS）		5,100,000ドル
買掛金（AP）		300,000ドル
長期債務（L-T debt）		1,800,000ドル
ゴバイン、資本（Govain, Capital）		750,000ドル
剰余金（Retained Earnings）		2,250,000ドル
負債純資産合計（TOTAL LIABILITIES AND EQUITY）		5,100,000ドル

ゴバイン　ワイナリー
2012 損益計算書（Income Statement）

売上高（Revenue）	
売上原価（Cost of Sales）	
売上総利益（Gross Margin）	
販売費及び一般管理費（Selling, General and administrative expenses）	
支払利息（Interest Expense）	
税引前利益（Income before taxes）	
法人所得税（Income tax expense）	
当期純利益（Net income）	400,000ドル

第11章テスト

1 非営利組織体は、以下の3つの基本的な財務諸表を作成しています。

　_____

　_____

　_____

2 非営利組織体では、収益と費用の差異のことを_____と呼びます。

3 非営利組織体では、収支差額（Surplus）は_____の必ずしも適切な評価数値ではありません。

4 多くの場合、非営利組織体の_____と_____は、営利組織体のものと完全に違うものです。そのため、違った業績の_____が求められます。

5 非営利組織体の財政状態報告書上で報告される純資産には3つのタイプがあります。

　_____

　_____

　_____

6 純資産の区分は、_____の意図に基づいています。

7 非営利組織体が保有している投資の利益や損失は、その会計年度の_____として報告されなければなりません。

8 永久拘束の寄付によって生み出された非営利組織体の資産のうち現金や投資の部分は、_____と呼ばれます。

⑨ 拘束資金（Restricted Fund）が最終的にその意図した目的に使われた時には、それらは、財務諸表の上に＿＿＿＿＿＿＿として記載されます。

⑩ 自己資本利益率（ROE）が非営利組織体の財務業績の評価指標として適切でないかもしれない理由は何でしょうか。

第11章ケーススタディ①　ジャスパーの家 No.1

　筋肉障害の子供を持つ家族の支援活動を行っている非営利組織体の「ジャスパーの家」は、ついに、新財務担当責任者を雇いました。そのポジションは4カ月欠員のままで、役員会はひととおりの当期の財務報告書を見ることを切望していました。新財務担当責任者のエリン・ノートンは、銀行でビジネス・ローン責任者として働いた経歴がありました。新しい職場なので、エリンは、第一歩として、ジャスパーの家の過去の財務報告書に精通しようとしました。過去の財務報告書数年分を見て、売上高当期純利益率、自己資本利益率（ROE）、株主への配当支払の情報を探しましたが、これらに関して何も言及されていないことに驚きました。ジャスパーの家へ異動するまで、彼女は非営利組織体で働いた経験がなかったので、彼女の既存の財務の考え方を修正しなければならないことに気がつきました。

　ジャスパーの家の財務報告書にエリンにとって核心となる財務指標（売上高当期純利益率、自己資本利益率（ROE）、株主への配当支払）が記載されていないことを、エリンにどのように説明しますか？

第11章ケーススタディ②　ジャスパーの家 No.2

　エリンは、非営利組織体と営利組織体の財務の考え方の違いを理解した後、ジャスパーの家の入手可能な月次財務報告書のレビューを終わらせ、過去4カ月分の財務報告書を作成しようとしています。多くの取引、特に費用領域における取引については、記帳方法を彼女はよく知っていますが、ジャスパーの家の収益構造はより複雑です。筋肉障害の子供を持つ家族は、設備を使用したり、

教育クラスへ出席したり、カウンセリング支援を受けに来ますが、これらのサービス料金を支払う義務はありません。もし、家族に支払能力があれば、月額30ドルの料金が請求され、無制限のサービスを受けることができます。しかし、多くの家族は子供の医療費の支払ですでに財政的に困窮しており、必ずしもすべての家族が料金を支払うわけでなく、数家族はほんの時々、料金を支払う程度です。これらのサービスの提供による収益は収益全体のほんの15％程度で、サービスを提供するのに十分な収益を獲得できるように、個人からの寄付、年1回の資金集め昼食会そして補助金による収益に頼っています。エリンは、最近のいくつかの寄付が寄付の使用についての特別な制限、例えば、「音楽セラピーシリーズの支援」、「4歳以上の子供用の歩行器を追加購入」の制限が課されていることを知りました。また、12,000ドルの補助金は、「通常の事業活動の支援」のためで、5,000ドルの補助金は、「作業療法を勉強している大学院生2名の実習訓練の資金提供」のためでした。エリンは、営利企業での勤務経験があるため、収益の取引をサービスが提供される時に記帳することに慣れていましたが、これらの特別な寄付及び補助金は少々分かりにくいものでした。

エリンは、これらの4つの収益取引を、他のすべてのサービスの提供による収益や一般寄付を受領する時と同じように記帳することができますか。

第11章ケーススタディ③　ジャスパーの家 No.3

　ジャスパーの家は、春に音楽セラピーシリーズを導入し、大成功となりました。寄付されたお金（ジャスパーの家 No.2参照）を使って、夏の間に新しい歩行器を購入しました。また、地元の大学で作業療法を学んでいる大学院生への補助金申込書が、今年度は山のように来ました。ジャスパーの家は、両者とも幼少時に種々の理学療法技術を利用して脊柱側わん症を治した、二人の将来有望な学生へ補助金を与えました。

　上記の取引は一時的に拘束された基金を使用しました。即ち、基金がジャスパーの家へ寄付された時、寄付者によって制限された目的だけに使用されるべき一時的拘束勘定に計上されました。エリンはこれらの基金を一時的拘束とし

て記帳し、今やそれらが使用されたので、無拘束勘定へ区分変更するのが適切だという結論に達しました。エリンの考えは正しいでしょうか？

　最後に、その年の終わり頃、ジャスパーの家は、不幸な事故の後に理学療法の恩恵が大きかった娘を持つ裕福な男性から気前よく100,000ドルを寄付してもらいました。その男性は、そのお金を投資に使用するように、また、100,000ドルはそのまま残し、投資による収入だけをジャスパーの家の必要なものに使用するように制限をつけてきました。エリンは、ジャスパーの家が使用できないお金をなぜ寄付するのか少々困惑しました。彼女はその寄付金を財政状態報告書の長期資産投資勘定に計上し、ジャスパーの家の銀行口座に入金しました。これがどんな種類の寄付であるか、また、エリンの会計処理が正しいかどうかをエリンに説明して下さい。

第12章テスト

1 IFRSはI☐☐☐☐☐☐☐☐☐☐☐ F☐☐☐☐☐☐☐☐ R☐☐☐☐☐☐☐ S☐☐☐☐☐☐☐☐☐の略です。

2 米国の会計実務はR☐☐☐☐に基づいている一方、IFRSはP☐☐☐☐☐☐☐☐☐に基づいています。

3 IFRSのフレームワークに含まれる2つの会計原則は、

(a) G☐☐☐☐ C☐☐☐☐☐☐☐ Concept
(b) A☐☐☐☐☐☐☐ Accounting

4 G☐☐☐☐☐☐な財務報告は、すべての国が適用する1つの会計基準の体系に依存します。

5 現在の財務諸表の名前は以下のように改定されるかもしれません。

(a) Balance Sheet = S☐☐☐☐☐☐☐☐ of F☐☐☐☐☐☐☐☐ P☐☐☐☐☐☐☐☐
(b) Income Statement = S☐☐☐☐☐☐☐☐ of C☐☐☐☐☐☐☐☐☐☐ I☐☐☐☐☐☐
(c) Statement of Cash Flows=S☐☐☐☐☐☐☐☐ of C☐☐☐ F☐☐☐☐

6 GAAPとIFRSの間の潜在的な違いの1つは、F☐☐☐ V☐☐☐☐と呼ばれるものの測定についてです。

7 IFRSの4つの質的な特徴は、
(a) U☐☐☐☐☐☐☐☐☐☐☐☐☐☐☐☐☐
(b) R☐☐☐☐☐☐☐☐☐

(c) R□□□□□□□□□
(d) C□□□□□□□□□□

8 収益はIFRSとGAAPのいずれにおいてもR□□□、R□□□□□が＿＿＿＿＿から買い手に移転した時に認識されます。

9 U.S. GAAPでは認められていますが、IFRSでは認められない収益認識方法はどれですか。
(a) 工事進行基準
(b) 割賦基準
(c) 工事完成基準
(d) 原価回収基準

10 U.S. GAAPにおける棚卸資産の評価はどれですか。
(a) 正味実現可能価格（NRV）とコストの低い方
(b) コストと正味実現可能価格の高い方
(c) コストと市場価格の低い方
(d) コストと市場価格の高い方

11 IFRSにおける棚卸資産の評価はどれですか。
(a) 正味実現可能価格（NRV）とコストの低い方
(b) コストと正味実現可能価格の高い方
(c) コストと市場価格の低い方
(d) コストと市場価格の高い方

12 U.S. GAAPでは資産の取得価格まで減損の振り戻しが認められていますが、IFRSでは認められていません。
(a) 正しい
(b) 誤り

13 企業を連結する時、IFRSとU.S. GAAPいずれにおいても、すべてのInter-company T□□□□□□□□□□ をE□□□□□□□□□する必要があります。

14 損益計算書上、非経常的で通常でない項目をE□□□□□□□□□□□として分類することはIFRSでは認められていませんが、U.S. GAAPでは依然認められています。

15 耐用年数が不確定の資産はA□□□□□□□□□□されません。

16 有形固定資産が当初記録されるのは、
(a) 正味実現可能価格
(b) コスト
(c) 市場価格
(d) コストから減価償却を控除した金額

テスト＆ケーススタディの解答

第1章テストの解答

1 (a) 資産（Assets）
(b) 現金（Cash）
(c) 負債（Liabilities）
(d) 純資産（Equity）

2 負債（Liabilities）
純資産（Equity）

3 一時点の

4 資産（Assets）＝負債（Liabilities）＋純資産（Equity）

5 貸借一致の原則（Dual Aspect Concept）

6 貨幣価値（金額的価値：Monetary Amount）

7 貨幣価値測定の原則（Money Measurement Concept）

8 どちらともいえません；以前より少ない；企業実体（Equity Concept）

9 個人（Persons）；企業（Entities）

10

ベイリー社
2011年12月31日現在貸借対照表 (Balance Sheet)

資産 (Assets)		負債及び純資産 (Liabilities and Equity)	
現金 (Cash)	12,000ドル	負債 (Liabilities)	10,000ドル
その他資産 (Other Assets)	25,000	純資産 (Equity)	27,000
合計 (Total)	37,000ドル	合計 (Total)	37,000ドル

11 企業 (Entity)；半永久的 (Indefinitely)

12 公正価値 (Fair Value)；取得原価 (Cost)

13 YES： (a)、(e)、(f)
　　 NO： (b)、(c)、(d)

14 購入

15 1年

16 1年

17 流動 (Current)；固定 (非流動；Non Current)

18 True；False

19 流動資産 (Current Assets)

20 固定資産 (Noncurrent Assets)

21 棚卸資産 (Inventory)；固定資産 (Noncurrent Asset)

㉒ F(a、b、c、d、e) 注：すべての文章が誤っています。資産（Asset）は測定できる原価で獲得されてきたものです。払込資本（Paid-in Capital）、純資産合計（Total Equity）のどちらも、時価や企業の価値とは関係がありません。剰余金（Retained Earnings）は現金（Cash）ではありません。現金（Cash）は貸借対照表（Balance Sheet）の左側にある資産（Asset）の項目です。土地（Land）は原価で記載され、それは必ずしも現時点での価値とは同じではありません。

第1章ケーススタディ①の解答　ライター・ライト・ソリューションズ社

・以下の項目は、企業により所有または管理されていて将来経済的な利益を生み出すような資産や、他者に対する負債を表すために貸借対照表に記載されます。貸借対照表に記載の勘定科目は貨幣性価値で表示されることができなければならないということを思い出して下さい。：1、4、8、11、12
・以下の項目は誰かに対して情報となるかもしれませんが、前述のような形では貸借対照表に記載されません。これらのいくつかは関心項目として財務諸表に注記として記載されるかもしれません。：2、3、5、6、7、9、10、13

第1章ケーススタディ②の解答　ピザ・ボックス・マルチNo.1

マイクのピザ・ボックス・マルチ（Mike's Pizza Box Mulch）
貸借対照表（Balance Sheet）

資産（Assets）		負債及び純資産（Liabilities and Equity）	
現金（Cash）	200ドル	払込資本金（Paid-in Capital）	500ドル
その他資産（機械）(Other Assets (machine))	300		
資産計（Total Assets）	**500ドル**	**負債及び純資産計（Total Liabilities and Equity）**	**500ドル**

第1章ケーススタディ③の解答　リディア・ペレス No.1

リディア・ペレス（Lidjia Perez）
貸借対照表（Balance Sheet）

資産（Assets）		負債及び純資産（Liabilities and Equity）	
現金（Cash）	45ドル	借入金（Loans payable）	150ドル
棚卸資産（Inventory）	125		
		払込資本金（Paid-in capital）	20
資産計（Total Assets）	170ドル	負債及び純資産計（Total Liablities and Equity）	170ドル

現金（Cash）：150+20 − 125
棚卸資産（Inventory）：25×豚5匹

第1章ケーススタディ④の解答　ヴィートの貸自転車 No.1

ヴィートの貸自転車（Vito's Bikes）
貸借対照表（Balance Sheet）

資産（Assets）		負債及び純資産（Liabilities and Equity）	
現金（Cash）	7,000ドル	借入金、流動（Loans payable, Current）	10,000ドル
固定資産（Property and Equipment）	53,000*	借入金、長期（Loans payable, long-term）	20,000
		払込資本金（Paid-in capital）	30,000
資産計（Total Assets）	60,000ドル	負債及び純資産計（Total Liabilities and Equity）	60,000ドル

＊物置—35,000ドル、単価300ドルの自転車50台、単価25ドルのヘルメット50個、単価15ドルの鍵50個、その他設備1,000ドル。

流動比率は7,000/10,000 = 0.7：1.0。事業にもよりますが、これはあまりいい数字ではなく、ヴィートが早目に現金を入手しないと、管理費用を支払うことができなくなり、1年目の支払期限に借入金の一部を弁済できなくなるかもしれないことを示しています。

第2章テストの解答

1

ベイリー社
貸借対照表1月31日現在（Balance Sheet of January 31）

資産（Assets）		負債及び純資産（Liabilities and Equity）	
現金（Cash）	11,500ドル	短期借入金（Notes payable）	15,000ドル
売掛金（Accounts Receivable）	2,500	払込資本（Paid-in Capital）	5,000
棚卸資産（Inventory）	2,000	剰余金（Retained Earnings）	3,000
自動車（Automobile）	7,000		
合計（Total）	23,000ドル	合計（Total）	23,000ドル

ベイリー社
損益計算書1月（Income Statement for January）

収益（Revenue）	6,000ドル
費用（Expense）	2,000
利益（Income）	4,000

2 f

3 No；資産価値測定（Asset Measurement）；公正価値（Fair Value）；取得原価（Cost）

4 Receivable（売掛）；Payable（買掛）

第2章ケーススタディ①の解答　ピザ・ボックス・マルチNo.2

剰余金の1,070ドルは前年からの剰余金額に加算されます。したがって事業により1年目には1,000ドルの、2年目には1,070ドルの利益が出て、合計で2,070ド

ルの剰余金が生み出されたことが考えられます。

　貸借対照表の左右は全く違う意味を表しています。資産は企業が所有する物と使用するために利用できるものを表します。負債と純資産はそれらの資産の資金源を表します。銀行にある1,620ドルの現金は、資産であり会社が使用できるものです。剰余金の2,070ドルは創業以来の2年間に蓄えられた利益を示します。マイクが最初に投資した500ドルもこれらの資産を取得するために使われた資金源です。

第2章ケーススタディ②の解答　リディア・ペレスNo.2

リディア・ペレス　ビジネス（Lidjia Perez Business）
貸借対照表

資産（Assets）		負債及び純資産（Liabilities and Equity）	
現金（Cash）	0	短期借入金（Notes payable）	3
売掛金（Accounts Receivable）	120	借入金（Loans payable）	105
棚卸資産（Inventory）	45		
		剰余金（Retained Earnings）	55
		払込資本（Paid-in Capital）	2
資産計（Total Assets）	165	負債及び純資産計 （Total Liabilities and Equity）	165

現金（Cash）
1. 期首残高（Beginning balance）＝45ドル
2. 夫への貸し出し金と娘の靴購入代金＝－18ドル
3. 製品代金10ドル及び5ドル＝15ドル
4. 貸主へ25ドルの返済金＝－25ドル
5. 母からもう一匹子豚を買う＝－17ドル
6. 販売で20ドルを得る＝20ドル
7. 貸主へ返済＝－20ドル

売掛金（Accounts Receivable）
1. 近所の人たちが支払約束で買掛けで購入する＝35ドル＋30ドル＋25ドル＋30ドル

棚卸資産（Inventory）
1. 期首残高＝125ドル
2. 今期中で4頭の豚を畜殺、販売＝25ドル×4＝－100ドル
3. 子豚を購入＝20ドル

短期借入金（Notes Payable）
1. 母から子豚を購入し後日代金支払いを約束＝3ドル

借入金（Loans Payable）
1. 期首残高（Beginning balance）＝150ドル
2. 今期中に貸主へ2回の返済＝25ドル＋20ドル＝45ドル

剰余金（Retained Earnings）（売上－費用）
1. 今期中の製品売上＝45ドル＋35ドル＋25ドル＋50ドル＝155ドル
2. 今期中の製品の費用＝25ドル＋25ドル＋25ドル＋25ドル＝100ドル

第2章ケーススタディ③の解答　ヴィートの貸自転車No.2

　ヴィートの収益は56,000ドル（7ドル×40台×5日×40週）でした。学生アルバイトには、1学年に40週、週5日、1日3時間、時給20ドルを支払いました。自分もアルバイトと同じ時給で給与を取っていましたが、年間2週間を除いて月曜日から土曜日まで1日6時間働いていました（20ドル×6×6×50）。彼の使った備品は1,000ドルで、期末にはほとんど残りはありませんでした。アリスはヴィートに損失のある財務諸表を公表してもらいたくなかったので、バイクと設備に7,000ドルの減価償却評価を行いました（この考えについては本書後半で説明します）。貸借対照表の上で土地、建物、その他設備（Property, Plant, and

Equipment) のところで直接控除されています。

ヴィートは1年目に支払期限のくる借入金の最初の10,000ドルを払いました。

彼は期首時点では7,000ドルの現金からスタートし、その年にレンタル代として56,000ドルを獲得しました。アルバイト学生と自分に年間合計48,000ドルを支払い、備品代として1,000ドルを支払いました。こうして彼は残った4,000ドルを手にしました。クレジットカードは受け付けなかったので、現金支払いがヴィートでレンタルを行う唯一の方法でした。

貸付係はおそらく減価償却費はそれ程高くないと考えていました。さらにヴィートの流動比率は0.7から0.4（4,000ドル÷10,000ドル）へと落ち、彼は、事業を続けることができず、追加資金の借り入れのいかんによらず、現在の借入金を期限通り完済することができないと心配していました。

ここで注意しなければいけないのは、損益計算書は収益と費用のみを報告し、この時点での現金の入金や出金については一切報告していないということです。いくつかの概念は本書のここでの内容を超えているので、このあとの章で学習します。

第3章テストの解答

1

JOURNAL

3月5日	棚卸資産 (Inventory)	6,000	
	現金 (Cash)		6,000

2

JOURNAL

3月10日	現金 (Cash)	6,000	
	売掛金 (Accounts Receivable)	9,000	
	収益 (Revenues)		15,000

3

JOURNAL

3月10日	費用 (Expenses)	8,000	
	棚卸資産 (Inventory)		8,000

4

JOURNAL

3月31日	収益 (Revenues)	15,000	
	剰余金 (Retained Earning)		15,000
3月31日	剰余金 (Retained Earning)	8,000	
	費用 (Expenses)		8,000

5 解答なし

6

現金 (Cash)

Bal.	25,000	6,000	
	6,000		
Bal.	25,000		

売掛金
(Accounts Receivable)

Bal.	11,000		
	9,000		
Bal.	20,000		

棚卸資産
(Inventory)

Bal.	40,000	8,000	
	6,000		
Bal.	38,000		

有形固定資産
(Property and Plant)

Bal.	30,000		

7

買掛金
(Accounts Payable)

		16,000	Bal.

払込資本
(Paid-in Capital)

		60,000	Bal.

収益
(Revenues)

15,000	15,000	

費用
(Expenses)

8,000	8,000

剰余金
(Retained Earnings)

8,000	30,000	Bal.
	15,000	
	37,000	Bal.

8

	借方	貸方
資産 (Asset) 項目の増加は	○	
資産項目の減少は		○
負債 (Liability) 項目の増加は		○
負債項目の減少は	○	
純資産 (Equity) 項目の増加は		○
純資産項目の減少は	○	
収益 (Revenue) 項目の増加は		○
費用 (Expense) 項目の増加は	○	

9

ハーダー社

貸借対照表 3月31日現在 (Balance Sheet as of March 31)

資産 (Assets)		負債及び純資産 (Liabilities and Equity)	
現金 (Cash)	25,000 ドル	買掛金 (Accounts Payable)	16,000 ドル
売掛金 (Accounts Receivable)	20,000	払込資本 (Paid-in Capital)	60,000
棚卸資産 (Inventory)	38,000	剰余金 (Retained Earnigs)	37,000
有形固定資産 (Property and Plant)	30,000		
合計 (Total)	113,000 ドル	合計 (Total)	113,000 ドル

⑩

ハーダー社
3月の損益計算書 (Income Statesment for March)

収益（Revenues）	15,000ドル
費用（Expenses）	8,000
利益（Income）	7,000ドル

⑪ 誤り

⑫ 剰余金（Retained Earnings）；現金（Cash）

第3章ケーススタディ①の解答　リディア・ペレスNo.3

仕訳記入（JOURNAL ENTRIES）
第1章から

1.	Dr.	現金（Cash）	150	融資引き出し
	Cr.	借入金（Loans Payable）	150	
2.	Dr.	現金（Cash）	20	自己資金投資
	Cr.	払込資本金（Paid-in Capital）	20	
3.	Dr.	棚卸資産（豚）(Inventory (pigs))	125	豚を購入
	Cr.	現金（Cash）	125	

第2章から

4.	Dr.	払込資本金（paid-in Capital）	10	夫に貸し付け
	Cr.	現金（Cash）	10	
5.	Dr.	払込資本金（Paid-in Capital）	8	娘の靴購入に現金引き出し
	Cr.	現金（Cash）	8	
6.	Dr.	現金（Cash）	10	初商い
	Dr.	売掛金（Accounts Receivable）	35	
	Cr.	売上高（Sales Revenue）	45	
7.	Dr.	売上原価（Cost of Sales）	25	初商いの豚の原価
	Cr.	棚卸資産（Inventory）	25	

8.	Dr. 現金 (Cash)	5		2回目販売
	Dr. 売掛金 (Accounts Receivable)	30		
	Cr.　売上高 (Sales Revenue)		35	
9.	Dr. 売上原価 (Cost of Sales)	25		2回目販売の豚の原価
	Cr.　棚卸資産 (Inventory)		25	
10.	Dr. 借入金 (Loans Payable)	25		貸付係へ初めての返済
	Cr.　現金 (Cash)		25	
11.	Dr. 売掛金 (Accounts Receivable)	25		3回目販売、全て売掛
	Cr.　売上高 (Sales Revenue)		25	
12.	Dr. 売上原価 (Cost of Sales)	25		3回目販売の豚の原価
	Cr.　棚卸資産 (Inventory)		25	
13.	Dr. 棚卸資産 (Inventory)	20		一部買掛けで子豚を購入
	Cr.　現金 (Cash)		17	
	Cr.　支払手形 (Notes Payable)		3	
14.	Dr. 現金 (Cash)	20		4回目豚販売
	Dr. 売掛金 (Accounts Receivable)	30		
	Cr.　売上高 (Sales Revenue)		50	
15.	Dr. 売上原価 (Cost of Sales)	25		4回目販売の豚の原価
	Cr.　棚卸資産 (Inventory)		25	
16.	Dr. 借入金 (Loans Payable)	20		貸付係へ2回目の返済
	Cr.　現金 (Cash)		20	

T勘定 (T-ACCOUNTS)

現金 (Cash)		売掛金 (Accounts Receivable)		棚卸資産 (Inventory)	
(1) 150	125 (3)	(6) 35		(3) 125	25 (7)
(2) 20	10 (4)	(8) 30		(13) 20	25 (9)
(6) 10	8 (5)	(11) 25			25 (12)
(8) 5	25 (10)	(14) 30			25 (15)
(14) 20	17 (13)				
	20 (16)				
0		120		45	

支払手形 (Notes Payable)		借入金 (Loans Payable)		払込資本金 (Paid-In Capital)	
3 (13)		(10) 25	150 (1)	(4) 10	20 (2)
		(16) 20		(5) 8	
	3		105		2

売上高 (Sales Revenue)		売上原価 (Cost of Sales)		剰余金 (Retained Earnings)	
	45 (6)	(7) 25		100	155
	35 (8)	(9) 25			
	25 (11)	(12) 25			
	50 (14)	(15) 25			
					55

第3章ケーススタディ②の解答　ケニア・コネクションNo.1

# 数量	商品 (Product)	原価 (Cost) / 単価	販売価格 (Selling Price) / 単価	売上 (Sales)
10	栞	2ドル	3ドル	30ドル
3	鉢	5ドル	20ドル	60ドル
5	ネックレス	12ドル	15ドル	75ドル
5	装飾品	3ドル	4ドル	20ドル
2	鉢	5ドル	20ドル	40ドル

# 数量	商品 (Product)	原価 (Cost) / 単価	販売価格 (Selling Price) / 単価	コスト (Cost) 計
40	鉢	5ドル	20ドル	200ドル
40	栞	2ドル	3ドル	80ドル
10	動物	50ドル	150ドル	500ドル
30	ネックレス	12ドル	15ドル	360ドル
50	装飾品	3ドル	4ドル	150ドル

仕訳記入（JOURNAL ENTRIES）

9月21日

1. Dr. 貯蔵品（Supplies Inventory）　　　　250　　　　発送用貯蔵品の購入
   Cr. 現金（Cash）　　　　　　　　　　　　　　　250
2. Dr. 棚卸資産（Inventory）　　　　　　　240　　　　12ドルでネックレスを20個購入
   Cr. 現金（Cash）　　　　　　　　　　　　　　　240
3. Dr. 棚卸資産（Inventory）　　　　　　　90　　　　3ドルで装飾品を30個購入
   Cr. 現金（Cash）　　　　　　　　　　　　　　　90
4. Dr. 売掛金（Accounts Receivable）　　　195　　　　彫刻動物を3個販売
   Cr. 売上高（Sales Revenue）　　　　　　　　　195
5. Dr. 売上原価（Cost of Sales）　　　　　150　　　　彫刻動物3個の原価
   Cr. 棚卸資産（Inventory）　　　　　　　　　　150
6. Dr. 費用（Expenses）　　　　　　　　　15　　　　発送費用
   Cr. 貯蔵品（Supplies Inventory）　　　　　　　15
7. Dr. 現金（Cash）　　　　　　　　　　　225　　　　販売高
   Cr. 売上高（Sales Revenue）　　　　　　　　　225
8. Dr. 売上原価（Cost of Sales）　　　　　120　　　　上記販売原価
   Cr. 棚卸資産（Inventory）　　　　　　　　　　120
9. Dr. 費用（Expenses）　　　　　　　　　25　　　　発送費用
   Cr. 貯蔵品（Supplies Inventory）　　　　　　　25

9月22日

10. Dr. 棚卸資産（Inventory）　　　　　　1,290　　　追加棚卸資産購入
    Cr. 現金（Cash）　　　　　　　　　　　　　　1,290
11. Dr. 費用（Expenses）　　　　　　　　12　　　　発送費用
    Cr. 貯蔵品（Supplies Inventory）　　　　　　　12

第3章ケーススタディ③の解答　パペット・ワークス（人形作り）No.1

6月に購入した材料

日付 (Date)	#数量	商品 (Products)	原価 (Cost)	原価計 (Total Cost)
6月1日	20	靴下12足組（24枚）	36ドル	720ドル
6月4日	100	スパンコール袋 （1袋がベッカー4個用）	単価2ドル	200ドル
6月7日	100	ビーズ （1袋がベッカー4個用）	単価1ドル	100ドル
6月15日	25巻	毛糸	単価3ドル	75ドル
6月19日	30ヤード	生地	ヤード単価5ドル	150ドル
6月26日		その他必要品 （縫い針、にかわ、より糸等）	400ドル	400ドル

学生アルバイトの給与と制作数

日付 (Date)	支払 (Paid)	普通の人形	特注人形
7月7日	240ドル[*1]	48[*3]	
7月14日	240ドル[*1]	48[*3]	
7月21日	240ドル[*1]	48[*3]	
7月28日	240ドル[*1]	48[*3]	
8月4日	240ドル[*1]		24[*5]
8月11日	300ドル[*2]	8[*4]	26[*6]

[*1] 時給20ドル×4時間×3日。
[*2] 時給20ドル×最後の1週間（5日間）の残業3時間。
[*3] 1時間に普通の人形は4個×4時間×3日。
[*4] 1時間に普通の人形は4個×2時間（最後の週の残業）。
[*5] 1時間に特注人形は2個×4時間×3日。
[*6] 1時間に特注人形は2個×4時間×3日と1時間残業で2個の特注人形。

仕訳記入（JOURNAL ENTRIES）　　　　　　　　　　　　詳細（Notes）

　　　　　　　　　　　6月1日
1. Dr.　棚卸資産（Inventory）　　　720　　　　靴下購入
　　　Cr.　現金（Cash）　　　　　　　　　720

　　　　　　　　　　　6月4日
2. Dr.　棚卸資産（Inventory）　　　200　　　　スパンコール購入
　　　Cr.　現金（Cash）　　　　　　　　　200

　　　　　　　　　　　6月7日
3. Dr.　棚卸資産（Inventory）　　　100　　　　ビーズ購入
　　　Cr.　現金（Cash）　　　　　　　　　100

　　　　　　　　　　　6月15日
4. Dr.　棚卸資産（Inventory）　　　 75　　　　毛糸購入
　　　Cr.　現金（Cash）　　　　　　　　　 75

　　　　　　　　　　　6月19日
5. Dr.　棚卸資産（Inventory）　　　150　　　　生地購入
　　　Cr.　現金（Cash）　　　　　　　　　150

　　　　　　　　　　　6月26日
6. Dr.　棚卸資産（Inventory）　　　400　　　　その他必要品
　　　Cr.　現金（Cash）　　　　　　　　　400

　　　　　　　　　　　7月7日
7. Dr.　費用（Expenses）　　　　　240　　　　給与（表を参照）
　　　Cr.　現金（Cash）　　　　　　　　　240

　　　　　　　　　　　7月14日
8. Dr.　費用（Expenses）　　　　　240　　　　給与
　　　Cr.　現金（Cash）　　　　　　　　　240

　　　　　　　　　　　7月21日
9. Dr.　費用（Expenses）　　　　　240　　　　給与
　　　Cr.　現金（Cash）　　　　　　　　　240

　　　　　　　　　　　7月28日

10.	Dr. 費用 (Expenses)	240	給与
	Cr. 現金 (Cash)	240	

8月4日

11.	Dr. 費用 (Expenses)	240	給与
	Cr. 現金 (Cash)	240	

8月11日

12.	Dr. 費用 (Expenses)	300	給与
	Cr. 現金 (Cash)	300	

人形作りの利益と費用

	原価	普通の人形	特注人形
スパンコール*1	0.50	0.50	0.50
ビーズ*2	0.25	0.25	0.25
毛糸*3	0.25	0.25	0.25
生地*4	1.00/2.00	1.00	2.00
その他*5	0.30	0.30	0.30
給与*6	5.00/10.00	5.00	10.00
コスト計		7.30 ドル	13.30 ドル
販売価格		15.00 ドル	25.00 ドル

*1 単価2ドルのバッグ1個で人形4個。
*2 単価1ドルのバッグ1個で人形4個。
*3 必要量の推測。
*4 必要量の推測。
*5 必要量の推測。
*6 時給20ドルで4個の普通の人形か2個の特注人形。

　上記の資料から、ソフィーは人形作りによって利益を獲得できそうです。この金額は彼女の事業に投じた時間に見合うものとして彼女に支払われるか、将来成長にあわせて出てくる経営費用をカバーするためにとっておくことになるでしょう。上記の利益と費用には彼女が同時に営む創作教室の分は考慮されていません。

第4章テストの解答

1 概ね確実である（Reasonably Certain）；可能性が概ねある（Reasonably Possible）

2 取るに足らない事柄（Trivial Matters）；重要な事柄（Important Matters）

3 1年；中間財務諸表（Interim Statement）

4 純資産（Equity）；剰余金（Retained Earnings）

5 収益（Revenue）；費用（Expense）；利益（Income）

6 引渡（Deliver）

7 11月

8 (a) 前受金（Advance from Customers）
(b) 収益（Revenue）
(c) 売掛金（Accounts Receivable）

9 (a) 売掛金（Accounts Receivable）
(b) 現金（Cash）
(c) 前受金（Advance from Customers）

10 2月　　現金（Cash）　　　　　　　　　　　　100
　　　　　　前受金（Advance from Customers）　　100
　　　3月　　売掛金（Accounts Receivable）　　　 500
　　　　　　前受金（Advance from Customers）　　100
　　　　　　収益（Revenue）　　　　　　　　　　 600
　　　3月　　費用（Expense）　　　　　　　　　　 400
　　　　　　棚卸資産（Inventory）　　　　　　　 400
　　　4月　　現金（Cash）　　　　　　　　　　　 500
　　　　　　売掛金（Accounts Receivable）　　　 500

11 （a）費用（Expense：Bad Debt Expense）
　　　（b）貸倒引当金（Allowance for Bad Debt）
　　　（c）198,000ドル
　　　（d）600,000ドル

12 （a）貸倒引当金（Allowance for Doubtful Accounts）
　　　（b）売掛金（Accounts Receivable）

第4章ケーススタディ①の解答　リディア・ペレス No.4

仕訳

1. Dr. 現金（Cash）　　　　　　　　108　　120ドルの90％を回収
   Cr. 売掛金（Accounts Receivable）　　108
2. Dr. 棚卸資産（Inventory）　　　　125　　もう5匹の豚を仕入
   Cr. 現金（Cash）　　　　　　　　　　50
   Cr. 買掛金（Accounts Payable）　　　75
3. Dr. 現金（Cash）　　　　　　　　200　　事前に注文を受領
   Cr. 前受金（Advance from Customers）　200
4. Dr. 前受金（Advance from Csutomers）200　事前に注文を受けた肉を引渡
   Cr. 売上（Sales Revenue）　　　　　200

5. Dr. 現金（Cash） 300　　4匹の豚から残りの肉を販売
　　Dr. 売掛金（Accounts Receivable） 100
　　　　Cr. 売上（Sales Revenue） 400
6. Dr. 売上原価（Cost of Sales） 100　　4匹の豚の販売の費用
　　　　Cr. 棚卸資産（Inventory） 100
7. Dr. 支払手形（Notes Payable） 3　　母親と金融機関に返済
　　Dr. 借入金（Loan Payable） 105
　　　　Cr. 現金（Cash） 108
8. Dr. 貸倒費用（Bad Debt Expense） 5　　不良債権の見積りを会計処理
　　　　Cr. 貸倒引当金（Allowance for Doubtful Accounts） 5

T勘定

現金 (Cash)		売掛金 (Accounts Receivable)		貸倒引当金 (Allowance for Doubtful Accounts)		棚卸資産 (Inventory)	
繰越 0	50 (2)	繰越 120	108 (1)		5 (8)	繰越 45	100 (6)
(1) 108	108 (7)	(5) 100				(2) 125	
(3) 200							
(5) 300							
450		112			5	70	

買掛金 (Accounts Payable)		前受金 (Advance from Customers)	
	75 (2)	200 (4)	200 (3)
	75		0

支払手形 (Notes Payable)		借入金 (Loans Payable)		払込資本 (Paid-in Capital)	
(7) 3	3 繰越	(7) 105	105 繰越		20 繰越
	0		0		20

売上 (Sales Revenue)	費用 (Expense)	利益剰余金 (Retained Earnings)
200 (4)	(6) 100	55 繰越
400 (5)	(8) 5	495
		550

第4章ケーススタディ②の解答　ケニア・コネクション No.2

マークの注文：

#数量	商品	原価/単価	販売価格/単価	コスト	売上
4	動物	50ドル	150ドル	200ドル	600ドル
20	ネックレス	12ドル	15ドル	240ドル	300ドル
10	鉢	5ドル	20ドル	50ドル	200ドル
100	栞	2ドル	3ドル	200ドル	300ドル

仕訳

4月

1. Dr. 現金（Cash）　　　　　　　　　　250　　　4月の最初の注文
   Dr. 売掛金（Accounts Receivable）　1,150
   　　Cr. 売上（Sales Revenue）　　　　　　1,400
2. Dr. 売上原価（Cost of Sales）　　　　690　　　4月の最初の売上に対するコスト
   　　Cr. 棚卸資産（Inventory）　　　　　　　690
3. Dr. 費用（Expense）　　　　　　　　　15　　　出荷費用
   　　Cr. 貯蔵品（Supply Inventory）　　　　 15
4. Dr. 現金（Cash）　　　　　　　　　　1,500　　事前の注文
   　　Cr. 前受金（Advance from Customers）　1,500
5. Dr. 貸倒費用（Bad Debt Expenses）　 165　　　(500ドル+1,150ドル)×10パーセント
   　　Cr. 貸倒引当金（Allowance for Doubtful Accounts）　165

第4章ケーススタディ③の解答　パペット・ワークス（人形作り）No.2

仕訳　　　　　　　　　　　　　　　　　　　注
10月
Dr. 現金（Cash）　　　　　　　　　750　　　　通常品100個の出荷
Dr. 売掛金（Accounts Receivable）　750
　Cr. 売上（Sales Revenue）　　　　　　　1,500
11月
Dr. 現金（Cash）　　　　　　　　1,000　　　　通常品100個の出荷
Dr. 売掛金（Accounts Receivable）　500
　Cr. 売上（Sales Revenue）　　　　　　　1,500
Dr. 現金（Cash）　　　　　　　　　500　　　　10月の売上に対する支払
　Cr. 売掛金（Accounts Receivable）　　　500
12月
Dr. 現金（Cash）　　　　　　　　1,000　　　　特別品50個の出荷
Dr. 売掛金（Accounts Receivable）　250
　Cr. 売上（Sales Revenue）　　　　　　　1,250
Dr. 現金（Cash）　　　　　　　　　300　　　　11月の売上に対する支払
　Cr. 売掛金（Accounts Receivable）　　　300
Dr. 貸倒費用（Bad Debt Expense）　130　　　　売上の3パーセントが支払われない予想
　Cr. 貸倒引当金（Allowance for Doubtful Accounts）　130

　第3章では、通常品のコスト単価（補助者に対する賃金の支払を含む）を7.30ドルと計算したため、ソフィアは人形1個の販売ごとに7.70ドルの利益を得ました。特別品についても同様に、10ドルのコストに対して25ドルの販売価格であることから、1個当たり15ドルの利益を販売により得ました。約130ドルの予想貸倒費用を考慮してもなお、彼女はこの小さなビジネスから利益を得、彼女自身に対する何らかの支払を行うこともできるでしょう。彼女はおそらく、計画しているワークショップからもいくらかの金銭を得るでしょう。

第5章テストの解答

1 取得；消費

2 支出（Expenditure）；資産（Asset）；費用（Expense）

3 費消されていない；費消された

4 原価（Cost）；費用（Expense）

5 (a) 引渡；原価（Cost）
(b) 営業活動；支出（Expenditure）
(c) 損失（Loss）

6 資産（Asset）；前払（Prepaid）；負債（Liability）；未払（Accrued）

7 10,000ドル

8 売上高（Sales Revenue）；売上原価（Cost of Sales）

9 $\dfrac{売上総利益（Gross\ Margin）}{売上高（Sales\ Revenue）}$

10 当期純利益（Net Income）

11 配当（Dividends）

12 (d) = (c) + (a) − (b)

第5章ケーススタディ①の解答　トボー建設サービスNo.1

解答1
セルティック・マニュファクチャリング社のプロジェクトに対する請求：

10月のプロジェクトのコスト	金額
作業員（88時間）	1,320ドル
大工（128時間）	2,560ドル
プロジェクトマネジメント（4週間と2日）	2,200ドル
材料	1,975ドル
小計	8,055ドル
間接費（20パーセント）	1,611ドル
請求額合計	9,666ドル

解答2
トボー建設の最初の月の損益計算書：

トボー建設サービス

損益計算書　10月末

収益

セルティック・マニュファクチャリング――工事1	9,666ドル
収益合計	9,666ドル

費用

給与

作業員	1,320ドル
大工	2,560ドル
社長	4,400ドル
材料	1,975ドル
賃料	750ドル
電話代	35ドル

光熱費	100ドル
年会費	15ドル
費用合計	11,155ドル
利益（損失）	(1,489ドル)

10月のトボー建設の事業の結果の純額は1,489ドルの**損失**です。

解答3
トボー建設の売上総利益と純利益のパーセンテージ：

建設売上	9,666ドル
建設の直接費用	
作業員の給与	1,320ドル
大工の給与	2,560ドル
プロジェクト・マネジメントの給与	2,200ドル
材料	1,975ドル
直接費用合計	8,055ドル
売上総利益	1,611ドル
売上総利益率	16.7パーセント
一般管理費/間接費	
社長の給与（工事に関連しない部分）	2,200ドル
賃料	750ドル
電話代	35ドル
光熱費	100ドル
年会費	15ドル
一般管理費/間接費合計	3,100ドル
純利益（損失）	(1,489ドル)
利益率（パーセント）	−15.4パーセント

第5章ケーススタディ②の解答　ピザ・ボックス・マルチNo.3

　支出（マイクのマルチ社が品物やサービスを取得するために消費あるい借り入れる時）と費用（マイクのマルチ社が事業において品物やサービスを使用したり費消したりする時）の間には違いがあります。マイクの保護シート社の損益計算書には、2011年6月から2012年6月までの期間に実際に費消された取引の金額のみを含めるべきです。取引のその他の部分はまだ将来の事業に使用できる資産であり、これらの項目はそれらが費消された時にのみ、将来費用として記載されるでしょう。このことは、銀行借入の返済を除いて、クインの行った修正のそれぞれに当てはまります。なぜなら銀行借入は品物やサービスの取得ではなく、事業のために品物やサービスを購入するための金銭の取得だからです。個々の取引についての説明は以下の通りです。

損益計算書──修正の説明

2011年6月～ 2012年6月		マイクの金額	クインが修正した金額
2011年6月1日　保証金	最後に返還される	**250**	0

　保証金は事業において使用されたり費消されたりするものではないため、当期の費用とはなりません。これは、返還される時までは貸借対照表において無形資産（前払費用）として表示されます。

2011年6月20日　ライセンス料	mikespizzamulch.comのドメイン名に対する4年間のライセンス	**40**	10

　ライセンスの使用可能期間の4分の1のみが当期に費消されたので、支出の4分の1のみが当期の費用になります。残りの30ドルは貸借対照表において別の無形資産（前払費用）として表示されます。

| 2011年9月1日 | 銀行借入の返済 | | ~~50~~ | 0 |

銀行借入の返済は費用ではありません。それは負債の減少であり、それゆえ貸借対照表で反映されます。

| 2011年10月10日 | 新しいマルチ資材機 | 4年間使用可能な3台を現金払い | ~~400~~ | 100 |

マルチ資材機は4年の耐用年数を持つ資産なので、耐用年数の4分の1のみが毎期使用されます。これは毎年100ドルの費用(減価償却費(Depreciation Expense)と呼ばれます)を計上することと同じです。

| 2011年11月1日 | メンテナンス契約 | 全3台について1年契約(2011年12月〜2012年12月) | ~~300~~ | 150 |

メンテナンス契約は、2011年12月から2012年12月までの12カ月を対象としたサービスに対する前払費用です。50パーセントのみが使用され費用として記載されるべきです。なぜなら損益計算書は2012年6月現在の報告書であり、まだ6カ月はメンテナンス契約が残っているからです。残りの150ドルは貸借対照表における資産となります。

| 2012年6月30日 | 企業責任保険 | 保険期間：2012年7月〜2013年7月 | ~~150~~ | 0 |

保険の対象期間は2012年7月から2013年7月までであり、当期(2011年6月から2012年6月)は保険は全く使用されていません。実際に使用されるまで、貸借対照表において前払費用として表示されます。

| | 費用合計 | ~~10,072~~ | 9,142 |

修正された費用合計は、すべての修正された金額と未修正の金額の新しい合計です。

| | 純利益 | **903** | 1,833 |

修正された純利益は、収益から修正された費用合計を控除した金額です。

第5章ケーススタディ③の解答　移動劇場

月	取引	収益	費用	収入	支出
1月	賃料−1月[*1]		300		
	賃料−2月[*2]				300
	給与：演出家[*3]		500		
	給与：俳優[*3]		400		
	器具[*4]		500ドル÷12 ＝減価償却費		1,500 器具のコスト
	学校の料金[*5]	1,200		1,200	

*1　1月の賃料は以前の月に支払われています。
*2　2月の賃料は1月に支払われました。
*3　給与は発生時に計上され、年間を通じて翌月に支払われます。
*4　器具は1月に購入されましたが、毎月の費用は500ドルの年間減価償却費（耐用年数は3年）の12分の1です。
*5　学校の料金は支払時期にかかわらず公演が行われた時に収益となります。

月	取引	収益	費用	収入	支出
2月	賃料−2月		300		
	賃料−3月				300
	給与：演出家		500		500[*1]
					400
	給与：俳優		500		
	器具		500ドル÷12 ＝減価償却費		
	小道具と衣装[*2]		350ドル÷12 ＝減価償却費		700
	学校の料金	1,500		1,500	

*1　給与は発生の翌月に支払われます。2月に支払われた給与は1月の給与です。
*2　小道具と衣装は2月に購入されましたが、毎月の費用は350ドルの年間減価償却費（耐用年数は2年）の12分の1です。

月	取引	収益	費用	収入	支出
3月	賃料－3月		300		
	賃料－4月				300
	給与：演出家		500		500*1
	給与：俳優		400		500
	器具		500ドル÷12=減価償却費		
	小道具と衣装		350ドル÷12=減価償却費		
	学校の料金	1,200*2			

*1 3月の支出は2月の給与です。
*2 収益は料金の実際の支払い時期にかかわらず公演が行われた時に認識されます。

月	取引	収益	費用	収入	支出
4月	賃料－4月		300		
	賃料－5月				300
	給与：演出家		500		500
	給与：俳優		500		400
	器具		500ドル÷12=減価償却費		
	小道具と衣装		350ドル÷12=減価償却費		
	学校の料金*1	1,500			

*1 収益は料金の実際の支払時期にかかわらず公演が行われた時に認識されます。

月	取引	収益	費用	収入	支出
5月	賃料－5月		300		
	賃料－6月				300
	給与：演出家		500		500
	給与：俳優		500		500
	器具		500ドル÷12=減価償却費		
	小道具と衣装		350ドル÷12=減価償却費		
	学校の料金	1,500		6,900*1	

*1 3月、4月、5月及び6月の公演に対する料金。

月	取引	収益	費用	収入	支出
6月	賃料-6月		300		
	賃料-7月				300
	給与:演出家		500		500
	給与:俳優		900		500
	器具		500ドル÷12=減価償却費		
	バン		5,000ドル÷12=減価償却費*1		25,000
	小道具と衣装		350ドル÷12=減価償却費		
	学校の料金	2,700		6,000*2	
	会員の料金			2,500*3	

*1 バンは25,000ドルで購入し、耐用年数を5年と仮定すると、5年間にわたって減価償却されることになります。
*2 学校は7月と8月の夏公演20の料金を前払いしました。6月の公演の料金は5月に支払われています。
*3 25人から受け取った会員料金(100ドル)。7月に始まる会員権の期間にわたって収益が認識されます。

月	取引	収益	費用	収入	支出
7月	賃料-7月		300		
	賃料-8月				300
	給与:演出家		1,000		500
	給与:俳優		1,000		900
	器具		500ドル÷12=減価償却費		
	バン		5,000ドル÷12=減価償却費		
	小道具と衣装		350ドル÷12=減価償却費		
	学校の料金	3,000			
	会員の料金	2,500÷12			

月	取引	収益	費用	収入	支出
8月	賃料-8月		300		
	賃料-9月				300
	給与:演出家		1,000		1,000
	給与:俳優		1,000		1,000

	取引		収益	費用	収入	支出
	器具			500ドル÷12=減価償却費		
	バン			5,000ドル÷12=減価償却費		
	小道具と衣装			350ドル÷12=減価償却費		
	学校の料金		3,000			
	会員の料金		2,500÷12			

月	取引	収益	費用	収入	支出
9月	賃料－9月		300		
	賃料－10月				300
	給与：演出家		1,000		1,000
	給与：俳優		1,200		1,000
	器具		500ドル÷12=減価償却費		
	バン		5,000ドル÷12=減価償却費		
	小道具と衣装		350ドル÷12=減価償却費		
	学校の料金	3,600		3,600	
	会員の料金	5,000÷12*		2,500	

*　25人が6月に、7月に始まる1年間の会員権を購入し、9月にまたその月に始まる会員権を購入しました。

月	取引	収益	費用	収入	支出
10月	賃料－10月		300		
	賃料－11月				300
	給与：演出家		1,000		1,000
	給与：俳優		1,200		1,200
	器具		500ドル÷12=減価償却費		
	バン		5,000ドル÷12=減価償却費		
	小道具と衣装		350ドル÷12=減価償却費		

学校の料金	3,600				
会員の料金	5,000÷12				

月	取引	収益	費用	収入	支出
11月	賃料-11月		300		
	賃料-12月				300
	給与：演出家		1,000		1,000
	給与：俳優		1,400		1,200
	器具		500ドル÷12=減価償却費		
	バン		5,000ドル÷12=減価償却費		
	小道具と衣装		350ドル÷12=減価償却費		
	学校の料金	4,200		7,800	
	会員の料金	5,000÷12			

月	取引	収益	費用	収入	支出
12月	賃料-12月		300		
	賃料-1月				300
	給与：演出家		1,000		1,000
	給与：俳優		1,400		1,400
	器具		500ドル÷12=減価償却費		
	バン		5,000ドル÷12=減価償却費		
	小道具と衣装		350ドル÷12=減価償却費		
	学校の料金	4,200			
	会員の料金	5,000÷12			

第6章テストの解答

1 Dr.現金（Cash）　　　　　　800
　　Cr.売上高（Revenue）　　　　　　800
　　Dr.売上原価（Cost of Sales）　600
　　Cr.棚卸資産（Inventory）　　　　600

2 それぞれの項目

3 売上原価＝期首棚卸資産＋仕入－期末棚卸資産

4　　　　売上原価（7月）
　(a) 先入先出法　　　300ドル
　(b) 後入先出法　　　340ドル
　(c) 平均法　　　　　320ドル

5 より大きく；より小さく

6 Dr.売上原価（Cost of Sales）　1,000
　　Cr.棚卸資産（Inventory）　　　　1,000

7 直接材料費（Direct Materials）、直接労務費（Direct Labor）、製造間接費（Production Overhead）

8 発生した

9 販売された

10 $\dfrac{製造間接費合計額}{直接労務費合計額}$

11 110ドル [=50ドル+40ドル+20ドル]

12 良い；少ない；より低い

第6章ケーススタディ①の解答　トボー建設サービスNo.2

直接労務費1ドル当たりの製造間接費配賦率

$$\frac{総製造間接費}{総直接労務費} \quad \frac{3,100ドル}{6,080ドル} = 0.51ドル（直接労務費1ドル当たり）$$

直接作業1時間当たりの製造間接費配賦率

$$\frac{総製造間接費}{総直接作業時間} \quad \frac{3,100ドル}{304時間} = 10.20ドル（直接作業1時間当たり）$$

直接費のパーセントとしての製造間接費配賦率

$$\frac{総製造間接費}{総直接費} \quad \frac{3,100ドル}{8,055ドル} = 38.5\%（製造間接費配賦率）$$

製造間接費配賦率の決定時に考慮すべきその他の要素

・これらの製造間接費配賦率が建設サービス価格を過度に高くしていないでしょうか。
・製造間接費配賦率の計算のベースが事業開始後1カ月目で、標準的な労務費あるいは作業時間を反映していない可能性があるとすれば、これらの製造間接費配賦率は現実的でしょうか。
・トボー建設サービスの製造間接費が将来変動しないと仮定していることから、それらは固定費と考えられます。固定費として、業務量とともに増加しないことになります。そのため、トビンが業務量を増やして1以上の建設プロジェクトを請け負った場合、より高い製造間接費配賦率を課すことなく彼の製造間接費をまかなえる可能性があります。
・製造間接費配賦率が20%に近づくように、トビンの製造間接費を減らせる方

法はないでしょうか。トビンが、彼の給料の直接費に課す割合を増やして、自分自身が大工仕事の一部を請け負うことはできないでしょうか。

第6章ケーススタディ②の解答　ポンドによるブルージーンズ

四半期の間に販売された数量合計

期首棚卸資産：	3,500
＋仕入	5,550
－期末棚卸資産	3,800
販売された数量合計	**5,250**

先入先出法：
期末棚卸資産3,800ユニットの金額は、直近の仕入価格に基づきます。

期末棚卸資産3,800ユニット

			金額（数量×原価）
5月12日	550	12.70ドル	6,985ドル
5月29日	1,500	12.55ドル	18,825ドル
6月23日	1,750	12.40ドル	21,700ドル
合計	3,800	—	47,510ドル

売上原価＝棚卸資産金額合計－期末棚卸資産残高
115,915ドル－47,510ドル＝**68,405ドル**（**先入先出法**による売上原価）

後入先出法：
期末棚卸資産3,800ユニットの金額は、最も昔に仕入れた仕入価格に基づきます。

期末棚卸資産3,800ユニット

			金額（数量×原価）
期首棚卸資産残高	3,500	13.10ドル	45,850ドル
4月5日	300	13.00ドル	3,900ドル
合計	3,800	—	49,750ドル

売上原価＝棚卸資産金額合計－期末棚卸資産残高
115,915ドル－49,750ドル＝66,165ドル（後入先出法による売上原価）

会社がどちらの方法を採用しているか当ててみて下さい。

・法人税を最少化する目標にそって、「ポンドによるブルージーンズ」社は棚卸資産の計算時に先入先出法を採用しています。理由は、この方法が売上原価をより大きくするからです。売上原価を売上高から控除した時に、この方法では企業の利益が低くおさえられ、課税所得金額を小さくします。
・先入先出法は、ファッション・スタイルは変わりやすいので流行遅れになって売れにくくなり、棚卸資産を評価減して損失を計上せざるを得なくなる前に古い在庫から先に出荷していく方が良い、という仮定に基づいた良い評価方法です。

先入先出法が、この場合により節税となる理由は、仕入単価がずっと下がり続けているからです。仕入単価がずっと上がり続けている場合は、後入先出法が売上原価をより大きくし、企業は税のメリットを享受できます。

第6章ケーススタディ③の解答　デザート・トレーディング・ポスト

商品番号	取得原価	売価
1	1,100ドル	2,200ドル
2	4,100ドル	8,200ドル
3	2,890ドル	5,780ドル
4	1,930ドル	3,860ドル
5	1,860ドル	3,720ドル
6	2,790ドル	5,580ドル
7	1,175ドル	2,350ドル
8	2,875ドル	5,750ドル
9	4,000ドル	8,000ドル

10	1,250ドル	2,500ドル
	23,970ドル	原価合計
	2,397ドル	平均単価

平均法：

		原価合計
売上原価	16,779ドル	
期末棚卸資産残高	7,191ドル	23,970ドル

個別法：

		原価合計
売上原価	17,975ドル	
期末棚卸資産残高	5,995ドル	23,970ドル

　この場合、特殊な商品の原価の幅が1,100ドルから4,100ドルと大きすぎるため、平均法は適切でありません。2,397ドルの平均単価はこのグループの他の商品を正しくは表していません。個別法は商品数が少なく個別に識別できる時にしばしば最良の方法です。この方法を適用するためには、各商品がそれぞれ特徴があり、簡単に識別できなければなりません。また、今のところこれらの商品は少ないので、棚卸資産を追跡して、いつ販売されたか知るのは簡単なことでしょう。さらに、この方法の適用は、売上と売上原価を正確に対応させる最良の方法です。

第7章テストの解答

1 すべてのコスト

2 5

3 されません；耐用年数

4 (a) 18,000ドル
  (b) 10
  (c) 1,800ドル
  (d) 借方　減価償却費（Depreciation Expense）
　　　貸方　減価償却累計額（Accumulated Depreciation）
  (e) (1) 有形固定資産（PPE）　　　　　　　　　　　20,000ドル
　　 (2) 控除：減価償却累計額（Less Accumulated Depreciation）　9,000
　　 (3) 簿価（Book Value）　　　　　　　　　　　　11,000ドル

5 (a) 0
  (b) [○] 以下のように報告される
  機械　　　　　　　　　20,000ドル
  控除：減価償却累計額　20,000ドル
  簿価　　　　　　　　　　0ドル

6 (a) 3,000ドル；利益
  (b) 借方　現金（Cash）
　　　貸方　有形固定資産売却益（Gain on Disposition of PPE）

⑦

	例	価値を減らしていく方法
有形固定資産	機械（Machine）、建物（Building）	減価償却（Depreciation）
減耗資産	石炭（Coal）、石油（Oil）、鉱産物（Mineral）	減価償却（Depletion）
無形固定資産	のれん（Goodwill）、商標権（Trademark）	償却（Amortization）

⑧ 400,000ドル（1バレル当たり10ドルで40,000バレル、50,000ドルではありません）

⑨ 純額；取得原価；減価償却累計額；純額（簿価）

⑩ 低；公正妥当

⑪ より多くの；より少ない；同じ

⑫ 低下させ

⑬ 2,400,000ドル

⑭ 繰延税金（Deferred Income Tax）；負債

第7章ケーススタディ①の解答　アイスバーグ・ピュアー H_2O No.1

・氷河は**減耗性資産（Wasting Asset）**ですので、**減耗償却（Depletion Method）**を適用します。各年の減耗償却費には各年の氷河の減耗金額を計算します。
・減耗償却費＝各年に使用された氷河の数量×1単価当たりの原価

・$\dfrac{氷河の原価合計}{ボトルの本数合計} = \dfrac{25,000ドル}{1,500,000} = 0.017ドル$　1本当たり

・各年のボトル生産量×ボトル1本当たりの原価＝550,000×0.017ドル＝**9,350ド**

ル　年間減耗償却費

・氷河の見積耐用年数 ＝ $\dfrac{\text{氷河の原価合計}}{\text{年間減耗償却費}}$ ＝ $\dfrac{25,000 \text{ドル}}{9,350 \text{ドル}}$ ＝ 3年

・氷河は耐用年数3年と見積もります。

第7章ケーススタディ②の解答　アイスバーグ・ピュアー H_2O No.2

水タンク：減価償却可能額＝（4,500ドル×3）+3,100ドル=16,600ドル
瓶詰機械：減価償却可能額=28,500ドル+12,000ドル=40,500ドル
工場の建物：減価償却可能額=19,000ドル+7,000ドル+600ドル=26,600ドル
（ネオンサインは資産の長く使用できる部分ではないので減価償却可能額には含まれませんが、エージェント代は取得価格の一部と見なされます）

減価償却は資産の有用性をすべて認識することを意味しますので、耐用年数は、物理的に使用不能になる時期または機能的に使用不能になる時期のいずれかによって決まります。この時期が来ると、企業は資産を取り替えなければならないので、ヘレンはこれら2つのうち、短い期間の方を選ばなければなりません。

アイスバーグ・ピュアー H_2O 社がその節税効果を最大限利用するためには、これらの資産の一部あるいは全部に加速度償却法を適用することを選ぶでしょう（もし可能なら、IRS（米国の国税庁）の税法を考慮して下さい）。

第7章ケーススタディ③の解答　どちらの会社が良いか

取得原価：	年	定額法による減価償却	簿価 (Net Book Value)	加速度償却法による減価償却	簿価 (Net Book Value)
750,000ドル	2011	140,000ドル	610,000ドル	280,000ドル	470,000ドル
残存価額：	2012	140,000ドル	470,000ドル	188,000ドル	282,000ドル
50,000ドル	2013	140,000ドル	330,000ドル	112,800ドル	169,200ドル
減価償却可能額：	2014	140,000ドル	190,000ドル	67,680ドル	101,520ドル
700,000ドル	2015	140,000ドル	50,000ドル	51,520ドル	50,000ドル

定額法：
20%
加速度償却法：
40%

2011年損益計算書

パーク・エンジニアリング社		スウィート・グラス・エンタープライズ社	
売上高	1,200,000ドル	売上高	1,200,000ドル
費用：		費用：	
人件費	673,000	人件費	670,000
賃借料	50,000	賃借料	55,000
営業費	150,000	営業費	148,000
減価償却費	140,000	減価償却費	280,000
費用合計	1,013,000ドル	費用合計	1,153,000ドル
利益/損失	187,000ドル	利益/損失	47,000ドル

　両社とも減価償却費を取り除くと、あるいは、減価償却費を同額にすると、両社とも収益性が高くなります。時間が経過すると、パーク社の減価償却費は5年間同額ですが、スウィート・グラス社の減価償却費はパーク社の定額法の減価償却費より少額になります。初期には加速度償却法による減価償却は、スウィート・グラス社の利益を少なくしますが、節税効果を生み出してくれます。

第8章テストの解答

1 流動資産（Current Assets）；流動負債（Current Liabilities）

2 長期債務（Debt：Noncurrent Liabilities）；純資産、あるいは株主資本（Equity：Shareholders Equity）

3 利息；元本；場合によっては流動負債になります

4 払込資本（Paid In Capital）；剰余金（Retained Earnings）

5 普通株式（Common Stock）　　　　　　1,000
払込剰余金（Additional Paid-in Capital）　9,000

6 (a) 10ドル
(b) 30,000ドル
(c) 何ともいえない（純資産は価値を表していない）
(d) 何ともいえない（純資産は現金には関係ない）
(e) 少なくとも40,000ドル（配当金額よりも40,000ドル上回っている）
(f) 何ともいえない（純資産は清算価値を表してはいない）

7 発行済み株式；流通株式

8 自己株式（Treasury Stock）；140,000

9 配当（Dividends）；額面価格（Par Value）

10 減少させます；変化させません；増加させます

11　はい　　　いいえ
　　　はい　　　いいえ
　　　高い　　　低い
　　　低い　　　高い

12　(a) 80%
　　　(b) 負債の比率（レバレッジ）

13　親会社；ボニー社；チャーリー社；少数株主持分（Minority Interest）

14　1,470,000 ドル（=1,000,000 ドル − 10,000 ドル +500,000 ドル − 20,000 ドル）

第8章ケーススタディ①の解答　オリーブのオーガニック No.1

　オリーブが、「オリーブのオーガニック」社の借入金のレベルが純資産に比べて低いことを見れば、他の会社がなぜ彼女の会社の株の大部分を保有したいかわかるでしょう。

　ある会社が別の会社の株式の50%超を保有している場合、過半数を有しているので、その別の会社の業務を支配できます。多くの事業は、法律上は別である多くの企業から成っていますが、それらの企業は同一の企業に支配されているので、同一企業グループの一員です。

$$\text{長期債務比率（Debt Ratio）の計算：} \frac{\text{長期債務}}{\text{永久資本（長期債務＋純資産）}}$$

　オリーブの会社の各年度の長期債務比率は、以下のように非常に低いとわかります。
　2010年：0.9%
　2011年：1.0%
　2012年：0.6%

第8章ケーススタディ②の解答　サテライト・ストリーク社

　株主は、資本の投下により会社が成長し収益性が高くなるならば、資本の調達手段オプションのどちらからも利益を得ることが可能です。しかしながら、2つのオプションの潜在的なリスク量には根本的な違いがあります。

社債

　資本を調達するための社債の発行は長期債務の一種で、サテライト・ストリーク社に2つの財務上の債務を発生させます。会社は社債券の保有者に利息を支払い、社債の支払い期日に元本を返済しなければなりません。利息は社債の支払が完了するまで各期の費用となり、社債は貸借対照表上、長期債務（社債の償還期間が1年以上の場合）となります。社債の発行リスクは、事業がうまくいかず、会社がその債務（元本も利息も）の返済ができない場合に、社債券の保有者が会社を倒産に追い込むことになることです。しかし、サテライト・ストリーク社のキャッシュフローが十分で長期債務が少額である場合は、長期の生産用資産を調達するために社債を発行することは比較的にリスクが低いオプションとなるかもしれません。

株式

　株式を発行することは、サテライト・ストリーク社に財務上の債務を発生させません。その代わりに、株式を購入してくれる各株主は会社の一部分の所有者となり、株主は配当を受け取ることや株式の市場価値が高くなることを期待しますが、サテライト・ストリーク社は社債券のような絶対的な返済義務はありません。もし、サテライト・ストリーク社が長期の借入をしないで生産用資産の調達ができるなら、こちらの方がリスクが低いオプションでしょう。

第8章ケーススタディ③の解答　マシュー機械

予想売価	625,000ドル	425,000ドル
銀行借入金返済額	450,000	450,000
450,000ドルの借入金に対する利息（12%）	54,000	54,000
初期投資（500,000ドル − 450,000ドル）	50,000	50,000
残金	71,000	(129,000)
収益率（残金／初期投資）	142%	−258%

　借入の場合はより大きな収益率を獲得できる可能性はありますが、売却益は、銀行へ利息を支払うと少なくなります。マシュー機械が借入をする場合、手持ち資金の機械への投資額が減り、その手持ち資金を他のことに使うことができます。さらに、借入により、企業はプロジェクトを実施し、借入がなかったらできないような投資を行うことができます。しかし、借入はリスクが伴います。リスクの1つは、上記で分かるように、事態が予想したような結果にならず、損失が大きくなるリスクです。より大きな収益率のメリットと損失の可能性のコストを常に比較検討しなければなりません。

第9章テストの解答

1 要求されています

2 発生主義（Accrual Accounting）；現金主義（Cash Accounting）

3 営業活動（Operating Activities）；投資活動（Investing Activities）；財務活動（Financing Activities）

4 に加えられます

5 から差し引かれます

6 ではありません

7 ではありません

8 純利益に加える必要があります

9
純利益	50,000ドル
減価償却費	2,000ドル
売掛金の減少	5,000ドル
買掛金の減少	−3,000ドル
営業活動によるキャッシュフローの合計	54,000ドル

10
営業（Operating）　　c、g、h
投資（Investing）　　a、f
財務（Financing）　　b、d、e

（配当の支払を財務活動に含むべきと考えている人たちが多くいますが、会計

テスト＆ケーススタディの解答　　455

原則は、営業活動に含むべきであるとしています)

第9章ケーススタディ①の解答　オリーブのオーガニック No.2

　オリーブは営業活動が会社に依然としてキャッシュをもたらしているのを見て安堵しました。しかしながら、2013年の見積の投資活動に足りる十分なキャッシュではありませんでした。彼女はどの流動資産の勘定も前期から増加した場合は、キャッシュが同額減少することを覚えていました。流動負債が増加する時は、営業キャッシュフローは増加します。さらに、長期借入金が増加するとキャッシュは増加しますが、オリーブは、キャッシュのこれらの源泉は必ずしも財務健全性の兆候でないことを承知していました。
　オリーブがさらに調べると、計画は、棚卸資産への投資や掛け売りを増やしすぎ、仕入先に頼りすぎていることに気づきました。確かにかれらとの良好な関係を傷つけたくありませんでした。オリーブは、有形固定資産への投資レベルからするとルイジの計画は過度に長期借入に頼りすぎており、借入を減らすことができると思いました。過去、借入による資金調達に少しは頼ってきたので、いくらかの借入は認められますが、今回の計画の借入は急上昇すぎます。全体としては、オリーブはこのような分析を事業年度の前にできたことに感謝しました。オリーブ、ルイジ、オリーブの兄は一緒に次年度の計画を練り直さなければならないでしょう。

第9章ケーススタディ②の解答　投資のジレンマ

　すでに他の強い財務指標(貸借対照表、収益可能性、自己資本利益率)を有している両社に関しては、両社とも同様のキャッシュフローや安定したキャッシュ管理の状況を示しており、両社とも有利な投資になるように思われます。両社に共通することがあります。

・営業活動からキャッシュを生み出しています。
・キャッシュを設備(成長とともに必要と思われる)への投資に使用していま

オリーブのオーガニック（単位：1,000ドル）

見積貸借対照表

	2013年12月31日	2012年12月31日
資産		
流動資産		
現金及び現金同等物	2,640ドル	55,230ドル
売掛金	310,200	110,200
棚卸資産	260,300	160,500
流動資産計	573,140	325,930
長期投資	639,500	365,110
有形固定資産	1,500,400	969,400
その他の資産	6,700	5,000
資産合計	2,719,740ドル	1,665,440ドル
負債		
流動負債		
買掛金	412,600ドル	250,600ドル
短期借入金	14,800	800
流動負債計	427,400	251,400
長期借入金	710,600	8,400
負債計	1,138,000ドル	259,800ドル
純資産		
普通株式	400,000	400,000
払込剰余金	590,700	590,700
剰余金	591,040	414,940
純資産計	1,581,740ドル	1,405,640ドル
負債及び純資産合計	2,719,740ドル	1,665,440ドル

見積損益計算書
2013年12月31日で終了する年度

売上高	4,300,500ドル
売上原価	2,800,000
売上総利益	1,500,500
研究開発費	250,000
販売費及び一般管理費	900,700
減価償却費	53,000
営業費用計	1,203,700
営業利益・損失	296,800
金利税金差引前利益	296,800
利息費用	4,200
税引前当期利益	292,600
法人税	116,500
当期純利益	176,100ドル

見積キャッシュフロー計算書
2013年度

営業活動	
当期純利益	176,100ドル
加算：減価償却費	53,000
売掛金の増減	-200,000
棚卸資産の増減	-99,800
買掛金の増減	162,000
営業活動によるキャッシュフロー	91,300ドル
投資活動	
長期投資の増減	-274,390
有形固定資産（減価償却控除後）の増減	-584,000
その他の資産の増減	-1,700
投資活動によるキャッシュフロー	(860,090)ドル
財務活動	
短期借入金の増減	14,000
長期借入金の増減	702,200
財務活動によるキャッシュフロー	716,200ドル
現金及び現金同等物の増減	(52,590)ドル
期首現金及び現金同等物残高	55,230ドル
期末現金及び現金同等物残高	2,640ドル

す。
・キャッシュを借り入れています（設備の購入資金として）。
・2013年度の開始時にキャッシュの金額が増加しています。
・売掛金残高、買掛金残高、棚卸資産残高が同様に増加しています。

しかしながら、ソーラー US 社の方がより安全な投資先であり得ることを示すいくつかのわずかな違いがあります。

ソーラー US 社
・設備（長期の資産）の購入資金としての借入（長期）は、債務と資産の期間を賢明に対応させています。
・投資家（株主）へ配当を支払いました。
・株主へ配当を支払っていなかったら、期末のキャッシュ残高はローマン・セキュリティー社の残高より多かったでしょう。

ローマン・セキュリティー社
・ソーラー US 社より営業活動から生み出すキャッシュが少なくなっています。
・設備（長期の資産）の購入資金として、銀行の与信枠（短期債務）を使って借り入れました。
・数年間にわたって費用化（減価償却）する資産のために調達した信用枠借入（短期）の返済のために、今持っているキャッシュを使わなければならなくなるでしょう。
・投資家（株主）へ配当を支払いませんでした。

第9章ケーススタディ③の解答　私のキッチンから

営業活動によるキャッシュフロー——2012年度
当期純利益　　　　　　　　　　212,500ドル
加算：減価償却費　　　　　　　　70,000
売掛金の増減　　　　　　　　　（30,000）

棚卸資産の増減	(25,000)
買掛金の増減	10,000
前受収益の増減	(275,000)
営業活動によるキャッシュフロー	(37,500) ドル

　これが、キャッシュフロー計算書の営業活動の区分を開示する間接法です。発生主義で認識された収益と費用に関係なく、2012年度のキャッシュフロー金額を示しています。

　減価償却はキャッシュの源泉でないことを思い出して下さい。それは当期純利益をキャッシュベースに調整するにすぎません。2011年末と2012年末の間に、売掛金は増加しました。第9章で学んだように、これは期中のキャッシュの使用を意味します。同様に、棚卸資産の期中の増加はキャッシュの使用を意味します。代わりに、買掛金の増加は期中のキャッシュの源泉となっています。営業活動によるキャッシュフローへの最大の影響は、前受収益の減少です。前受収益は、関連収益が適切に認識される期より前にキャッシュを受け取る時に生じます。ですから、キャッシュは前の会計期間に受領され、2012年に収益が認識されて負債勘定の前受収益が減少します。この金額が当期純利益に含まれるでしょう。

第10章テストの解答

1 (a) $\dfrac{100}{40} = 2.5$

(b) $\dfrac{60}{20} = 3$ 回

(c) $\dfrac{10}{100} = 10\%$

(d) $\dfrac{80}{180} = 44\%$

(e) $\dfrac{10}{100} = 10\%$

(f) $\dfrac{30}{100} = 30\%$

(g) $\dfrac{100}{180} = 0.6$ 回

(h) $\dfrac{30}{180} = 17\%$

2 capital turnover（資産回転率）：EBIT margin（売上高金利税金差引前利益率）

3 (a) 減少させる
(b) 増加させる

4 流動（短期）の支払債務（current obligation）

5 長期の支払債務（long-term debt obligation）

6 当期純利益率（Profit Margin）
資産回転率（asset turnover）

資本乗数（財務レバレッジ）（equity multiplier）

⑦ Operating（事業の）；asset use（資産活用の）；leverage（レバレッジ）

⑧ (a) 貨幣価値（monetary term）
(b) 過去
(c) 公正価値（fair value）
(d) ことができます
(e) 見積（estimates）

⑨ quality of earnings（利益の質）
(a) 高い
(b) 低い
(c) 高い

⑩ サーベンス・オクスレー法（企業改革法：Sarbanes-Oxley Act）

⑪ 告発者（whistle blowers）

第10章ケーススタディ①の解答　オリーブのオーガニック No.3

　見積りの財務諸表を見てみると、オリーブのオーガニックが早いペースで成長していることがよくわかります。2012年と2013年の数字を比較すると、1年だけで総資産が63％増加しています。中でも棚卸資産は62％増加し、有形固定資産は55％増加しています。これは、サムズセーブモアの同じ期間の成長よりもずっと大きいものです。

　また、この年にはこれらに匹敵するような買掛金の増加（65％）と、さらにより劇的な売掛金の増加（181％）があり、このような成長を持続することができるかについて疑問を持たざるを得ない状況となっています。オリーブのオーガニックが、自由度の高い借入の1つの形として買掛金を増やしているかどうかも

明確ではなく、また巨額な売掛金を回収できるかどうかもよくわからない状況です。

収益性に関して2つの事業をより直接的に比較してみましょう。まずサムズセーブモアは16.7％のROEを確保しています。オリーブのオーガニックの2013年のROEは11.13％であり、サムズセーブモアは、ROEからみるとより魅力的な企業であることがわかります。

流動性は違った話になっており、2つの会社とも心配です。オリーブのオーガニックは2012年と2013年のどちらも流動資産が流動負債を上回っていますが、2013年は、流動資産のうちキャッシュの占める比率がより少なくなり、より多くの部分は、すぐにはキャッシュとして利用できない売掛金や棚卸資産となっています。買掛金を支払うためにすぐに多額の資金調達が必要になりそうであり、これが心配の理由となっています。中でもサムズセーブモアはより危ない状況にあります。同社は2年間にわたり、流動負債をカバーするだけの十分な流動資産を保有しておらず、その流動資産の大部分は、売掛金と棚卸資産となっています。サムは、過去の経験から流動性がなくても収益性は高くなることを理解していましたが、2つの企業がどのようになっていくのかの方向性がよくわかっていませんでした。さらに、お互いの競争のために、状況が誇張されている面もありました。

オリーブのオーガニックのキャッシュフロー計算書を見てみると、事業からキャッシュを生み出したことがわかり、これは財務的に健全であることの重要なサインとなっています。また、財務活動からもキャッシュがもたらされており（具体的には、長期債務の増加です）、それが、長期投資と有形固定資産の投資に注ぎ込まれています。

これが賢い戦略であったかどうかは財務諸表からは識別できませんが、増加した長期債務の支払義務を履行するために、成長を持続することにコミットしなければならなくなっています。一方で、サムズセーブモアのキャッシュフロー計算書を見てみると、営業活動からキャッシュを生み出し、これが、有形固定資産の増加に匹敵しており、そのための資金を提供していることがわかります。

第10章ケーススタディ②の解答　サビー・シルクウォーム

　ベスがサビー・シルクウォームに投資するかどうかを決めるにあたり、考慮すべき点は（社会的な責任を果たしたいという彼女の願いに加え）たくさんあります。

　最初の課題は収益性とROEです。この組織はこの点において魅力的には見えません。3年間の損益計算書の情報はありませんが、年々の剰余金の増加が相対的に少額であることを見ると、利益は相対的に低いと考えられます。さらに、ROEを見ると、少しは変動しているものの、通常の銀行預金のようなよりリスクが小さいものに投資をするよりも、よいと見えるでしょうか。最新年度では、ROEはほんの1.4%となっています。少し調べただけでも、ベスは、10%を超えるROEを確保するような、他の似たような社会的な責任を果たせる衣料関係の事業を見つけることができるでしょう。

　次の課題は、長期債務に関係するリスクです。デットレシオと呼ばれることもある、永久資本の合計に対する長期債務の比率の数字は（この比率を確認するには、第8章を参照すること）、永久資本の構成の中に占める長期債務の比率が非常に高いことを示しています。これは、低いデットレシオの組織に比較して、より高いリスクがあることを表しています。

　最後に、ベスは、この組織の流動性、またはその欠如について考えるべきです。これまでは、流動負債をカバーすることに利用できる十分な流動資産を保有してきましたが、2012年に状況は変わり始めています。流動比率は、2010年の2.33から2012年の0.89へと低下しており、これは、短期間での注目すべき変化となっています。さらに、流動資産の中身が何であるかを見ることも重要です。2012年では、流動資産の60%を超える部分が、キャッシュよりもはるかに利用することが難しい棚卸資産となっています。しかし、同じ年、つまりすぐに、流動負債のほとんどすべての支払期限がくるので、（また長期債務の大部分も翌年には支払う必要があるので）これらの支払いをするのに十分なスピードで棚卸資産を売却できるかどうか疑問です。

　このような課題を考えると、ベスは、ポートフォリオに加えるべき別の事業を

見つけるまで、検討を継続することが最も望ましいと考えられます。

第10章ケーススタディ③の解答　マーサのブドウ園

ゴバイン　ワイナリー
貸借対照表（Balance Sheets）

	2012		2011
現金（Cash）	$1,375,120	n	$375,000
売掛金（AR）	$1,606,900	m	$600,000
棚卸資産（Inventory）	$948,900	i	$450,000
有形固定資産（純額）（PPE (net)）	$2,189,080	p	$3,675,000
資産合計（TOTAL ASSETS）	$6,120,000	o	$5,100,000
買掛金（AP）	$1,123,120	k	$300,000
長期債務（L-T debt）	$1,596,880	l	$1,800,000
ゴバイン、資本（Govain, Capital）	$750,000	h	$750,000
剰余金（Retained Earnings）	$2,650,000	g	$2,250,000
負債純資産合計（TOTAL LIABILITIES AND EQUITY）	$6,120,000		$5,100,000

ゴバイン　ワイナリー
2012 損益計算書（Income Statement）

売上高（Revenue）	$3,200,000	b
売上原価（Cost of Sales）	$1,280,000	c
総利益（Gross Margin）	$1,920,000	c
販売費及び一般管理費（Selling, General and administrative expenses）	$965,500	f
支払利息（Interest Expense）	$454,500	e
税引前利益（Income before taxes）	$500,000	a
法人所得税（Income tax expense）	$100,000	a
純利益（Net income）	$400,000	Given

a. 税引前利益×(1－税率) ＝ $400,000

   税率＝20%
b. 当期純利益率＝12.5%

   売上高＝当期純利益／当期純利益率＝$400,000／0.125＝$3,200,000
c. 売上高総利益率＝60%

   総利益＝売上高×60%＝$3,200,000×0.60

   売上原価＝売上高－売上総利益
d. インタレストカバレッジレシオ

   ＝(純利益＋支払利息＋法人所得税)／支払利息＝2.1
e. 支払利息＝(純利益＋法人所得税)／1.1＝(400,000＋100,000)／1.1（概数）
f. 販売費及び一般管理費＝売上総利益－税引前利益－支払利息
g. 剰余金＝期首剰余金＋当期純利益
h. 資本は変化なし
i. 棚卸資産回転率＝1.83＝売上原価／([450,000＋期末棚卸資産]／2)（概数）
j. 売上原価＝期首棚卸資産残高＋仕入－期末棚卸資産残高

   仕入＝1,778,900
k. 買掛金回転率＝2.5＝1,778,900／([300,000＋X]／2)
l. デットエクイティレシオ＝0.80

   負債合計＝デットエクイティレシオ×純資産合計

   長期債務＝負債合計－買掛金
m. 売掛金回転率＝2.9（概数）
n. 流動負債＝流動比率(3.5)×買掛金

   現金＝流動資産－売掛金－棚卸資産
o. 資産合計＝負債合計＋純資産合計
p. 有形固定資産＝資産合計－流動資産

第11章テストの解答

1 財政状態報告書（Statement of Financial Position）
活動報告書（Statement of Activities）
キャッシュフロー計算書（Statement of Cash Flows）

2 収支差額（Surplus）

3 業績（Performance）

4 使命（Mission）；目標（Goals）；評価基準（Measures of）

5 永久拘束（Permanently Restricted）
一時的拘束（Temporarily Restricted）
無拘束（Unrestricted）

6 寄付者（Donor）

7 利益（Income）

8 基本財産（Endowment）

9 区分変更（Transfers）

10 非営利組織体には所有者がおらず、純資産（Equity）がないためである。

第11章ケーススタディ①の解答　ジャスパーの家 No.1

・非営利組織体は利益の獲得を主要目的としていません。成功を決定する主要

な指標は、非貨幣性のもの（使命及び目標）です。財務上の「利益」だけ見ても、組織体が効果的か否かについては完全には分かりません。
・非営利組織体において、費用を超過する収益は、通常、収支差額（Surplus）となり、当期純利益（Net Income, Profit）とはなりません。
・非営利組織体には所有者や株主はいません。
・Equityは所有を意味しますので、非営利組織体の財務諸表では使われません。代わりに、Net Assetsが使われます。
・株主がいないので、配当の支払はありません（収益の項目で「配当」の用語を見ることがあり得ますが、これは非営利組織体がそれ自身の株式投資先から受け取る配当を示します）。
・非営利組織体の財務諸表は、タイトルが営利企業と異なります。「貸借対照表」は、財政状態報告書（Statement of Financial Position）と呼ばれ、「損益計算書」は、活動報告書（Statement of Activities）と呼ばれます。

第11章ケーススタディ②解答　ジャスパーの家 No.2

「通常の事業活動」のための12,000ドルの補助金だけは、サービスの提供による収益や一般寄付と同様に、一般収益（無拘束基金）として記帳できます。他の3つの取引は、各々寄付者/補助者によって使用について制限を課されているので、単に一般収益として記帳できません。それらは、特定目的のために使用されるまで、「一時的拘束」基金として記帳されなければなりません。特定目的のために使用されたら、「一時的拘束」基金から「無拘束」基金へ区分変更できます。

第11章ケーススタディ③の解答　ジャスパーの家 No.3

寄付金を将来の会計期間に使う意向がある場合、エリンは、寄付金を受け取った年の末までに、一時的拘束収益を財政状態報告書の一時的拘束純資産に計上して帳簿を締めなければなりません。今期行ったような事象が起こった時に、エリンは、その基金を無拘束収益勘定へ、そして、会計期末に、無拘束純

資産に区分変更して帳簿を締めなければなりません。この会計処理は、ジャスパーの家が特定の目的のために保全していた基金を、寄付者が使うように意図した期に使ったことを示します。

　ジャスパーの家が寄付者から受け取った寄付のタイプは、Endowment（寄付基金）であり、寄付者によって制限されたお金として収入を得るために投資されなければなりません。Endowment（寄付基金）は投資収入を得、その投資収入は、ジャスパーの家が好きなように使うことができる無拘束収入（寄付者が特に指定しなければ）として処理されます。得られた投資収入の一部は、最初のEndowment（寄付基金）の寄付金と一緒に再投資されねばならず、残りの投資収入は組織体の運営に使われなければなりません。投資収入の一部の再投資は、インフレーション時、Endowment（寄付基金）の購買力の維持に役立ちます。希望するリスク量によって、基金を、株式や債券や政府債、あるいは、リスクを分散してベストの収入を得るためにこれらの選択肢の組み合わせに投資することができます。

　エリンの会計処理は、非営利組織体へのこのタイプの寄贈に対しては不適切です。エリンは、ジャスパーの家の銀行口座に基金（Fund）を預けて無拘束純資産を増やすというよりむしろ、銀行口座の単利より多額な収入を得られるところに投資すべきです。さらに、エレンは、Endowment（寄付基金）を使ってはいけないことを示すため、貸借対照表の「永久拘束純資産」の区分にそのEndowment（寄付基金）を計上すべきです。Endowment（寄付基金）により最終的に得られる収入は、寄付者が用途を特に制限していませんので、「投資収入－無拘束」として計上すべきです。

第12章テストの解答

1 International Financial Reporting Standards

2 Rule；Principle

3 (a) Going Concern
(b) Accrual

4 Global

5 (a) Statement of Financial Positions
(b) Statement of Comprehensive Income
(c) Statement of Cash Flows

6 Fair Value

7 (a) Understandability
(b) Relevance
(c) Reliability
(d) Comparability

8 Risk；Reward；売り手

9 (c) 工事完成基準

10 (c) コストと市場価格の低い方

11 (a) 正味実現可能価格とコストの低い方

12 (b) 誤り　IFRSでは評価アップが正当化される場合には資産の取得価格まで減損を振り戻すことができますが、U.S. GAAPでは取得価格まで資産を評価アップすることは認められていません。

13 Transactions；Eliminate

14 Extraordinary

15 Amortization

16 (b) コスト　資産が使用された後に、コストから減価償却費を控除した正味の帳簿価格で貸借対照表に記録されます。

用語集

注意：ここでの解説は簡潔かつ導入的なものであり、全てのニュアンスや意味が含まれているわけではありません。より詳しい意味については本文を参照して下さい。

A

Accelerated depreciation【加速度償却法】耐用年数の初期に多くの費用が発生し、その後徐々に減少していくような減価償却の方法のこと。主に法人税の計算で使われる。

Account【勘定科目】貸借対照表や損益計算書の項目の、金額増減の記録のこと。

Account payable【買掛金、未払金】仕入業者に対して支払うべき金額で、Note【手形】を発行しないもの。

Account receivable【売掛金、未収入金】顧客への販売代金のうち、通常の決済期間内にある未回収の金額のこと。

Accountability【説明責任】予算遵守に関する説明責任を果たすことが政府の財務報告の中心的な目的である。

Accounting income【会計上の利益】会計基準にしたがって計算された利益のこと。Taxable income【課税所得】(税金計算上の利益)と対比される。

Accounting period【会計期間】損益計算書の作成の対象となる期間のこと。通常は1年であるが、損益計算書をそれより短い期間について作成することもある。

Accrual accounting【発生主義会計】収益は実現した時点で、また費用は発生した時点で認識する会計の考え方。通常の会計実務の考え方である。現金の支払あるいは受取の時に費用あるいは収益を認識する現金主義は、会計では通常認められていない。

Accrued expense【未払費用】Accrued liabilityと同じ意味である。これは負債の項目で、費用の項目ではない。

Accrued liability【未払費用】支払いより前の会計期間に費用として発生しているために計上される負債のこと〔例：未払給与〕〔訳注：未払費用は、費用として発生はしていてもまだ支払義務がないものを意味し、未払金は、費用として発生し、さらに支払義務も確定しているものを意味している。ただ実務上は、上記のような区分ではなく、支払相手先によって区分しているケースもある〕。

Accrued pensions【未払年金費用】企業が年金制度にしたがって累計し、従業員に支給すべき金額として認識している金額のこと。給付額を累計して計算し、負債として計上する。

Accumulated depreciation【減価償却累計額】有形固定資産のある時点までの減価償却の累計金額のこと。有形固定資産の取得原価から差し引かれ、その差額が簿価になる。

Additional paid-in capital【払込剰余金】発行された株式の額面価額あるいは表示価額を上回って、投資家が支払った金額のこと。

Advances from customers【前受金】サービスや商品を受け取る前に顧客が支払った金額を示す負債項目のこと。Deferred revenue、Unearned revenue、Precollected revenueなどということもある。

Allowance for doubtful accounts【貸倒引当金】売掛金のうち回収が難しいと考えられる金額のこと。この金額は貸借対照表上の売掛金の金額から差し引かれる。

Amortization【償却費】無形固定資産の原価を費用として認識するプロセスのこと。すべての資産の原価を費用化していくことの一般的な用語として使われることもある。

Asset【資産】金額的に測定可能な原価で取得され、企業に所有あるいは管理されている価値のあるもの。

Asset-measurement concept【資産価値測定の原則】貨幣性資産はその公正価値で測定し、非貨幣性資産はその原価で測定するという基本原則のこと。

Asset turnover【資産回転率】売上高を資産で割ったもの。

Auditing【監査】独立性のある外部の監査人によって行なわれる会計記録のチェックのこと。

Authorized stock【授権株式】企業が発行することを許されている株式の総数のこと〔訳注：実際の発行済株式総数は、通常はこの数字よりも少なくなる〕。

Available for sale【売却可能な】期首棚卸資産の金額と当期の仕入金額の合計金額のこと。

Average-cost method【平均原価法】期首棚卸資産と仕入高の平均単価によって売上原価を計算する方法のこと。

B

Bad debt【不良債権】回収不能な売上債権のこと。

Bad debt expense【貸倒損失】ある会計期間における不良債権の予測金額のこと。

Balance【残高】勘定科目の借方・貸方それぞれの合計金額の差額のこと。各勘定科目には、借方残高と貸方残高のどちらかが残ることとなる。

Balance sheet【貸借対照表】ある一時点での企業の資産、負債、純資産を報告する財務諸表のこと。資産は左側に、負債と純資産は右側に記載される。

Benchmarking【ベンチマーキング、基準値との比較】ある企業の業績を、同じ業界で最もうまくいっていると考えられる企業の業績と比較すること。

Bond【債券、社債】通常、発行日より数年先の将来の一定の日に、金利を付けて、事業に提供された資金を返済することを書面で約束したもの。

Book value【簿価】減価償却資産の取得原価と減価償却累計額との差額のこと。

C

Calendar year【暦年】カレンダーの最終日、つまり12月31日までの1年間のこと。多くの米国企業の会計期間はCalendar yearとなっている。また（事業が比較的低調な時期を会計期間の期末とする）natural business yearを会計期間としている企業もある。

Capital【資本　株主資本】一般に、企業に提供された資金のこと。また個人事業やパートナーシップにおいては、Paid-in-capital【払込資本】と呼ばれることもある。

Capital-intensive【資本投下型の】売上高に比較して、多くの資本投資が必要な企業のこと。

Capital lease【キャピタルリース】耐用年数とほぼ同じ期間のリース契約によって、企業が行っているリースのこと。資産として計上する。

Capital stock【資本金】株主が株券と引き換えに提供した金額を表す貸借対照表の項目のこと。これと内部留保が、企業の純資産の部を構成する。

Capital turnover【資本回転率】年間売上高を永久資本〔純資産の部と固定負債の合計〕で割って計算した比率。

Capitalization【資本化】費用として認識される期間より前に貸借対照表に記載されている将来の費用のこと。例えば、資産を購入して、使えるように準備するためのコストは、貸借対照表の資産の実際のコストに含まれる。

Cash【現金】手元にある現金と銀行口座にある資金の総称〔訳注：Cashには通常短期の預金等が含まれる〕。

Cash flow statement【キャッシュフロー計算書】Statement of cash flowsと同じ。ある会計期間の現金の源泉と使い途を報告する財務諸表。

Cash-basis accounting【現金主義会計】発生主義を使わない会計システムのこと。現金の受取と支払にしたがって記録していく。通常は会計の実務では認められていない。

Charge【動詞】借方に金額を記入すること。

Claim【債務】資金の提供や信用の供与〔回収を一定期間後にすること〕をしている債権者等に対して負っている、支払義務のある金額。

Closing entries【締切仕訳】一定期間の収益や費用項目の残高を、剰余金に振り替えるための仕訳。

Common stock【普通株式】配当や解散時の残余財産の分配に関して、優先的な取扱いがない株式。普通株式の簿価は時価とは関係がない。

Comparisons, bases of【比較】過去の実績、他の企業の業績、あるいは基準値などと比較すること。

Concepts【原則】本書の中で解説している会計基準のこと。

Conservatism concept【保守主義の原則】純資産の増加は、ほぼ確実になった時点でのみ認識し、純資産の減少はある程度可能性があるという時点で認識する原則のこと。

Consolidated statements【連結財務諸表】1つの企業グループを1つの企業のように考えて作成した財務諸表のこと。企業グループは親会社と（親会社が株式の50％超を所有する）子会社から構成されている。

Contra-asset account【資産控除勘定】関連する資産の勘定の残高から控除する勘定のこと〔訳注：たとえば、貸倒引当金（Allowance for receivables）は売掛金（Accounts receivable）の資産控除勘定である〕。

Conversion cost【加工費】原材料を製品にするための労務費と製造間接費のこと。

Corporation【法人】企業の法律的な形態。

Cost【原価】ある目的に使われる資源の量を金額で表したもの。本書の中の、Product cost【製品原価】やAcquisition cost（取得原価）がその代表例である。

Cost accounting【原価計算】製造原価を区分、集計し、その原価を生産工程にある製品に配賦するプロセスのこと。

Cost of goods sold【売上原価】Cost of salesと同じ。

Cost of sales【売上原価】販売金額が売上高として集計された製品の原価。

Credit【名詞　貸方】勘定の右側のこと、あるいは勘定の右側に記入された金額のこと。略してCr.ということもある。

Credit【動詞　貸方に金額を記入する】勘定の右側に記入すること。Debit【動詞　借方に金額を記入する】とCreditのルールは本書の中で解説されている。

Creditor【債権者】企業に対して資金を貸している、あるいは信用の供与〔回収を一定期間後にすること〕をしている人のこと。

Current assets【流動資産】現金と、通常1年以内の近い将来に現金になるか、あるいは使われてしまうことが予定されている資産のこと。

Current liabilities【流動負債】通常1年以内の短期間に期限がくる負債のこと。

Current ratio【流動比率】流動資産の合計を流動負債の合計で割った比率のこと。

D

Days' sales uncollected【売上債権回転期間】会計期間末に売掛金として残っている金額が、売上高の何日分あるかという指標。1日当たりの売上高は年間の売上を365で割って計算し、売上債権回転期間は売上債権の金額を1日当たりの売上高で割って計算する。

Debit【名詞　借方】勘定の左側、あるいは勘定の左側に記入されている金額のこと。略してDr.ということもある。

Debit【動詞　借方に金額を記入する】ある勘定の左側に金額を入れること。DebitとCredit【動詞　貸方に金額を記入する】のルールは本書の中で解説されている。

Debt capital【長期債務（有利子負債）】負債証券、通常は社債を発行して調達した資本のこと〔訳注：社債だけではなく、借入金も含めることが一般的である。また日本では短期の借入金も、通常借り換えによって1年を超えて継続することが多いので、それも含めることが一般的である〕。

Debt ratio【長期債務比率】永久資本（長期債務と純資産の部の合計）に対する長期債務〔有利子負債〕の比率。

Deduction method【実地棚卸法】期首棚卸資産残高に当期仕入高を加え、それから期末棚卸資産残高を差し引くことによって売上原価を計算する方法。

Deferred income taxes【繰延税金】ある期間の実際の法人所得税〔税務当局に支払う金額〕と、損益計算書上の法人税等の金額の差額。

Deferred revenue【前受収益】サービスが提供される時点よりも前に、現金を受取るような収益のこと。Advances from customersを参照。

Depletion【減耗償却】天然ガス、石炭、石油、その他の鉱物資源といった減耗資産のコストを費用として認識するプロセスのこと。

Depreciable cost【減価償却可能コスト】有形固定資産の原価と見積残存価額との差額のこと。

Depreciation expense【減価償却費】ある特定の会計期間に費用となる、有形固定資産（建物や装置など）の見積もりコストの一部のこと。

Depreciation rate【減価償却率】資産の原価のうち各年に費用となるものの比率。定額法では1を耐

用年数で割った比率になる。

Derivative【デリバティブ】たとえば不動産担保付借入金から派生する金利を支払う契約のような、金融機関が発行する金融商品のこと。他の金融商品から派生したデリバティブを発行することによって、資金を調達する企業もある。また取引の価値が、関連する資産あるいは負債の価値に一部でも依存している場合は、その取引もデリバティブになる。

Direct labor or Materials【直接労務費及び直接材料費】ある製品に直接的に使われる労務費あるいは材料費のこと。

Disposition of plant, gain or loss on【有形固定資産処分損益】有形固定資産の簿価と実際の売却金額との差額のこと。

Dividend【配当】利益の出る事業から生み出された資金のうち、株主に分配されるもの。配当は費用ではない。

Double-entry system【複式簿記】それぞれの取引が勘定科目の残高に少なくとも2つ以上の変化をもたらすような会計のしくみのこと。

Dual aspect concept【貸借一致の原則】企業の資産の合計金額が、負債と純資産の合計金額に常に一致するという原則のこと。

DuPont identity【デュポン計算式】自己資本利益率(ROE)を3つの比率に分解すること。3つの比率は、当期純利益率、資産回転率、資本乗数(レバレッジ比率)である。

E

Earnings【当期純利益】Net incomeの別称。

Earnings before interest and taxes (EBIT)【金利税金差引前利益】永久資本(長期債務と純資産の合計金額)に対するリターンを計算するときに使われる金額のこと。

Earnings per share【1株当たり利益】ある会計期間の利益の合計金額を普通株式の発行株式数で割って計算する比率のこと。

EBIT margin【EBITマージン】EBIT(金利税金差引前利益)の売上高に対する比率のこと。

Endowment【寄付】寄付から得られた組織の資産の中の投資に向けられた部分。寄付はしばしば儲けを生み出すことを目的として投資され、その一部が毎年使われる。

Entity【会計主体、会計実体】一定の勘定科目が設定されている事業あるいは組織単位のこと。

Entity concept【企業実体の原則】企業の所有者や運営者、あるいはその関係者といった個人としてではなく、企業として勘定科目を設定するという原則のこと。

Entry【勘定記入、仕訳】ある取引について行われる会計記録のこと。

Equation, fundamental accounting【資産＝負債＋純資産】資産の金額は負債と純資産の合計金額に等しいこと。

Equity【純資産、株主資本、持分】株主の投資額と内部留保からなる純資産のこと。株主が企業に対して持っている請求権のこと〔訳注：日本では、ROEの計算におけるEquityのことを自己資本と呼んでいる〕。

Equity capital【株主資本】株主、つまり企業の所有者から提供された資本のこと。

Equity multiplier【資本乗数】レバレッジ比率とも呼ばれる。比率のデュポンシステムの一部。資産を純資産（自己資本）で割ったものに等しい。

Exchange transactions【交換取引】顧客が商品・製品やサービスと引き換えに代金を支払うような取引のこと。Nonexchange transactions【非交換取引】も参照すること。

Expenditure【支出】商品・製品あるいはサービスの獲得に伴う資産の減少あるいは負債の増加のこと。Expenditure【通常支出】のあとに発生し、商品・製品やサービスの使用を意味する、Expense【費用】と混同しないようにすること。

Expense【費用】ある会計期間における、事業の結果としての純資産の減少のこと。つまり、ある会計期間に使われた、あるいは消費された金額のこと。たとえば、人件費。本書で取り上げているものには、費用となる資産と、負債を発生させる費用とがある。

Expensing【費用化する】資産の金額を費用として計上していくプロセスのこと。

Expired cost【費消原価】Expenseの別称。

External basis of comparison【業績の比較分析】ある企業の業績を他の企業の業績と比較すること。

F

Face amount【額面金額】返済しなければならない借り入れた金額の合計金額、特に社債の券面に記載されている金額。

Fair value【公正価値】資産の、市場における販売可能金額のこと。

FASAB【連邦会計基準諮問委員会】The Federal Accounting Standards Advisory Boardの略で、米国の政府組織の会計原則を作成する組織のこと。

FASB【財務会計基準審議会】Financial Accounting Standards Boardの略で、営利企業及び非営利企業の会計基準を設定する組織のこと。

FIFO (first-in, first-out)【先入先出法】最も古いものが最初に売れていくという仮定にしたがって、売上原価を計算する方法のこと。

Financial statements【財務諸表】3つの基本財務諸表——Balance sheet【貸借対照表】、Income statement【損益計算書】、Cash flow statement【キャッシュフロー計算書】——を参照のこと。

Fiscal year【事業年度】会計期間のこと。Natural business yearを参照。

Fixed assets【固定資産】Tangible【有形で】non-current【非流動の】資産のこと。また、PPE（Property plant & equipment）【有形固定資産】と呼ぶこともある。

Free cash flow【フリー・キャッシュフロー】営業活動から生み出すことが見込まれるキャッシュフローから、将来必要であることが明確なキャッシュを差し引いて残った金額のこと。

Fringe benefits【福利厚生、附帯給付】賃金以外の、基本的にはキャッシュでの給付のこと。企業に対する従業員の労働サービスの対価として、企業が従業員に対して負担するもの。

Fund reporting【ファンド報告書】政府組織の流動の財務資源（流動資産や流動負債）の動きと修正発生主義の関係を示す資料のこと。

G

GAAP【一般に公正妥当と認められた会計原則】Generally Accepted Accounting Principlesの略で、財務諸表を作成するために必要なすべての取引を行うための財務会計の指針となる標準的なフ

レームワークである。

Gain (or loss) on disposition of plant【有形固定資産処分益（損）】有形固定資産の実際の売却金額と簿価との差額のこと。

GASB【地方政府会計基準審議会】The Government Accounting Standards Boardの略で、米国の州あるいは地方の政府会計基準を設定する組織のこと。

Going-concern concept【継続事業の原則】企業は半永久的に事業を継続していくという会計上の仮定のこと。

Goods available for sale【販売可能な商品・製品】一定期間の期首棚卸資産残高と仕入金額の合計のこと。

Goodwill【のれん】無形固定資産の1つ。ある企業の識別可能な純資産を超えて支払った金額のことであり、望ましい立地条件や評判などを意味している。のれんは、購入されたときにだけ資産となる。

Gross margin【売上総利益】売上高と売上原価との差額。

Gross margin percentage【売上総利益率】売上高に対する売上総利益の比率。

H

Historic cost concept【取得原価主義】Cost concept（原価主義）ともいう。

Historical basis of comparison【過年度比較】企業の業績をその企業の過去の業績と比較すること。

I

IFRS【国際財務報告基準】International financial reporting standardsの略〔訳注：世界の多くの国が参加して作成している共通の会計ルールのことであり、国際会計基準とも呼ばれる〕。

Impairment【減損】資産の価値が、そのもともとの原価よりも低いという概念のこと。

Income【利益】一定期間の事業の結果として増加した純資産の金額のこと。

Income statement【損益計算書】収益と費用の計算書。会計期間の収益と費用の差額を表すものである。フローの計算書であり、一定期間の事業にともなう純資産の変化を表している。

Income tax【法人所得税】課税所得の一定比率として課される税金。Taxable income【課税所得】を参照。

Intangible asset【無形固定資産】のれんや保険契約による補償といった、実体がない資産のこと。

Interest【金利】金銭を使用することに対して支払うべき金額。借入金では金利と元本の支払いが要求される。

Interest expense【利息費用、支払利息】ある会計期間に借り入れた資金を使うことによって負担する企業のコストのこと。

Interest revenue【利息収益】誰かに企業の資金を使うことを許可することによって得られる収益。資金の貸し出しから得られる収益。しばしば、誤って*Interest income*（受取利息：金融業ではない企業の預金の金利のこと）といわれることもある。

Interim statements【中間財務諸表】1カ月、四半期といった1年より短い期間について作成された財務諸表。

Intrafamily transaction【企業グループ内取引】連

結企業グループ内の企業の取引のこと。このような取引は連結財務諸表を作成する段階で相殺消去される。

Inventory【名詞　棚卸資産】販売を目的として保有されている商品・製品、原材料、および完成した段階で販売される仕掛品のこと。

Inventory【動詞　棚卸をする】棚卸資産の実地棚卸〔状況を確認し数を数えること〕を行なうこと。

Inventory turnover【棚卸資産回転率】1年間に棚卸資産が何回置き換わったかを示す比率のこと。売上原価を棚卸資産の平均残高で割ることにより計算される。

Investments【投資有価証券】余剰資金の一時的な利用という目的で購入されたのではなく、比較的長い期間所有されるような有価証券のこと。固定資産に含まれる。

Issued stock【発行済み株式】発行済み株式。発行済み株式からTreasury stock【自己株式】を控除すると、Outstanding stock【流通している株式】になる。これと対比されるのが、Authorized stock【授権株式】である。

J

Journal【仕訳帳】取引を日付順に記録したもの。勘定科目と金額が貸方あるいは借方に記入されている。取引は元帳に転記される。

Judgmental basis of comparison【基準値との比較分析】企業の業績を、特定の基準値と比較すること。

L

Land, Life of【土地、その耐用年数】例外的なケースを除いて、土地は永遠に使用価値を保持している。

Lease【リース】有形固定資産の所有者が、他の誰かにその資産を使うことを許諾する契約のこと。所有者をlessor（賃貸人）といい、使用者をlessee（賃借人）という。

Ledger【元帳】勘定科目の集計表。仕訳は仕訳帳から元帳に転記される。

Leverage【借入効果、てこ】永久資本（長期債務と純資産の合計）に対する長期債務の比率。永久資本のかなりの部分を長期債務で調達している場合は、Highly leveraged（レバレッジが高い、債務が多い）といわれる。

Leverage ratio【レバレッジ比率】資産を純資産（自己資本）で割った比率。比率のデュポンシステムの一部である。

Liability【負債】債権者の持分あるいは請求権。

LIFO (last-in, first-out) method【後入先出法】最も最近購入されたものから最初に販売されていくという仮定にしたがって、売上原価を計算する方法。

Limitations on financial statement analysis【財務諸表分析における限界】企業を分析する際には、数多くの情報が必要になる。財務諸表は必ずしもその全てを提供するものではない。

Liquidity【流動性】企業が当座の（短期の）支払義務を満たすことができる能力のことであり、流動比率により測定されることが多い。

Losses【損失】火災や盗難などによってある会計期間に将来の便益を失った資産や、訴訟などによってある会計期間に発生した負債から生じる費用のこと。

M

Manufacturing company【製造業】原材料を販売

可能な製品に加工し、その製品を販売する企業。製造業では棚卸資産に特有の会計処理方法がある。

Manufacturing overhead【製造間接費】Production overhead cost【製造間接費】を参照。

Marketable securities【市場性のある有価証券】1年以内に換金されることが予想される証券であり、流動資産である。

Matching concept【費用収益対応の原則】ある会計期間の収益に関連するコストは、その会計期間の費用とすべきであるという原則。

Materiality concept【重要性の原則】取るに足らない事項は無視する一方で、重要な事項はすべて開示するという原則のこと。

Measurable cost【測定可能な原価】一般に、外部の第三者から獲得されたものであり、金額が分かるもののこと。

Merchandising company【商企業】他の企業から購入した商品を販売する企業のことであり、たとえば小売業者や卸売業者がそれにあたる。

Minority interest【少数株主持分】親会社以外の株主が子会社に対して持っている持分。連結貸借対照表では、純資産の項目として報告される〔訳注：この項目は、Noncontrolling interest【非支配持分】という名称に変わってきている〕。

Monetary assets【貨幣性資産】現金と、外部者がその企業に一定の金額を支払うことを約束している資産。

Money-measurement concept【貨幣価値測定の原則】貨幣金額で表される事実だけを、会計記録として記録するという原則。したがって、会計記録は企業の完全な記録ではない。

Mortgage【抵当証券、モーゲージ】土地が担保として設定されている借入金の証券のこと。

Mortgage payable【抵当未払金】抵当証券によって保証された借入金を意味する負債のこと。

N

Natural business year【通常の事業年度】事業活動が比較的活発ではない時期のある特定の日に終了する一年のこと。会計期間を暦年でなくこのような通常の事業年度としている企業もある。Fiscal year【事業年度】ということもある。

Net【純額】総額からある金額が差し引かれたあとの残額のこと。たとえば売掛金〔純額〕は貸倒引当金が差し引かれた金額のことである。

Net assets【純資産】非営利組織では、貸借対照表の一部は営利目的の組織の持分になっている。また、資産から負債を差し引いたものである。純資産には、非拘束純資産、一時拘束純資産、永久拘束純資産がある。

Net income【当期純利益】一定の会計期間で、総収益が総費用を上回った金額。Bottom lineともいう。非営利組織では、Surplus【収支差額】のことである。

Net income percentage【売上高当期純利益率】当期純利益を売上高で割ることにより算出される比率。

Net loss【当期純損失】一定の会計期間で総費用が総収益を上回った金額。マイナスの当期純利益。非営利組織では、Deficit（欠損）のことである。

Net realizable value【正味実現可能価値】あるものの売却が見込まれる金額から、売却のためのコストを差し引いた金額。

Net worth【株主資本、純資産】株主資本あるいは純資産を表す用語として使用される用語である。ただ誤解を生みやすい用語でもある。

No par value stock【無額面株式】額面がない普通株式のこと。Stated value【表示価格】で記載される。

Nonbusiness organizations【非営利団体】地方公共団体、病院、宗教団体といった利益を獲得することを目的として運営されていない組織のこと。

Noncurrent asset【固定資産】1年以上の期間にわたって企業にとって役立つと考えられる資産のこと。

Noncurrent liability【固定負債】1年以内に期限がこない請求権のこと。Debt capital【長期債務、有利子負債】に似ている。

Nonexchange transactions【非交換性取引】政府が、市民からある価値のものを、等しい価値のものと交換することなく受け取るような取引のこと。

Nonprofit or not-for-profit【非営利、営利目的ではない】所有者や株主がいないような組織のこと。非営利の状態を決める法律は州毎に異なっている。

Note【手形】書面で支払を約束したもの。

Note payable【支払手形】書面で支払を約束した負債。

O

Obsolescence【陳腐化】新型設備の開発やスタイルの変更、あるいは資産そのものの実体に関係しない理由によって、資産の利用価値が失われること。減価償却の1つの理由になる。それ以外の減価償却の理由が損耗である。

OPEB（Other post-employment benefits）【その他の退職後給付】退職後の従業員に対する、年金以外の、保険あるいはその他の福利厚生といった給付のこと。

Opinion or opinion letter【監査報告書】財務諸表の記載の適正性について、監査人が表明した意見の報告書。

Outstanding stock【流通株式数】投資家によって所有されている株式。Issued stock【発行済み株式】からTreasury stock【自己株式】を差し引いて計算される。

Overhead【製造間接費】Production overhead costを参照。

Overhead rate【製造間接費配賦率】製品に製造間接費を配賦する（割り振る）場合に使われる比率。

Owners' equity【株主資本、所有者持分】事業資産に対する所有者（株主）の請求権のこと。企業においては、株主資本は株式払込金額と内部留保から構成されている。

P

Package of accounting reports【財務諸表】Report package【財務諸表】を参照。

Paid-in capital【払込資本】株式と引き換えに投資家が支払った金額のこと。par【額面】あるいはStated value【表示価額】を上回る金額をAdditional paid in capital【払込剰余金】という。

Par value【額面金額】株券の表面に記載されている特定の金額のこと。会計上は、あまり重要ではない。

Parent【親会社】株式の50%超を所有することによって、1つあるいはそれ以上の他の企業を支配しているような企業のこと。支配されている企業

のことをSubsidiaries【子会社】という。

Partnership【パートナーシップ】2人以上の所有者によって所有されている、企業という形になっていない事業のこと〔訳注：日本では組合、あるいは合名会社が対応する〕。

Patent【特許権】発明者に与えられる、発明品の製造あるいは販売を17年間にわたって独占的に行なえる権利のこと。

Percentage【比率】1つの数字を他の数字で割ることによって得られる比率に100を掛け合わせたもの。どちらかを基準、つまり100％として計算する。損益計算書の項目は、しばしば売上高に対するパーセンテージとして表される。

Performance, measures of【業績、業績の測定】全体的な業績の測定は、しばしば比率を使って分析され、他の組織の業績や同じ組織の過去の業績と比較される。

Period costs【期間原価】一般的な販売管理活動に関連して発生する原価のこと。製品原価と対比される。

Permanent account【貸借対照表勘定】貸借対照表項目の勘定のこと。会計期間の終了時点で締め切りを行わないのでこう呼ばれている。Temporary account【損益勘定】と対比される。

Permanent capital【永久資本】長期債務と純資産の合計のこと。

Permanently restricted net assets【永久拘束純資産】非営利組織において、特定の目的のために寄付され、他の目的に使うことが出来ないような資産のこと。

Perpetual inventory【継続記録】棚卸資産の各項目について、受取、払い出し、手元残高の数量と原価を、日々の動きとほぼ同時に更新している記録のこと。

Physical inventory【実地棚卸】実際の数量カウントによって把握された、実際に手元にある棚卸資産の量のこと。

Plant assets【有形固定資産】土地を除く有形の固定資産のこと。

Posting【転記】Journal【仕訳帳】からLedger【元帳】に取引を転記すること。

Precollected revenue【前受金】Advances from customers【前受金】を参照。

Preferred stock【優先株式】配当あるいは解散時の資産に対する請求権について、普通株式の株主よりも優先的な権利のある株式のこと。

Prepaid expenses【前払費用】サービスが実際に利用される将来の一定の時期に、費用になるような、無形資産の一般的な名称。例として前払保険料が挙げられる。

Price-earning ratio【株価利益倍率】株式の平均市場価格を1株当たり利益で割って計算される比率。

Principal【元本】返済しなければならない借入金の金額のこと。返済される総額は元本と金利である。

Product【生産品】販売された、あるいはこれから販売される商品・製品あるいはサービスのこと。有形のものだけを意味することもある。

Product costs【製品原価】製品の直接材料費、直接労務費、製造間接費のこと。Period cost【期間原価】と対比される。

Production overhead cost【製造間接費】直接材料費と直接労務費を除いた製造原価のこと。たとえば監督費用、建物の補修費用あるいは電力料などが含まれる。Overhead rate【製造間接費配賦率】を参照のこと。

Profit【利益】 Income【利益】あるいはSurplus【収支差額】の別称。

Profit and loss statement【損益計算書】 Income statement【損益計算書】の別称。

Profit margin percentage【売上高当期純利益率】当期純利益を売上高で割って計算した比率。

Property, plant and equipment (PPE)【有形固定資産】有形の固定資産のこと。

Proprietorship【個人事業】1人の所有者によって運営されている、組織になっていない事業のこと。

Q

Quality of earnings【利益の質】一貫した保守的な会計方針、循環的な活動による利益、予測可能な安定した収益や純利益、将来のキャッシュフローの(確実性の高い)見通し、適切な水準の長期債務といった特徴のこと。

R

Ratio【比率】1つの数字を他の数字で割った結果。たとえばCurrent ratio【流動比率】を参照。

Real earnings【実際の利益】毎年毎年キャッシュを生み出し、通常の循環的な営業活動の一部となっているような利益のこと。

Realization concept【実現主義の原則】商品あるいはサービスが出荷あるいは提供された時点で、ほぼ確実に獲得できると予想される金額によって収益を計上するという考え方。

Reasonably certain【ほぼ確実な】資産あるいは負債の勘定科目に金額を記入することを決める基準。

Recognition【認識】ある会計期間に対応する収益あるいは費用を記録すること。収益の認識はRealization concept【実現主義の原則】にしたがって行われる。

Red flags【危険信号】利益の質に関するヒントを与えてくれるような企業の財務状況についての警告信号のこと。Quality of earnings【利益の質】を参照のこと。

Rental revenue【賃貸収入】外部者に建物あるいはそれ以外の設備などを使わせることによって得られる収益のこと。

Report, Auditors'【監査報告書】Opinionを参照のこと。

Report package【財務諸表】会計期間の期首と期末時点の貸借対照表と、その会計期間の損益計算書から構成される財務データ。

Residual claim【株主の請求権】株主の請求権のこと。

Residual value【残存価値】耐用年数終了時点で見込まれる有形固定資産の販売可能金額のこと。

Retained earnings【剰余金】企業の事業活動の結果としての純資産の増加分。これは純資産の項目であり、資産ではない。

Return on equity (ROE)【自己資本利益率】当期純利益を自己資本(純資産から少数株主持分を差し引いたもの)で割って計算する比率。

Return on investment (ROI)【投下資本利益率】

EBIT（Earnings before interest and tax）【金利税金差引前利益】を長期債務と純資産の合計で割って計算する比率〔訳注：EBITから税金を差し引いたものを分子とするなど、別の方法で計算することもある〕。

Return on permanent capital【投下資本利益率】Return on investmentの別称。

Revenue【収益】商品・製品やサービスの販売といった一定期間の事業から得られる純資産の増加のこと。

---------- S ----------

Sales income【売上高】Sales revenue【売上高】という意味で使われる場合がある。ただ、Incomeは収益と費用との差額なので、これは誤解を招く呼び方である。

Sales revenue【売上高】商品・製品の出荷あるいはサービスの提供から得られる収益のこと。

Sarbanes-Oxley act【企業改革法：サーベンス・オクスリー法】会計基準の遵守を促し、財務報告書の透明性を高めるために2002年に制定された法律のこと。

Security【有価証券】株式あるいは債券の総称。有価証券は、それを発行した企業に対する一定の価値のある権利を、それを所有している者に与えるという意味がある。

Service【サービス、役務】無形の産出物。例えば、個人的なサービス、賃貸、保険などのことである。

Service life【耐用年数】資産が企業に対してサービスを提供すると見込まれる期間のこと。

Service revenue【役務収益】サービスの提供から得られる収益のこと。

Shareholder equity【株主資本・純資産】企業の貸借対照表の純資産のこと。Stockholder equityということもある。Equity【純資産、株主持分、持分】を参照。

Shareholders【株主】企業の所有者のこと。Stockholders【株主】を参照。

Shrinkages【減損、減耗、減耗損】盗難や破損などによって、もはや棚卸資産として考えられないもの。

Sole proprietorship【事業主】Proprietorship【個人事業】を参照。

Solvency【長期債務に対する支払い能力】企業の長期債務の支払への対応能力のこと。しばしばDebt ratio【長期債務比率】で測定される。

Specific identification method【個別法】個々の品目の原価に基づいて売上原価を計算する方法。自動車などに適用する。

Stated value【表示価額】貸借対照表に記載されている無額面株式の表示金額のこと。取締役によって決められる。

Statement of activities【活動報告書】非営利組織における、収益と費用の計算書、あるいは純資産の変化を集計した計算書のこと。

Statement of cash flow（Cash flow statement）【キャッシュフロー計算書】ある会計期間のキャッシュの源泉と使途を報告する財務諸表のこと。

Statement of comprehensive income【包括利益計算書】Income statementの別称。

Statement of financial position【貸借対照表】Balance sheetの別称。

Stewardship【スチュワードシップ】この概念は、財務データの作成にとどまらず、それをさらに上回るような責任までも含むものである〔訳注：機関投資家、資産運用受託者が投資先企業との対話などを通じて、投資先企業の持続的な企業価値の増大を図り、顧客や受益者の中長期的なリターンの拡大となるように責任のある行動をしていくといった意味である〕。

Stock【株式】Capital stock【資本金】、Common stock【普通株式】、Preferred stock【優先株式】を参照。

Stock dividend【株式配当金】企業の株式そのものを渡すことによる配当。

Stock split【株式分割】発行済み株式数をより多くの数に交換すること。

Stockholders【株主】企業の所有者。Shareholders【株主】を参照。

Straight-line depreciation【定額法】耐用年数にわたって有形固定資産の償却可能金額を毎年同じ金額ずつ割り振っていく方法のこと。

Subsidiary【子会社】株式の50％を上回る株式を所有する親会社によって支配されている企業のこと。

Surplus【収支差額】非営利組織における、Profit【利益】、income【利益】、earnings【当期純利益】のこと。

T

T-account【T勘定】勘定項目の簡単な形。

Tangible assets【有形資産】触ることができる、あるいは実体がある資産のこと。有形の固定資産は、通常は有形固定資産を意味する。

Tax depreciation【法人税法上の減価償却】課税所得を計算するときに使われる減価償却の方法のこと。

Taxable income【課税所得】米国内国歳入庁〔訳注：米国における日本の国税庁にあたる。英語ではInternal Revenue Service (IRS)。社会保険の業務も行なっているためこのように呼ばれている〕のルールにしたがって計算される、法人税の対象となる所得の金額のこと。減価償却の取扱いが違うために、課税所得の金額と会計上の利益金額に違いが発生することがある。

Temporarily restricted net assets【一時拘束純資産】非営利組織において、ある予定した会計期間の特定の目的のために寄付された資産のこと。

Temporary account【損益勘定】収益と費用項目のこと。Temporary accountは各会計年度毎の終了時点で締め切る。Permanent account【貸借対照表勘定】と対比される。

Trademark【商標権】製品あるいはサービスについての特別な名前のこと。

Transaction【取引】会計記録として記録される行為のこと。通常は少なくとも2つの側面がある。

Transfer【振り替え】非営利組織において、資金が意図された目的に使われることによって、活動報告書の上で一時拘束資金から非拘束区分へ振り替えられること。

Treasury stock【自己株式】企業によって買い戻された、過去発行した自社の株式のこと。

U

Unearned revenue【前受収益】Advances from customers【前受金】を参照のこと。

Unexpired cost【未費消原価】将来の会計期間において消費される予定であるが、現時点では手元にある資産の原価のこと。

Units-of-production method【生産高比例法】減価償却の方法の1つ。一単位生産する場合のコストを計算して、この単位コストにその年に生産された資産の数量を掛け合わせて減価償却費を計算していく。

Unrealized gain【未実現利益】売却されて現金化されているか将来のために保持しているかを問わず、投資している資金の利益のこと。

Unrestricted activities【無拘束活動】非営利組織において、活動計算書に報告される非拘束収益に対応する活動のこと。

Unrestricted net assets【無拘束純資産】非営利組織において、拘束のない寄付や利益の出る事業活動の結果として生み出される純資産のこと。

W

Wasting assets【減耗性資産】石炭、石油、それ以外の鉱物資源といった天然資源のこと。減耗性資産を費用にしていくプロセスは、Depletion【減耗償却】と呼ばれる。

Whistle blower【告発者】異議がある行動に対して注意を喚起するために、企業による望ましくない、あるいは違法な行為を公に公開する人のこと。

Working capital【運転資本】流動資産と流動負債の差額のこと〔訳注：流動資産や流動負債のうちの一部の項目だけで計算するなど、いくつかの考え方がある〕。

Write down【評価損】棚卸資産などの項目について、その原価を時価まで引き下げること。

Write-off of bad debt【貸倒損失】売掛金から不良債権を控除すること。

著者

ロバート・アンソニー（Robert N. Anthony）
管理会計の大家。ハーバードビジネススクールの教授を40年以上にわたって務めた。ロバート・マクナマラ（元米国国防長官）に請われてペンタゴンの監査官を務めたこともある。2006年死去。

レスリー・ブライトナー（Leslie K. Breitner）
マギル大学経営大学院講師。

監訳者・訳者

西山茂（にしやま・しげる）［監訳者、第10章担当］
早稲田大学ビジネススクール教授。早稲田大学政治経済学部卒業。ペンシルバニア大学ウォートンスクールMBA修了。監査法人トーマツ、西山アソシエイツにて会計監査・企業買収支援・株式公開支援・企業研修などの業務を担当したのち、2002年より早稲田大学、2006年より現職。学術博士（早稲田大学）。公認会計士。主な著書に、『企業分析シナリオ 第2版』（東洋経済新報社）、『増補改訂版 英文会計の基礎知識』（ジャパンタイムズ）、『出世したけりゃ　会計・財務は一緒に学べ！』（光文社新書）などがある。

高島恵美子（たかしま・えみこ）（第6〜9章、第11章担当）
米国公認会計士。津田塾大学卒業。シラキュース大学経営大学院MBA修了。元・監査法人トーマツ パートナー。

松下信人（まつした・のぶと）［第4〜5章、第12章担当］
早稲田大学商学部卒業。公認会計士。現在、監査法人トーマツ シニアマネージャー。

宮坂雅夫（みやさか・まさお）［第1〜3章］
早稲田大学卒業。ハーバードビジネススクールOPM修了。博報堂を経て、浅間自動車部品に入社。現在、同社代表取締役。主な著書に『ベンチャー経営革命』（共著、日経BP社）がある。

テキスト
アンソニー会計学
2016年 2 月11日　第 1 刷発行
2023年10月 3 日　第 3 刷発行

著　者——ロバート・アンソニー／レスリー・ブライトナー
監訳者——西山　茂
訳　者——高島恵美子／松下信人／宮坂雅夫
発行者——田北浩章
発行所——東洋経済新報社
　　　　　〒103-8345　東京都中央区日本橋本石町 1-2-1
　　　　　　　電話＝東洋経済コールセンター　03(6386)1040
　　　　　　　　https://toyokeizai.net/

装　丁…………吉住郷司
ＤＴＰ…………アイランドコレクション
印刷・製本……丸井工文社
Printed in Japan　　ISBN 978-4-492-60222-5

　本書のコピー、スキャン、デジタル化等の無断複製は、著作権法上での例外である私的利用を除き禁じられています。本書を代行業者等の第三者に依頼してコピー、スキャンやデジタル化することは、たとえ個人や家庭内での利用であっても一切認められておりません。
　落丁・乱丁本はお取替えいたします。